Finanzrevisor Pfiffig
aus der DDR

Klaus Richard Grün

FINANZREVISOR PFIFFIG AUS DER DDR

Engelsdorfer Verlag

Leipzig

2012

Bibliografische Information durch die Deutsche
Nationalbibliothek: Die Deutsche Nationalbibliothek verzeichnet
diese Publikation in der Deutschen Nationalbibliografie;
detaillierte bibliografische Daten sind im Internet über
http://www.dnb.de abrufbar.

ISBN 978-3-86268-898-2

Copyright (2012) Engelsdorfer Verlag Leipzig
Alle Rechte beim Autor

Hergestellt in Leipzig, Germany (EU)

Titelfoto © Tomasz Trojanowski - Fotolia.com
Illustration Rückseite © N-Media-Images - Fotolia.com

www.engelsdorfer-verlag.de

22,00 Euro (D)

Inhalt

Bevor es losgeht 9

Vorwort 13

Finanzrevisor Pfiffig aus der DDR 14

Überblick über die Themen dieses Buches 34

Die Geschichte des Prüfungswesens in Deutschland 36

Aufgaben, Rechte und Pflichten der SFR 37

Die Arbeitsweise der SFR 38

Der Aufbau der SFR und die Anzahl der Planstellen 41

Anzahl ausgewählter Prüfungsobjekte/Katalog der Revisionsobjekte. 42

Die Revisionsgruppe 945 der Inspektion Leipzig 44

Zentrale Prüfungsaufgaben 46

Durchführung einer Finanzrevision 47

Interne Unterlagen der SFR 54

Grundsätze der Arbeit der SFR 57

Die 6 Prüfungsgeheimnisse des „Finanzrevisors Pfiffig" ... 60

Aufbau der Bankkonto-Nummern 74

Kontrollmitteilungen 75

Anzeige von Straftaten und Pflichtverletzungen 75

Weiterbildung 77

Innenrevision 78

Auszug aus dem Lehrbrief für das Fachschulstudium 79

Die ersten Prüfungsfeststellungen 80

Der Sechser im Lotto 84

Prüfungen auf dem Gebiet der Verpflegungswirtschaft 85

Meine erste große Bewährungsprobe 93

Leipziger Prüfungs-Allerlei 102

Was war eigentlich ein Revisor in der DDR? 108

Auch das gehörte zur DDR 109

Wo ist das Geld nur geblieben? 110

Ein besonders bedauernswerter Fall 112

Episoden aus dem Leben eines Revisors 113

Lachen ist gesund 122

Vorhaben gescheitert – Glück gehabt 124

Teure Hausschuhe 126

Begriffserläuterungen zur vorherigen Prüfung 130

Was charakterisierte einen Leiter in der DDR? 131

Wenn die Flaschenwaschmaschinenkapazität nicht ausreicht 132

Mieteinnahmen in einem Schwesternhaus 134

Prüfungsfeststellungen 1959 135

Weisheiten eines Finanzrevisors 138

Prüfungsfeststellungen 1960 139

Prüfungsfeststellungen 1965 141

Erhebliche Verluste bei Gemüse, Zitronen und Speisekartoffeln 143

Die Ballade vom Revisor 145

Manipulationen mit Tankkreditscheinen 148

Sozialfürsorgeleistungen 152

Revisor werden ist nicht schwer 158

Raffiniert vorbereitete Unterschlagung im Jahr 1985 159

Lust auf ein paar Revisoren-Witze? 164

Aufdecken von Leistungs- und Kapazitätsreserven 165

Film ab! 169

Hohe Kostenüberschreitungen 172

Ständig steigende Überplanbestände 175

Nicht gesicherter Absatz von Büchern 177

So eine Schweinerei! 178

Reichlich Zündstoff 182

Systembedingte Prüfungsfeststellungen 185

Spektakuläre Prüfungsmethoden – der Clou! 196

Feuer unterm Hintern 200

Prüfungsfeststellungen zur Feierabendtätigkeit 201

Staatssicherheit und Finanzprüfungswesen 214

Perlen aus meiner Rumpelkammer 217

Sportlicher Finanzrevisor 220

Kultur- und Klubhäuser 221

Ein Hoch dem „Finanzrevisor Pfiffig" 223

Meine attraktivste Frau in der Inspektion Leipzig 227

Gefahren für einen Revisor beim Eierzählen 228

Sprechen wir über Geld 229

Losungen zur sozialistischen Wirtschaftsführung 230

Vorhang auf zum Boxkampf! 231

Nachlese zu den Prüfungsfeststellungen 275

Das Prüfen umgetauschter Guthaben 1990 277

Tierische und andere Gedanken zur Wiedervereinigung 279

Umorganisation des Prüfungswesens in den neuen Bundesländern .. 289

Zukunftsvision des „Finanzrevisors Pfiffig" für den Freistaat Sachsen –
aber nicht nur für den Freistaat Sachsen 305

Zu guter Letzt 310

Bevor es losgeht

Es ist geschafft. Nach mindestens 1.500 Stunden des Schreibens und Nachdenkens, des Lesens von Unterlagen, des Einholens von Informationen, der Recherchen sowie des Führens von Telefongesprächen mit etwa hundert Personen im gesamten Gebiet der Bundesrepublik Deutschland ist mein Manuskript fertig. Ich bin stolz auf das Ergebnis meiner Arbeit. Nie habe ich es für möglich gehalten, ein Buch über eine Thematik zu schreiben, die bislang noch niemand zu Papier gebracht hat und die außerdem für alle Bücherwürmer gedacht ist. Normalerweise ist das bei dieser Problematik fast unmöglich. Meine Arbeit war vielfach von Unverständnis und Kopfschütteln begleitet. Zwei Fragen wurden mir des Öfteren gestellt: Wen soll denn solches Zeug von gestern überhaupt noch interessieren? Wer soll das Buch kaufen? Diese Bedenken haben mich besonders motiviert. Sie waren eine Triebkraft meiner Arbeit.

In diesem Buch, das kein Fachbuch ist, wird erstmalig das Finanzprüfungswesen der DDR, dessen Kernstück die Staatliche Finanzrevision war, ausführlich vorgestellt. Ich habe zwanzig Jahre bei der Staatlichen Finanzrevision, genauer in der Inspektion Leipzig, als Finanzrevisor gearbeitet. Nach der Wiedervereinigung war ich weitere zwanzig Jahre im kommunalen Prüfungswesen tätig. Schwerpunkt meiner Arbeit bei der Staatlichen Finanzrevision war die Durchführung von Finanzrevisionen in staatlichen Organen und Einrichtungen in den nördlichen Kreisen des damaligen Bezirkes Leipzig. Die Staatliche Finanzrevision war als oberstes Finanzkontrollorgan direkt dem Ministerium der Finanzen unterstellt. Mein Buch enthält ausführliche Darlegungen zum Aufbau und zur Arbeitsweise, zu den Rechten und Pflichten sowie zu internen Unterlagen der Staatlichen Finanzrevision. Weitere Ausführungen erfolgen zu Prüfungsgrundsätzen, zur Anzahl der Prüfer sowie zu Prüfungsobjekten. Ich erläutere Ihnen, ohne Fachchinesisch zu verwenden, die Durchführung einer Finanzrevision und gebe meine „Prüfungsgeheimnisse" preis. Den Hauptteil des Buches, auf den sicher der größte Teil der Leserinnen und Leser gespannt sein wird, bilden alltägliche, vielfältige und eine große Anzahl brisanter Prüfungen beziehungsweise Prüfungsfeststellungen (zum Beispiel Unterschlagungen) des „Finanzrevisors Pfiffig" sowie seiner (meiner) ehemaligen Kolleginnen und Kollegen der Inspektion Leipzig. Selbst Gerichtsurtei-

le im Ergebnis von Ermittlungsverfahren auf Grundlage von Prüfungsfeststellungen der Staatlichen Finanzrevision werden genannt. Das jeweilige Strafmaß wird manche von Ihnen wahrscheinlich erschrecken. Das Strafrecht der DDR sah hohe Strafen bei einem Angriff auf das Volkseigentum vor. Sie können sich auf außergewöhnliche Feststellungen freuen, die in dieser Form noch nie der Öffentlichkeit präsentiert wurden. Selbst ich hatte vor dem Schreiben meines Buches keine Kenntnis von dem Inhalt vieler in den Archiven gefundener Protokolle. Das Buch hätte in der DDR nicht geschrieben werden können, weil auch für mich die Gesamtheit der hier aufgeführten Revisionsprotokolle nicht zugänglich war. Wegen der Verletzung von Dienstgeheimnissen hätte außerdem eine Veröffentlichung mir zugänglicher Unterlagen – und das waren nicht wenige – strafrechtliche Konsequenzen zur Folge gehabt. Das wäre heute übrigens genauso der Fall, wenn ich als Rechnungsprüfer Prüfungsfeststellungen meiner ehemaligen Arbeitgeber konkret veröffentlichen würde. Die Feststellungen der Staatlichen Finanzrevision unterliegen jedoch keinen Dienstgeheimnissen mehr. Es war nicht mein Anliegen, DDR-Geschichte aufzuarbeiten.
Ich habe mein Buch mit viel Humor gewürzt. Sie erfahren beispielsweise, was in der DDR ein Finanzrevisor war, welchen besonderen Gefahren die Finanzrevisoren der Staatlichen Finanzrevision ausgesetzt waren, worüber die Mitarbeiterinnen und Mitarbeiter der Inspektion Leipzig 1978 gelacht haben, und ich zeige Ihnen auch die lustigen Seiten des Revisorenlebens auf.
Im Zusammenhang mit der Wiedervereinigung habe ich einige meiner Erinnerungen festgehalten. Dabei habe ich mich nicht gescheut, mit deutlichen und für jedermann verständlichen Worten aufzuzeigen, wie „Glücksritter", vorwiegend aus den alten Bundesländern, im Bereich der Bauleistungen die Gunst der Stunde skrupellos ausgenutzt haben, um sich die Taschen mit Banknoten in erheblichen Größenordnungen rechtswidrig zu füllen. Für mich als ehemaligen Finanzrevisor der Staatlichen Finanzrevision war es besonders bedrückend, so etwas miterleben zu müssen und selbst kaum etwas dagegen unternehmen zu können. So etwas war ich nicht gewohnt.

Als Bonus enthält das Buch sachliche, aber kritische Ausführungen zum Prüfungswesen in der Bundesrepublik Deutschland. Diese betreffen den Aufbau der Landesrechnungshöfe in den neuen Bundesländern sowie die Wirksamkeit der Landesrechnungshöfe im Allgemeinen. Außerdem erfolgen Ausführungen zur Arbeit der Rechnungsprüfungsämter in den Gebietskörperschaften, in deren Mittelpunkt Probleme stehen, die sich aus der gesetzlich festgelegten Unterstellung dieser Ämter ergeben. Im Gegensatz zu vielen Reformen in den Gebietskörperschaften hat sich das kommunale Prüfungswesen nach meiner Ansicht seit Bestehen der Bundesrepublik Deutschland nur unbedeutend weiterentwickelt. Das Sprichwort „Ein gutes Turnierpferd springt bekanntlich nicht höher, als es muss", hat dafür hoffentlich nicht Pate gestanden. Aufgrund meiner Prüfungserfahrungen in der DDR und nach der Wiedervereinigung habe ich versucht zu begründen, weshalb ein erheblicher Reformbedarf im kommunalen Prüfungswesen besteht. Ziel dieser Reform muss es sein, ein kommunales Prüfungswesen zu schaffen, welches einzig und allein im Interesse des Gemeinwohls der Bürgerinnen und Bürger der Bundesrepublik Deutschland arbeitet. Das kommunale Prüfungswesen in der Bundesrepublik Deutschland ist keine „eierlegende Wollmilchsau", wie selbst sachkundige und höherrangige Personen ernsthaft der Meinung sind, so haben es zumindest meine Recherchen bestätigt. Es ist für mich nicht tragisch, dass solche Meinungen in vielen Köpfen existieren, denn letztlich war es ja schon immer so. Aber auch ein Prüfungswesen muss mit positiven Entwicklungen in den Gebietskörperschaften Schritt halten. Die Realitäten in den Verwaltungen der Gebietskörperschaften und deren Beteiligungen erfordern ein Prüfungswesen, das den Status des hilflosen Betrachters verlassen muss. Täglich fliegen den Bundesbürgerinnen und Bundesbürgern Worte wie Neuverschuldung, Wirtschaftskrise, Haushaltskonsolidierung, Euro-Rettungsschirme usw. nur so um die Ohren. Ein reformiertes kommunales Prüfungswesen wäre in der Lage, einen enormen Beitrag zum sparsameren und wirtschaftlicheren Umgang mit finanziellen Mitteln zu leisten.

Ich habe dieses Buch weniger für mich geschrieben. An erster Stelle ist dieses Buch meinem ehemaligen Kollegen Rudi M. gewidmet, der während seiner Tätigkeit bei der Staatlichen Finanzrevision langjähriger Verantwortlicher für den Kreis Delitzsch war. Rudi war für mich sowohl als Mensch als auch als Finanzrevisor ein Vorbild. Mehr Sachlichkeit, Einfühlungsvermögen, Ehrlichkeit, Durchsetzungsfähigkeit und Fachkenntnis konnte man als Mensch und zugleich Finanzrevisor der

Staatlichen Finanzrevision zu dieser Zeit kaum haben. Danke, Rudi! Weiterhin widme ich dieses Buch meinem ehemaligen Gruppenleiter Lothar E. sowie meinem langjährigen Abteilungsleiter Herbert B., die mir in vorbildlicher Weise den Revisorenweg geebnet haben.
Ich bedanke mich bei allen, die mir aufgrund meiner unangemeldeten Anrufe Auskünfte gegeben haben. Darin sind auch die Einzelfälle einbezogen, deren Antworten hinsichtlich Freundlichkeit und Sachlichkeit „grenzwertig" waren. Mein besonderer Dank gilt allen ehemaligen Kolleginnen und Kollegen der Inspektion Leipzig der Staatlichen Finanzrevision, die mich ausreichend mit Material und Informationen versorgt haben. Ein recht herzlicher Dank für Kritik und Hinweise geht an den Amtsleiter des Rechnungsprüfungsamtes der Stadt Leipzig, an die Amtsleiterinnen der Rechnungsprüfungsämter der Landkreise Nordsachsen und Mittelsachsen sowie an Prüferinnen und Prüfer genannter Rechnungsprüfungsämter.
Wohl wissend, dass ich Ihnen ohne die Unterlagen und die großartige Unterstützung von Mitarbeitern des Staatsarchivs Leipzig nicht ein so breites Spektrum an Prüfungsfeststellungen der Inspektion Leipzig der Staatlichen Finanzrevision hätte präsentieren können, ein besonderes Dankeschön an diese Behörde.

Alle meine Mühen beim Schreiben dieses Buches wären vergeblich gewesen, wenn ich keinen Verlag gefunden hätte, der so ein verrücktes Risiko eingeht, ein Buch zu veröffentlichen, welches von der Thematik sowie der Darstellungsweise her seinesgleichen sucht. Davon, dass ich noch nie ein Buch geschrieben habe, ganz zu schweigen. Niemand wollte mir abnehmen, dass ich bereits beim ersten Versuch einen Verleger gefunden habe. Ich bin der festen Überzeugung, dass dieser für seinen Mut belohnt wird. Der Engelsdorfer Verlag hat alles getan, um dieses Buch in einer würdigen Ausstattung seinen Weg in die Leserkreise antreten zu lassen. Zuletzt bedanke ich mich für die hervorragende Arbeit meiner Lektorin, Frau Birgit Rentz aus Itzehoe, die aus dem Manuskript eines Grünlings unter den Autoren ein solch hervorragendes Buch gemacht hat, wie Sie es jetzt in der Hand halten.

Klaus Richard Grün

Vorwort

Der Autor will seine Erfahrungen aus der Prüfungstätigkeit in der DDR darlegen, die er als Mitarbeiter einer bezirklichen Inspektion gesammelt hat.

Zum Verständnis des Buches sollte der Leser etwas über die Struktur dieses Revisionsorgans erfahren. Bis 1953 war das Finanzprüfungswesen in der DDR in etwa so strukturiert wie heute in der BRD. Zur besseren Wirksamkeit der Finanzkontrolle wurde beim Minister der Finanzen schon 1953 ein zentrales Revisionsorgan, die Abteilung Kontrolle und Revision, geschaffen. Damit wurden die bisher bei den Räten der Bezirke (als Nachfolger der aufgelösten Länder) und Kreise bestehenden Prüfungsabteilungen herausgelöst und als Bezirks- beziehungsweise Kreisinspektionen direkt der zentralen Abteilung und damit dem Minister der Finanzen unterstellt. Während bis zum Jahre 1967 die Revision der zentral geleiteten volkseigenen Wirtschaft noch im Verantwortungsbereich der Fachministerien lag, erfolgte dann die vollständige Zentralisierung als „Staatliche Finanzrevision" (kurz: SFR) unmittelbar beim Finanzminister. Dieses zentrale Revisionsorgan war eingebettet in die Machtorgane der DDR und hatte ihr zu dienen.

Im vorliegenden Buch will der Autor an Beispielen aufzeigen, dass sich die SFR einer hohen Wirksamkeit erfreute, kam es doch darauf an, nicht nur Verschwendung von Haushaltsmitteln (Steuergeldern) nachträglich anzuprangern, sondern Ordnung, Sicherheit, Sparsamkeit – in ihrer Gesamtheit die Finanzdisziplin – von vornherein durchzusetzen. Dazu verfügte die SFR über weitgehende Rechte. So konnten zum Beispiel verbindliche Revisionsauflagen erteilt, Bilanzen und Jahresabschlüsse bestätigt beziehungsweise deren Bestätigung zeitweise versagt werden. Revisionen der Bezirks- und Kreisorgane führten nicht selten zu Ratsbeschlüssen. In besonderen Fällen konnte der Leiter einer Inspektion auch Ordnungsstrafen verhängen. Das bedingte natürlich auch, dass bei der SFR zumeist hochqualifizierte Kader mit Hoch- oder Fachschulabschluss tätig waren.

Der Autor war für Revisionen staatlicher Organe und Einrichtungen eingesetzt und will dem Leser seine Erfahrungen auf anschauliche Weise vermitteln. Dazu wünsche ich ihm Erfolg.

H. B., Leipzig, den 27. Januar 2012

Finanzrevisor Pfiffig aus der DDR

Ich bin keine Persönlichkeit des öffentlichen Lebens, die in den letzten Jahren ihre Lebensgeschichte als Buch mit mehr oder weniger Erfolg veröffentlicht hat. Der Sinn dieser Bücher ist für mich oft fragwürdig. Aber auf alle Fälle geht es dabei ums Geld. Schon sind wir beim Thema meines Buches. Geld war der ständige Begleiter meines gesamten Arbeitslebens.

Ich übte den Beruf eines Finanzrevisors beim obersten Finanzkontrollorgan der DDR, bei der Staatlichen Finanzrevision, Inspektion Leipzig aus. Die Staatliche Finanzrevision war direkt dem Ministerium der Finanzen unterstellt. Nachfolgend kürze ich Staatliche Finanzrevision, wie in der DDR üblich, mit SFR ab.

Ich habe locker vom Hocker geschrieben. Sie werden vergeblich nach einem Quellenverzeichnis suchen, da ich fast ausschließlich Unterlagen (unter anderem Revisionsprotokolle, Gesamtinformationen, Schriftverkehr, interne Arbeitsmaterialien, Lehrbriefe, Jubiläumszeitschriften) meiner ehemaligen Dienststelle verwendet habe. Beim überwiegenden Teil der Protokolle und Informationen habe ich das Datum angegeben, damit Sie nicht denken, der Autor sei ein Abkömmling des Barons Münchhausen, der Ihnen die Taschen vollzulügen versucht. Alle Protokolle und Informationen der SFR, die mir aus dem Stadtarchiv Leipzig sowie dem Staatsarchiv Leipzig (unter anderem aus den Akten der Staatsanwaltschaft des Bezirkes Leipzig) zur Verfügung gestellt wurden, habe ich in Klammern mit den entsprechenden Archiv- beziehungsweise Aktennummern gekennzeichnet. Die zum besseren Verständnis einzelner Prüfungsfeststellungen beziehungsweise Darlegungen verwendete Literatur ist an den jeweiligen Stellen angegeben. Damit Sie für spezielle DDR-Begriffe nicht ein Lexikon beziehungsweise das Internet benutzen müssen, finden Sie kurze Erläuterung direkt im Anschluss an die Darlegungen. Als Quelle wurde von mir das „Wörterbuch der Ökonomie Sozialismus" (Dietz Verlag, Berlin, Neuausgabe 1989) verwendet. Ich hoffe, damit einen Weg gefunden zu haben, um bei der Lesefreundlichkeit ein hohes Niveau zu gewährleisten.

Mir war es ein Bedürfnis, den Rat meiner längst verstorbenen Oma Emma zu befolgen, immer frei von der Leber weg zu schreiben. An passender Stelle werde ich Oma Emma mit ihren tollen, echt sächsischen Formulierungen zu Wort kommen lassen. Auch mein Opa Richard wird sich an geeigneter Stelle zu Wort melden. Diese kleinen „Einlagen" sollen mit vielen weiteren humorvollen Beiträgen rund um die SFR dazu beitragen, dass Sie diese scheinbar ernste, trockene und langweilige Thematik besser verkraften.

Da ich noch nie ein Buch geschrieben habe, war es aufgrund der den meisten Menschen unbekannten Thematik wichtig, einen systematischen und verständlichen Aufbau – für mich und für Sie – zu finden. Ich bin guter Dinge, dabei den Nagel auf den Kopf getroffen zu haben. Ich habe auch nicht, wie heutzutage oft üblich, um den heißen Brei herum geschrieben. Das beherrscht der „Finanzrevisor Pfiffig" nicht. Von mir ist es gewünscht, dass Sie sichtfrei in den großen Topf mit süßem Brei schauen können. Ob dieser süße Brei allen schmeckt, ist eine ganz andere Frage. Bei mir muss gegessen werden, was auf den Tisch kommt. Guten Appetit!

Was hat mich veranlasst, ein Buch über das Finanzprüfungswesen der DDR zu schreiben? Folgendes Schlüsselerlebnis trug dazu bei, dass ich mit großer Intensität und Restwut im Bauch erste Gedanken in meinen Laptop tippte. Nachträglich recht herzlichen Dank an alle damals Beteiligten, die ich Ihnen gleich vorstellen werde.

Ich besuchte kurz nach der Wende erstmals einen Lehrgang zum Prüfungswesen in Berlin. Der Lehrgang war sehr gut besucht. Fünfzig Teilnehmer waren es mindestens. Im Unterschied zum Prüfungswesen in der DDR waren fast nur männliche Teilnehmer anwesend. Diskutiert wurde vorwiegend von den Kollegen aus den alten Bundesländern. Sie hatten viel zu berichten. Aufgrund des Auftretens und der Redebeiträge einzelner – nicht aller! – Rechnungsprüfer gewann ich zusehends den Eindruck, dass diese ernsthaft der Meinung waren, eine „eierlegende Wollmilchsau" als Prüfungswesen in den Städten, Gemeinden und Landkreisen der Bundesrepublik Deutschland (nachfolgend mit BRD abgekürzt) gezüchtet zu haben. Ich hörte mir eine Weile diese mit Eifer vorgetragenen einseitigen Beiträge an. Schließlich wurde es mir zu bunt.

Ich hatte doch als Mitarbeiter der SFR nicht zwanzig Jahre hinter den Bergen bei den sieben Zwergen gearbeitet, um mir den ganzen Tag derartige Darbietungen anhören zu müssen. Jedenfalls erlaubte ich mir zu fragen, woher denn die vielen Personen für die Prüfungen der von ihnen beschriebenen Aufgaben kämen (unter anderem ausgiebige Visaprüfungen = Prüfung von Rechnungen vor der Bezahlung). Aber da war ich ins Fettnäpfchen getreten! Ein Sturm der Entrüstung fegte über mich hinweg. Zum Glück lagen keine rohen Eier oder ähnliche Wurfgeschosse in ihrer Nähe. Auch Bananen hatten sie für mich „Ossi" nicht in ihren feinen schwarzen Aktenkoffern. Aus einigen blitzenden Augen, der Änderung ihrer Tonart und ihren schärfer werdenden Worten war deutlich ihr Zorn erkennbar. Ein Teil der handelnden Personen strotzte nur so vor Überheblichkeit, Voreingenommenheit und Arroganz. Deutlich hörte ich ihre nicht ausgesprochenen Fragen. Wie kann dieser „Ossi" unser schönes Prüfungswesen anzweifeln? Wieso wagt es so ein „Prüferwürmchen" aus der ehemaligen DDR, unsere fachliche Unfehlbarkeit in Frage zu stellen? Will sich womöglich jemand an unseren hart erarbeiteten Besitzständen – dieses Wort gehörte in der DDR nicht zum Wortschatz – vergreifen? Will hier womöglich so ein Unruhestifter aus dem Osten unsere schönen eingefahrenen Gleise demontieren? Es fand sich kein Rechnungsprüfer aus den alten Bundesländern, der auch nur ansatzweise für das Prüfungswesen der DDR Interesse zeigte. Vielleicht gab es dennoch einige Prüfer, die sich aufgrund der Übermacht ihrer klugen Kollegen nur nicht zu fragen trauten.

Bei mir entstand der Eindruck, dass der überwiegende Teil dieser Rechnungsprüfer ernsthaft der Meinung war, dass es in der DDR ein funktionsfähiges Finanzprüfungswesen nicht gegeben hat. Bereits zu diesem Zeitpunkt stand für mich fest, dass sich kaum jemand mit dem Prüfungswesen der DDR auseinandersetzen würde, um positive Aspekte in das Prüfungswesen der BRD einfließen zu lassen. Hinsichtlich der Richtigkeit meiner damaligen Vermutung fragte ich im Rahmen meiner Recherchen bei vielen, für örtliche und überörtliche Rechnungsprüfungen zuständigen Behörden und Ämtern, also mit Ausnahme von Wirtschaftsprüfern beziehungsweise Wirtschaftsprüfungsgesellschaften, nach, ob das Finanzprüfungswesen der DDR jemals Diskussionsthema war. Zu meinen Gesprächspartnern zählten unter anderem Mitarbeiter von Landesrechnungshöfen und Rechnungsprüfungs- beziehungsweise

Revisionsämtern großer Städte im gesamten Bundesgebiet. Auch das Rechnungsprüfungsamt einer Evangelisch-Lutherischen Landeskirche verschonte ich mit meinen Fragen nicht. Ebenfalls wandte ich mich mit dem Anliegen an Städte-, Gemeinde- und Landkreistage. Selbst bei Instituten und Akademien holte ich Informationen ein. Ich fragte bei Autoren, die Fachbücher über das Finanzprüfungswesen der BRD geschrieben hatten, nach, ob das Prüfungswesen der DDR in irgendeiner Form Inhalt ihrer Bücher war. Nachdem ich mein Anliegen vorgebracht hatte, erhielt ich mit einer Ausnahme problemlos sachkundige und höfliche Auskünfte. Ich freute mich besonders darüber, dass bei einigen Gesprächspartnern Interesse an dieser Thematik erkennbar war. Verschweigen möchte ich nicht, dass es in Einzelfällen merklich ablehnende Einstellungen gegen das Prüfungswesen der DDR gab, obwohl diese Gesprächspartner nach meiner Ansicht kaum etwas darüber wussten beziehungsweise, wie sie mir eindeutig zu verstehen gaben, auch nichts wissen wollten.

Damit Sie wissen, auf was Sie sich hier einlassen, habe ich mich entschieden, bereits am Anfang das Finanzprüfungswesen der DDR aus meiner Sicht zu charakterisieren. Von mir erfolgt eine fachliche Einschätzung des Prüfungswesens der DDR. Ich arbeite keine DDR-Geschichte auf. Es handelt sich auch nicht um ein sogenanntes Enthüllungsbuch, von denen es genügend gibt. Jeder, der auch nur ansatzweise versucht, aus meinen Darlegungen irgendwelche politischen Interpretationen abzuleiten, ist auf dem sprichwörtlichen Holzweg. Und der hat bei mir dazu noch morsche Bretter. Da ich in der DDR gelebt und gearbeitet habe, werden von mir selbstverständlich auch Darlegungen im Zusammenhang mit politischen Sachverhalten erfolgen. Dies stellt jedoch in keinster Weise meine vorherige Klarstellung in Frage. Wenn ich Kritik an politisch bedingten Geschehnissen äußere, dann bringe ich es an den entsprechenden Stellen zum Ausdruck. Ich habe nichts zwischen die Zeilen geschrieben.
Einen Vergleich des Prüfungswesens der DDR mit dem der BRD werden Sie in meinem Buch vergeblich suchen, da ein derartiger Vergleich nach meiner Auffassung weder möglich noch sinnvoll ist. Er bringt absolut nichts. Ich lege keinen Wert auf den sowohl in der DDR als auch in der BRD im Zusammenhang mit dem Finanzprüfungswesen in den jeweiligen gesetzlichen Regelungen verankerten Begriff der

„Unabhängigkeit". Für mich ist das nichts weiter als ein unbestimmter Rechtsbegriff, den der eine so und der andere so auslegen kann. Da gemäß Artikel 5 des Grundgesetzes jeder das Recht hat, seine Meinung in Wort, Schrift und Bild frei zu äußern und zu verbreiten, nehme ich mir bezüglich der „Unabhängigkeit" des Prüfungswesens nach nun vierzig Jahren Prüfungstätigkeit in zwei Gesellschaftssystemen, wie sie unterschiedlicher nicht sein können, das Recht heraus zu schreiben, dass ich den Glauben an ein tatsächlich unabhängiges Finanzprüfungswesen verloren habe. Letztlich ist und wird jedes Prüfungswesen der „Diener irgendeines Herrn" sein. Daran wird sich nie etwas ändern. Das Entscheidende für mich war und ist die Wirksamkeit einer Finanzprüfung. Diesbezüglich brauchte sich das Prüfungswesen der DDR nicht zu verstecken. Im Gegenteil.

Das Hauptthema meines Buches ist das Finanzprüfungswesen der DDR. Da möchte ich mit Ihnen recht lange verweilen. Vorherige Darlegungen dürften erkennen lassen, dass ich das Prüfungswesen der DDR nicht in Grund und Boden schreiben werde, um möglichst viele Bücher zu verkaufen. Einen Teufel werde ich tun! Für alle, die jetzt nichts Gutes ahnen, einige schützende Hinweise. Falls Sie Hemd oder Bluse tragen, öffnen Sie den obersten Knopf und atmen mehrmals intensiv durch. Sprechen Sie fünf Minuten vor sich hin: „Es wird schon nicht so schlimm werden." Auch eine Tasse Beruhigungstee kann nicht schaden. Sehr pessimistischen Leserinnen und Lesern empfehle ich einen Kräuterlikör aus dem schönen Erzgebirge (Altenberg!). Auch ein paar nette Worte mit dem Gatten/der Gattin, dem Lebenspartner oder dem Haustier können nicht schaden. Bei gesundheitlichen Beschwerden legen Sie bitte ihr Blutdruckmessgerät in Reichweite. Lassen Sie die Fenster geschlossen, denn mein Buch ist ja nicht gerade billig. Dafür bekommen Sie jedoch etwas Einmaliges geboten. Falls Sie es dann doch aus dem Fenster werfen, überlegen Sie bitte vorher, ob Sie ausreichend versichert sind.

Mein Fazit zum Finanzprüfungswesen der DDR sowie zu meiner Arbeit bei der SFR, Inspektion Leipzig, lautet: Die DDR verfügte über ein fortschrittliches, hochqualifiziertes und wirtschaftliches Finanzprüfungswesen. Von der SFR wurde konsequent und unabhängig von der Person beziehungsweise deren Stellung geprüft. Die Anzahl der Prüfer

und Prüferinnen, auf die diese Feststellung nicht zutraf, dürfte äußerst gering gewesen sein. Die SFR nahm wesentlichen Einfluss auf die Durchsetzung von Ordnung, Sicherheit und Gesetzlichkeit in den volkseigenen Betrieben, staatlichen Einrichtungen, zentralen und örtlichen Staatsorganen sowie volkseigenen Geld- und Kreditinstituten.
Meine Arbeit war sehr abwechslungsreich, hochinteressant und sinnvoll. Sie war oft psychisch sehr anstrengend.
Die geringen Prüfungszeiten führten dazu, dass letztlich nur sehr gut qualifizierte Revisorinnen und Revisoren den Prüfungsaufgaben gewachsen waren. In den einzelnen Inspektionen vor Ort – also in den Prüfungsobjekten – wurde eine gute und ehrliche Arbeit geleistet. Die Prüfungsfeststellungen wurden sachlich und wahrheitsgemäß dargelegt. Ob alle der oft sehr kritischen, unabhängig von Person und deren Funktion, Prüfungsfeststellungen in dieser Form an den entsprechenden Stellen angekommen sind, entzieht sich meiner Kenntnis. Mir ist jedoch bekannt, dass gravierende Prüfungsfeststellungen vom Finanzminister in zusammengefasster Form an seine Fachminister übermittelt wurden. In Einzelfällen wurden Prüfungsfeststellungen der SFR im Ministerrat der DDR ausgewertet.
Mir ist es nicht möglich, umfassende Angaben zum Einfluss Dritter (Ministerium für Staatssicherheit, Stadt-, Kreis- und Bezirksleitungen der SED) auf den Umgang mit den Prüfungsfeststellungen der SFR zu machen, da ich auf meiner Arbeitsebene diesbezüglich keine Informationen erhielt. Mir ist jedoch bewusst, dass dieser Einfluss vorhanden war.
Egal welches Ergebnis die Aufarbeitung des Einflusses des Ministeriums für Staatssicherheit beziehungsweise oberster Parteiorgane auf die Feststellungen der SFR ergeben würde – eine Rechtsgrundlage für einen derartigen Einfluss gab es nach meiner Kenntnis nicht –, ändert es nichts an der fachlich hervorragenden Arbeit des überwiegenden Teiles der Revisorinnen, Revisoren, Gruppen-, Abteilungs- und Inspektionsleiter der SFR. Ich habe mich deshalb zur Formulierung „des überwiegenden Teiles" entschieden, weil ich mir absolut sicher bin, dass es gerade in den höheren Etagen beziehungsweise Positionen einige „Wölfe im Schafspelz" gegeben hat. Leider!
Die nicht wenigen Informationen, die ich im Rahmen meiner Recherchen zum Buch hinsichtlich der Einflussnahme Dritter auf Revisionen in der Inspektion Leipzig erhielt, dienten für mich zur Bewertung

beziehungsweise Erläuterung einzelner Sachverhalte. Ich kann mit gutem Gewissen behaupten, dass mein Gruppenleiter sowie meine beiden Abteilungsleiter mich bei meinen Prüfungsfeststellungen, Prüfungsschwerpunkten sowie Wertungen und Darstellungen nicht behinderten. Diskussionen zu Formulierungen gehörten selbstverständlich zum Tagesgeschäft. Was den Einfluss Dritter (Ministerium für Staatssicherheit) auf meine Prüfungen betrifft, erfolgen von mir an den entsprechenden Stellen Darlegungen. Es handelte sich um Einzelfälle.

Ich habe sehr gern bei der SFR als Finanzrevisor gearbeitet. Mir gefiel das selbstständige Arbeiten, auch wenn es als „Einzelkämpfer" vor Ort oft nicht leicht war. Meine Dienststelle stand immer zu mir, auch in den Zeiten, wo ich „schwächere Phasen" hatte. Das habe ich trotz einer Reihe von kritischen Bemerkungen im Buch nicht vergessen!

In Vorbereitung meines Buches habe ich ehemalige Mitarbeiter der SFR befragt, welche Meinung sie rückblickend auf das Finanzprüfungswesen haben. Bei den angesprochenen Personen handelte es sich um Prüfer, Gruppen-, Abteilungs- und Inspektionsleiter aus verschiedenen Inspektionen. Ziel dieser Gespräche war es festzustellen, ob meine positive Auffassung zur SFR von der Mehrheit geteilt wird. Auch wenn kritische Bemerkungen nicht ausgeblieben sind, war das Urteil über die Ausbildung und fachliche Qualität der SFR fast einstimmig. Beides war hervorragend! Damit bei Ihnen nicht der Eindruck entsteht, dass die SFR ein unantastbarer und von der Politik der DDR losgelöster Prüfungsapparat war, fehlen kritische Bemerkungen im Buch nicht. Ob jeder ehemalige Prüfer der SFR eine so positive Meinung wie der „Finanzrevisor Pfiffig" zum Prüfungswesen der DDR hat, ist kaum wahrscheinlich.

Im Ergebnis meiner vielen Gespräche möchte ich Ihnen die Meinung eines ehemaligen hohen Repräsentanten der DDR auf dem Gebiet der Finanzen nicht vorenthalten. Er war langjähriger oberster Chef der SFR. Besonders die ersten Sätze seiner Auffassung zum Prüfungswesen charakterisieren die Bedeutung der SFR sehr anschaulich. „Die SFR war das Kernstück des Finanzprüfungswesens der DDR. Sie reichte in alle Bereiche der Volkswirtschaft und der Gebietskörperschaften. Das ergab sich aus der Rolle des Volkseigentums sowie der staatlichen Betriebe und Einrichtungen in allen Branchen. Die Finanzkontrolle wollte, was

keine ideologische Floskel ist, wirklich feststellen, wie mit dem Geld gearbeitet wird. Sie wollte feststellen, verändern, Verschwendung aufdecken und Reserven aufzeigen. Vertuschen war schwer!"
Dass ich sehr gern bei der SFR gearbeitet habe, lag im erheblichen Umfang mit an meiner Kollegin sowie den Kollegen meiner Revisionsgruppe, die mir den Einstieg in das „Revisorenleben" enorm erleichterten. Damit sind Marion aus Leipzig, Hans und Arndt aus dem Kreis Oschatz, Alfred und Günther aus Torgau, Paul aus Eilenburg – er war ein angesehener Kaninchenzüchter –, Werner aus Wurzen und Rudi, mit dem ich sehr viel und sehr gern prüfte, gemeint. Nicht zu vergessen unser Lothar, der ein sehr guter – menschlich und fachlich – Chef war. Er war immer zur Stelle, wenn es Probleme gab. Außer Lothar lebt keiner der genannten Personen mehr. Mein guter Rudi verstarb am 21. Februar 2011 im gesegneten Alter von neunzig Jahren.

Eine wesentliche Ursache für die fachlich hervorragende Arbeit der SFR war, dass alle Leiter das „Prüferhandwerk" von der Pike auf gelernt hatten. Hervorheben möchte ich meinen langjährigen Abteilungsleiter Herbert B. Von ihm lernte ich, besonders was die menschlich Seite betrifft, sehr viel. Er war fachlich perfekt und wahrscheinlich das Beste, was die Inspektion Leipzig je zu bieten hatte.
Mein „kleiner" Chef, also Lothar, mein Gruppenleiter, tat mir immer dann leid, wenn er mich wieder einmal für die Sozialistische Einheitspartei Deutschlands (SED) werben musste und wie üblich eine Absage erhielt. Irgendwann hatte er das Werben – sicher auf Festlegung der Dienststellenleitung – aufgegeben. Ich wurde deshalb etwa Mitte der achtziger Jahre als Nachwuchskader für Leitungsaufgaben gestrichen. Dieses „Schicksal" traf nicht nur mich in dieser Weise. Auch andere Revisorinnen und Revisoren bissen in diesen sauren Apfel. Innerlich ärgerte mich das etwas, aber ansonsten war es mir egal. Mit meiner Einstellung war es nicht zu vereinbaren, in die SED einzutreten, nur um einen Leitungsposten zu erhalten. Bei anderen war das schon der Fall. Aber so war das in der gesamten DDR. Mir sind keine weiteren Nachteile in Erinnerung, die meine Entscheidung nach sich gezogen hat.
Hochachtung hatte ich bezüglich ihrer SED-Mitgliedschaft vor solchen Kollegen, die im Dritten Reich in den Krieg ziehen mussten und nach ihrer Rückkehr ein besseres Deutschland wollten. Ihnen merkte man

an, dass sie aus Überzeugung in die SED eingetreten waren. Dazu gehörte auch mein Rudi. Später machte sich aber auch bei der Mehrheit dieser Kollegen eine gewisse Skepsis über die Entwicklung in der DDR breit. Sie versuchten, es sich möglichst nicht anmerken zu lassen. Wie überall in der DDR gab es auch bei der SFR Parteimitläufer. Die tranken Wasser und hatten trotzdem genug Wein im Keller. Laut meiner Recherchen waren etwas über 60,0 % der Mitarbeiter der Inspektion Leipzig Mitglied der SED. In der Zentrale in Berlin sollen es 100,0 % gewesen sein beziehungsweise war die Mitgliedschaft Bedingung, um dort arbeiten zu können oder zu dürfen.

Ich gehe davon aus, dass Sie erst einmal eine kleine Aufmunterung gebrauchen können. Deshalb hier eine herrliche Episode im Zusammenhang mit der SED. Ich hatte zum Glück „Westverwandtschaft", die ich der Dienststelle pflichtgemäß angegeben hatte. Anlässlich einer Leipziger Messe waren mein Onkel Manfred und meine Tante Regina aus Frankfurt am Main wieder einmal zu Besuch. Dabei vergaß mein Onkel bei der Rückfahrt seine Lederjacke, die mir ausgezeichnet passte. Ich war sehr froh darüber, dass ich sie behalten durfte. Eine Lederjacke in dieser Qualität war in der DDR für den Normalbürger nicht zu bekommen. Von der Bezahlung ganz abgesehen. Natürlich zog ich diese Jacke gleich bei der Arbeit an. Dabei deutete ich die kritischen Blicke einiger Genossen so, dass es nicht gut war, als Mitarbeiter des Staatsapparates eine so feine Lederjacke vom „Klassenfeind" zu tragen. Das interessierte mich jedoch nicht die Bohne. Positiver war es, als mir meine „Westverwandtschaft" einen Taschenrechner schenkte. Nach meiner Erinnerung war ich einer der ersten Prüfer der Inspektion Leipzig, der einen derartigen Rechner besaß. Dieser kleine Rechner war über viele Jahre eine enorme Hilfe für mich. Da hatte der „Klassenfeind" ein gutes Werk getan.

Etwas, das mich sehr in Wut brachte, muss ich unbedingt noch loswerden. Ich ärgerte mich maßlos darüber, dass es nach der Öffnung der Grenze eine der ersten Handlungen einiger Genossinnen und Genossen meiner Dienststelle war, ihr Begrüßungsgeld in Empfang zu nehmen. Wenige Wochen vorher war ich von denen noch belehrt worden, wie wichtig es für einen Mitarbeiter der SFR sei, durch die Mitgliedschaft in der SED seine positive Einstellung zur DDR zum Ausdruck zu bringen.

Nun Schluss mit dem Schnee von gestern.

Obwohl alleinige Grundlage meiner Darlegungen zum Prüfungswesen der DDR die eigenen Erfahrungen sowie die internen Unterlagen der SFR bilden, interessierte mich, was das Internet an Informationen über die SFR zu bieten hat. Viel war es nicht. In allen von mir angeklickten Seiten war nichts Tiefgründiges zu finden. Die Aussage, dass die DDR über kein unabhängiges Prüfungswesen verfügte, war in allen Artikeln präsent. Das nahm ich zum Anlass, um mit einigen Verfassern dieser Artikel Kontakt aufzunehmen, was mir auch geglückt ist. Ich fragte nach, woraus sie diese Aussage abgeleitet hatten. Letztlich war es überwiegend der Umstand, der auch von mir nicht geleugnet wird, dass die SFR dem Ministerium der Finanzen der DDR unterstellt war. Demzufolge wurden allein die Interessen des Staates vertreten und damit war die SFR nicht unabhängig. So weit, so gut. Informationen über mögliche Konsequenzen von Finanzrevisionen sowie über die Arbeit der SFR überhaupt holten die Verfasser auskunftsgemäß nicht ein. Ich halte es für unseriös, über das Prüfungswesen der DDR eine Aussage zu treffen, ohne die Wirksamkeit der Arbeit der SFR zu berücksichtigen. Gerade die Wirkung einer Finanzprüfung ist einer der entscheidendsten Faktoren. In der DDR konnte in den Fällen, bei denen von der SFR gravierende Verstöße festgestellt wurden (zum Beispiel Unterschlagung, Verschwendung von Volkseigentum, Urkundenfälschung), die Wirkung sehr heftig sein. Mein Buch enthält dazu reichlich Beispiele. Ich habe aus den Gesprächen mit dem überwiegenden Teil der Verfasser von Darlegungen zum Finanzprüfungswesen der DDR für mich abgeleitet, dass es besser ist, den Forschungen über die unwiderstehlichen Reize des ägyptischen weiblichen Pharaos Kleopatra VII. (Lebenszeit 96–30 v. Chr.) Vertrauen zu schenken als diesen nach meiner Auffassung oberflächlichen und für niemanden hilfreichen Darlegungen. Es wäre traurig, wenn beispielsweise Studierenden an Verwaltungsfachhochschulen solche oberflächlichen Kenntnisse zum Prüfungswesen der DDR gelehrt werden. Ich empfehle allen Leserinnen und Lesern, sich aufgrund meiner umfangreichen Darlegungen ein eigenes Bild über die Qualität des Finanzprüfungswesens der DDR zu machen.

Mit „Finanzrevisor Pfiffig" bin einerseits ich gemeint. In erster Linie steht er jedoch für die fachlich hervorragende Arbeit aller Mitarbeiter der SFR. Mit „alle Mitarbeiter" sind nicht nur die Revisorinnen und Revisoren, die Gruppen-, Abteilungs- und Inspektionsleiter gemeint, sondern unter anderem auch die Mitarbeiter des Innendienstes und die Kraftfahrer (die meist zugleich Hausmeister waren). Besonders würdigen möchte ich nachträglich alle Sekretärinnen und Schreibkräfte. Sie leisteten eine tolle Arbeit, denn die Schreibtechnik war in der DDR nicht das Gelbe vom Ei. Auch ihre Stühle waren mit den heutigen nicht vergleichbar, was besonders für diese Berufsgruppe nachteilig war. Dazu dieses teuflische Blaupapier! Stellvertretend möchte ich aus der Inspektion Leipzig meine gute Margarethe aus Eilenburg, die Marianne, die Erika und die Heidi nennen.

Ich veröffentliche mein Buch unter dem Pseudonym „Klaus Richard Grün", da mir dieser Namen wesentlich einprägsamer erscheint als mein eigentlicher Familienname. Klaus ist mein Vorname, Richard der Vorname meines Opas und Grün war die Farbe der Prüfer der SFR.

Weshalb beziehe ich den Titel „Finanzrevisor Pfiffig" auf meine Person? Ich habe in der DDR etwa vierhundert Finanzrevisionen durchgeführt. Davon stellte ich bei etwa dreißig Revisionen erhebliche Beanstandungen (zum Beispiel Unterschlagungen) fest. Ich habe mir größte Mühe gegeben, einige dieser Prüfungen im Buch recht locker, spannend und interessant darzulegen. Zum Zeitpunkt der jeweiligen Revision war die Situation meist alles andere als lustig. Einerseits stand ich psychisch unter „Strom" und für die Betroffenen war es auch kein Zuckerschlecken. In den harmlosesten Fällen wurden Disziplinarmaßnahmen ausgesprochen. Einige der Betroffenen wurden nach den Prüfungen materiell oder disziplinarisch zur Verantwortung gezogen beziehungsweise fristlos entlassen. In einigen Fällen wurden Ermittlungsverfahren eingeleitet, in deren Ergebnis meist Freiheitsstrafen ausgesprochen wurden. Sie bekommen einige Kostproben zu lesen.
Ich verschweige nicht, dass ich als Finanzrevisor meine Befugnisse nicht nur einmal überschritten habe. Der Grund dieser (meiner) Me-

thoden war kein Eigennutz oder Größenwahn, sondern diente ausschließlich dazu, den betroffenen Personen die Grenzen ihrer Handlungsweisen aufzuzeigen. Ich hatte weder damals noch habe ich heute ein schlechtes Gewissen, nicht so ganz astreine Prüfungsmethoden angewendet zu haben. Wenn es darauf ankam beziehungsweise nach meiner Auffassung sein musste, dann hatte der „Finanzrevisor Pfiffig" eben seine besondere Art zu prüfen. Mich reizten Finanzrevisionen im Zusammenhang mit Betrugshandlungen. Für mich waren derartige Prüfungen eine Herausforderung. Besonders motiviert war ich, wenn es galt, eine „Stecknadel im Heuhaufen" zu finden. Dieser damalige „Makel", also strafbare Handlungen festzustellen und bis zum letzten Pfennig aufzuklären, hängt mir bis heute an. Andererseits bin stolz, eine Fähigkeit als Revisor der SFR besessen zu haben, die nicht jeder hatte.

Zum Schutz aller ehemaligen Kolleginnen und Kollegen der SFR hebe ich nachdrücklich hervor, dass die von mir angewendeten Methoden bei der Bearbeitung von Betrugshandlungen ausschließlich meine Methoden waren. Eine Verallgemeinerung meiner Prüfungsmethoden auf die Arbeit aller anderen Revisorinnen und Revisoren der SFR ist von mir weder beabsichtigt noch entsprechen sie der Realität. Sollten auch andere ähnliche Methoden des „Finanzrevisors Pfiffig" angewendet haben, so geschah dies rein zufällig.

Die Inspiration für meine Prüfungsmethoden entstand nach meiner Auffassung bereits in den sechziger Jahren, obwohl zu diesem Zeitpunkt nicht vorhersehbar war, dass ich jemals den Beruf eines Finanzrevisors ausüben würde. Meine Eltern konnten sich für DDR-Verhältnisse schon rechtzeitig einen Fernseher anschaffen und auch leisten. Es dürfte Anfang der sechziger Jahre gewesen sein. Als Erstes musste eine große Antenne auf das Dach, um einen einigermaßen ordentlichen Westempfang zu haben. Herrlich war es, wenn das Westbild schlecht war und die Antenne bei Wind und Regen gerichtet werden musste. Dann wurde von meinem Onkel – wir nannten ihn Männe – vom Dach aus laut gerufen, ob die Antenne im richtigen Winkel stand. In der Wohnung stellte mein Vater dann den Fernseher ein. Beginnend im Jahre 1964, da war ich zwölf Jahre alt, wurde im Westfernsehen die 52-teilige Vorabendserie „Die seltsamen Methoden des Franz Josef Wanninger" mit Beppo Brehm, Maxl Graf und Fritz

Strassner gesendet. Die darin auftauchenden Kriminalfälle wurden auf humorvolle Art gelöst. Mich hat die Art und Weise der Aufklärung der Fälle köstlich amüsiert. Eine herrliche Serie, von der ich mir erst neulich wieder einige Folgen angesehen habe. Aber auch durch andere Fernsehserien wie die Straßenfeger „Hafenpolizei" und „Graf Yoster gibt sich die Ehre" wurden wahrscheinlich erste „Saatkörner" für meine bis dahin nicht zu erahnende spätere berufliche Tätigkeit gelegt.
Durch meine vielen Gespräche und Recherchen in Vorbereitung dieses Buches bin ich zu der Schlussfolgerung gekommen, dass ich bezüglich der Anzahl der von mir bearbeiteten sowie selbst aufgedeckten Betrugshandlungen in der DDR ein „Ausnahmeprüfer" war. Das war mir vor dem Schreiben des Buches weder bewusst noch bekannt. Gleiches trifft wahrscheinlich auch auf meine zeitweise recht intensive Arbeit mit der Kripo (= Kriminalpolizei) zu. Diese Zusammenarbeit empfand ich damals als sehr gut und für beide Seiten hilfreich. Wenn ich hier das Wort „Ausnahmeprüfer" gebrauche, bedeutet das nicht, dass Sie in mir einen überheblichen Prüfer vermuten müssen. Im Gegenteil, ich bin und war sehr volkstümlich. Ich erinnere mich in diesem Zusammenhang an die Worte meines ehemaligen Abteilungsleiters, der mich mehrmals rügte, weil ich meine Leistungen als Prüfer viel zu billig verkaufte. Vor mir brauchte in den Prüfungsobjekten keiner Angst zu haben. Ich war ein sehr verständnisvoller Prüfer, der auch schon mal das eine oder andere bewusst „übersehen" hat. Für diejenigen, die jedoch etwas „gemacht hatten", konnte ich andererseits ein unbequemer, ich behaupte sogar gefährlicher Gegenüber sein.

Rückblickend bin ich mit meiner Arbeit als Finanzrevisor der SFR sehr zufrieden. Ich kann damit gut leben, dass ich für verschiedene Leute wegen meines Berufes nicht nur eine „Gefährlichkeit" ausstrahlte, sondern diese, wenn es sein musste, auch tatsächlich besaß. Kurz nach der Wende wurde ich von ehemaligen Mitarbeitern von Räten der Städte und Gemeinden angesprochen und darüber unterrichtet, dass bestimmte Leute vor mir beziehungsweise meiner Arbeit größten „Respekt" hatten. Bestürzt war ich über die Bemerkung einer ehemaligen Finanzbearbeiterin einer Gemeinde, dass einige vor mir als Prüfer die meiste Angst hatten. Zu meiner Beruhigung wollte sie damit nur ausdrücken, dass ich als Prüfer nicht „ausrechenbar" war. Ich hatte also keine bestimmten Prüfungsgebiete, die ich bei jeder Prüfung von Räten

der Städte und Gemeinden mit besonderer Vorliebe abarbeitete und auf die sich demnach jeder bereits vor Prüfungsbeginn einstellen konnte. Ein besseres Lob kann man als Prüfer kaum bekommen.
Zu viel Lob ist für einen Prüfer jedoch nicht gut. Mein guter Rudi sagte öfter: Wenn du als Prüfer laufend in Prüfungsobjekten gelobt wirst, machst du entweder etwas verkehrt oder deine fachliche Kompetenz ist nicht die beste. Ja, der Rudi kannte sich schon aus! Diese Weisheit hat bis heute nichts von ihrer Bedeutung verloren. Diesbezüglich hatte ich nach einigen Gesprächen mit Rechnungsprüfungsämtern, vorwiegend in den westlichen Bundesländern, kein so gutes Gefühl. Ich kann mich in diesen Fällen auch getäuscht haben, da bei einem derart kurzen Gedankenaustausch eine Wertung dazu kaum beziehungsweise nicht möglich ist. Jedenfalls haben mich solche Antworten, wie „Bei uns funktioniert die Zusammenarbeit zwischen Bürgermeister/Landrat und Rechnungsprüfungsamt wunderbar" irritiert.
Dass ich einerseits sehr tolerant und andererseits sehr unbequem sein konnte, hat nach meiner Ansicht viel mit meinem Sternzeichen zu tun. Ich bin „Waage" und lege sehr viel Wert auf Gerechtigkeit. Diese Einstellung hat mich in Ausübung meines Berufes geprägt und mir auch bezüglich des Vertrauens in vielen Prüfungsobjekten sehr geholfen. Dabei ist zu beachten, dass man als Finanzprüfer nirgendwo gern gesehen war (und ist), ob man es wahrhaben wollte (will) oder nicht. Ich kann mich aber an keine Prüfungsobjekte erinnern, mit Ausnahme der Prüfungen von Finanzdelikten, bei denen es deswegen zu erwähnenswerten Problemen kam. Im Laufe der Zeit hatte ich mir ein gutes Maß an Einfühlungsvermögen angeeignet. Genauso wie meine ehemaligen Kolleginnen und Kollegen strebte auch ich einen kollegialen Umgang mit den Mitarbeitern in den Prüfungsobjekten an. Nach meiner Ansicht ist mir das gut gelungen.

Das Prüfen wurde mir nicht in die Wiege gelegt. Auch ich zahlte viel Lehrgeld. Besonders das Einfügen in diese völlig unbekannte Arbeitswelt bereitete mir anfangs einige Schwierigkeiten. Damals war ich neunzehn Jahre alt und hatte von heute auf morgen mit „altgedienten" Revisorinnen und Revisoren, mit Leitern von großen und kleinen Einrichtungen, mit Bürgermeistern und Ratsmitgliedern zu tun. Wenige Wochen zuvor waren es noch meine Klassenkameraden, Lehrer, Freunde und Sportfreunde gewesen.

Nicht unerwähnt bleiben dürfen meine langen schwarzen Haare. So etwas kannte man bisher in der Inspektion Leipzig nicht. Im Staatsapparat war das zum damaligen Zeitpunkt eine Ausnahme. Nach einiger Anlaufzeit hatte man sich, bis auf Ausnahmen, an meine Haarpracht gewöhnt.

Finanzrevisor Pfiffig 1977 mit 25 Jahren

Damit Sie nicht denken, dass der „Finanzrevisor Pfiffig" ein Phantom ist, stelle ich mich Ihnen erst einmal vor. Ich bin der Klaus und wurde 1952 in Leipzig geboren. In Leipzig-Mockau besuchte ich die 23. Oberschule bis zur 8. Klasse und bestand 1971 mein Abitur an der Erweiterten Oberschule „Richard Wagner" mit der Note „Gut". Anschließend war es mein Wunsch, Koch zu lernen, um danach die Fachschule für Gastronomie in Leipzig zu besuchen. Mehrere Vorstellungsgespräche in den Personalabteilungen einiger Leipziger Hotels verliefen erfolglos. Ein Koch mit Abitur wurde nicht gebraucht. Aus meinem Lebenslauf, auf den ich bezüglich nachfolgender Darlegungen zurückgreifen musste, geht hervor, dass es nach diesen Ablehnungen bereits mein Wunsch war, Finanzökonomie zu studieren. Im Lebenslauf ist danach zu lesen, dass ich jedoch von meinen Lehrern überzeugt wurde, Pädagogik zu studieren, um so meine persönlichen Interessen mit den Interessen der Gesellschaft am besten verbinden zu können. Sie lesen richtig: heute für mich nicht mehr nachvollziehbar. Ich bewarb mich jedenfalls an der Pädagogischen Hochschule „Karl Friedrich Wilhelm Wander" in Dresden. Im Vordergrund des Studiums sollten Mathe/Geographie und natürlich Sport stehen. Ich wurde abgelehnt. Der Grund meiner Ablehnung ist nicht im Lebenslauf zu suchen. In der DDR war es üblich, angehende Abiturienten für eine mindestens dreijährige Dienstzeit bei der Nationalen Volksarmee (NVA) zu „werben". Da das bei mir nicht in Frage kam, wurde mir nach dem „Werbungsgespräch" hämisch freundlich mitgeteilt, dass jemand, der nicht länger als achtzehn Monate bei der NVA dienen will, auch nicht Lehrer und schon gar nicht Sportlehrer in der DDR werden kann. So idiotisch und unverschämt war das! Was nun? Allen Abiturienten, die keinen Studienplatz erhalten hatten, wurden verschiedene Berufsmöglichkeiten angeboten. Eine derartige Unterstützung gab es. Keiner musste auf der Straße stehen. Mir ist nicht mehr in Erinnerung, was alles angeboten wurde. Auf alle Fälle war eine Tätigkeit bei der SFR dabei. Für mich kam nur diese Arbeit in Frage. Alles, was mit Geld zu tun hatte, konnte doch nicht falsch sein. Ich sollte recht behalten. Ich wurde eingestellt.

So begann ich am 1.9.1971 meine Tätigkeit als Revisionsassistent bei der Inspektion Leipzig der SFR. Ich wurde der Abteilung Staatliche Organe und Einrichtungen, konkret der Revisionsgruppe 945, zugeordnet. Von der Inspektion Leipzig wurde – ob das auch in den anderen Inspektionen der Fall war, ist mir nicht bekannt – zur Gewinnung von neuen Mitarbeitern erstmals diese Verfahrensweise gewählt. Insgesamt zehn Abiturientinnen und Abiturienten (zwei Jungs und acht Mädels), die keinen Studienplatz erhalten hatten, fanden sich am 1.9.1971 in der Inspektion Leipzig ein und wurden vom Inspektionsleiter, von Papa Walter R., begrüßt. Von den beiden männlichen Neuen hat es übrigens später einer bis zum Leiter der Inspektion Magdeburg gebracht. Ich war es nicht.

Den Besuch einer Berufsschule gab es für uns nicht. Die Ausbildung erfolgte durch Revisorinnen und Revisoren der Inspektion Leipzig, was angenehm war. Nach dieser etwa dreimonatigen Ausbildung schloss sich ein Praktikum an. Dafür wurde für mich der Rat der Gemeinde Engelsdorf in unmittelbarer Nähe von Leipzig ausgewählt. Dieses Praktikum war sehr interessant und eine gute Vorbereitung für meine künftigen Aufgaben. Erstmals lernte ich vor Ort viele Verwaltungsabläufe in einer Gemeinde direkt kennen. Auch die Mitarbeiter des Rates der Gemeinde Engelsdorf waren in Ordnung. Jede Frage bekam ich freundlich beantwortet. Der Finanzverantwortliche war ein fachlich angesehener „Finanzer" im Kreis Leipzig. Nach Beendigung des Praktikums ging ich zu Prüfungen vorwiegend kleinerer Gemeinden und Einrichtungen mit. Ich schaute sozusagen beim Prüfen über die Schulter.

Von November 1972 bis April 1974 leistete ich meine Wehrdienstzeit bei der NVA in Weißenfels ab. Erst bei den motorisierten Schützen und danach bei den Panzern (Ladeschütze/Richtschütze). Der Kontakt zu mir wurde von meiner Dienststelle immer aufrechterhalten. Insgesamt wurde ich noch zwei Mal für jeweils sechs Wochen von der NVA zur Reserve eingezogen. Ich würde diesen Sachverhalt nicht erwähnen, wenn es dabei nicht folgendes, für mich damals unglaubliches Ereignis, gegeben hätte. In beiden Fällen meines Reservistendienstes wurde ich in eine Unteroffiziersschule in der Nähe von Leipzig einberufen. Ich hatte dort nichts auszustehen, da ich in der Finanzabteilung arbeitete. Einzelne der dort angestellten Frauen (Zivilbeschäftigte) gingen mir ganz schön auf den Geist. Ich bezeichnete sie insgeheim als „Flintenweiber". Diese bösartige Bezeichnung habe ich deshalb gewählt, weil es sich vorwiegend um Ehefrauen von Offizieren handelte, die schlimmer als ihre Ehemänner auftraten. Sie benahmen sich teilweise so, als ob sie der Regimentskommandeur persönlich gewesen wären. So etwas war mir zuwider. Eine von ihnen ist mir nur deshalb in Erinnerung geblieben, weil sie ganz passabel aussah. Während eines meiner Reservistendienste erfolgte in der Unteroffiziersschule eine Finanzprüfung. Ob meinem damaligen Finanzoffizier bekannt war, dass ich bei der SFR angestellt war, ist mit nicht mehr bekannt. Es hätte ihn wahrscheinlich auch wenig interessiert. Obwohl ich mir größte Mühe gab, war es nicht möglich herauszubekommen, was geprüft wurde. Die NVA hatte ihre eigene Prüfungsbehörde. Mein Finanzoffizier erteilte mir eines Tages den Auftrag, mit einem in der Finanzabteilung beschäftigten (ich glaube) Unterfeldwebel aus der Verkaufsstelle der MHO (= Militärische Handelsorganisation) etwas abzuholen. Es handelte sich dabei um eine große längliche, recht schwere Holzkiste, die vorerst in meinem Arbeitszimmer abgestellt wurde. Die Neugier trieb mich dazu, das Geheimnis dieser Kiste zu lüften. Es handelte sich um einen Werkzeugschrank mit Inhalt. So etwas war in der DDR eine Rarität. Nie hatte ich vorher etwas in dieser Qualität zu sehen bekommen. Wahrscheinlich war es Ware, die ausschließlich für den Export bestimmt war. Die Finanzprüfung war beendet und es wurde, wie bei Finanzrevisionen üblich, ein Abschlussgespräch geführt. An diesem Tag war auch der Werkzeugschrank aus meinem Arbeitszimmer verschwunden. Ich formuliere es einmal so: Nach meiner Kenntnis gelangte dieser Werkzeugschrank mit den feinsten Werkzeugen in den Besitz des Prüfers. Ohne es beweisen zu können, sprachen alle damaligen Anzeichen dafür, dass es sich um eine „kleine Anerkennung" für die Prüfung handelte. Für mich unfassbar! Sollte das der Fall gewesen sein, wovon ich noch heute überzeugt bin, dann hätten beide ohne Wenn und Aber umgehend aus der NVA entlassen werden müssen. Wenn meine Wahrnehmungen richtig und viele Finanzprüfer der NVA so veranlagt waren sowie eine derartige Verfahrensweise in den Prüfungsobjekten der NVA nichts Ungewöhnliches war, dann gute Nacht, Marie!

Nach Beendigung meines Wehrdienstes bei der NVA arbeitete ich noch ein paar Monate in der Inspektion Leipzig und begann am 1.9.1974 ein Studium an der Fachschule für Finanzwirtschaft in Gotha. Es war eine sehr schöne Zeit. Wir waren im Internat und besonders im Zimmer eine dufte Truppe. Heute sicher unvorstellbar, ein Zimmer für sieben

Mann! Wenn die Mädels übernachteten, war die Anzahl größer. Wir, das waren Atze und Günther aus Dresden, Benjamin aus Roßlau, Mischa aus Erfurt, Preiselbeere aus Seifen, Manfred aus Kyritz und ich aus Leipzig. Es gab drei Doppelstockbetten und ein Einzelbett. Zum Glück hatte ich das Einzelbett, was auch meinen Mädels lieber war. In der DDR waren in den Finanzberufen (unter anderem bei Banken und Sparkassen, in den Finanzabteilungen der Räte der Städte und Gemeinden usw.) vorwiegend Frauen beschäftigt. Deshalb war der Anteil der Studentinnen wesentlich höher als der der Studenten. Im ersten und zweiten Studienjahr studierten etwa 330 Mädels und 30 Jungs an der Fachschule. Besonders am Anfang des ersten Studienjahres wurden wir von vielen Mädels zu Feiern eingeladen, um unter anderem auch kleinere Reparaturen zu beheben. Diese Angebote nahmen wir dankend und reichlich an.

Mein Studium lohnte sich allein schon deshalb, weil ich dort die Ilona aus Merkwitz bei Oschatz und die Ute aus dem schönen Erzgebirge, genauer gesagt aus Bärenhecke-Johnsbach, kennenlernte. Es waren zwei tolle, nein: supertolle Mädels. Wenn es zu dieser Zeit einen Wettbewerb „Miss-Gotha" gegeben hätte, wären beide nach meiner Ansicht mit Sicherheit auf den vordersten Plätzen gelandet. Nicht nur in Gotha. Viele beneideten mich um beide. Bezüglich Ilona selbst einige Lehrer. Ilona hatte schwarze Haare, war knapp über ein Meter sechzig klein und hatte eine Superfigur, war also weder zu dick noch zu dünn – fantastisch! Bei ihr passte einfach alles – aber wirklich alles! – perfekt. Die Ute aus der Nähe von Dresden sah genauso fantastisch aus. Nur eben anders. Sie war um die ein Meter siebzig groß, hatte erst lange und dann kurze blonde Haare und eine ebenso tolle Figur. Beide hatten aber noch viel mehr zu bieten. Besonders die Ute strahlte für mich etwas aus, was ich in meinem späteren Leben nie wieder kennenlernte. Deshalb hinterließ besonders die Trennung von der Ute ein paar kleine seelische Narben. Der Spruch in der Laube meines Kleingartens „Wenn die Liebe naht, hilft kein Stacheldraht" drückt sicher am besten meine damaligen Gefühle für beide aus. Aber die Zeit heilt bekanntlich alle Wunden. Heute sage ich mir: Sei dafür dankbar, dass du Ilona und Ute in deinem Leben kennengelernt hast. Etwas Besseres hätte dir nicht passieren können!

Natürlich gab es noch reichlich andere sehr hübsche und nette Mädels. So beispielsweise die Siggi aus Dresden, die Biene von der Ostseeküste, die Christiane aus Zittau, die Evelyn aus Oschatz und nicht zu vergessen die Karin mit der damals größten Oberweite der Fachschule. Obwohl es schon lange her ist, erinnere ich mich noch an den einmaligen Urlaub mit Ute und Christiane in Mecklenburg am Fürstensee. Die Christiane war schon eine Granate. Aber hören wir mit diesem angenehmen Thema auf und verlassen meine Studienzeit – fast.

Einen Sachverhalt im Zusammenhang mit meiner Studienzeit möchte ich noch erwähnen, von dem ich erst bei der Aushändigung meiner Personalunterlagen bei der Auflösung der SFR Kenntnis erhielt. Danach hatte ich eine ziemliche Wut auf einige Leute der Fachschule. Mein Chef, also der Lothar, hatte mit Schreiben vom 30.12.1976 eine Leistungseinschätzung über mich erarbeitet. Laut dieser Einschätzung hatte ich meine Arbeiten im Rahmen des Praktikums beim Rat des Kreises Eilenburg vollständig und in guter Qualität erfüllt. Er unterstützte deshalb den Vorschlag, mir ab 1.1.1977 bereits 70,0 % des Anfangsgehaltes der Gehaltsgruppe 6, was einem Nettogehalt von 545,00 M entsprach, zu zahlen. Mit Schreiben vom 1.1.1977 teilte der Leiter der Inspektion Leipzig der Fachschule mit, dass er es für gerechtfertigt hielt, mein Stipendium auf 70,0 % des Anfangsgehaltes zu erhöhen. Von der Fachschule wurde zu diesem Vorschlag eine Stellungnahme erbeten. In der Antwort der Fachschule vom 12.1.1977 wurde dem Inspektionsleiter mitgeteilt, dass die Beratung mit der Fachgruppe Staatshaushalt, insbesondere mit dem Seminargruppenberater, ergeben hatte, dass die schulischen Leistungen nicht so eingeschätzt werden können. Als wesentlichster Grund war angegeben, dass meine gesellschaftlichen Leistungen nicht herausragend waren und ein so wichtiges Fach wie ML (Marxismus-Leninismus) erst im 4. Seminarkurs abgeschlossen sei. Diese Ablehnung führte dazu, dass ich diese, für mich als Student enorme, Erhöhung des Stipendiums nicht erhielt. Eine Sauerei der Fachschule ersten Grades. Leider wurde auf dem mit sozialistischem Gruß unterzeichneten Schreiben der Fachschule der Name des Unterzeichners unkenntlich gemacht. Weshalb eigentlich? Gern hätte ich den Unterzeichner dieses Schreibens sowie den Fachgruppenberater ausfindig gemacht, um ihnen nachträglich einige „Dankesworte" zukommen zu lassen.

Überblick über die Themen dieses Buches

Stürzen wir uns ab hier intensiv in das Abenteuer Finanzprüfungswesen der DDR. Damit Sie den Überblick nicht verlieren, habe ich meine umfangreichen Darlegungen wie folgt gegliedert:

- Kurze Ausführungen zur Geschichte des Prüfungswesens in Deutschland
- Aufgaben, Rechte und Pflichten der SFR
- Arbeitsweise und Aufbau der SFR
- Angaben zur Anzahl der Mitarbeiter der SFR insgesamt sowie speziell in der Inspektion Leipzig
- Anzahl ausgewählter Prüfungsobjekte der Abteilung Staatliche Organe und Einrichtungen in der gesamten DDR sowie im Bezirk Leipzig
- Aufbau der Inspektion Leipzig
- Durchführung einer Finanzrevision
- Interne Unterlagen der SFR
- Grundsätze der Arbeit der SFR
- Die 6 Prüfungsgeheimnisse des „Finanzrevisors Pfiffig"
- Prüfungsfeststellungen aus staatlichen Organen und Einrichtungen sowie volkseigenen Betrieben des Bezirkes Leipzig

Sie werden ebenfalls etwas über meine ehemaligen Kolleginnen und Kollegen erfahren, die ein ganz lustiges Völkchen waren. Die von mir verwendeten Vornamen entsprechen der Wahrheit. Aufgrund meiner Unterlagen ist es mir möglich, Ihnen meinen Verdienst exakt anzugeben. In der Hoffnung, dass viele ehemalige Mitarbeiter der Inspektion Leipzig dieses Buch lesen, werde ich speziell für diese die für mich attraktivste Frau der Inspektion Leipzig, mit ihrer Zustimmung, nennen. Nach diesen Darlegungen erwarten Sie Ausführungen zu den Prüfungsaufgaben bei der Währungsreform und danach eine Reihe von speziell mit der Wiedervereinigung verbundenen Erinnerungen. So beispielsweise über die Erfüllung einiger meiner Wünsche, über Namensänderungen von Berufen, über gravierende Veränderungen in der Tierwelt der neuen Bundesländer, über gesundheitliche Probleme vieler ehemaliger DDR-Bürgerinnen und -Bürger, über die magische Anziehungskraft der Deutschen Mark und das Aufleben älterer Filme. Außerdem bringe ich nachträglich meine Bewunderung über fantastische Künstler aus den alten Bundesländern zum Ausdruck. Nicht zu vergessen meine kurzen, aber recht heftigen Ausführungen über einige unserer „Brüder aus dem Westen", die sich schamlos mit finanziellen Mitteln, die zum Aufbau in den neuen Bundesländern bestimmt waren, ihre Taschen bis zum Rand gefüllt haben. Daran schließen sich Darlegungen zum Aufbau der Landesrechnungshöfe in den neuen Bundesländern sowie zur Arbeit der Landesrechnungshöfe insgesamt an. Den Schluss meines Buches bilden Bemerkungen zu den örtlichen Prüfungen der Rechnungsprüfungs- beziehungsweise Revisionsämter in den Gebietskörperschaften. Den Höhepunkt der Darlegungen zu den örtlichen Prüfungen der Rechnungsprüfungsämter bilden Ausführungen zu einer von mir im Sinne des Gemeinwohls aller Bürgerinnen und Bürger des Freistaates Sachsen konstruierten Prüfungsbehörde, der „Sächsischen Revisionskammer". Dieses „Phantom" ist dazu gedacht, die entsprechenden Stellen dazu anzuregen, ernsthaft über die gegenwärtige Stellung des kommunalen Prüfungswesens in der BRD nachzudenken.

Nicht zu vergessen sind die Auflockerungen durch humorvolle Beiträge. So erfahren Sie, was in der DDR ein Revisor war, wie der Revisor Dr. Stier die Frau Schwantulek fast zur Verzweiflung brachte und welche Weisheiten es über die Leiter in der DDR gab. Außerdem erfreue ich Sie mit der „Ballade vom Revisor" und mit dem Inhalt eines 1978 geschriebenen Briefes eines ehemaligen Kollegen der Inspektion Leipzig aus Zinnowitz an der Ostsee, wo damals ein Wohnwagen für Ferienaufenthalte zur Verfügung stand. Ist das nicht ein volles Programm? Oma Emma würde jetzt sagen: „Aber nu ran an de Buletten!" Also: Auf die Plätze, fertig, los!

Die Geschichte des Prüfungswesens in Deutschland

Laut Angaben auf der Internetseite des Sächsischen Rechnungshofes gründete 1707 August der Starke mit Errichtung der Oberrechenkammer die erste unabhängige Finanzkontrollbehörde in Deutschland. 1842 erfolgten durch König Friedrich August II. eine grundlegende Reorganisation des Prüfungswesens und eine Erweiterung der Prüfungszuständigkeiten. Die Prüfungsbehörde erhielt den Namen „Ober-Rechnungskammer". Nach Errichtung des Freistaates Sachsen wurde am 14.7.1922 per Gesetz der Staatsrechnungshof als oberste Kontrollbehörde gemäß Artikel 48 der Landesverfassung geschaffen. 1936 wurden die Rechnungshöfe der Länder aufgelöst und 5 Rechnungshöfe zu Außenabteilungen des Rechnungshofes des Deutschen Reiches degradiert. 1940 wurde die Außenabteilung Sachsen von Leipzig nach Dresden verlegt. Nach Beendigung des Zweiten Weltkrieges verhandelte ein ehemaliges Mitglied des Rechnungshofes mit dem Oberbürgermeister der Stadt Dresden und erwirkte die Genehmigung zur Weiterarbeit. Die Errichtung des Landesrechnungshofes wurde Anfang Juli 1945 bestätigt. 1949 wurde die Tätigkeit des Rechnungshofes durch die Errichtung einer Kontroll- und Revisionsabteilung beim Sächsischen Ministerium der Finanzen abrupt beendet. 1952 verlor die unabhängige sächsische Finanzkontrolle ihre Grundlage durch die Zentralisierung unter Ausschluss der Länder. Mit der Verordnung vom 6.11.1952, in meinem Geburtsjahr, wurde die SFR gegründet und dem Finanzministerium der DDR unterstellt. Am 30.6.1990 war die SFR Geschichte. Am 1.7.1990 wurde das Gesetz über den Rechnungshof der Republik in Kraft gesetzt. Danach war der Rechnungshof das zentrale Organ der Finanzkontrolle der DDR. Im Rahmen seiner gesetzlichen Aufgaben unterstützte der Rechnungshof die Volkskammer und die Regierung bei ihren Entscheidungen. Der Rechnungshof hatte seinen Sitz in Berlin und konnte Außenstellen bilden. Aus der Inspektion Leipzig der SFR wurde die Außenstelle Leipzig des Rechnungshofes der DDR. Schon mit dem Einigungsvertrag vom 31.8.1990 war auch das wieder Geschichte. Mit Wirkung vom 3.10.1990 wurde die Arbeit der Außenstellen des Rechnungshofes der DDR eingestellt. Am 11.12.1991 trat das Gesetz über den Rechnungshof des Freistaates Sachsen in Kraft.

Aufgaben, Rechte und Pflichten der SFR

Mit Verordnung vom 6.11.1952 wurde die SFR geschaffen und dem Finanzministerium der DDR unterstellt. Grund war, dass „die bisherigen Methoden nicht mehr genügten, um die Erfolge des Kampfes um die Steigerung der Arbeitsproduktivität und die Senkung der Selbstkosten für den Ausbau des Sozialismus in der DDR sicherzustellen. Es bedurfte dazu einer gründlichen Revision in allen staatlichen Einrichtungen und volkseigenen Betrieben." Zur Durchführung der Revisionen wurde im Ministerium der Finanzen eine „Verwaltung Finanzrevision" als Abteilung des Ministeriums eingerichtet. Dieser Verwaltung unterstanden Revisionsinspektionen, die in den Bezirken und Kreisen gebildet wurden. In den §§ 14 und 15 dieser Verordnung war festgelegt, „dass die Revisionsorgane berechtigt waren, den geprüften Stellen zur Beseitigung der bei den Revisionen aufgedeckten Mängel bindende Weisungen zu erteilen. Um die Befolgung ihrer Weisungen zu sichern, konnten sie Sperrungen von Konten und Krediten veranlassen. Bei Verstößen gegen die Gesetze der Finanzdisziplin waren die Revisionsorgane verpflichtet, die verantwortlichen Personen festzustellen und den Organen der Staatsanwaltschaft Mitteilung zu machen". Die Leiter der Inspektionen konnten gegen die Leiter der geprüften Institutionen oder Organisationen Ordnungsstrafen sowie Disziplinarmaßnahmen vorschlagen.

Genannte Verordnung wurde mit dem „Beschluss über die Aufgaben, die Arbeitsweise und den Aufbau der SFR" vom 12.5.1967 aufgehoben. Auf Grundlage dieses Beschlusses wurde im Auftrage des Ministerrates der DDR vom Minister der Finanzen die SFR als einheitliche, von den staats- und wirtschaftsleitenden Organen unabhängige Finanzrevision organisiert. Die SFR hatte die Aufgabe, in allen Bereichen der Volkswirtschaft Aufwand und Nutzen der wirtschaftlichen Tätigkeit, insbesondere die Bildung und Verwendung der staatlichen Geldfonds sowie die Verwaltung und Nutzung des Volkseigentums zu kontrollieren. Ihre Tätigkeit war auf die Erhöhung des Nutzeffekts der gesellschaftlichen Arbeit zur Sicherung eines hohen Zuwachses an Nationaleinkommen und gegen Verschwendung von materiellen Fonds und finanziellen Mitteln gerichtet. Es gab konkrete Festlegungen zur Prüfung der finanzwirtschaftlichen Tätigkeit der volkseigenen Betriebe, der staats- und wirtschaftsleitenden Organe und der staatlichen Einrichtungen sowie der Prüfung der Ordnungsmäßigkeit der Jahresbilanzen der volkseigenen Betriebe und wirtschaftsleitenden Organe sowie der Jahresrechnungen der zentralen und örtlichen Staatsorgane. Die SFR war berechtigt, bei der Feststellung von Verstößen gegen die staatliche Ordnung auf dem Gebiet der Finanzwirtschaft Auflagen zur Herstellung der staatlichen Ordnung zu erteilen. Hinsichtlich der Kontrolle in den staatlichen Organen und Einrichtungen, also meines Aufgabengebietes, enthielt der Beschluss unter anderem folgende Prüfungsschwerpunkte:

- Die Wahrung der Rechte der örtlichen Volksvertretungen bei der Planung und Durchführung des Haushaltes
- Die vollständige Erfassung, termingemäße Einziehung und ordnungsgemäße Abrechnung der Haushaltseinnahmen
- Die Verwendung der Haushaltsausgaben auf Grundlage der gesetzlichen Bestimmungen
- Die dauerhafte Gewährleistung des Schutzes des Volkseigentums und die Beseitigung der Ursachen für volkswirtschaftliche Verluste
- Die Einhaltung des sozialistischen Sparsamkeitsprinzips
- Die Senkung der Verwaltungskosten
- Die sparsamste Verwendung der für Investitionen bereitgestellten finanziellen Mittel
- Die Einhaltung der staatlichen Ordnung auf dem Gebiet der Stellenpläne und der Entlohnung
- Die ordnungsgemäße Erfassung und Bewertung sowie Verwaltung und Nutzung des staatlichen Vermögens
- Die Sicherheit im Geldverkehr

Die Arbeitsweise der SFR

Die SFR hatte eine wirksame Kontrolle der Durchsetzung der erteilten Auflagen zu organisieren und eine umfassende und schnelle Auswertung der Prüfungsergebnisse vorzunehmen. Die Arbeitsweise war so zu gestalten, dass die Revisionstätigkeit im Rahmen der regelmäßig durchzuführenden Finanzrevisionen auf Schwerpunkte orientiert sowie in hoher Qualität und mit rationellen Arbeitsmethoden erfolgte. Zur Erhöhung der Effektivität der Kontrolltätigkeit hatte die SFR mit den Banken, den Organen der Arbeiter-und-Bauern-Inspektion sowie dem

Amt für Preise zusammenzuarbeiten. Auch zur politisch-ideologischen Erziehung und der fachlichen Qualifikation gab es Festlegungen. So war die fachliche Qualifikation der Prüferinnen und Prüfer ständig zu verbessern, um die Erfüllung der Revisionsaufgaben in guter Qualität zu sichern. Die Mitarbeiter waren durch umfassende Auswertung und gründliche Erläuterung der Beschlüsse von Partei und Regierung zu befähigen, ihre praktische Revisiontätigkeit unmittelbar mit der Lösung der politischen Aufgaben zu verbinden. Als Mitarbeiter der SFR waren politisch und fachlich hochqualifizierte Kader einzusetzen, die in der Lage waren, in volkseigenen Betrieben, staats- und wirtschaftsleitenden Organen sowie staatlichen Einrichtungen die Durchsetzung der gesamtstaatlichen Interessen zu sichern und die, ausgehend vom Wesen der Beschlüsse, bei der Beurteilung ökonomischer Tatbestände jeden Schematismus zu vermeiden hatten. Die Arbeit war so zu organisieren, dass zur Durchführung der Revisionsaufgaben nur der unbedingt notwendige Verwaltungsaufwand entstand. Bei Verdacht auf strafbare Handlungen war dem zuständigen Staatsanwalt unverzüglich Mitteilung zu machen. Alle Mitarbeiter hatten ihre erzieherische Tätigkeit zur Einhaltung der staatlichen Ordnung in den Vordergrund zu stellen.
Gemäß Abschnitt IV Punkt 2 des „Beschlusses über die Aufgaben, die Arbeitsweise und den Aufbau der SFR" hatten die Mitarbeiter der SFR das Recht,

- alle erforderlichen Dokumente und Unterlagen einzusehen, mündliche und schriftliche Erklärungen zu verlangen und Besichtigungen in den volkseigenen Betrieben, staats- und wirtschaftsleitenden Organen und staatlichen Einrichtungen vorzunehmen,
- bei dem zuständigen kontoführenden Geld- und Kreditinstitut Auskunft über den Stand und die Bewegung der Bank- und Postscheckkonten einzuholen,
- in besonderen Fällen Gutachten zur besseren Beurteilung ökonomischer Tatbestände anzufordern und
- von den Leitern volkseigener Betriebe, staats- und wirtschaftsleitender Organe und staatlicher Einrichtungen zu verlangen, dass diejenigen Leiter und Mitarbeiter, die gegen die sozialistische Gesetzlichkeit verstießen, die falsche Angaben machten, Unzulänglichkeiten zudeckten und Volkseigentum verschwendeten, zur Verantwortung gezogen wurden.

Um keine Missverständnisse aufkommen zu lassen: Auch wenn hier von den Mitarbeitern der SFR die Rede ist, hatte ich als Prüfer das Recht, alle erforderlichen Dokumente zu verlangen und einzusehen sowie mündliche und schriftliche Erklärungen zu verlangen. Zur Inanspruchnahme der anderen Rechte war selbstverständlich ein bestimmtes Verfahren vorgeschrieben. Ich besaß keine „Diensthandschellen". Ich erhielt während meiner Prüfungszeit nur einmal vom Staatsanwalt eine Genehmigung zur Kontoeinsicht. Der überwiegende Teil der Revisoren wird in seiner gesamten Dienstzeit nie mit einer solchen Genehmigung in Berührung gekommen sein, weil das aufgrund ihrer Prüfungsfeststellungen nicht erforderlich war. Mir wurde nur in einem Fall die Einsicht in Unterlagen verweigert, weil ich keine Berechtigung der in diese Geheimhaltungsstufe eingeordneten Belege besaß. Die Prüfung dieser Unterlagen erfolgte dann von einem Gruppenleiter. Es handelte sich um Zahlungen an Sportler.

Es gab übrigens im Rahmen unserer Tätigkeit drei Geheimhaltungsstufen. Diese waren „Vertrauliche Dienstsache" (VD), die alle Revisoren einsehen durften. Danach kam die „Vertrauliche Verschlusssache" (VVS). Laut mir erteilter Auskünfte besaßen die Revisionsgruppenleiter und deren Vorgesetzte die Berechtigung, Unterlagen mit diesen Berechtigungsstufen einzusehen. Zur Einsicht von Unterlagen mit der Geheimhaltungsstufe „Geheime Verschlusssache" (GVS) waren nur der Inspektionsleiter sowie dessen Vertreter und die Abteilungsleiter berechtigt. Fast hätte ich die absolut höchste Geheimhaltungsstufe vergessen. Das war die Stufe VLV. Ausgeschrieben: „Vor dem Lesen vernichten." ☺

Nach nun auch zwanzigjähriger Tätigkeit im Prüfungswesen der BRD und den dabei gewonnenen Erfahrungen bin ich zur Erkenntnis gelangt, dass gerade die Befugnisse der SFR wesentlich dazu beigetragen haben, die Ordnung und Sicherheit beim Umgang mit finanziellen Mitteln und materiellen Fonds in der DDR durchzusetzen. Für mich gehörte das zur Normalität. Ich hielt das für gut und erforderlich. Im Interesse eines ordnungsgemäßen Umgangs mit finanziellen Mitteln wünschte ich mir als Prüfer in zahlreichen Situationen nach der Wende insgeheim, über Rechte ähnlich der bei der SFR zu verfügen. Bei diesen Prüfungen machte ich mir bereits darüber Gedanken, was eine derartige Hilflosigkeit des Prüfungswesens für einen Sinn haben sollte.

Der Aufbau der SFR und die Anzahl der Planstellen

In jedem Bezirk befand sich eine Inspektion. Damit gab es in der DDR 14 Inspektionen der SFR. Berlin hatte als Hauptstadt eine gesonderte Inspektion. Alle Inspektionen unterstanden der Zentrale der SFR, die direkt beim Finanzministerium in Berlin angesiedelt war. Je nach Bezirksgröße war die Anzahl der Mitarbeiter in den einzelnen Inspektionen unterschiedlich. Neben der Inspektion Berlin waren in den Inspektionen Dresden und Leipzig die meisten Mitarbeiter angestellt. Die wenigsten Mitarbeiter gab es in der Inspektion der „Gebirgsrepublik" Suhl. Jeder Inspektion standen ein Inspektionsleiter sowie ein Stellvertreter vor. Vor dem Schreiben des Buches war mir die Anzahl der Planstellen bei der SFR nicht bekannt. Über die bei meinen Recherchen dazu aus sicherer Quelle erhaltene Auskunft war ich sehr erstaunt. Insgesamt gab es rund 2.000 (in Worten: zweitausend) Prüferplanstellen für die gesamte DDR. Davon 1.500 für die Prüfung der volkseigenen Betriebe und 500 für die Prüfung der staatlichen Organe und Einrichtungen. Selbst aus heutiger Sicht unglaublich. Oder?

In der Inspektion Leipzig gab es etwa 110 Planstellen (bei der Gründung wesentlich weniger). Ich wurde darauf hingewiesen, dass meist nur knapp über 90 Planstellen besetzt waren. Der Hauptsitz der Inspektion Leipzig befand sich in der Harkortstraße, wo auch der Inspektionsleiter, der Stellvertreter und die Verwaltung ihren Sitz hatten. Die Inspektion Leipzig war in drei Prüfungsabteilungen gegliedert, die jeweils von einem Abteilungsleiter geleitet wurden. Die anzahlmäßig größte Abteilung war die Abteilung Industrie, die für die Prüfung der bezirks- und zentral geleiteten Industrie verantwortlich war. Eine weitere Prüfungsabteilung war die Abteilung Handel, Versorgung, Landwirtschaft und Bau, die unter anderem die bezirksgeleiteten Handelseinrichtungen sowie kreis- und volkseigenen Güter zu prüfen hatte. Die Dritte im Bunde war die Abteilung Staatliche Organe und Einrichtungen mit Sitz in der Bernhard-Göring-Straße. Sie setzte sich aus den Revisionsgruppen Stadt Leipzig, Nord, Süd sowie einer Zentralen Gruppe zusammen. Die Revisionsgruppe Stadt Leipzig war zuständig für die Prüfung des Rates der Stadt Leipzig mit all seinen Stadtbezirken und sämtlichen stadtgeleiteten Einrichtungen. Prüfungsobjekte der Zentralen Gruppe waren der Rat des Bezirkes Leipzig, Verlage, Fach- und Hochschulen sowie Sparkassen im Bezirk Leipzig. Die Revisionsgruppen Nord (Revisionsgruppe 945) und Süd (Revisionsgruppe 944) waren für die Prüfungen der staatlichen Organe und Einrichtungen in den Nord- beziehungsweise Südkreisen des Bezirkes Leipzig zuständig.

Anzahl ausgewählter Prüfungsobjekte/Katalog der Revisionsobjekte

Damit Sie eine Vorstellung von der Anzahl der Prüfungsobjekte der Abteilung Staatliche Organe und Einrichtungen der SFR in der gesamten DDR erhalten, sehen Sie hier einige Angaben aus den Statistischen Jahrbüchern der DDR der Jahre 1981 und 1988.

Prüfungsobjekte	**Gesamte DDR**		**Bezirk Leipzig**	
	1980	**1987**	**1980**	**1987**
Städte und Gemeinden	7.553	7.565	424	422
Zehnklassige allgemeinbildende Oberschulen, Erweiterte allg. Oberschulen, Sonderschulen	5.906	5.898	448	434
Berufsschulen	977	957	80	80
Fachschulen	237	237	keine Angaben	keine Angaben
Universitäten und Hochschulen	53	53	keine Angaben	keine Angaben
Kultur- und Klubhäuser	1.053	1.709	73	116
Musikschulen	94	109	6	keine Angaben
Theater	152	213	11	17
Museen	636	721	44	51
Zoologische Gärten	102	119	5	15

und Heimattiergärten				
Jugenderholungs-einrichtungen	253	269	12	13
Staatliche Krankenhäuser	464	461	keine Angaben	keine Angaben
Staatliche Kinderkrippen	5.501	6.674	465	529
Dauerheime für Säuglinge und Kleinkinder	104	129	9	12
Staatliche Feierabend- und Pflegeheime	966	1.006	66	67

Wie war es mit einem Personalbestand von 500 Prüfern in den Abteilungen Staatliche Organe und Einrichtungen in der gesamten DDR möglich, eine derartig große Anzahl von Objekten zu prüfen?

Einen Zahn kann ich Ihnen gleich ziehen: Bei den Revisionen wurde in den Prüfungsobjekten nicht „nur Staub gewischt". Im Übrigen waren auch Staubtücher in der DDR knapp. Eines war die Bewältigung dieser Aufgabe durch die SFR auf alle Fälle: eine Meisterleistung.

Wesentlich zur Bewältigung dieser Aufgabe trugen die für alle Inspektionen geltenden einheitlichen Prüfungszeiten bei. Grundlage der Prüfungszeiten bildete der „Katalog der Revisionsobjekte nach Objektkategorien" – kurz als R-Katalog bezeichnet. Dieser R-Katalog wurde im Auftrage des Ministeriums der Finanzen der DDR von der Abteilung Kontrolle und Revision Anfang der sechziger Jahre erarbeitet. Ich bin vielleicht der einzige ehemalige Revisor der SFR, der noch im Besitz des R-Katalogs ist.

Der R-Katalog enthält alle zum damaligen Zeitpunkt in der Praxis mehrfach oder einzeln vorkommenden Revisionsobjekte gegliedert nach dem Schwierigkeitsgrad der durchzuführenden Finanzrevisionen aufsteigend von 1 bis 10. Grundlage dieser Bewertung waren unter anderem solche Merkmale der Revisionsobjekte wie Funktion, Struktur, Bedeutung, Umfang und Lage. Als Revisionsobjekte waren darin alle Prüfungseinheiten aufgeführt, die selbstständig geleitet über finanzielle oder materielle Mittel verfügten, die einnahmen, ausgaben, verwerteten oder verwalteten, auch wenn sie räumlich mit anderen Einheiten verbunden oder wenn Teile von ihnen räumlich getrennt waren. Der R-Katalog bildete gleichzeitig die Grundlage für

- die Objekterhebungen,
- die Festlegung von Tätigkeits- und Qualifikationsmerkmalen,
- die Aufstellung von Tarif-, Struktur- und Stellenplänen,
- die Aufstellung von Perspektiv- und Arbeitsplänen,
- die Festlegung von Vorgabezeiten für die Revisionen
- und die Ausarbeitung von Revisionsrichtlinien und methodischen Hinweisen.

Für die Abteilung Staatliche Organe und Einrichtungen waren vorwiegend die im R-Katalog erläuterten Revisionsobjektgruppen III (Banken, Versicherungen, Sparkassen), IV (Staatsorgane – gegliedert nach zentralen Staatsorganen, Bezirken, Kreisen, Städten und Stadtbezirken, Gemeinden) und Einrichtungen (gegliedert nach Einrichtungen mit Dauerbelegung und Vollverpflegung, Einrichtungen zur Betreuung, Bildung und Erziehung, Einrichtungen mit Versorgungs- und ähnlichem Charakter – brutto geplant –, sonstigen Spezialeinrichtungen nach Kategoriegröße, betrieblichen Einrichtungen) sowie VI (kommunale Wirtschaft netto) von Bedeutung. Dieser R-Katalog ist für mich noch heute ein Beweis dafür, wie professionell in der DDR das Prüfungswesen organisiert war.

Die Revisionsgruppe 945 der Inspektion Leipzig

Mein Arbeitsplatz war in der Revisionsgruppe 945 der Abteilung Staatliche Organe und Einrichtung der Inspektion Leipzig. Diese Revisionsgruppe war zuständig für alle Prüfungsobjekte in den Nordkreisen des Bezirkes Leipzig. Dazu gehörten die Kreise Eilenburg, Delitzsch, Wurzen, Torgau, Oschatz sowie der Kreis Leipzig. Für jeden dieser Kreise mit allen dazugehörigen Prüfungsobjekten war ein Verantwortlicher eingesetzt. Ich war unter anderem verantwortlich für den Kreis Eilenburg. Dort hatte ich sehr kompetente und angenehme Ansprechpartner. Später war ich für den Kreis Leipzig verantwortlich. In jedem Kreis dieser beiden Revisionsgruppen hatte die SFR ein Zimmer als Außenstelle angemietet. Für die Prüfer, die außerhalb von Leipzig in den jeweiligen Kreisen wohnten, waren die Außenstellen ein Segen. Wenn sie beispielsweise ihre Protokolle zu schreiben hatten, war es nicht erforderlich, nach Leipzig zur Dienststelle zu fahren, sondern ihr Anlaufpunkt beziehungsweise Arbeitsplatz war an diesen Tagen die Außenstelle. Auch das war ein Ausdruck von Wirtschaftlichkeit und Bürgernähe der SFR. Da sich diese Außenstellen meist in den Gebäuden befanden, wo auch die Räte der Kreise ihren Sitz hatten, waren kurze Verwaltungswege gewährleistet. Diese Organisation war außerdem ein hoher Vertrauensbeweis. Sehr schöne Außenstellen gab es in Eilenburg – mit Blick auf den Marktplatz – und in Torgau. Die Außenstelle in Torgau befand sich direkt über dem Bärenzwinger im Schloss Hartenfels. Gegenüber war die „Puddingschule", wo die Ausbildung von Kindergärtnerinnen erfolgte. Die schlimmste Außenstelle befand sich im Gebäude des damaligen Rates des Kreises Leipzig. Es gab dort nur kleine Fenster. Täglich musste man das Licht brennen lassen, um ordnungsgemäß arbeiten zu können. Im Winter war es teilweise so kalt, dass wir für dieses Zimmer eine Sondergenehmigung für das Betreiben von zwei Bahnheizkörpern besaßen. Eigentlich war dieses Arbeitszimmer eine Zumutung. Heute könnte man so etwas nur als Abstellkammer nutzen. Trotzdem kann ich mich nicht erinnern, dass wir uns darüber beschwerten. Es war nun einmal so. Außerdem waren wir ja überwiegend im Außendienst. Unser Lothar, der Gruppenleiter, hatte seinen Hauptsitz in Wurzen.

Prüfungsobjekte meiner Revisionsgruppe waren 6 Räte der Kreise, 13 Städte (unter anderem Markkleeberg, Schkeuditz, Taucha, Markranstädt, Wurzen, Oschatz, Torgau, Delitzsch, Eilenburg, Brandis und Bad Düben) sowie etwa 180 Gemeinden von, bezogen auf die Einwohnerzahl, sehr unterschiedlicher Größe. Es gab Gemeinden mit gerade einmal 120 Einwohnern, aber auch mit mehreren Tausend, zum Beispiel Böhlitz-Ehrenberg im Kreis Leipzig. Dazu kam eine Vielzahl von kreisgeleiteten Einrichtungen wie beispielsweise das Fachkrankenhaus für Neurologie und Psychiatrie Altscherbitz in Schkeuditz, die Kliniken Hubertusburg, Krankenhäuser, Alten- und Pflegeheime, Kreisstellen für Unterrichtsmittel, Jugendherbergen, Musikschulen, Sternwarten und Museen. Nicht zu vergessen die nachgeordneten Einrichtungen der Städte und Gemeinden wie Schulen, Kindergärten und Kinderkrippen, Kulturhäuser, Dorf- und Jugendklubs, Bibliotheken, Freibäder und sogar solche Objekte wie Wäscherollen und Wannenbäder. Sehr interessante Prüfungsobjekte waren die Tiergärten in Eilenburg und Delitzsch. Es gab – und es gibt ihn noch – sogar einen Schulzoo im damaligen Ortsteil Wehlis der Stadt Schkeuditz. Auch diesen hatte ich einmal zu prüfen.

Zentrale Prüfungsaufgaben

Von Zeit zu Zeit wurden von der Zentrale in Berlin kurzfristig Prüfungsaufgaben zu bestimmten Themen angeordnet. Diese Prüfungen hatten alle Inspektionen in der gesamten DDR im selben Zeitraum durchzuführen. Jede Inspektion war unter Einhaltung des vorgegebenen Termins verpflichtet, eine Abschlussinformation zu erarbeiten. Alle Abschlussinformationen wurden in der Zentrale zu einer Gesamtinformation zusammengefasst und danach dem jeweiligen Ministerium zur Verfügung gestellt. Ich erinnere mich an solche zentralen Prüfungsaufträge wie die Prüfung von Jugendherbergen, die Prüfung der Einnahmen und Ausgaben der Kinder- und Jugendspartakiade, die Prüfung der Erfassung Ablieferung von Küchenabfällen zur Futteraufbereitung sowie eine Prüfung im Bereich der Antiquitäten. Der Name Schalck-Golodkowski war mir zum Zeitpunkt der Prüfung im Bereich Antiquitäten nicht bekannt. Eine Aufgabe bestand darin, im häuslichen Umfeld Kennzeichen von Dienstwagen zu notieren und an die Dienststelle zu melden. Diese Angaben wurden dann mit den Unterlagen zum Beispiel in den volkseigenen Betrieben verglichen, um festzustellen, ob erforderliche Genehmigungen vorlagen, die Dienstfahrzeuge am Wohnort abzustellen beziehungsweise privat zu nutzen. Wie diese betrieblichen Autokennzeichen zu erkennen waren, kann ich mich nicht mehr erinnern. Ich habe weder nach derartigen Autokennzeichen Ausschau gehalten noch der Dienststelle Kennzeichen mitgeteilt. Das ging mir etwas zu weit.

Durchführung einer Finanzrevision

Wie hat der „Finanzrevisor Pfiffig" in den staatlichen Organen und Einrichtungen eine Finanzrevision durchgeführt? Meine Arbeitsweise traf sicher in vielen Abläufen auch auf alle anderen Revisorinnen und Revisoren der SFR zu. Da ich jedoch der Autor dieses Buches bin, möchte ich Ihnen meine Verfahrensweise beschreiben. Ich gehe auch auf Arbeitsmaterialien ein, die allen Mitarbeitern der SFR zur Verfügung standen. Für die nachfolgenden Darlegungen ist es wichtig zu wissen, dass in den Verwaltungen und auch bei der SFR kaum Technik zur Verfügung stand beziehungsweise diese ein bescheidenes Niveau hatte. Natürlich mit Ausnahme meines bereits erwähnten Taschenrechners vom „Klassenfeind". So wurde sehr viel mit Karteikarten gearbeitet (zum Beispiel in der Lagerwirtschaft), was einen hohen manuellen Arbeitsaufwand erforderlich machte.

Ziel von planmäßigen Finanzrevisionen in den staatlichen Organen und Einrichtungen war es, die Volksvertretung und den Rat bei der Wahrnehmung ihrer Verantwortung für den effektiven und rationellen Einsatz der materiellen und finanziellen Fonds zur Versorgung und Betreuung der Bürger auf Grundlage der Beschlüsse und Rechtsvorschriften sowie die Gewährleistung der Ordnungsmäßigkeit der Haushaltswirtschaft und des Schutzes des Volkseigentums zu unterstützen. Das erforderte

- die Sicherung der planmäßigen und termingerechten Realisierung der Einnahmen des Staates und eine zielgerichtete Einflussnahme auf die Reduzierung von Einnahmerückständen,
- eine strikte Durchsetzung der Beschlüsse zur Betreuung und Versorgung der Bürger auf der Grundlage des Planes bei der Einhaltung der materiellen Kontingente und festgelegten Limits,
- die optimale Nutzung der vorhandenen Kapazitäten, Grundfonds, Ausrüstungen und Materialbestände,
- die dauerhafte Gewährleistung des Schutzes des Volkseigentums und die Beseitigung der Ursachen für volkswirtschaftliche Verluste.

Ausnahmen bildeten die Revisionen, die beispielsweise aufgrund von Hinweisen zu Betrugshandlungen mit dem Ziel erfolgten, durch Unterlagen Beweise zu erbringen oder die Behauptungen zu entkräften. Das

Feststellen von Betrugshandlungen bei planmäßigen Revisionen waren lediglich „Abfallprodukte" einer ordnungsgemäß vorbereiteten und durchgeführten Finanzrevision.

So einfach, wie ich es hier formuliert habe, war es natürlich nicht. Ich gehe bei der Darlegung meiner „6 Prüfungsgeheimnisse" näher darauf ein.

Wer das Feststellen von Betrugshandlungen durch die Revisorinnen und Revisoren der SFR als Zufall bezeichnet, hat sich noch nie intensiv mit dem Finanzprüfungswesen der DDR beziehungsweise mit der Ausbildung bei der SFR auseinandergesetzt. Weshalb sollte er das auch. Durch meine noch folgenden Hinweise dürfte es auch Ihnen möglich sein, zumindest ein Gefühl dafür zu bekommen, dass Betrugshandlungen bei Finanzrevisionen eben nicht „zufällig" festgestellt wurden. Sollte jemand, der dieses Buch gelesen hat, immer noch der Meinung sein, dass die SFR häufiger durch Zufall etwas gefunden habe, dann geht die Welt auch nicht unter. Ich kann Ihnen jedoch versichern, dass derartige „Erfolge" – oder wie immer Sie die Feststellung von Straftatbeständen bezeichnen möchten – nicht vom Himmel gefallen sind. Dazu bedurfte es nicht nur Fachwissens, sondern weiterer Fähigkeiten.

Das Wichtigste bei einer Finanzrevision war die Vorbereitung. Darauf wurde sehr großer Wert gelegt. Die Vorbereitung bei kreisangehörigen Städten und Gemeinden erfolgte unter Beachtung des Haushaltsvolumens sowie der Struktur der Einnahmen und Ausgaben. Dabei wurden Unterlagen ausgewertet wie

- Beschlüsse des übergeordneten Organs,
- EDV-Listen mit Angaben über die Planerfüllung, die Liquidität und die Einnahmerückstände des vorangegangen und des laufenden Jahres,
- Erkenntnisse aus Analysen über die Planerfüllung,
- Erkenntnisse aus der letzten Finanzrevision sowie eventuell durchgeführten Finanzkontrollen durch die Innenrevision des Rates des Kreises,
- Unterlagen über die seit der letzten Finanzrevision neu geschaffenen Kapazitäten,
- Festlegungen über die Abgrenzung von Verantwortungen,

- Zeitungsartikel, Informationen beziehungsweise Prüfungsanliegen des übergeordneten Rates,
- Kontrollmitteilungen, Hinweise von Dritten.

Danach war ein Prüfungsprogramm aufzustellen. Dieses hatte die Prüfungsschwerpunkte, die Verantwortlichkeiten – wenn die Prüfung durch mehrere Prüfer erfolgte – und den Zeitraum der Prüfung zu enthalten. Der Prüfungsplan war aufgrund der begrenzten Prüfungszeit bei größeren Prüfungsobjekten besonders wichtig und wurde mit dem Gruppenleiter abgestimmt. Prüfungsschwerpunkte eines Rates der Stadt oder der Gemeinde waren

- der vollständige und termingemäße Einzug der Einnahmen,
- die Effektivität der Finanzierung der kulturell-sozialen Aufgaben,
- die Durchführung von Rekonstruktions- und Erhaltungsmaßnahmen,
- der Einsatz der materiellen Fonds und finanziellen Mittel,
- die Einhaltung der staatlichen Ordnung bei der kassenmäßigen Durchführung der Haushalts- und Finanzwirtschaft,
- die optimale Nutzung des staatlichen Vermögens und seine ordnungsgemäße Erfassung und Nachweisführung sowie
- die Einhaltung der bestätigten Arbeitskräfte- und Stellenpläne sowie des geplanten Lohnfonds.

Die zu prüfenden Einrichtungen eines Rates der Stadt oder der Gemeinde wurden meist erst nach Auswertung des Zahlenmaterials konkret benannt. Dazu gehörte in erster Linie die Tabelle 02. Diese enthielt die Plan-/Ist-Zahlen der Einnahmen und Ausgaben insgesamt, aufgegliedert nach Sachkonten, für einzelne Bereiche beziehungsweise Einrichtungen. Diese Tabelle wurde auf Grundlage des von der Kommune an das Zentrale Rechenzentrum übergebenen Zahlenmaterials einmal monatlich erstellt. Ein „gutes Händchen" bei der Auswahl der Einrichtungen hatte entscheidenden Einfluss auf das Ergebnis der Prüfung. Die Hauptaufgabe der SFR bestand nicht darin, die Verwaltungen zu ärgern, sondern Schwachstellen aufzuzeigen, gute Prüfungsergebnisse darzustellen und zu verallgemeinern. Letztlich sollten die Volksvertretungen von der SFR aussagefähige und verwertbare Informationen über die Arbeit ihrer Verwaltung erhalten.

Bestand beispielsweise die Aufgabe darin, den vollständigen und termingemäßen Einzug der Einnahmen aus der Schulspeisung einer Schule zu prüfen, erfolgte die Auswahl der zu prüfenden Schule nicht durch Würfeln. Gehen wir einmal davon aus, dass ich 1981 eine derartige Revision durchzuführen hatte. Nachgeordnete Einrichtungen des Rates der Stadt waren die Schulen A, B, C und D. Als Freund von Zeitreihen fertigte ich folgende Tabelle an:

	Essgeldeinnahmen der Schulen (Einnahmen in TM)			
	A	B	C	D
1978	46,3	32,4	40,1	32,4
1979	43,8	33,5	42,1	33,9
1980	44,4	31,8	44,4	35,2
1981	43,1	32,6	**35,1**	33,8

Aus dieser Tabelle ist leicht erkennbar, dass die Essgeldeinnahmen der Schule C des Jahres 1981 erheblich geringer waren als in den Vorjahren. Bei den Schulen A, B und D verlief der Einnahmeeinzug dagegen ohne auffällige Abweichungen. Demnach wurde die Schule C als Prüfungsobjekt ausgewählt. Die Aufgabe bestand darin festzustellen, was die Ursachen für diese erhebliche Abweichung gegenüber den Vorjahren waren. Für die überwiegende Anzahl derartiger Abweichungen ergaben sich meist plausible Ursachen (zum Beispiel zeitweilige Unterbringung der Schüler an anderen Schulen wegen dringend erforderlicher Werterhaltungsmaßnahmen). Schon aufgrund dieser, heute sagt man dazu professionellen Auswertung des Zahlenmaterials, war es für den geübten Prüfer in kurzer Zeit möglich, Schwachstellen in der Verwaltung zu erkennen (zum Beispiel Mängel beim Einzug der Einnahmen). Kein Bürgermeister war erfreut, wenn solche Probleme auftraten. Andererseits waren derartige Feststellungen der SFR Anlass für Veränderungen. In nicht wenigen Fällen führten bereits solche einfachen Prüfungshandlungen zur Aufdeckung von Betrugshandlungen.
Da ich kein Theoretiker, sondern ein Praktiker war und bin, dafür gleich ein Beispiel: Ich prüfte etwa 1985 gemeinsam mit der Antje den Rat einer Stadt. Antje hatte ihr Studium an der Hochschule kurz vorher

abgeschlossen und war schon eine recht gute Revisorin. Nach Auswertung des Zahlenmaterials war leicht erkennbar, dass in der Berufsschule das Verhältnis zwischen Einnahmen und Ausgaben für Verpflegungsleistungen nicht plausibel war. Ich bat Antje, den Sachverhalt vor Ort zu klären. Sie begab sich zur Verwaltung der Berufsschule. Bereits kurze Zeit danach rief sie mich etwas aufgeregt an und sagte, dass Klärungsbedarf bestehe. Es stellte sich heraus, dass Einnahmen von etwa 300,00 M kassiert, aber nicht an den Haushalt des Rates der Stadt abgeführt worden waren. So einfach geht das.

Jeder Revisor war für seine Prüfung selbst verantwortlich. In bestimmten Abständen beziehungsweise wenn es Probleme gab, erschien nach vorheriger Abstimmung der Gruppenleiter im Prüfungsobjekt. Dabei wurde über den Stand der Prüfung, über die Einhaltung der Prüfungszeit und über Lösungen von Problemen diskutiert, was ich als sehr förderlich empfand. Unser Chef war immer in Reichweite, wenn es erforderlich war.

Nachdem ich gut vorbereitet das Rathaus unangemeldet betreten hatte, führte mich mein erster Weg zum Bürgermeister beziehungsweise zur Bürgermeisterin. Selbst wenn die Türen des Rathauses verschlossen waren, fand ich immer einen Weg ins Innere. Spontan fällt mir dazu eine Prüfung beim Rat der Stadt Markranstädt ein. Da die Türen des Rathauses frühmorgens noch verschlossen waren, inspizierte ich das Gebäude von allen Seiten. Und siehe da, an einer Seite war es mir möglich, durch den Kohlenkeller in das Innere des Rathauses zu gelangen.
Der Bürgermeister wurde kurz über mein Anliegen und die eventuelle Dauer der Prüfung informiert. Über die speziellen Prüfungsaufgaben erfolgte keine konkrete Information. Meist verblieb ich bei der Prüfung von Räten der Städte so, dass ich den Bürgermeister nur dann aufsuchte, wenn ich es aufgrund von Prüfungsfeststellungen für erforderlich hielt. Vorwiegend bei Revisionen der Räte der Städte war es üblich, den Bürgermeister zwischenzeitlich über den Stand der Prüfung zu informieren. Nach der Anmeldung beim Bürgermeister ging es zur Abteilung Finanzen. Nach Vorstellung aller Mitarbeiter der Finanzabteilung, die ja vorwiegend meine Ansprechpartner waren, war es Pflicht der geprüften Objekte, den Mitarbeitern der SFR einen Arbeitsraum zur

Verfügung zu stellen. Oft hatte ich das Glück, den Ratssaal nutzen zu dürfen. So hatte ich ausreichend Platz und war „standesgemäß" untergebracht. Viele der Ratssäle waren mit wunderschönem altem Mobiliar ausgestattet. Egal wie groß ein Prüfungsobjekt war, die Anwesenheit eines Prüfers verbreitete sich in Windeseile. Meistens bestand meine erste Prüfungshandlung in der Objektbesichtigung. Bei der Prüfung eines Rates der Stadt beziehungsweise einer großen Einrichtung war der Zeitaufwand von einem ganzen Arbeitstag keine Seltenheit. Der „Finanzrevisor Pfiffig" führte die Besichtigungen eines Rates der Stadt oder der Gemeinde meistens in Begleitung des Bürgermeisters oder eines vom Bürgermeister benannten Verantwortlichen durch. Die Bedeutung einer Objektbesichtigung gleich zu Prüfungsbeginn bestand darin, dass aus den Unterlagen der Buchhaltung nicht ersichtlich war, inwieweit Ordnung, Gesetzlichkeit und Ökonomie im Wirtschaftsablauf tatsächlich gewährleistet waren. Bei Objektbesichtigungen war es wichtig, Schwerpunkte der Bautätigkeit zu erkennen, festzustellen, ob Materialbestände ausreichend vor Verderb und Diebstahl gesichert waren, und sich bereits bestimmte Objekte unangemeldet anzusehen (zum Beispiel Kulturhäuser, Dorf- und Jugendklubs). Oft besaßen Gemeinden auch Scheunen, in denen Materialbestände gelagert waren. Es war im Rahmen der Objektbesichtigung gleich möglich, mit Mitarbeitern in Kontakt zu kommen. Nach der Objektbesichtigung wurden die Unterlagen zur Planerfüllung gründlich ausgewertet. Danach stand die enorm wichtige Belegkontrolle an. Prüfungsschwerpunkte dabei waren unter anderem die Einhaltung der kassenrechtlichen Bestimmungen der DDR (zum Beispiel Vollständigkeit der zur Bearbeitung der Belege erforderlichen Unterschriften) und das Vorliegen zahlungsbegründender Unterlagen (zum Beispiel Rechnungen, Verträge). Meine Spezialität war es, den Belegen „kleine Geschichten" zu entlocken. Keine Angst, ich drehe nicht durch! Das Buch wird vollendet. Jeder Zahlungsvorgang war und ist, egal ob kameralistisch oder kaufmännisch gebucht, durch einen Beleg zu dokumentieren. Neben der stichprobenweisen Prüfung der Vollständigkeit der Belege ergaben sich aus den Belegen viele Fragen. Hier einige Beispiele für Gedanken bei der Belegprüfung eines Rates der Stadt:

Beleg	Gedanken zu den Belegen
Rechnung über die Reparatur einer Garagentür	Wie viele Garagen sind Eigentum des Rates der Stadt? Wer sind die Mieter der Garagen? Wird Miete erhoben? Wurde diese auch gezahlt? Betraf die Reparatur der Garagentür tatsächlich eine Garage des Rates der Stadt? Reparierte Garagentür ansehen!
Kauf von 8 Fenstern und einer Tür für den Kindergarten	Gibt es diesen Kindergarten tatsächlich? Sind alle 8 Fenster im Kindergarten eingebaut? Wenn nicht, wo sind die restlichen Fenster?
Kauf von 4 Gitarren für das Kulturhaus	Sind die Gitarren erfasst und vorhanden? Ist die Ausleihe dokumentiert?
Reparatur eines Autos	Besitzt der Rat der Stadt Dienstwagen? Betraf diese Reparatur einen Dienstwagen? Wenn nicht, wessen Wagen wurde repariert und wer hat dafür den Auftrag erteilt? Warum hat die Werkstatt auf der Rechnung ein Autokennzeichen vermerkt, das gar nicht der des Rates der Stadt zuzuordnen ist?
Kauf von Spielsand für 4 Spielplätze	Welches sind die Standorte der 4 Spielplätze (Besichtigung)? Welche Mengen Spielsand wären aufgrund der Unterlagen der Stadt benötigt worden? Welche Mengen wurden gemäß Rechnungen geliefert? Wo ist der eventuell nicht benötigte Sand gelagert beziehungsweise verblieben?
Kauf von 400 Gehwegplatten	Wo wurden die Gehwegplatten verbaut? Wenn noch nicht alle verbaut sind, wo lagern die restlichen Gehwegplatten? Wo befindet sich das Baumateriallager? Sind die Bestände vor Diebstahl geschützt? Welche internen Regelungen bestehen für das Materiallager? Wer hat Zugriff auf die Schlüssel für das Materiallager? Sind die gelagerten Bestände erforderlich?

Diese Gedanken waren da, sobald ich den jeweiligen Beleg vor mir sah. Mit der Zeit wurde das Routine. Das ist so, als ob ein Maler seine Farben mischt. Bei der Vielzahl der Belege und der begrenzt zur Verfügung stehenden Prüfungszeit war es wichtig, die für spätere Prüfungshandlungen „geeignetsten" Belege herauszufischen. Eine recht anspruchsvolle Aufgabe. Nach Auswertung des Zahlenmaterials und der Belegkontrolle wurden die Prüfungsschwerpunkte abgearbeitet.

Interne Unterlagen der SFR

Allen Mitarbeitern der SFR standen für die Prüfungen Hilfsmittel zur Verfügung. So beispielsweise „Die Grundmethodik zur Kontrolle der Einhaltung der staatlichen Ordnung und Gesetzlichkeit in der Haushalts- und Finanzwirtschaft der staatlichen Organe und Einrichtungen". Dieses kleine Büchlein im A5-Format hat 62 Seiten und ist in 7 Abschnitte gegliedert. Folgende Darlegungen aus der Einleitung der Grundmethodik möchte ich Ihnen zum besseren Verständnis zitieren: „Es ist notwendig, die Kontrolle über die wirksame und sparsame Verwendung der staatlichen Mittel als festen Bestandteil der Leitungstätigkeit zu entwickeln, um die Ordnung und Disziplin beim Umgang mit Volkseigentum ständig zu verbessern. Aufgabe der SFR ist es, die örtlichen Staatsorgane und die Leiter bei der Wahrnehmung dieser Verantwortung aktiv zu unterstützen. Zur qualifizierten und zugleich rationellen Lösung dieser Aufgabe ist es notwendig, alle Revisoren immer besser zu befähigen, ausgehend von den höheren Anforderungen und Maßstäben der Beschlüsse des IX. Parteitages, diese Fragen noch zielgerichteter zu untersuchen und mit noch größerer Konsequenz auf die Durchsetzung der staatlichen Ordnung, der sozialistischen Gesetzlichkeit und Sparsamkeit Einfluss zu nehmen. Das vorliegende Arbeitsmaterial, das auf den bewährten Erfahrungen unserer Revisionsarbeit beruht, soll dazu beitragen, eigene Leistungsreserven zu mobilisieren und die Wirksamkeit unserer Kontrollen weiter zu erhöhen. Die Unterstützung der Leiter der staatlichen Organe und Einrichtungen bei der Wahrnehmung ihrer Verantwortung ist insbesondere dadurch zu erreichen, dass die vorbeugende Kontrolle verstärkt wird und von vornherein auf eine hohe Effektivität beim Einsatz der staatlichen Mittel auf der Grundlage der Beschlüsse und Rechtsvorschriften

Einfluss genommen wird." Lassen wir die politische Einleitung beiseite. Die fachliche Qualität der Grundmethodik war hervorragend.

Nun wenige Bemerkungen zum Aufbau dieser Grundmethodik:

Abschnitt I	Methoden der Kontrolle der Planung, Erfassung und Abrechnung der Einnahmen
Abschnitt II	Methoden der Kontrolle auf dem Gebiet Arbeitskräfte, Lohnfonds, Honorarfonds und Prämienfonds
Abschnitt III	Methoden der Kontrolle von Werterhaltungsmaßnahmen und der Leistungsabrechnung
Abschnitt IV	Methoden der Kontrolle auf dem Gebiet der Grund- und Arbeitsmittel (staatliches Vermögen)
Abschnitt V	Methoden auf dem Gebiet der Materialwirtschaft
Abschnitt VI	Methoden der Kontrolle auf dem Gebiet der Verpflegungswirtschaft
Abschnitt VII	Methoden der Kontrolle auf dem Gebiet Rechnungsführung und Kassensicherheit

Jeder dieser Abschnitte war in etwa gleich aufgebaut. Als Beispiel zeige ich Ihnen hier den Abschnitt VII: Methoden der Kontrolle auf dem Gebiet Rechnungsführung und Kassensicherheit:

1	*Zielstellung* Die Gewährleistung der Ordnungsmäßigkeit der Rechnungsführung sowie der Sicherheit der Kassenführung sind wichtige Voraussetzungen für die exakte Durchführung des Staatshaushaltes und den Schutz des Volkseigentums. Alle Zahlungsvorgänge müssen lückenlos und wahrheitsgemäß nachgewiesen werden. Es kommt deshalb darauf an, die Prüfungshandlungen insbesondere auf solche Gebiete zu konzentrieren, bei denen erfahrungsgemäß Schwachstellen vorhanden sind.
2	*Prüfungsgrundlagen* Kassenbücher Nachweise über Wertvordrucke

	Quittungsblocks Gebührenmarken Scheckhefte Vorschüsse und Abschläge sowie Tankkreditscheinhefte EDV-Tabellen Bankbelege Belege über Einnahmen und Ausgaben Fahrtenbücher Ratsbeschlüsse und interne Ordnungen
3	*Prüfungsschwerpunkte und Prüfungsschritte* Einhaltung der staatlichen Ordnung bei der Führung von Bürokassen Ordnungsgemäße Verwaltung von Quittungsblocks, Schecks, Gebührenmarken und Wertvordrucken Nachweis von Vorschuss- und Abschlagszahlungen Ordnungsmäßigkeit und Sicherheit der Belegführung Ordnungsmäßigkeit der Rechnungsführung

Zusätzlich zu dieser Grundmethodik erhielt jeder Prüfer spezifische Kontrollmethoden zur Durchführung von Finanzrevisionen in staatlichen Einrichtungen. Diese umfassten maximal vier Seiten, ebenfalls A5-Format, mit der Ausgangssituation für die Prüfung, den Rechtsvorschriften für diese Aufgabe und den Prüfungsschritten. Für die Erarbeitung, Ergänzungen sowie Änderungen war eine Inspektion verantwortlich. Ich stelle Ihnen hier eine kleine Auswahl von Kontrollmethoden vor:

Inspektion Neubrandenburg
- Gewährung und Einzug staatlicher Vorauszahlungen für minderjährige Kinder

Inspektion Dresden
- Ordnung und Sicherheit bei der Verwaltung und Nachweisführung von Wäsche und Hygienebekleidung in Krankenhäusern
- Bestandshaltung von Medikamenten in Einrichtungen des Gesundheits- und Sozialwesens

- Kontrolle der ungesetzlichen und unentgeltlichen Inanspruchnahme von Verpflegungskosten in Krankenhäusern

Inspektion Magdeburg
- Abrechnung und Vergütung des Bereitschaftsdienstes unter anderem in Krankenhäusern, medizinischen Einrichtungen des ambulanten Gesundheitswesens und Apotheken
- Zusätzliche Arbeitsleistungen (Z-Tätigkeit) von Ärzten, Zahnärzten und Apothekern

Inspektion Rostock
- Abwicklung der Nachlässe Verstorbener einschließlich Nachlässe, bei denen der Staat Erbe ist (Schenkungen, Vermächtnisse an Heime)
- Verwaltung und Nachweisführung des persönlichen Eigentums der Heimbewohner, der Rentenüberschüsse, Taschengelder usw.

Inspektion Schwerin
- Gewährleistung von Ordnung, Sicherheit und Gesetzlichkeit bei der Verausgabung finanzieller Mittel für die besondere Unterstützung von Ehen mit drei Kindern

Grundsätze der Arbeit der SFR

Kurz vor „Redaktionsschluss" hat mir mein ehemaliger Abteilungsleiter Herbert B. einen Lehrbrief für das Fachschulstudium Finanzwirtschaft an der Fachschule Gotha für das Spezialstudium „Staatshaushalt" vom 10.7.1975 leihweise zur Verfügung gestellt. Verfasser dieses Lehrbriefes waren neben meinem Abteilungsleiter zwei weitere Mitarbeiter der SFR aus den Inspektionen Schwerin und Potsdam. Ich erachte die darin enthaltenen Ausführungen über die Grundsätze der Arbeit der SFR für leicht vermittelbar und besonders wichtig. Diese Grundsätze waren bei jeder Revision zu beachten, egal ob es sich um eine Prüfung einer staatlichen Einrichtung oder eines örtlichen Rates handelte. Sie gehörten zum Grundwissen eines jeden Revisors und waren als Richtschnur seiner Verhaltensweisen und Handlungen im Prüfungsobjekt gedacht.

1. Grundsatz der aktiven Rolle des Revisionsorgans

Dieser Grundsatz spiegelte das Hauptanliegen der Arbeit der SFR wider. Es ging in unserer Arbeit nicht nur darum, Feststellungen zu treffen, sondern es bestand vielmehr darin, den betreffenden Leitern der geprüften Organe und Einrichtungen Hilfe und Unterstützung bei der Durchsetzung von Ordnung und Disziplin im Prüfungsobjekt zu geben. Das erfolgte durch Auflagen, Vorschläge und Nachkontrollen. Wenn es erforderlich war beziehungsweise wenn wir darum gebeten wurden, erfolgte schon mal eine Auswertung der Prüfung vor dem örtlichen Rat.

2. Grundsatz der Regelmäßigkeit

Finanzrevisionen hatten nur dann entscheidenden Einfluss auf eine ordnungsgemäße Verwaltung und Bewirtschaftung von materiellen Fonds und finanziellen Mitteln, wenn diese in einer bestimmten Regelmäßigkeit erfolgten. Durch diese Regelmäßigkeit war gesichert, dass in allen Prüfungsobjekten und nach einheitlichen Gesichtspunkten in angemessenen Zeitabständen eine umfassende Kontrolle über die Ordnung, Sicherheit und Disziplin sowie über die Einhaltung der Prinzipien der Haushalts- und Finanzwirtschaft der DDR erfolgte.

3. Grundsatz der Aktualität

Regelmäßigkeit und Aktualität standen im engen Zusammenhang. Die Aktualität von Prüfungen war zum Beispiel bei staatlichen Organen (unter anderem Räte der Städte und Gemeinden) dadurch gegeben, dass es einen Vier-Jahres-Prüfungsturnus gab. Erfolgte also 1980 eine planmäßige Prüfung, dann stand spätestens 1984 die nächste Prüfung an. Wurde diese im September 1984 begonnen, so war auch das Jahr 1984 der Prüfungszeitraum. Auf Belege oder sonstige Unterlagen der Haushaltsjahre 1981 bis 1983 wurde nur bei Erfordernis zurückgegriffen. Durch diese Aktualität der Prüfungsergebnisse konnte den betreffenden Leitern Unterstützung bei Entscheidungsfindungen beziehungsweise bei wirksamen Veränderungen im Verwaltungshandeln gegeben werden.

4. Grundsatz der unbedingten Prüfung

Obwohl eine Revision auch ein Befragung von Leitern, verantwortlichen Mitarbeitern und sonstigen Angestellten erforderte, war eine Prüfung der dabei erhaltenen Angaben und Hinweise im Interesse der Wahrheitsfindung und eigenen Sicherheit des Revisors unerlässlich. Prüfungsfeststellungen durften also nicht auf Behauptungen oder Auskünften aufbauen. Die Prüfungsfeststellungen mussten jedem Widerspruch standhalten.

5. Grundsatz der Prüfung nach Originaldokumenten

Um jedes Prüfungsergebnis unanfechtbar zu gestalten, war es erforderlich, bei den Prüfungshandlungen auf Originaldokumente oder Primärunterlagen zurückzugreifen. Dieser Grundsatz war deshalb so außerordentlich wichtig, weil letzten Endes nur Originaldokumente einen wahren Sachverhalt repräsentierten und damit für die Realität der Prüfungsergebnisse unerlässlich waren. Primärunterlagen beziehungsweise Originaldokumente waren Rechnungen, Einnahmequittungen, Auszahlungslisten, Inventurlisten und Verträge. Zur Abrundung bestimmter Prüfungshandlungen waren auch Sekundärunterlagen wie listenmäßig aufbereitete Zusammenstellungen, Tabellen, Abrechnungen, Analysen und Berichte erforderlich.

6. Grundsatz der Überraschung

Jede Finanzrevision war, soweit es durch andere, äußere Umstände nicht verhindert werden konnte, unangemeldet durchzuführen. Dieser Grundsatz resultierte nicht aus einem Misstrauen der SFR gegenüber dem Prüfungsobjekt und war auch nicht dazu gedacht, mit Hilfe des Überraschungseffektes die „Autorität" des Revisors im Prüfungsobjekt zu erhöhen, sondern war ausschließlich von der Zweckmäßigkeit diktiert. Eine Prüfung durch die SFR sollte im Ergebnis die tatsächliche Situation im Prüfungsobjekt widerspiegeln. Sowohl dem Leiter des Prüfungsobjektes als auch dem übergeordneten Organ (zum Beispiel dem Rat des Kreises) sollte eine reale Einschätzung über die Arbeitsweise, über die Ordnung und Disziplin und über die ökonomischen Ergebnisse gegeben werden. Eine womöglich langfristig angekündigte

Prüfung hätte kein derartiges Ergebnis gebracht. Im Rahmen dieses Grundsatzes der Überraschung waren die Bargeldbestände der Bürokasse und andere Nebenkassen zu prüfen sowie eine Objektbesichtigung durchzuführen.

7. Grundsatz der Ausnutzung der internen Kontrolle

Die interne Kontrolle war ein wesentlicher Bestandteil jeder Leitungstätigkeit. Der Revisor musste immer bemüht sein, Hinweise zur Verbesserung dieser internen Kontrolle zu geben. Andererseits war es für den Revisor notwendig festzustellen, ob eine derartige interne Kontrolle auch erfolgte. Gerade eine ungenügende interne Kontrolle war in nicht wenigen Fällen Ursache für strafbare Handlungen. Zu Instrumenten der internen Kontrolle gehörten Festlegungen zur Organisation des Belegdurchlaufes und des Rechnungswesens, zur personellen Abgrenzung der Aufgaben der Verwaltung und bei der Bewirtschaftung von materiellen Fonds und finanziellen Mitteln Festlegungen der Unterschriftsbefugnisse, Bankvollmachten und der Verantwortung von Bestellungen und Einkäufen.

Die 6 Prüfungsgeheimnisse des „Finanzrevisors Pfiffig"

Sehr geehrte Leserinnen und Leser, ich bieten Ihnen jetzt etwas, was ich in der DDR nur denjenigen vermittelt habe, für deren Ausbildung ich zuständig war. Ich erachtete es während meiner Zeit bei der SFR als etwas Selbstverständliches, mein Wissen weiterzuvermitteln. Genauso wie es bei mir war, als ich das „Laufen" als Revisor von meinen ehemaligen Kolleginnen und Kollegen lernte. Erst nach der Wiedervereinigung wurde mir richtig bewusst, welch beruflichen Erfahrungsschatz ich von meinen ehemaligen Kolleginnen und Kollegen „übergeben" bekommen hatte und diesen enorm vervollkommnen konnte. Um einen derartigen Wissens- und Erfahrungsstand als Revisor zu erreichen, bedurfte es schon einiger Zeit. Drei bis vier Jahre reichten da längst nicht aus. Nach der Wiedervereinigung hatte ich manchmal den Eindruck, dass es reichte, ein Lasso zu nehmen, sich in eine Fußgängerzone zu begeben, einen oder mehrere Passanten einzufangen, diese in eine recht ansprechende Vergütungsgruppe einzuordnen, Sach- und Arbeitsmittel zur Verfügung zu stellen – und fertig war der Rechnungsprüfer beziehungsweise die Rechnungsprüferin. Wenn man Glück hatte, erhielt man sogar einen Leitungsposten und wurde verbeamtet. Ich bin kein Märchenerzähler!

Ich weihe Sie nun in meine – ich betone: meine „6 Prüfungsgeheimnisse" – ein, deren Anwendung wesentlich dazu beitrug, dass ich in der DDR gemessen an der Anzahl der Feststellungen von Betrugshandlungen in staatlichen Organen und Einrichtungen (im Ergebnis meiner Recherchen) ein überdurchschnittlicher Prüfer war. Einige der nachfolgenden Darlegungen werden bei manchen Lesern Kopfschütteln, vielleicht auch Empörung auslösen. Ohne damit Probleme zu haben, kann ich das nachvollziehen. Mir wäre es jedoch lieber, wenn meine „Prüfungsgeheimnisse" die Mehrheit der Leserinnen und Leser zu einem Schmunzeln verleiten und gleichzeitig zum Nachdenken anregen würden. Richtige Geheimnisse sind es ja nicht. Es handelt sich vorwiegend um bereits dargelegte Prüfungsgrundsätze, die ich mit meinen praktischen Erfahrungen gewürzt habe sowie um die Prüfungsmethoden des „Finanzrevisors Pfiffig". Ich vergleiche meine Prüfungsgeheimnisse mit der Arbeit von Köchen und Bäckern, die ihre speziellen Rezepturen haben und sich so von ihren Berufskollegen unterscheiden beziehungsweise unterscheiden möchten. Meine Devise war immer: „Arbeite nicht so viel, denke lieber etwas mehr nach!" Das bedeutet nicht, dass ich sehr oft eine Pause einlegte. Ich erachtete es für wichtiger, mich in der begrenzten Prüfungszeit darauf zu konzentrieren, wo Schwachstellen vorhanden sein könnten. Da dies längerer Erläuterungen bedarf, höre ich lieber auf meine Oma Emma, die jetzt im schönsten Sächsisch sagen würde: „Nu haste aber genuch um de Suppe herum gequatscht. Meehr dich nu endlich aus!" Zu Befehl, Oma Emma!

Mein 1. Prüfungsgeheimnis: „Herstellung eines möglichst guten Kontaktes"

Mein 1. Prüfungsgeheimnis war die Herstellung eines möglichst guten Kontaktes mit den Angestellten der Prüfungsobjekte. Dazu gehörte es, den Geprüften zu vermitteln, dass das Ziel einer Revision nicht darin bestand, etwas zu suchen, sondern die Umsetzung der kassen- und haushaltsrechtlichen Bestimmungen zu prüfen, dabei Schwachstellen zu erkennen und aufzuzeigen sowie Hinweise für Veränderungen zu geben. Zur Herstellung eines möglichst angenehm Arbeitsklimas, so hatte es mir mein guter Rudi beigebracht und vorgemacht, handhabte

ich es meist so, nach abgeschlossenen Prüfungshandlungen die Mitarbeiter in kurzer Form über das Ergebnis im jeweiligen Arbeitsbereich zu informieren, was unabhängig von der Endauswertung der Revision erfolgte. Die so genannte „Maulfaulheit" war (und ist) für einen Revisor kein Ruhmesblatt und schafft kein Vertrauen.
Bei Verdachtsmomenten auf Betrugshandlungen erfolgte selbstverständlich keine Information. Da war ein anderes Fingerspitzengefühl gefragt. Für mich war ein guter Kontakt zu allen Angestellten der Prüfungsobjekte wichtig. Dazu gehörten neben den Bürgermeistern, Ratsmitgliedern und Leitern der Einrichtungen, den Verantwortlichen für Finanzen auch Reinigungskräfte, Hausmeister, Sekretärinnen, Küchenfrauen, Lagerarbeiter und Kraftfahrer. Ich hielt gern mit diesen ein Schwätzchen. Es ging dabei nicht darum, jemanden auszuhorchen. Zur Beurteilung des Arbeitsklimas, zum Erkennen fachlich und/oder menschlich nicht geeigneter Vorgesetzter sowie sonstiger Sachverhalte brachte es absolut nichts, lediglich mit den Chefs das Gespräch zu suchen. Dort erfuhr man stets nur, wie gut alles sei. Ich ging dahin, wo sich das „Leben" abspielte. Das brachte mir meist mehr, als die Nase tagelang in Bücher und Belege zu stecken. Irgendwann hatte es sich in den Prüfungsobjekten herumgesprochen, dass man sich mit mir recht ungezwungen unterhalten konnte. Da kam es schon mal vor, dass ein Küchenleiter seinen Unmut über ausstehende Warenlieferungen mit derben Worten zum Ausdruck brachte. Er hatte ja recht. Trotzdem verhungerte niemand. Im Gegensatz zur heutigen Zeit bekam ich ab und zu Informationen, die dazu beitrugen, Betrugshandlungen aufzudecken, beziehungsweise die zur Feststellung erheblicher Beanstandungen führten. Nach der Wiedervereinigung erhielt ich in den ersten zwei Jahren noch relativ viele Informationen. Danach versiegten derartige Informationsquellen immer mehr. Die Leute hatten den Eindruck, dass die Verwaltungen oftmals nicht an dem Wahrheitsgehalt der Informationen, sondern mehr an den Namen des oder der Informanten interessiert waren. Aufgrund der Stellung der Rechnungsprüfung beziehungsweise Rechnungsprüfungsämter in den Kommunen war es nicht mehr möglich, diesen teilweise brisanten Informationen nachzugehen. Einigen, die mich nach der Wende durch meine Tätigkeit bei der SFR kannten, musste ich leider mitteilen, dass sie zur Klärung ihrer Anliegen, die teilweise schon heftig waren, den gesetzlich vorgeschriebenen Verwaltungsweg gehen müssten. Nicht wenige brachten mir gegenüber

zum Ausdruck, dass es ein Fehler gewesen war, fast alle beziehungsweise alle Mitarbeiter ihres örtlichen Rates aus DDR-Zeiten abzulösen. Dazu konnte ich oft nur nicken.
Auch die Art meines Auftretens ordne ich unter mein 1. Prüfungsgeheimnis ein. Ich erschien nicht im „feinen Zwirn" – mit Anzug und Schlips – in den Prüfungsobjekten. Für meine Kollegen und meinen Chef waren Jackett und Schlips eine Selbstverständlichkeit. Damals war ich ein junger Bursche und hätte mich so angezogen nicht wohlgefühlt. Außerdem prüfte ich oftmals so kleine Gemeinden, wo ich zur Prüfungsanmeldung den Bürgermeister schon mal aus dem Rinder- oder Schweinestall der ortsansässigen landwirtschaftlichen Produktionsgenossenschaft holen musste. Einmal ging es zum Hühnerstall, weil der Bürgermeister für den Tierarzt die Hühner zur Impfung eingefangen hatte und diese festhalten musste. Mit feinem Zwirn hätte ich da sicher ein Bild abgegeben wie Max in der Sonne. Den von mir im Laufe der Jahre durch meine Volkstümlichkeit erworbenen und nach meiner Ansicht guten Ruf versuche ich Ihnen jetzt durch drei kleine, aber feine Beispiele zu beweisen.

Die Finanzverantwortliche des Rates der Gemeinde Panitzsch im Kreis Leipzig hatte ihren „Laden" gut im Griff. Es gab bei Finanzrevisionen kaum Beanstandungen. Trotz dieser guten Arbeit hatte sie vor jeder Finanzprüfung extreme Angst und bekam starke Zahnschmerzen. Während einer Prüfung weihte sie mich in dieses für sie sehr schmerzhafte Problem ein. Diese Zahnprobleme hielten sich nach ihren Angaben nur in Grenzen, wenn die Revision von mir durchgeführt wurde. Ich versuchte dann meist, den Rat der Gemeinde Panitzsch zu prüfen, um ihr die Zahnschmerzen zu ersparen. War das nicht eine feine Geste?

Der Bürgermeister eines Rates der Gemeinde im Kreis Eilenburg war ein kleines Schlitzohr. Aber nur so konnte man meist für seine Gemeinde etwas erreichen. Ich kam mit ihm gut aus. Für seine Größe war er etwas übergewichtig. Er brauchte mittags sein Schläfchen. Nachdem er zu Mittag kräftig gespeist hatte, begab er sich in seinen sehr stabilen Bürgermeisterstuhl und schon fielen seine Äuglein zu. Nun durfte man ihn mindesten eine halbe Stunde nicht stören. Das Besondere an seinem Mittagsschlaf war, dass er schnarchte wie ein – ich muss es so schreiben – ausgewachsenes Schwein. Ein derart lautes Schnarchen habe ich bis heute nie wieder gehört. Mir geht es jedoch nicht um seinen gesunden und geräuschvollen Mittagsschlaf. Obwohl ich noch gar nicht so recht mit der Prüfung begonnen hatte, informierte er mich darüber, dass er Einkäufe im Einzelhandel für die Gemeindeverwaltung getätigt hatte. Es handelte sich dabei um Einrichtungsgegenstände, die ein staatliches Organ laut gesetzlicher Bestimmungen nicht im Einzelhandel kaufen durfte. Aber wo hätte der arme Kerl einen neuen Schreibtisch hernehmen sollen, wenn der alte nicht mehr zu reparieren war? Was tat ich? Ganz einfach, ich sah diese Kaufbelege einfach nicht. Wäre es um eine erhebliche finanzielle Größenordnung gegangen, hätte ich nicht so gehandelt beziehungsweise handeln können.

Ich prüfte mit Rudi den Rat der Stadt Delitzsch. Das Ratsmitglied für Finanzen war eine sehr attraktive Frau. Sie hatte schwarze Haare und eine Topfigur. Wer als Mann nicht öfter einen Blick auf ihre Figur warf, war krank oder anders veranlagt. Grund unserer Prüfung war nicht ihr super Aussehen, sondern die Prüfung des Rates der Stadt. Aufgrund ihrer Funktion war es oft erforderlich, mit ihr zusammenzukommen, um Fragen zu klären. Zur Erreichung eines möglichst guten Arbeitsklimas gehörte es, nicht nur dienstliche Probleme zu diskutieren, sondern ab und zu auch einmal ein paar persönliche Worte zu wechseln. So kamen wir auf ein Buch zu sprechen, welches in der DDR zur sogenannten „Bück-dich-Ware" zählte und von dem ich ein Exemplar besaß. Unter „Bück-dich-Ware" bezeichnete man alles, was es nur selten beziehungsweise in nicht ausreichender Menge gab und von den Verkäuferinnen für ausgewählte Kunden unter dem Ladentisch verborgen wurde. Es handelte sich um das Buch „Die Gespräche des göttlichen Pietro Aretino" aus dem Insel-Verlag Leipzig. Damals in der DDR ein sehr freizügiges, deftiges erotisches Buch. Jedenfalls erweckte dieses Buch Interesse beim Ratsmitglied für Finanzen. Um es kurz zu machen: Ich borgte ihr das Buch zum Lesen aus. Auch so ein Verhalten fiel bei mir unter das weite Feld der Herstellung eines angenehmen Arbeitsklimas.

Auch wenn entspannte Umgangsformen zwischen Prüfer und Geprüften für mich sehr wichtig waren, wird sich daran nie etwas ändern, dass man einen Prüfer lieber gehen als kommen sieht. Aus meiner Tätigkeit in der DDR sind mir nur wenige Beispiele in Erinnerung, wo ich mit

Leitern beziehungsweise Mitarbeitern von Prüfungsobjekten keinen „normalen" Umgang fand. Auch wenn es die Zeit nach der Wiedervereinigung betrifft, halte ich es im Zusammenhang mit Umgangsformen im Arbeitsleben für angebracht, Ihnen die gleich folgende Begebenheit zu schildern. Im Gegensatz zu meiner Tätigkeit in der DDR habe ich im gegenseitigen Umgang Erfahrungen gemacht, die „unterste Schublade" waren. Hier ein besonders heftiges Beispiel:
Es ist (leider) die Wahrheit und nichts als die Wahrheit. Sollte dieser Beamte, um den es hier geht, mein Buch lesen, besteht durchaus die Möglichkeit, dass er sich nicht erkennt, da für derartige Personen ein solcher Umgang zum Tagesgeschäft gehört. Er war nicht der Einzige seiner Zunft mit derartiger Überheblichkeit und Arroganz, den ich nach der Wende kennenlernte (nicht nur in Verwaltungen). Bei diesen Personen handelte es sich um Beamte beziehungsweise Angestellte aus alten und neuen Bundesländern. Ich war in einer Behörde mit der Prüfung eines Sachverhaltes beschäftigt, der von der Größenordnung her meine sämtlichen festgestellten Finanzdelikte in der DDR in der Höhe wesentlich übertraf. Ein leitender Angestellter dieser Behörde benötigte zum Sachverhalt nähere Informationen. Mit Ausnahme einer Frage konnte ich alles beantworten. Für die ausstehende Antwort bat ich ihn, Auskunft beim zuständigen Sachgebietsleiter einzuholen. Daraufhin erfolgte eine Reaktion, die mir in meiner gesamten Arbeitstätigkeit in der DDR nicht einmal vorgekommen ist. Er gab mir zu verstehen, dass er dieses Gespräch nicht führen würde, weil er solche Probleme nur mit Beschäftigten ab Abteilungsleiterstufe klärte. Da er nicht lächelte, handelte es sich nicht um einen verspäteten Aprilscherz. Es war sein voller Ernst. Mir blieb vor solcher Unverschämtheit fast die Spucke weg. Wenn Unverschämtheit klein machen würde, hätte dieser arrogante Fatzke wahrscheinlich den ersten Platz bei den Weltmeisterschaften im „Rollschuhfahren unter dem Teppich" gemacht. Derartige Leute schaden dem Ruf von Verwaltungen maßlos. Wenn meine Oma Emma dabei gewesen wäre, hätte sie den hochnäsigen „Burschen" wahrscheinlich gefragt, ob er „einen Sprung in der Schüssel" habe. Oma Emma wäre damit voll auf meiner Wellenlänge gewesen.

Mein 2. Prüfungsgeheimnis: „Liebe zum Beruf"

Mein 2. Prüfungsgeheimnis bezeichne ich mit den hochtrabenden Worten „Liebe zum Beruf". Um den Beruf eines Finanzrevisors mit Leben zu füllen, war (und ist) eine besondere Einstellung erforderlich. Es war nicht damit getan, morgens zur Arbeit zu gehen, den ganzen Tag in Belegen und Büchern zu „wühlen" – und dann war Feierabend. Nein, man musste die Menschen mit ihren Sorgen und Nöten verstehen, man musste sich dafür interessieren, welche Aufgaben und Probleme es in den Prüfungsobjekten gab. Es war für mich andererseits auch ohne Parteiabzeichen wichtig, die Notwendigkeit meiner Arbeit zu begreifen. Für mich war es selbstverständlich, ein allseits, also auch durch Westfernsehen, politisch gebildeter Mensch zu sein. Es war wichtig, den Blick für die Realität nicht zu verlieren. Meine innere Einstellung zu diesem Beruf drückte sich dadurch aus, dass ein Finanzrevisor keiner Partei angehören sollte. Hinausposaunen konnte ich das bei der SFR nicht. An dieser Einstellung hat sich übrigens bis heute nichts geändert. Zu dieser Einstellung gehörte (und gehört) es, unbestechlich zu sein. Einige werden vielleicht nun denken, dass Papier geduldig ist und nicht widersprechen kann. Deshalb nochmals schwarz auf weiß: „Ich war unbestechlich." Ein Finanzrevisor wäre für alle Zeit in der Ausübung seines Berufes unglaubwürdig gewesen, wenn er sich hätte bestechen lassen. Ich habe in der DDR von keinem derartigen Vergehen bei der SFR erfahren. Mir gegenüber gab es in der DDR einen Fall von versuchter Bestechung. Bei der Prüfung eines Rates der Gemeinde stellte ich fest, dass für Projektierungsleistungen im Rahmen zusätzlicher Tätigkeit eine erhebliche Anzahl von Stunden in Rechnung gestellt und bezahlt worden waren. Im Ergebnis der Prüfung der Abrechnungen gemäß den Regelungen über Feierabendtätigkeit (Erläuterungen dazu später) und der beim Rat der Gemeinde vorhandenen Unterlagen ergab sich erheblicher Klärungsbedarf. Jedenfalls sprach mich der Projektant an und bat mich, den Sachverhalt anders zu regeln. Ich wartete nicht auf einen Vorschlag. Ich verließ das Zimmer und informierte meine Dienststelle über das Vorkommnis. Bei der Prüfung im Betrieb des Projektanten, wozu ich als Revisor berechtigt war, ergab sich bei der Einsichtnahme in die Urlaubs- und Krankenscheine, dass dieser in der Zeit der geleisteten Stunden unter anderem zeitweise krankgeschrieben gewesen war.

Zur Bestechlichkeit noch folgende herrliche Episode. Rudi war mit der Prüfung eines Rates der Gemeinde beschäftigt. Mir ist der Name dieser Gemeinde noch in Erinnerung. Als mein Rudi in der Außenstelle Delitzsch etwas zu erledigen hatte, rief er mich an und unterrichte mich über ein Ereignis vom Vortag: Nach Feierabend hatte er sich zu seinem Dienstauto begeben. Mit eiligen Schritten war die Bürgermeisterin der Gemeinde auf ihn zugekommen. Sie trug ein ansehnliches Paket und übergab es Rudi, der etwas überrascht war, mit freundlichem Blick. Er öffnete das Paket. Es enthielt lecker duftende hausgemachte Wurst. Rudi packte alles wieder ein und gab das Wurstpaket zurück. Er sagte zur Bürgermeisterin, dass sie dieses Paket wieder mitbringen könne, wenn die Revision beendet sei. Er würde ihr dann alles bezahlen. Es kam zu keiner erneuten Übergabe des schönen Wurstpaketes. Rudi stellte während der Revision fest, dass die Bürgermeisterin mehrere Tausend Mark aus der Gemeindekasse entnommen hatte.

Mein 3. Prüfungsgeheimnis: „Emotionen"

Mein 3. Prüfungsgeheimnis waren meine Emotionen, die speziell bei Prüfungshandlungen im Zusammenhang mit Finanzdelikten zu mir gehörten wie Frösche zum Teich. Damit Sie mich nicht falsch verstehen: Ich wurde bei derartigen Revisionen kein anderer Mensch und änderte meine Arbeitsweise nicht. Ich möchte lediglich zum Ausdruck bringen, dass derartige, wesentlich vom Prüfungsalltag abweichende Revisionen aufgrund meiner Emotionen Fähigkeiten in mir freilegten, die ich auch heute kaum erklären kann. Diese Emotionen waren mit ausschlaggebend dafür, dass ich mir derart verrückte Prüfungshandlungen, wie Sie sie in diesem Buch ausführlich beschrieben finden, einfallen ließ. Auch wenn man sich als Revisor der SFR an Regelungen beziehungsweise Befugnisse zu halten hatte, „dachte" ich sicher nicht immer daran, ob eine Klärung des jeweiligen Sachverhaltes in der von mir gewählten Art und Weise noch in den Rahmen des für mich Erlaubten fiel. Wenn meine Prüfungsfeststellungen zum Beispiel keine Zweifel daran ließen, dass in Küchen von staatlichen Einrichtungen in erheblichen Größenordnungen private Entnahmen von Lebensmitteln erfolgten, dann zog ich alle Register meiner Möglichkeiten. Ab und zu sogar noch etwas mehr, um diesem Treiben ein Ende zu setzen. Es war dabei für mich unbedeutend, ob die an den Betrugshandlungen beteiligten Personen zum Leitungspersonal gehörten, Mitglied einer Partei waren oder sonstige höhere Funktionen innehatten. Es gab auch Tage, da fiel mir absolut nichts ein, um komplizierte Sachverhalte im Zusammenhang mit Betrugshandlungen zu lösen. Nachdem ich darüber eine Nacht geschlafen hatte, kam es nicht selten vor, dass ich am nächsten Morgen mit einer genialen Idee aufwachte. Wahrscheinlich waren auch da meine Emotionen für die „Nachtarbeit" meines Gehirns verantwortlich.

Mein 4. Prüfungsgeheimnis: „Fairness gegenüber den Geprüften"

Um Ihnen dieses Prüfungsgeheimnis darzulegen, möchte ich ein paar kurze Bemerkungen vorausschicken. Wenn es mir aufgrund der Unterlagen, und nur das zählt für einen Finanzprüfer, sowie noch so verwegener Vergleiche und spektakulärer Methoden nicht gelang, den Nachweis für eine Betrugshandlung zu erbringen, dann musste ich passen. Ich beendete dann, in Abstimmung mit dem Chef, die Revision, fertigte das Revisionsprotokoll, führte bedeutsame Beanstandungen auf und erteilte erforderliche Auflagen. Auch wenn ich zu hundert Prozent von einer Betrugshandlung überzeugt war, gab ich in solchen Fällen auf. Für mich war es oberstes Gebot, meinen Beruf für in diesen Fällen vergebliches „Suchen" nicht auszunutzen. Auch das im Ergebnis derartiger Finanzrevisionen gefertigte Protokoll durfte zwischen den Zeilen keine versteckten Beschuldigungen enthalten. Ich hatte aufgrund meiner Funktion nicht das Recht, nachzutreten. Auch das verstand ich unter Fairness.

Fairness war für mich auch das Grundprinzip der SFR bei der Abfassung der Revisionsprotokolle, dass dieses kein Arbeitszeitnachweis zu sein hatte. Egal welche Größe das Prüfungsobjekt hatte, welche Feststellungen es gab, wie viele Prüfer eingesetzt worden waren oder wie lange die Revision gedauert hatte, im Prinzip sollten zehn bis fünfzehn Seiten nicht überschritten werden. Es gab nicht das Arbeitsprinzip „Wer schreibt, der bleibt". Wer einmal diese Schule durchlaufen hatte, war im rationellen Darlegen von Sachverhalten für das ganze Leben gewappnet. Ich habe bei der SFR etwa 500 Revisionsprotokolle sowie sonstige Informationen angefertigt.

Zu meinem 4. Prüfungsgeheimnis darf eine Prise Humor nicht fehlen. Besonders bei Prüfungen von Krankenhäusern und sonstigen medizinischen Kliniken war das Abschlussgespräch mit den jeweiligen Chefärzten beziehungsweise Verwaltungsdirektoren meist kurz und schmerzlos. Oft wurde vorwiegend die Gesamteinschätzung am Anfang des Protokolls durchgelesen. Fiel diese positiv aus, dann war das Schlussgespräch fast schon beendet. Es wurde dann in recht lockerer Form über Probleme im Prüfungsobjekt gesprochen.

Das Gegenteil war oft nach der Prüfung von Schulen der Fall. Diese Prüfungen erfolgten ausschließlich im Rahmen der Prüfung der Räte der Städte und Gemeinden. Ergaben sich bei der Prüfung einer Schule Feststellungen, die auch Inhalt des Gesamtprotokolls waren, wurden diese mit dem jeweiligen Schuldirektor vorher durchgesprochen. Dieser meist sehr kurze Text wurde von den Direktoren gründlich gelesen. Dabei spielten die Prüfungsfeststellungen eine Nebenrolle. Das Hauptaugenmerk galt der Rechtschreibung und Grammatik. Manchmal musste ich händeringend darum bitten, auch etwas zu den Prüfungsfeststellungen zu sagen.

Zur Prüfung von Schulen noch folgendes Verrücktes. In der Revisionsgruppe Süd arbeitete der Butter-Karl. Ihm wurde nachgesagt, dass er bei der Prüfung von Schulen oberstes Augenmerk auf die Besichtigung von Keller und Boden legte. Herrschte dort Ordnung, so war das ein eindeutiges Zeichen dafür, dass auch die Buchhaltung in Ordnung war. Vielleicht war da was dran. Ich wendete diese Weisheit bei meinen Prüfungen von Schulen nicht an. Aber jeder Prüfer hatte so seine Macken.

Mein 5. Prüfungsgeheimnis: „Wahrnehmungen"

Mein 5. Prüfungsgeheimnis erforderte sehr viel Einfühlungsvermögen und Fingerspitzengefühl. Bei der SFR wurde mir zu Recht beigebracht, auf Verhaltensweise beziehungsweise Widersprüchlichkeiten bei Mitarbeitern in den Prüfungsobjekten zu achten. Gab es derartige Wahrnehmungen, dann speicherte ich diese in einer Gehirnzelle. Ein Abruf erfolgte nur bei Bedarf. Ausschlaggebend dabei war, dass man als Prüfer nicht gleich hinter jedem Baum einen Hund sehen durfte. Nur dann war dieses Prüfungsgeheimnis mit Erfolg anwendbar. Solche Widersprüche waren beispielsweise ein hoher Lebensstil und eine dazu nicht passende Vergütung oder ein ungewöhnlich dominantes Auftreten eines Leiters trotz geringer Fachkenntnisse. Eine rote Lampe leuchtete bei jedem Prüfer auf, wenn ein Finanzbearbeiter oder ein Hauptbuchhalter seinen Urlaub in einzelne Tage stückelte beziehungsweise sogar auf Urlaubstage verzichtete. Gerade hinter dieser scheinbaren Unabkömmlichkeit verbargen sich in nicht wenigen Fällen Betrugshandlungen. Wenn der oder die Unabkömmliche plötzlich krank wurden, kam es oftmals vor, dass die Vertretungen überraschend blanko ausgeschriebene Schecks, ungesetzliche Einnahmequittungen, eingelöste, aber nicht eingezahlte Beträge von Postanweisungen sowie nicht abgerechnete Bareinnahmen in Schreibtischen oder Tresoren vorfanden. Oft waren derartige Sachverhalte mit Straftaten verbunden.

Hier ein recht ungewöhnliches Beispiel für den Umgang mit vorgenannten Wahrnehmungen. Sehr erfreut war ich, wenn ich Räte der Gemeinden oder staatliche Einrichtungen in unmittelbarer Nähe zu prüfen hatte. Der Arbeitsweg war dann kurz und ich war nicht an die Abfahrtszeit eines Zuges oder Busses gebunden. Oft fuhr ich mit dem schönen alten grünen Fahrrad meines Opas in die Parthedörfer. Es waren sehr kleine Gemeinden. In einer dieser Minigemeinden arbeitete ein sehr versierter Hauptbuchhalter. Er wurde aufgrund seiner fachlichen Kompetenz regelmäßig von der SFR bei der Prüfung von Jahresabschlüssen in volkseigenen Betrieben eingesetzt. Bei der Prüfung dieser Minigemeinde drehte ich jeden Beleg zweimal um. Ich konnte nicht verstehen, dass dort ein derart qualifizierter Mann für ein relativ geringes Einkommen arbeitete. Es gab bei allen Prüfungen kaum Beanstandungen. Egal ob eine Schrottsammlung zu organisieren war, das Vereinstreffen der Kaninchen- und Geflügelzüchter vor der Tür stand, Abstimmungen mit umliegenden landwirtschaftlichen Produktionsgenossenschaften zu erfolgen hatten oder das Dorffest vorbereitet werden musste, der Kollege brachte sich überall ein und achtete nicht auf die dafür erforderlichen Stunden. Er war immer gefragt, weil alles Hand und Fuß hatte, was er organisierte. Dadurch kam er immer an Quellen heran, die in der DDR wichtiger waren als Geld. Das war nach meiner Ansicht eine der Hauptursachen dafür, dass er nicht wesentlich höhere Aufgaben ausübte. Außerdem war sein Arbeitsweg sehr kurz. Trotz meines berufsbedingten Misstrauens war er für mich privat ein guter Kerl.

Wie sollten im kommunalen Prüfungswesen der BRD derartige Wahrnehmungen berücksichtigt werden? Ich habe dazu als „Finanzrevisor Pfiffig" eine eindeutige Position. Solche von mir genannten Wahrnehmungen haben nichts, aber auch gar nichts an Bedeutung verloren. Dabei betone ich nochmals, dass ein äußerst sensibler Umgang und eine gehörige Portion Erfahrung erforderlich sind, um derartige Wahrnehmungen in Finanzprüfungen einzubeziehen. Durch die Verarbeitung dieser Wahrnehmungen wird kein Geprüfter kriminalisiert. Aber entweder ich bin Finanzrevisor – Verzeihung: Rechnungsprüfer – oder ich bin Sachbearbeiter. Wer den Beruf ausübt und derartigen Wahrnehmungen in keinster Weise Beachtung schenkt, sollte sich ernsthaft hinterfragen, ob er nicht noch Reserven in seiner beruflichen Entwicklung hat. Wer meinen Hinweis als Rechnungsprüfer dazu nicht akzeptieren will, sollte niemals vergessen, dass man im Gegensatz zur DDR in der BRD alles, aber auch wirklich alles, kaufen kann. Die Informationen in den Medien verdeutlichen fast täglich, zu welchen Mitteln gegriffen wird, um an Geld zu kommen.

Mein 6. Prüfungsgeheimnis: „Prüfernase"

Mein 6. Prüfungsgeheimnis ist so geheim, dass ich es auch Ihnen, wie vielen anderen Fragestellern, unter anderem auch den von mir mit ausgebildeten hübschen jungen Frauen der Inspektion Leipzig, kaum erklären kann. Sie müssen es mir einfach glauben oder nicht. Das 6. Geheimnis war meine „Prüfernase". Eine „Prüfernase" ist weder groß noch klein, weder blau noch rot. Es handelt sich um die Fähigkeit, als Prüfer kritikwürdige Sachverhalte und sogar Straftatbestände aufzuspüren beziehungsweise festzustellen. Diese Fähigkeit ist weder erklärbar noch erlernbar. Das Geheimnis, wer diese Nasen verteilt, behalte ich für mich. Als es um das Verteilen dieser Nasen ging, habe ich mich zwei Mal angestellt.
Damit Sie halbwegs verstehen, wie eine „Prüfernase" funktioniert, möchte ich Ihnen folgende Episode schildern. Es hat mir riesige Freude bereitet, diese aufzuschreiben. Im Oktober 1988 prüfte ich die Musikschule des Kreises Leipzig. Ich kann mich noch sehr gut an die Prüfung erinnern, weil zu diesem Zeitpunkt eine sehr attraktive junge Frau für die Verwaltung des gesamten Musikinstrumentenbestandes verantwortlich war. Bei der Prüfung der ordnungsgemäßen Verwaltung

des Instrumentenbestandes gab es übrigens keine Beanstandungen. Ein Prüfungsschwerpunkt war die Kontrolle des vollständigen und termingemäßen Einzugs der Einnahmen aus Unterrichtsgebühren. Die Musikschule hatte etwa 600 Schüler und realisierte pro Jahr Einnahmen in Höhe von rund 75,0 TM. Für jeden Musikschüler waren auf Karteikarten Angaben wie die Höhe des zu zahlenden Betrages, die Zahlungsweise (zum Beispiel halbjährlich) und die Ist-Zahlung erfasst. Der für den Einzug dieser Einnahmen verantwortliche Kollege war ein sehr angenehmer Zeitgenosse. Er machte mir bereits vor Beginn meiner Prüfung sehr überzeugt, aber freundlich klar, dass es bei ihm nichts zu beanstanden gebe. Irgendwie kamen wir deshalb auf die Idee, eine Wette abzuschließen. Der Preis waren fünf Flaschen Bier. Ich hätte das Bier bezahlen müssen, wenn meine stichprobenweise Prüfung keine Beanstandung ergeben hätte. Da zu dieser Zeit meine „Prüfernase" in Hochform war, ließ ich mich gern auf die Wette ein. Ich schlug ihm vor, dass ich wahllos eine bestimmte Anzahl – nach meiner Erinnerung waren es 30 der rund 600 Karteikarten (= Musikschüler) – zog, die wir anschließend gemeinsam prüften. Er willigte lächelnd ein und ich zog schnell die ausgemachte Anzahl der Karteikarten. Schon nach der Prüfung weniger Karten wurde der Kollege merklich ruhiger. Es gab Beanstandungen, so zum Beispiel nicht erfolgte Mahnungen. Für ihn unfassbar. Er zog los und holte die fünf Bier. Die Krönung sollte aber noch kommen. Nach etwa drei Monaten rief mich der Mitarbeiter der Musikschule nochmals an. Er hatte sich wegen der festgestellten Mängel sehr geärgert und daraufhin alle Akten einer Prüfung unterzogen. Zu seiner noch größeren Verblüffung hatte er bei den restlichen Karteikarten (also beim größten Teil) keine weiteren Mängel festgestellt. Ich hoffe, Sie sind nun im Bilde und wissen, was eine „Prüfernase" ist. Meine „Prüfernase" hat mir oft gute Dienste geleistet. Beispiele folgen.

Um ein recht passabler Finanzrevisor zu werden, war auch eine „Prüfernase" kein Allheilmittel. Dazu waren weitere Bausteine erforderlich, von denen ich bei den Darlegungen zu meinen Prüfungsgeheimnissen einige genannt habe. Hier noch einige Bausteine, ohne diese umfassend zu erläutern.
Fachwissen war die Grundvoraussetzung. Es war darüber hinaus wichtig, über den „Tellerrand" hinaus zu schauen. Ergaben sich beispielsweise im Rahmen der Belegkontrolle Anhaltspunkte, die zur Klärung

weitere Prüfungshandlungen erforderlich machten, so wurden diese dokumentiert und zu einem späteren Zeitpunkt abgearbeitet. Das schnelle Erfassen von Verwaltungsabläufen und das dabei gleichzeitige Erkennen von Schwachstellen waren die halbe Miete, um ein überdurchschnittlicher Revisor zu werden. Einen guten beziehungsweise sehr guten Revisor zeichnete das berufsspezifische Denken aus, welches anders sein musste als das eines jeden Mitarbeiters in den Verwaltungen und Betrieben, egal ob Vorsitzender eines Rates des Kreises, Hauptbuchhalter, Bürgermeister, Ratsmitglied oder Sachbearbeiter. Das erfolgte nicht im Selbstlauf. Auch wenn es recht einfach erscheint, ausschlaggebend war der Wille, anders zu denken. War dieser Wille nicht entsprechend ausgeprägt, so hatte das nicht unwesentlichen Einfluss auf die Prüfungsfeststellungen. Dieses spezifische Prüferdenken musste immer abrufbar sein, wenn es benötigt wurde. Irgendwann war das bei mir so selbstverständlich wie beispielsweise das Treten beim Fahrradfahren. Ich versuchte stets, dass dieses berufsbedingte Denken nicht zu sehr Einfluss auf mein Privatleben hatte. Es war in der DDR nicht immer leicht, meinen Beruf mit der Realität zu verbinden. Jedem war doch bekannt, dass bedingt durch die Mangelwirtschaft in der DDR vieles nicht mit „rechten Dingen" zuging. Einerseits war ich beim obersten Finanzkontrollorgan der DDR angestellt und war verantwortlich für die Durchsetzung der Rechtsvorschriften der DDR, aber andererseits war ich ja nicht taub und blind. Mir war bestens bekannt, wie man in der DDR zu etwas kam. Mit DDR-Geld auf alle Fälle nicht. Es gab ganz andere Währungen. Aber lassen wir das Thema.

Ich sehe übrigens heute vieles mit anderen Augen. Nicht wenige, ich beziehe selbst einige meiner festgestellten Finanzdelikte ein, waren im Gegensatz zur heutigen Zeit Lappalien. Einen hab ich dazu noch: Nach der Wende wurde vieles, aber sicher nicht alles, offen ausgesprochen, was „schiefgelaufen" war. In der DDR kursierte der Witz, dass auf nicht wenigen Grundstücken und Häusern keine Hausnummer, sondern VEB X, Kombinat Y, LPG Z, Nationale Volksarmee und so weiter hätte stehen müssen. Tatsächlich war das kein Witz.

Da ich Sie weder zum Prüfer ausbilden will noch den Sachbearbeitern in den Verwaltungen das Denken eines Prüfers nahebringen möchte, belasse ich es bei diesen Ausführungen.

An dieser Stelle von mir ein Dankeschön an meine „Prüfernase". Ihr habe ich es unter anderem zu verdanken, dass ich als Anerkennung für meine verdienstvolle Mitarbeit in der sozialistischen Rechtspflege am 7.10.1987 aus den Händen des damaligen Bezirksstaatsanwaltes des Bezirkes Leipzig die Ehrennadel der Organe der Rechtspflege in Bronze verliehen bekam. Einer der Gründe war, dass ich 1987 insgesamt drei Unterschlagungen aufgedeckt hatte. Um mit den Worten von Hans Rosenthal zu sprechen, der von 1977 bis 1986 im ZDF das beliebte Ratespiel „Dalli Dalli" moderierte: „Das war spitze!" Zu dieser Ehrennadel gehörte eine Prämie von 400,00 M, was doch ein kleines Dankeschön war.

Aufbau der Bankkonto-Nummern

Eine wesentliche Hilfe bei der Feststellung von Unregelmäßigkeiten war in der DDR der Aufbau der Bankkontonummern. Dadurch war sofort erkennbar, ob eine Überweisung auf ein Privatkonto erfolgte. Alle Revisoren waren im Besitz eines Merkblattes über den Inhalt und die Aussage der EDV-gerechten Bankkontonummern. Die Bankkontonummern erfüllten in der DDR die Anforderungen einer einheitlichen Systematik für alle Kreditinstitute. Aus ihnen war eine eindeutige Kennzeichnung des Territoriums, des Kreditinstitutes und der Kontenart erkennbar. Eine Bankkontonummer war maximal zwölfstellig. Dabei bezeichneten die ersten drei Stellen die Territorialnummer, die vierte Stelle die Institutsziffer, die fünfte Stelle die Kontenart, die sechste Stelle die Prüfziffer und die siebente bis zwölfte Stelle die Kundennummer. Als Institutsziffer (vierte Stelle) galt die 1 für die Staatsbank der DDR, die 2 für die Sparkasse, die 3 für die Bank für Land- und Nahrungsgüterwirtschaft und die 4 für die Genossenschaftskasse. Besonders wichtig war für uns Prüfer die fünfte Stelle, die Kontenart. Für die Kontenarten galten folgende Festlegungen:

Nummer	Kontenart
1	Konten der volkseigenen Betriebe
2	Konten des Haushaltes
3	Konten Gewerbetreibende, Organisationen und andere
4	Spargirokonten

6	Buchsparkonten
7	Konten für Teilzahlungskredite
8 und 9	Bankinterne Konten

Kontrollmitteilungen

Bei der SFR wurde auch mit sogenannten Kontrollmitteilungen gearbeitet. Es handelte sich dabei um schriftliche Mitteilungen an andere Kontrollorgane wie die Betriebsprüfungen der Abteilungen Finanzen, die zuständigen Referate Preise, die Banken sowie andere Revisionsgruppen der SFR über Informationen aus während der Prüfungen gewonnenen Erkenntnissen. Gründe zum Anfertigen von Kontrollmitteilungen waren beispielsweise fehlende Spezialkenntnisse und Zuständigkeiten anderer Kontrollorgane. Auch die SFR erhielt oft Kontrollmitteilungen. Zum Teil führten diese zur Aufdeckung strafbarer Handlungen. Ich kann mich nur an eine von mir erstellte Kontrollmitteilung erinnern. Bei der Prüfung einer Küche hatte ich festgestellt, dass diese in erheblichen Mengen Obst von einer Privatperson angekauft hatte. Es handelte sich um einen Betrag in Höhe von mehreren Tausend Mark. Der Ankauf durch die Küche war nichts Ungesetzliches. Die Privatperson hatte jedoch für derartige Nebeneinkünfte ab einer bestimmten Höhe Steuern zu entrichten. Von mir erfolgte an das zuständige Referat Steuern eine Kontrollmitteilung zur Überprüfung des Sachverhaltes. Im Ergebnis dieser Prüfung wurde eine nicht unbeträchtliche Steuernachzahlung gefordert.

Anzeige von Straftaten und Pflichtverletzungen

Aufgrund der Rechte der SFR ergab sich eine Zusammenarbeit zwischen SFR und Staatsanwaltschaft. Gemäß „Hinweisen zur Zusammenarbeit mit dem Staatsanwalt" vom 4.4.1986 erfolgte dies von der Inspektion Leipzig auf zwei Wegen. Der eine Weg war die Anzeige von Straftaten. Empfänger einer derartigen Anzeige war der Staatsanwalt des jeweilige Kreises beziehungsweise der Stadt Leipzig. Einen Durchschlag dieser Anzeige erhielt der Staatsanwalt des Bezirkes Leipzig – Abteilung Wirtschaftskriminalität. Anlass einer derartigen Anzeige war die Feststellung einer Straftat nach den §§ 159 bis 171 des Strafgesetzbuches der DDR. Es handelte sich dabei um Straftaten wie Diebstahl sozialistischen Eigentums, Betrug zum Nachteil sozialistischen Eigentums, Missbrauch einer Befugnis zur unrechtmäßigen Erreichung von Vorteilen, Falschmeldungen zur Erschleichung unrechtmäßiger Vorteile.

Die Anzeige des Inspektionsleiters war wie folgt aufgebaut:

„Hiermit erstatte ich Anzeige gegen (Name, Vorname, Funktion, wo beschäftigt, Wohnung) wegen des Verdachts auf eine gegen das Volkseigentum beziehungsweise die Volkswirtschaft gerichtete Straftat. Meiner Anzeige liegen folgende wesentliche Feststellungen zugrunde:

- Tatbestand
- Höhe, Umfang des Schadens in Sach- und Wertangabe, Zeitpunkt/Zeitraum der Straftat, angewandte Methoden, Verstoß gegen § ... der Ordnungsvorschrift
- Ursache
- Motiv, begünstigende Umstände, Würdigung der Schuld (Vorsatz, Fahrlässigkeit), Mitverschulden anderer Personen
- Auswirkungen
- ungerechtfertigter individueller Vorteil, Vorteil für das Kollektiv beziehungsweise den Betrieb, politischer Schaden
- Bisher veranlasste Maßnahmen
- Informationen, Konsequenzen, Verhinderung für die Zukunft
- Als Beweismittel füge ich bei (zum Beispiel Beleg-Nummer, Erklärung des Beschuldigten vom ...)"

Die Erwartung dieser Anzeige bestand darin, dass der Staatsanwalt über die Einleitung eines Ermittlungsverfahrens entschied. In der Regel erfolgte zu einer solchen Anzeige eine Antwort des Staatsanwaltes über seine Entscheidung.

Zu Feststellungen, bei denen wegen ihrer Art oder ihres Umfangs eine Mitwirkung des Staatsanwaltes an der Wiederherstellung der Gesetzlichkeit und der Beseitigung begünstigender Umstände zweckmäßig oder notwendig war, erhielt der Staatsanwalt des Bezirkes Leipzig der Abteilung Gesetzesaufsicht Informationen. Inhalt dieser Informationen über Pflichtverletzungen waren einzelne grobe oder mehrere typische Verstöße gegen Rechtsnormen sowie Entwicklungstendenzen. In den Informationen war der jeweilige Sachverhalt zu schildern und eine Aussage zum Umfang der Untersuchungen der SFR im Verhältnis zur Gesamtheit zu machen. Es waren Ursachen, Motive, Auswirkungen und Verantwortlichkeiten sowie bisher veranlasste Maßnahmen zu nennen. Es waren dazu Hinweise der SFR möglich, in welcher Form der Staatsanwalt tätig werden sollte, um beispielsweise die Wirkung der Auflagen der SFR zu erhöhen. Ausgeschlossen waren bei diesen Informationen Forderungen zur strafrechtlichen Relevanz. Der Staatsanwalt nutzte die Erkenntnisse aus diesen Informationen nach eigenem Ermessen. Die SFR erhielt nur in Einzelfällen zu diesen Informationen eine Antwort. Eine Berechtigung zur Erstellung dieser Informationen besaßen die Abteilungsleiter.

Weiterbildung

An die Mitarbeiter der SFR wurden hohe fachliche Anforderungen gestellt, was eine ständige Weiterbildung erforderlich machte. Das erfolgte innerhalb der Revisionsgruppen mindestens ein Mal im Monat bei den Beratungen der jeweiligen Abteilung sowie bei Lehrgängen und sonstigen zentralen Weiterbildungsmaßnahmen. Zum Standardprogramm gehörte ein Lehrgang, der ab 1976 meist Anfang Dezember stattfand und von Montag bis Freitag dauerte. Er war für alle Revisorinnen und Revisoren, nach meiner Kenntnis für jede Inspektion, eine Pflichtveranstaltung. Diese Lehrgänge wurden überwiegend in betrieblichen Ferieneinrichtungen durchgeführt, die von den jeweiligen Betrieben zu diesem Zeitpunkt nicht genutzt wurden. Lehrgangsorte der Inspektion Leipzig waren unter anderem Gotha, Antonshöhe, Friedrichroda, Seifen, Wurzbach, Unterweisbach und Johanngeorgenstadt. Tagesordnungspunkte waren Erläuterungen von gesetzlichen Bestimmungen, Erfahrungsaustausche zu Prüfungsmethoden, Verallgemeinerungen von begünstigenden Umständen bei Straftaten und, nicht zu vergessen, die Vorbereitung der Prüfungen der Ordnungsmäßigkeit der Jahresbilanzen der volkseigenen Betriebe und wirtschaftsleitenden Organe sowie der Jahreshaushaltsrechnungen der zentralen und örtlichen Staatsorgane. Nicht selten waren Vertreter der Zentrale der SFR

eingeladen, um aus zentraler Sicht Hinweise für die Prüfungstätigkeit zu geben.
Auch die gezielte Auswahl von fachlich und menschlich für diese Aufgaben geeigneten Mitarbeitern trug wesentlich zur guten Arbeit der SFR bei. Eine Finanzrevision war keine Hexerei. Keiner der neu eingestellten Mitarbeiterinnen und Mitarbeiter wurden auf die Menschheit losgelassen, ohne vorher entsprechend angeleitet beziehungsweise ausgebildet worden zu sein.

Innenrevision

Neben der SFR gab es bei größeren Städten und Räten der Kreise noch eine Innenrevision, die dem Leiter der Abteilung Finanzen unterstellt war. Grundlage für deren Arbeit bildete die „Ordnung des Ministers der Finanzen über die Aufgaben und Arbeitsweise der Innenrevisoren der Abteilungen Finanzen der Räte der Bezirke und Kreise" vom 31.10.1973. Zur Umsetzung dieser Ordnung wurden von der Abteilung Kassenvollzug des Staatshaushaltes des Ministeriums der Finanzen der DDR „Arbeitshinweise für die Innenrevisoren der Abteilungen Finanzen der Räte der Bezirke und Kreise" vom 20.2.1974 herausgegeben. Die Tätigkeit der Innenrevisoren war auf die Sicherung einer straffen Ordnung in der Durchführung der Haushalts- und Finanzwirtschaft der Räte der Bezirke und Kreise sowie auf die ständige Kontrolle über die Rechnungsführung und Abrechnung ihrer Haushalte gerichtet. Die Aufgaben waren jährlich in einem Arbeitsplan festzulegen. Aufgaben der Innenrevision waren unter anderem Kontrollen über die Einhaltung von Festlegungen zur Kassenordnung des Staatshaushaltes (zum Beispiel Zeichnungsberechtigungen über die Verfügungen von Haushalts- und Postscheckkonten, Sicherung von Bargeld, Einhaltung von Bargeldhöchstbeständen, ordnungsgemäße Überwachung von Lieferungen und Leistungen durch den festgelegten Personenkreis), Kontrollen über Ordnung und Sicherheit in der kassenmäßigen Durchführung des Haushaltes sowie im Rechnungswesen der staatlichen Organe und Einrichtungen (zum Beispiel Verwendung von Bargeld und Schecks, ordnungsgemäße Verwaltung der Eigenmittel von Patienten und Heimbewohnern).
Eine wichtige Voraussetzung für die erfolgreiche Arbeit des Innenrevisors bestand in der ständigen engen Zusammenarbeit mit der SFR. Die

gegenseitige Unterstützung erstreckte sich dabei unter anderem auf die Abgrenzung der Objekte für die Durchführung von Prüfungsaufgaben, auf die Mitwirkung der Innenrevisionen bei der Prüfung der Jahreshaushaltsrechnung in Abstimmung mit der SFR und auf die Durchführung von gemeinsamen Erfahrungsaustauschen auf Bezirks- und Kreisebene. Die Innenrevisorinnen – Innenrevisoren sind mir nicht in Erinnerung – waren zuverlässige und qualifizierte Angestellte. Dadurch wurden auch die von den Innenrevisionen durchgeführten Prüfungen auf den Prüfungsturnus der SFR angerechnet. War also beispielsweise von der Innenrevision des Rates des Kreises Eilenburg 1981 der Rat der Gemeinde Laußig geprüft worden, dann erfolgte 1985 die Prüfung durch die SFR, um den vierjährigen Prüfungsturnus einzuhalten.

Auszug aus dem Lehrbrief für das Fachschulstudium

Im von mir bereits erwähnten Lehrbrief für das Fachschulstudium Finanzwirtschaft an der Fachschule Gotha für das Spezialstudium „Staatshaushalt" vom 10.7.1975 sind auch Ausführungen zur „Feststellung und Ahndung von Verstößen gegen die sozialistische Finanzwirtschaft" enthalten. Verfasser dieser Ausführungen war mein langjähriger Abteilungsleiter Herbert B. Er gehörte bereits 1953 der damals noch so bezeichneten Abteilung Revision und Kontrolle der Inspektion Leipzig an und war einer der fachlich herausragenden, vielleicht sogar der fachlich und menschlich beste Mitarbeiter beziehungsweise Vorgesetzte, den die Inspektion Leipzig je hatte. Hier eine Zusammenfassung vorher genannter Ausführungen aus dem Lehrbrief, welche Ihnen die Stellung der SFR unter Berücksichtigung der Einordnung in die Machtorgane der DDR nochmals verdeutlicht.

„Die Fragen der Gesetzlichkeit, Ordnung und Sicherheit wurden im Laufe der Entwicklung der DDR im zunehmenden Maße Bestandteil der Leitungstätigkeit. Die Werktätigen wurden bestärkt zur bewussten Erfüllung ihrer Arbeitspflichten, zur Wachsamkeit und Unduldsamkeit gegenüber Rechts- und Pflichtverletzungen und zum Kampf gegen die Kriminalität mobilisiert. Es gab aber andererseits Bürger, die aus mangelnder Disziplin ihre Arbeitspflichten vernachlässigten und sich zum Teil auf Kosten der Gesellschaft bereicherten. Ziel von Finanzrevisionen war es auch, derartige Rechtsverletzungen festzustellen. Es handelte sich bei derartigen Feststellungen vorwiegend um Verstöße gegen die sozialistische Finanzdisziplin. Die sozialistische Finanzdisziplin war eine spezifische Art der Staatsdisziplin in der DDR. Ziel der Finanzdisziplin war die strikte Einhaltung der Rechtsnormen auf dem Gebiet der staatlichen Finanztätigkeit sowie die ordnungsgemäße Erfüllung der durch diese Normen gestellten Aufgaben. Die Finanzdisziplin sollte dazu dienen, das Volkseigentum zu schützen und zu mehren sowie das Sparsamkeitsprinzip konsequent durchzusetzen. In diesem Sinne verstanden, war die Finanzdisziplin ein wesentlicher Faktor zur Verwirklichung des demokratischen Zentralismus."

Die ersten Prüfungsfeststellungen

Bevor es mit den vielen Prüfungsfeststellungen losgeht, ist es erforderlich, darauf hinzuweisen, dass der überwiegende Teil der Mitarbeiter in den staatlichen Organen und Einrichtungen der DDR in der Haushalts- und Finanzwirtschaft und in volkseigenen Betrieben eine fachlich gute Arbeit geleistet hat. Auch die Vielzahl der folgenden Feststellungen mit erheblichen Beanstandungen widersprechen dieser positiven Einschätzung nicht. Um Ihnen die vielfältige, anspruchsvolle und wirksame Arbeit der SFR anschaulich zu verdeutlichen, habe ich diese Verfahrensweise, also praxisbezogen, gewählt. Mich hat diese Zusammenstellung selbst begeistert und Sie werden darüber nicht traurig sein.

Nach der Beendigung meines Studiums durfte ich mich ab 1.9.1977 Revisor nennen. Das Durchschnittsalter der Mitarbeiter meiner Revisionsgruppe betrug zum damaligen Zeitpunkt etwa 50 Jahre. 1977 war ich 25 Jahre jung. Das war sicher mit ein Grund, dass mich alle so gut behandelten.

Eine kleine Gemeinde im Süden des Kreises Leipzig

Es war im Jahr 1978. Meine Aufgabe bestand darin, eine kleine Gemeinde im Süden des Kreises Leipzig zu prüfen. Wie üblich ging es früh mit Bahn und Bus zum Prüfungsobjekt. Eine Anmeldung erfolgte grundsätzlich nicht. Nur so konnte man sich über die Haushalts- und Finanzwirtschaft im Prüfungsobjekt ein reales Bild machen. Niemandem war in den Prüfungsobjekten bekannt, wann eine Prüfung erfolgte. Eine derartige Verfahrensweise gehört übrigens, mit Ausnahme von

Kassenprüfungen, heute ins Reich der Utopie. Für mich absoluter Schwachsinn. Falls der Prüfer im Prüfungsobjekt, wie ich damals, nicht bekannt war, wurde bei der Anmeldung beim Bürgermeister beziehungsweise der Bürgermeisterin der Dienstausweis vorgezeigt – und los ging es. In der DDR war es eine Selbstverständlichkeit, dass der Dienstausweis vor Beginn einer Prüfung gefordert wurde. Als mich dann fast jeder kannte, war das nicht mehr der Fall. Ich erwähne das deshalb, weil ich nach der Wiedervereinigung oft prüfen konnte, ohne dass ich mich auszuweisen brauchte. Die Bargeldkassen wurden geöffnet und das Bargeld vorgezählt. Zwischendurch fragte ich nach, ob es nicht erforderlich sei, meinen Dienstausweis anzusehen. Die Antworten waren verblüffend. „Das wird schon seine Richtigkeit haben" und „Wir haben schon von Ihnen gehört" waren nur zwei von vielen Antworten. Meistens zeigte ich dann meinen Dienstausweis unaufgefordert und schüttelte den Kopf. Unglaublich, aber wahr. So etwas ist mir in der DDR nicht ein einziges Mal passiert.

Wieder zurück zur Gemeindeprüfung. Ich führte mit dem Bürgermeister zuerst die Ortsbesichtigung durch. Dabei wurde auch nachgefragt, ob man irgendwo zu Mittag essen könne, meist war ich auf meine mitgebrachten Schnitten angewiesen. Nach der Ortsbesichtigung erfolgten die Belegprüfung und die Auswertung der Plan- und Ist-Zahlen der Haushaltsdurchführung. Dabei fiel mir auf, dass in einer Kindereinrichtung den Ausgaben für die Teilnahme der Kinder am Essen nur geringe Einnahmen gegenüberstanden. Ich begab mich zur Einrichtung, um den Sachverhalt zu klären. Dabei stellte ich auf Grundlage der Quittungen fest, dass die Einnahmen vollständig kassiert, aber nicht abgerechnet worden waren. Mir war es an diesem Tage nicht möglich, den Sachverhalt zu klären, da die zuständige Mitarbeiterin keinen Dienst hatte. Am nächsten Morgen war ich pünktlich wieder zur Stelle. Die Angestellten des Raten der Gemeinde waren aufgeregt wie eine Schar Hühner. Der Grund für diese Aufregung machte mich sehr betroffen. Die Mitarbeiterin der Kindereinrichtung hatte Schlaftabletten genommen und sich auf den kleinen Gemeindefriedhof gelegt. Zum Glück war das bemerkt worden und man hatte sie rechtzeitig ins Krankenhaus eingeliefert. Sie hatte alles gut überstanden. Gott sei Dank. Die Beschäftigte der Kindereinrichtung hatte das Geld privat einbehalten. Es handelte sich nach meiner Erinnerung um etwa 250,00 M. Meine Prüfungsfeststellung war nicht der Hauptgrund für die

Handlungsweise. Am nächsten Tag hatte ich Feierabend und begab mich zum Bus. Plötzlich kam ein Mann mit schnellen Schritten auf mich zugestürmt. Mir schwante nichts Gutes. Wie vermutet, war es der Ehemann der Angestellten der Kindereinrichtung. Die Anspannung legte sich bei mir rasch. Der Herr entschuldigte sich dafür, dass mir seine Frau so viele Unannehmlichkeiten bereitet hatte. Nicht die 250,00 M waren die eigentliche Ursache für diese Panikreaktion gewesen, sondern persönliche beziehungsweise familiäre Probleme.

Laut meiner Informationen begingen im Ergebnis von Finanzrevisionen im Prüfungsbereich der Inspektion Leipzig mehrere Mitarbeiter in den geprüften Objekten Selbstmord. Die genaue Anzahl ist mir nicht bekannt. Auch bei meiner Kollegin Marion gab es einen derartigen Vorfall. Sie sprach mit mir nur in Andeutungen darüber. Im Nachhinein glaube ich, dass dieses Vorkommnis sie psychisch sehr belastet hat. Wahrscheinlich sogar bis an ihr Lebensende. Ich wünsche keinem Prüfer, dass er jemals solche Erfahrungen machen muss. Mir jedenfalls reichte schon der Vorfall auf dem Friedhof. Dabei wurde mir brutal aufgezeigt, was ich durch meine Prüfungsfeststellungen auslösen konnte, ohne selbst für das Tun und Handeln der jeweiligen Person verantwortlich zu sein. Zum damaligen Zeitpunkt war mir noch nicht bewusst, dass dieses Ereignis, so unangenehm es auch war, entscheidenden positiven Einfluss auf meine gesamte Tätigkeit bei der SFR haben würde. Dieses Ereignis trug unter anderem dazu bei, bei Verdachtsanzeichen auf Betrugshandlungen Zahlen, Belege, Karteien und sonstige Nachweise mehrmals abzustimmen, um keinen Geprüften unrechtmäßig zu verdächtigen. Dabei durfte mir kein Fehler unterlaufen. Nach meiner Erinnerung ist mir ein derartig für einen Finanzprüfer unverzeihlicher Fehler niemals passiert. Selbst wenn die Anzeichen auf Betrugshandlungen zum Greifen nahe waren, war ich mir stets bewusst, dass ich nur einen Nachweis aufgrund von Belegen erbringen konnte. Von mehreren Personen wurde ich im Laufe meiner Tätigkeit bei der SFR damit konfrontiert, dass ich für die Kriminalpolizei zur Aufklärung von Finanzdelikten bestens geeignet wäre. Das kam für mich nicht in Frage, da der Umgang und die erforderlichen Verhöre mit den Beschuldigten nicht meiner Mentalität entsprachen.
Im Zusammenhang mit dieser Prüfung möchte ich Ihnen zwei weitere Episoden vorstellen.

Der Rat der Gemeinde Lützschena

Ich hatte den Rat der Gemeinde Lützschena im Kreis Leipzig zu prüfen. In fast jeder Gemeinde gab es eine kleine Bibliothek. In Lützschena bezog ich diese in die Revision ein. Ich prüfte lediglich in etwa zwanzig Fällen, ob diese Bücher gemäß Nachweis vorhanden oder ausgeliehen waren. Die Verantwortlichen von Bibliotheken waren durchweg sehr gewissenhafte Mitarbeiter und übten diese Arbeit oftmals ehrenamtlich beziehungsweise gegen eine geringe Vergütung aus. Ich stellte fest, dass zwei Bücher nicht vorhanden waren, obwohl diese in der Kartei als „zurückgegeben" ausgewiesen waren. Bei der Vielzahl an Büchern war wahrscheinlich noch keine Einsortierung erfolgt. Nach Feierabend wartete ich an der Haltestelle auf die Straßenbahn. Plötzlich kam mir das ältere Ehepaar, welches für die Bibliothek verantwortlich war, mit einer Tasche entgegen. Da ihnen das Fehlen der beiden Bücher zum Prüfungszeitpunkt sehr unangenehm gewesen war, hatten sie so lange gesucht, bis die Bücher gefunden waren. Ganz stolz holten sie diese aus der Tasche.

Das Kinderheim „Waldfrieden" in Markkleeberg

Sehr gern prüfte ich Kinderheime. So beispielsweise auch das Kinderheim „Waldfrieden" in der Stadt Markkleeberg. Wie von mir erwartet, gab es bei der Revision keine Beanstandungen. Beim Abschlussgespräch freute sich die Heimleiterin über meine durchweg positiven Feststellungen. Dabei teilte sie mir mit, dass die Wirtschaftsleiterin zu Beginn meiner Prüfung eine Prämie hatte erhalten sollen. Diese hatte die Prämie, nach meiner Erinnerung waren es 200,00 M, nicht angenommen, weil sie erst das Ergebnis meiner Prüfung abwarten wollte. Nach dem Abschlussgespräch nahm sie ihre Prämie mit gutem Gewissen in Empfang.

Viele werden sich jetzt fragen, welcher Zusammenhang zwischen diesen drei Finanzrevisionen bestehen soll. Die Lösung ist sehr, sehr einfach. Fast täglich erhalten Sie aus den Medien Informationen über Betrugshandlungen, die an Skrupellosigkeit, Unverfrorenheit und Schamlosigkeit kaum zu überbieten sind. Da füllen sich Leute die Taschen mit Geld, das ihnen nicht zusteht und das sie aufgrund der Höhe kaum verbrauchen können. Es wird vor Gericht auf die Einhaltung von Verträgen geklagt, obwohl Schäden in Größenordnungen angerichtet wurden. Es werden Verträge abgeschlossen, die bezüglich der Vergütung fern jeglicher Realität sind. Es werden Schmiergelder gezahlt und angenommen, ohne auch nur ansatzweise Reue zu zeigen. Bei meinen drei Finanzrevisionen dagegen nahm die Mitarbeiterin einer Kindereinrichtung Schlaftabletten und legte sich auf den Friedhof, weil sie 250,00 M veruntreut hatte, ließ es einem Ehepaar, welches eine Gemeindebibliothek leitete, keine Ruhe, dass zwei Bücher nicht sofort aufgefunden worden waren. Die Wirtschaftsleiterin eines Kinderheimes bat ihre Heimleiterin, ihre Prämie erst dann auszuzahlen, wenn die Finanzrevision beendet war und es keine Beanstandungen gab. Welche hohen Moralansprüche hatten diese Menschen. Heute kaum noch vorstellbar. Natürlich gab es auch genügend andere Fälle, wo selbst ich vor Wut innerlich kochte. Ich komme noch darauf.

Der Sechser im Lotto

Bevor wir zur nächsten Prüfung kommen, möchte ich nicht vergessen anzumerken, dass ich kurz nach Beendigung meines Studiums mehr als einen Sechser im Lotto hatte. Damit meine ich nicht zwei oder drei Sechser, sondern ich erhielt die Zuweisung für eine Einraumneubauwohnung. Wer die Wohnungsprobleme in der DDR nicht kennengelernt hat, kann sich kaum vorstellen, wie froh und glücklich ich darüber war. In der DDR war es so, dass Betrieben und Behörden teilweise Wohnungskontingente zur Vergabe zugeteilt wurden. Nach welchen Kriterien, entzieht sich meiner Kenntnis. Jedenfalls erhielt ich eine Wohnung. Nach dem Studium wohnte ich ja wieder bei meinen Eltern, wo es kein Bad, aber dafür eine Außentoilette gab. Die Einraumwohnung befand sich in Leipzig-Grünau. Ich reinigte sie nur und tauschte sie dann umgehend gegen eine Einraumwohnung in Leipzig-Mockau. Nach meiner Scheidung 1989 wohnte ich wieder in einer solchen Einraumwohnung, die lediglich eine Gesamtwohnfläche von 26,00 Quadratmeter hatte. 2011 entschloss ich mich zu einem Wohnungswechsel. Ich zog eine Etage tiefer. Die Wohnfläche ist die gleiche geblieben, aber alles ist neu renoviert und ich habe mir eine super Küche einbauen lassen. Ich fühle mich in meiner kleinen Wohnung wohl.

Prüfungen auf dem Gebiet der Verpflegungswirtschaft

Ein umfangreiches Prüfungsgebiet in den staatlichen Organen und Einrichtungen war das Gebiet der Verpflegungswirtschaft. Derartige Prüfungen standen deshalb sehr oft auf der Tagesordnung, weil aus dem Staatshaushalt dafür jährlich erhebliche Mittel bereitgestellt wurden. Die Ausgaben für Verpflegungsleistungen waren wesentlich höher als die Einnahmen, die beispielsweise von den Eltern für die Teilnahme ihrer Kinder an der Schüler- und Kinderspeisung verlangt wurden. Das war in DDR Bestandteil der Sozialpolitik. Es wurde von politischer Seite her als eine Art zweite Lohntüte für die Bevölkerung bezeichnet. Sehr schön ist das bei der Schüler- und Kinderspeisung nachvollziehbar. So betrugen gemäß der „Verordnung über die Schüler- und Kinderspeisung" vom 16.10.1975 die Normative für den wertmäßigen Naturaleinsatz je Essenportion für Schüler der Klassen 1 bis 6 = 1,00 M, für Schüler der Klassen 7 bis 12 sowie für Lehrlinge = 1,20 M und für Kinder in Kindergärten = 0,80 M. Dagegen betrugen die Kostenanteile der Eltern für Schüler und Lehrlinge in kommunalen Berufsschulen je Essenportion = 0,55 M und für die Kinder in den Kinderkrippen = 0,35 M. Für die Herstellung und den Transport beziehungsweise für die Herstellung und die Ausgabe des Essens einschließlich der Kosten für den Naturaleinsatz war beim Naturaleinsatz von 1,00 M ein Richtpreis von 1,60 M, beim Naturaleinsatz von 1,20 M ein Richtpreis von 1,90 M und beim Naturaleinsatz von 0,80 M ein Richtpreis von 1,35 M gesetzlich festgelegt. Die erhöhten Aufwendungen wurden aus dem Staatshaushalt finanziert. Das bedeutete beispielsweise, dass den Einnahmen der Eltern für die Teilnahme ihres Kindes am Essen pro Tag in Höhe von 0,35 M Ausgaben von 1,35 M gegenüberstanden. Vom Staatshaushalt wurde damit 1,00 M pro Tag getragen. Gemäß § 7 Abs. 3 dieser Verordnung konnten bis zu 10 % der Schüler, Lehrlinge und Kinder kostenlose oder preisermäßigte Schüler- und Kinderspeisung gewährt werden. Außerdem erhielten 10 % der Schüler, Lehrlinge und Kinder kostenlose Trinkmilch. Weitere derartige Angaben wären beispielsweise aus dem Bereich Gesundheits- und Sozialwesen möglich.
Trotz größter Bemühungen ist es mir nicht gelungen, Angaben für die jährlichen Ausgaben für Verpflegungsleistungen (Naturaleinsatz) zu finden. Ohne Zahlen geht bei mir jedoch nichts. Sie sollen ja in etwa eine Vorstellung davon haben, um welche Größenordnung es sich

handelte. Ich habe mich mehrmals an dem Lösen dieser Aufgabe versucht. Ich lege mich für die letzten Jahre der DDR auf einen Betrag in Höhe von 13,0 Mrd. M fest. Ein ganz schönes Sümmchen. Eigene Küchen waren in der DDR Bestandteil vieler staatlicher Einrichtungen. Das betraf beispielsweise Feierabend- und Pflegeheime, Krankenhäuser, Kinderheime, Jugendherbergen und Bildungs- und Betreuungseinrichtungen. Über die Anzahl der Küchen existieren keine Angaben. Aber ich lasse Sie nicht auf dem Trockenen sitzen. Wieder mussten Hochrechnungen her. Ausgangspunkt meiner Überlegungen waren die Ihnen bereits dargelegten Angaben zur Anzahl der Prüfungsobjekte der Abteilungen Staatliche Organe und Einrichtungen der SFR in der gesamten DDR. Eine Garantie kann ich nicht geben, aber es dürfte mindestens 200.000 Küchen in den staatlichen Einrichtungen gegeben haben. Diese Zahl beinhaltet Küchen in Kindereinrichtungen wie Kindergärten, die pro Tag 80 Portionen zubereiteten, aber ebenfalls Küchen, die pro Tag mehrere Tausend Portionen zubereiteten (zum Beispiel Krankenhäuser für Psychiatrie und Neurologie). Dazu kam dann noch eine riesige Anzahl von Küchen in den volkseigenen Betrieben und landwirtschaftlichen Produktionsgenossenschaften. Nur nebenbei bemerkt, für mich waren die Küchen als Bestandteil besonders größerer Einrichtungen eine gute Lösung.

Ein Schwerpunkt der Sozialpolitik der DDR war die Verbesserung und Betreuung der Bürger durch die staatlichen Einrichtungen. Dazu gehörte auch der ordnungsgemäße und vollständige Einsatz der für die Verpflegung bereitgestellten erheblichen finanziellen Mittel. Prüfungsschwerpunkte waren demnach:

- die Einhaltung der Verpflegungskostensätze im Rahmen der Normative,
- die ordnungsgemäße Erfassung, Nachweisführung und termingemäße Abrechnung der Einnahmen und Ausgaben für die Verpflegung
- sowie die vollständige Erfassung, der Nachweis und die sichere Verwaltung von Lebensmitteln sowie ihr Einsatz.

Prüfungsgrundlagen waren Küchentagebücher, Anwesenheitslisten, Nachweise über Kapazitätsauslastungen der Einrichtungen, Einzahlungs- und Abrechnungsnachweise, Rechnungen, Lieferscheine, Inventurprotokolle, Lebensmittelkarteien, Speisepläne und Abrechnungen über Essenmarken. Der Anfang einer derartigen Prüfung, die übrigens bei einer großen Küche durchaus 15 Prüfungstage und mehr erforderlich machte, war die Inaugenscheinnahme der Lebensmittellager. Schon dadurch erhielt man als Prüfer erste Erkenntnisse über die Arbeit der Wirtschaftsleiter. Das Wichtigste war die Prüfung der Einhaltung des Verpflegungskostensatzes, den der Gesetzgeber als Tagessatz für den Naturaleinsatz von Lebensmitteln festgelegt hatte. Neben den bereits erfolgten Angaben zur Schüler- und Kinderspeisung betrug beispielsweise der Verpflegungskostensatz in Krankenhäusern 4,00 M, in Jugendherbergen bei Personen über 12 Jahre 6,00 M. Um die Einhaltung des Verpflegungskostensatzes zu prüfen, war zuerst die Ermittlung der Soll- und Ist-Ausgaben für den jeweiligen Prüfungszeitraum erforderlich.

Hier ein Beispiel für eine staatliche Einrichtung im Haushaltsjahr 1980:

Soll-Ausgabe: Anwesenheitstage x Verpflegungskostensatz
Ist-Ausgabe: Ausgaben lt. Tabelle 02 vom 1.1. bis 31.12.1980
+ Inventurbestände zum 1.1.1980
− Inventurbestände zum 31.12.1980
− Rechnungsüberhänge von 1979 nach 1980
+ Rechnungsüberhänge nach 1981 von 1980

Die Differenz zwischen Soll- und Ist-Ausgaben geteilt durch die Anwesenheitstage ergab den Betrag, der pro Anwesenheitstag tatsächlich zum Beispiel für jeden Heimbewohner oder Patienten zu viel oder zu wenig eingesetzt worden war. Ziel war ein vollständiger Einsatz der vom Staat zur Verfügung gestellten Mittel. Auch wenn keiner in der DDR am Hungertuch knabbern musste, waren die Mängel und Engpässe bei der Versorgung der Bevölkerung, nicht nur mit hochwertigeren Lebens- und Genussmitteln, nicht zu übersehen. Besonders solche Einrichtungen wie Alten- und Pflegeheime, Krankenhäuser und Jugendherbergen wurden häufiger mit Obst- und Gemüsekonserven, Obst und Gemüse sowie höherwertigen Fleisch- und Wurstwaren beliefert. Die Leiter und Wirtschaftsleiter dieser Einrichtungen hatten eine hohe Verantwortung bei der vollständigen Erfassung, dem Nachweis, der sicheren Verwaltung sowie dem Einsatz der Lebensmittel. Wurden diese ihrer Verantwortung nicht gerecht, dann waren enorme Schäden für den Staatshaushalt durch strafbare Handlungen keine Seltenheit. Die Versorgungsengpässe waren keine Entschuldigung für strafbare Handlungen, die zum Teil an Frechheit kaum zu überbieten waren. Durch private Entnahmen von Lebensmitteln wurden jährlich erhebliche finanzielle Schäden in der DDR angerichtet. Hätte ich lieber diesen Satz nicht geschrieben, denn nun möchten Sie von mir wissen, welche Größenordnung der „Finanzrevisor Pfiffig" damit wohl meint. Eine sehr schwierige Frage, selbst mit kühnsten Hochrechnungen nicht lösbar. Als „Finanzrevisor Pfiffig" wage ich das fast Unmögliche. Nach langen Überlegungen habe ich mich auf einen Betrag in Höhe von 30,0 Mio. M pro Jahr festgelegt, der in Form von Nahrungs- und Genussmitteln auf fremden Tischen gelandet sein wird. War die DDR ein Land von Dieben, die besonders in den Küchen von staatlichen Einrichtungen beheimatet waren? Natürlich nicht. Auch in diesen Küchen wurde überwiegend ordnungsgemäß gearbeitet. Aber dort, wo die internen Kontrollen versagten beziehungsweise wo die Leiter oder Wirtschaftsleiter der Küchen eine aktive Rolle bei den „privaten Warenentnahmen" ausübten, betrug der Schaden für den Staatshaushalt pro Jahr durchaus 10,0 TM und mehr. Ein konkreter Nachweis der Warendiebstähle war schwer. Stellt man den Betrag in Höhe von 30,0 Mio. M den Gesamtausgaben des Staatshaushaltes der DDR für Lebensmittel in Höhe von 13,0 Mrd. M – Angabe ebenfalls ohne Gewähr – gegenüber, dann handelte es sich um „lediglich" 0,23 % der zur Verfügung gestellten Mittel.

Prüfungsfestestellungen in verschiedenen Kinderheimen und Krankenhäusern

Ende 1982 prüfte Marion das Kinderheim „Alexander Matrossow" Störmthal. Im Zeitraum vom 1.1.1981 bis 31.8.1982 standen den Soll-Ausgaben für Verpflegungsleistungen in Höhe 136,7 TM Ist-Ausgaben von 153,7 TM gegenüber. Durch die Überschreitung des Verpflegungskostensatzes entstand dem Haushalt ein Schaden von 17,0 TM. Pro Verpflegungstag und Heimbewohner wurden in diesem Zeitraum 0,64 M mehr ausgegeben, als laut gesetzlicher Bestimmungen zulässig gewesen war. Ursachen waren die nicht ordnungsgemäße Überwachung des Verpflegungskostensatzes sowie Mängel in der Kontrolltätigkeit durch die Heimleitung. Im Ergebnis der Prüfung wurden der Heimleiter sowie der Rat der Gemeinde Störmthal beauflagt, ab 1.10.1982 durch eine laufende Kontrolle die Einhaltung des Verpflegungskostensatzes zu gewährleisten.

Bei der Prüfung des Kreiskrankenhauses Poliklinik Markranstädt im Jahre 1986 durch Marion ergaben sich zahlreiche Beanstandungen. Diese reichten von falscher buchhalterischer Abwicklung der Personalverpflegung bis zur Schädigung des Haushaltes um 29,0 TM. Die Schädigung des Haushaltes betraf die Überschreitung des Verpflegungskostensatzes für den Zeitraum 1.1.1983 bis 30.6.1984. Aufgrund der Inanspruchnahme des Babyjahres durch die Wirtschaftsleiterin erfolgte seitens der Leitung keine laufende Kontrolle des Verpflegungs-Solls sowie der Gegenüberstellung mit den Ist-Ausgaben. Bei der am 29.6.1984 durchgeführten Inventur der Lebensmittelbestände gab es erhebliche Differenzen. So stand dem Bestand laut Lebensmittelkartei von 80 Glas Pflaumen ein Ist-Bestand laut Inventurunterlagen von 0 Glas gegenüber. Insgesamt fehlten 320 Glas Obst. Ursachen waren die lückenhafte Führung des Küchentagebuches und ein nicht unter Verschluss gehaltenes Lebensmittellager. Das Lebensmittellager war für jeden zugängig. Die Lebensmittelausgabe erfolgte nicht durch eine festgelegte Person, sondern das Küchenpersonal entnahm die benötigten Mengen je nach Bedarf. Außerdem wurde teilweise eine zu hohe Bestandshaltung festgestellt. Grund dafür war die Auslösung von Bestellungen, obwohl noch ausreichend Bestände vorhanden waren. So waren am 16.5.1984 noch 430 Päckchen Vanillezucker vorhanden. Trotzdem wurden weitere 500 Päckchen bestellt. Zum Prüfungszeitpunkt waren alle 930 Päckchen vorhanden.

1987 prüfte ich das Kinderheim „Max Förster" Großpösna. Es handelte sich um eines der wenigen Durchgangsheime. Die Verweildauer der Kinder betrug meist nur wenige Wochen. 1986 waren für Verpflegungsleistungen insgesamt 55,8 TM geplant. Dem standen Ist-Ausgaben von 64,4 TM gegenüber. Meine Prüfung ergab, dass keine Überschreitung des Verpflegungskostensatzes erfolgt, sondern der Planansatz im Vergleich zur Auslastung zu niedrig gewesen war. Laut Unterlagen hätten aufgrund der Anwesenheit beziehungsweise Teilnahme am Essen (mit Personal und Fremdessern) insgesamt 69,0 TM verausgabt werden dürfen. Die tatsächliche Inanspruchnahme betrug 65,5 TM, was einer Minderausgabe von 3,5 TM beziehungsweise 0,17 M pro Tag und Essenteilnehmer entsprach. Der Verpflegungskostensatz wurde ordnungsgemäß von der Wirtschaftsleiterin kontrolliert. Durch Probleme bei der Bereitstellung hochwertiger Waren wurde der Verpflegungskostensatz unterschritten. Auch das gab es. Keiner hätte die Wirtschaftsleiterin für die vollständige Inanspruchnahme in Höhe des Verpflegungssatzes kritisieren können.

Die ordnungsgemäße Überwachung des Verpflegungskostensatzes war ausschlaggebend für die Einhaltung. Das war bei der Prüfung des Feierabendheimes „Maxim Gorki" Taucha 1988 der Fall. 1987 hätten laut Anzahl der Verpflegungsteilnehmer insgesamt 252,9 TM ausgegeben werden dürfen. Unter Berücksichtigung der Inventurbestände und Rechnungsüberhänge betrugen die Ist-Ausgaben 252,5 TM.

Bei der Prüfung der Nachweisführung der Bestände an Lebensmitteln 1989 im Kreiskrankenhaus Zwenkau-Markkleeberg war eine Abstimmung zwischen Soll- und Ist-Beständen nicht möglich, weil grob gegen Rechtsvorschriften der Lager- und Materialwirtschaft verstoßen worden war. So unterblieb in den Monaten März/April 1989 jegliche Lagerkarteiführung mit einem Warenwert von rund 150,0 TM.

Die Prüfung eines Altenheimes im Kreis Leipzig durch den „Finanzrevisor Pfiffig" ergab erhebliche Beanstandungen. Der Verpflegungskostensatz war wesentlich überschritten und auch bei der Nachweisführung der Lagerbestände gab es erhebliche Probleme. Ich musste die Prüfung für längere Zeit aussetzen, weil die Wirtschaftsleiterin krank wurde. Da jeder einmal krank werden kann, war erst einmal nichts Verwunderliches daran. Als jedoch kein Ende der Krankheit abzusehen war und auch die Leiterin des Altenheimes darüber keine Auskunft geben konnte, informierte ich die für dieses Objekt zuständige Kreisärztin über den Stand der Prüfung. Dabei teilte ich ihr mit, dass ich zu den Gründen für die erheblichen Beanstandungen im Revisionsprotokoll keine Ursachen aufzeigen könne, weil die Wirtschaftsleiterin schon längere Zeit krankgeschrieben war. Das gefiel ihr gar nicht. Sie versprach, das Problem zu lösen. Die Lösung bestand nach meiner Erinnerung darin, dass sich die Kreisärztin mit dem behandelnden Arzt der

Wirtschaftsleiterin in Verbindung setzte. Die Kreisärztin teilte mir nach kurzer Zeit mit, dass die Wirtschaftsleiterin in Kürze zur Ärzteberatungskommission bestellt würde. Dazu kam es nicht. Innerhalb weniger Tage erschien die betreffende Mitarbeiterin wieder zur Arbeit. Dadurch war es mir möglich, diese Prüfung zu beenden und die Gründe für die erheblichen Beanstandungen aufzuzeigen.

Immer mit der Ruhe, liebe Leserin, lieber Leser. Gleich wird es für Sie wesentlich interessanter. Aber ein erfahrener Jäger verschießt sein Pulver bekanntlich nie zu früh.

1987 prüften Bärbel und Irmgard eine Zentrale Heimverwaltung und ein Pflegeheim. Bestandteil dieser Einrichtung war eine Küche, die neben der eigenen Einrichtung weitere gleichartige und andere Objekte mit Essen versorgte. Täglich wurden rund 1.000 Essensportionen für die Einrichtungen und andere Objekte sowie rund 100 Essensportionen für die Personalverpflegung hergestellt. Ein Schwerpunkt der Prüfung war die Verpflegungswirtschaft. Das umfasste vorwiegend den vollständigen und termingemäßen Einzug der Einnahmen für die Verpflegungsleistungen, die Einhaltung des Verpflegungskostensatzes und die Einhaltung von Ordnung und Sicherheit bei der Verwaltung der Lebensmittelbestände. Bei der Prüfung der Einnahmen aus der Personalverpflegung wurden von den Revisorinnen das Küchentagebuch mit den hergestellten Essensportionen und den tatsächlich anwesenden Essenteilnehmern sowie die Anwesenheitslisten und Belegungsstatistiken mit den hergestellten und bezahlten Essensportionen abgestimmt. Verantwortlich für das Kassieren der Gelder der Mitarbeiter der Küche für die Teilnahme am Essen war der Küchenleiter, der übrigens Parteisekretär und Vorsitzender der Konfliktkommission in der Einrichtung war. Im Ergebnis der Prüfungshandlungen wurde beim Vergleich zwischen Soll- und Ist-Einnahmen eine Differenz in Höhe von rund 3,5 TM ermittelt, die veruntreut worden war. Dieser Betrag betraf einen Zeitraum von drei aufeinanderfolgenden Jahren.

Im Rahmen der Prüfung wurden auch die Einnahmen aus der Abgabe von Sekundärrohstoffen geprüft, für die ebenfalls der Küchenleiter verantwortlich war. Die Sekundärrohstoffe wurden jährlich mehrmals zur gleichen Altstoffhandlung gebracht. Die Abrechnung erfolgte immer in bar gegen Rechnungslegung an den Küchenleiter. Dieser hätte dann die Einnahmen in der Bürokasse der Einrichtung abrechnen müssen. Da wir als SFR das Recht hatten, bei der Altstoffhandlung erforderliche Informationen im Zusammenhang mit der jeweiligen Prüfungsaufgabe einzuholen und Belege zu prüfen, erfolgte eine Sichtung dieser Unterlagen. Im Ergebnis dieser Prüfungshandlung wurde festgestellt, dass von der Altstoffhandlung innerhalb von 2 Jahren und 4 Monaten insgesamt 1,2 TM an den Küchenleiter in bar gezahlt worden waren, wovon dieser nur 0,4 TM abgerechnet hatte. Auch die nicht abgerechneten 0,8 TM waren in den Taschen des Küchenleiters verschwunden.

Neben dieser Feststellung enthält das Revisionsprotokoll unter anderem noch folgende interessante Darlegungen: Im Pflegeheim wurde der Grundsatz der Trennung der Verantwortungsbereiche zwischen Lagerverwaltung und Küche nicht durchgesetzt. So wurden vom Küchenleiter die Warenarten Frischobst und Frischgemüse einschließlich Südfrüchte, Fleisch und Wurstwaren, Molkereierzeugnisse und Backwaren jeglicher Art selbst verwaltet. Diese Verfahrensweise war umso unverständlicher, da im Pflegeheim ein Wirtschaftsleiter beschäftigt war, der die anderen Warenarten (zum Beispiel Konserven) verwaltete. Damit wurde erheblich gegen die Grundsätze von Ordnung und Sicherheit verstoßen.

Diese Prüfungsfeststellungen bestätigen zwei klassischen Prüferweisheiten. Die eine besagt, dass jemand, der einmal in die Kasse gegriffen hat, es dabei mit größter Wahrscheinlichkeit nicht belässt. Er wird sich also weiter bedienen. Das war so und wird immer so bleiben. Eine weitere Prüferweisheit besagt, dass es bei Betrugshandlungen erforderlich ist, den gesamten Verantwortungsbereich des oder der Betroffenen zu analysieren, um weitere Prüfungshandlungen abzuleiten. Hier waren es die Einnahmen aus dem Verkauf der Sekundärrohstoffe. Bei der Prüfung der Zentralen Heimverwaltung und des Pflegeheimes wurden also nicht durch Zufall Betrugshandlungen festgestellt, sondern diese waren das Ergebnis einer schulmäßig durchgeführten Finanzrevision. Etwas verspätet noch ein großes Lob für diese hervorragende Arbeit.

Meine erste große Bewährungsprobe

Bevor ich zu einem der vielen, vielen Höhepunkte des Buches komme, gestatten Sie mir kurze Bemerkungen zu Feierabend- und Pflegeheimen. Gemäß der „Verordnung über Feierabend- und Pflegeheime" vom 1.3.1978 wurden entsprechend den Grundsätzen der sozialistischen Sozialpolitik die Mittel für Unterkunft, Verpflegung sowie die geistig-kulturelle und fürsorgerische Betreuung der Heimbewohner überwiegend aus dem Staatshaushalt zur Verfügung gestellt. Die Heimbewohner hatten einen monatlichen Unterhaltskostenbeitrag in den staatlichen Feierabendheimen beziehungsweise -stationen bis zu 105 M, in den staatlichen Pflegeheimen beziehungsweise -stationen bis zu 120 M und in den staatlichen Pflegeheimen beziehungsweise -stationen für physisch oder psychisch geschädigte Kinder und Jugendliche in Höhe von höchstens 105 M zu leisten. Heimbewohner, die nicht über eigene Einkünfte oder über Mittel aus Einkünften des Ehegatten verfügten, erhielten aus staatlichen Mitteln eine zusätzliche Unterstützung zur persönlichen Verwendung. Diese betrug für Heimbewohner ab Vollendung des 14. Lebensjahres bis zur Vollendung des 18. Lebensjahres monatlich 40 M und für Heimbewohner, die das 18. Lebensjahr vollendet hatten, monatlich 90 M.

1982 stand die planmäßige Revision eines Pflegeheimes an, mit der ich beauftragt wurde. Ohne es vorauszusehen, war diese Prüfung der erste grandiose Test für meine psychische und fachliche Leistungsfähigkeit als Finanzrevisor. Alles, was ich bis zum damaligen Zeitpunkt in meiner noch relativ jungen Revisorenlaufbahn beruflich erlebt hatte, war kein Vergleich zu dem, was mich bei dieser Prüfung erwarten sollte. Es war verdammt schwer, gegenüber einigen Angestellten dieses Pflegeheimes ruhig und sachlich zu bleiben. Für meine weiteren Revisionen lernte ich bei dieser Prüfung sehr viel.
Gemäß Revisionsprotokoll vom 6.7.1982 konzentrierte sich die im Mai/Juni 1982 durchgeführte Prüfung auf folgende Schwerpunkte:

- Vollständiger und termingemäßer Einzug der Einnahmen
- Nachweisführung und Verwaltung von Beständen an Lebensmitteln, Wäsche, Geschirr und Verbrauchsmaterialien
- Einhaltung des Verpflegungskostensatzes

- Beachtung von Ordnung und Sicherheit im Umgang mit Bargeld
- Verwaltung der Eigenmittel der Heimbewohner

Bei der Beurteilung der Arbeit der Haushalts- und Finanzwirtschaft dieser Einrichtung war zu berücksichtigen, dass 1981 umfangreiche Rekonstruktionsmaßnahmen erfolgten und deshalb die Heimbewohner von März bis August 1981 anderweitig untergebracht werden mussten. Die Kapazität des Heimes wurde im Rahmen dieser Umbaumaßnahmen von 158 auf 128 Plätze reduziert. Die Rekonstruktionsmaßnahmen wurden durchgeführt, ohne die Zimmer auszuräumen. Im August wurde die Stelle der Wirtschaftsleiterin durch eine Kollegin neu besetzt, die vorher in der Küche des Heimes beschäftigt gewesen war. Anfang 1982 wurde auch eine neue Heimleiterin eingesetzt. Durch Mitarbeiter des Heimes und der Abteilung Gesundheits- und Sozialwesen des zuständigen Rates des Kreises erfolgte im Juli 1980 eine Inventur der Bestände an Wäsche, Geschirr und Lebensmitteln, um eine ordnungsgemäße Übergabe zu gewährleisten. Diese Inventur wurde nicht ausgewertet.

Schon nach wenigen Prüfungstagen gab es erhebliche Beanstandungen. Diese betrafen die Bereiche Verpflegungswirtschaft, den Umgang mit Bargeld sowie die Erfassung von Materialbeständen. Grundlage für die ordnungsgemäße Erfassung und Kontrolle der Verwendung von Lebensmitteln bildeten das Küchentagebuch und die Lebensmittelkartei. Ein Küchentagebuch war gemäß gesetzlichen Festlegungen unter anderem zur Erfassung der Anzahl der täglichen Essensteilnehmer sowie der eingesetzten Warenmengen zu führen. Die Angaben waren täglich zu dokumentieren. Ich stellte fest, dass das Küchentagebuch und die Lebensmittelkartei unzureichend, ich kann durchaus schreiben: saumäßig, geführt worden waren. So waren ab Februar 1981 keine Zu- und Abgänge in der Lebensmittelkartei erfolgt und das Küchentagebuch war nur bis September 1981 einigermaßen vollständig geführt. Dabei wurden in dieser Einrichtung pro Jahr rund 150,0 TM für Verpflegungsleistungen, ausschließlich Lebensmittel, ausgegeben. Bis 31.5.1982 waren es 57,1 TM. Durch diese gravierenden Mängel bei der Nachweisführung der Lebensmittel war eine Kontrolle des ordnungsgemäßen Einsatzes der Lebensmittel kaum möglich.

Langsam wurde ich stutzig. Hier ging doch etwas nicht mit rechten Dingen zu. Die katastrophalen Zustände im Bereich der Wirtschaftsleiterin waren keinesfalls durch Arbeitsüberlastung entstanden. Anders ausgedrückt: Der Zustand der Unterlagen der Wirtschaftsleiterin sowie Wahrnehmungen im Prüfungsobjekt deuteten eindeutig darauf hin, dass hier bewusst Unordnung geschaffen worden war, um beispielsweise die Kontrolle von Warenbewegungen unmöglich zu machen. Als „Finanzrevisor Pfiffig in Gründung" blieb mir nichts anderes übrig, als Ansatzpunkte zu finden, die für weitere Prüfungshandlungen geeignet waren. Ich versuchte mich an der Kontrolle der Einhaltung des Verpflegungskostensatzes. Und siehe da, trotz vielfältiger Probleme und Hürden gelang es mir, auf Grundlage der Belegungsstatistik und weiterer Unterlagen über die Personal- und Gästeversorgung für das Jahr 1981 eine Soll-Ausgabe in Höhe von 70,4 TM zu ermitteln. Dem gegenüber stand unter Berücksichtigung von Rechnungsüberhängen, Inventurbeständen und Lebensmittelgutschriften eine Ist-Ausgabe von 78,2 TM. Damit wurde der Verpflegungskostensatz 1981 mit 0,42 M pro Belegungstag und Heimbewohner überschritten. Dem Haushalt entstand damit ein Schaden von 7,8 TM. Die Wirtschaftsleiterin begründete diese Überschreitung damit, dass von ihr die Einhaltung des Verpflegungskostensatzes nicht überwacht worden war. Auch hätte sie es versäumt, den Tagesverbrauch täglich zu errechnen, was nach ihren Angaben dazu führte, dass mehr Lebensmittel an die Heimbewohner ausgegeben wurden, als laut Verpflegungskostensatz gesetzlich festgelegt war. Diese Begründung war natürlich eine bodenlose Frechheit. Wahrscheinlich wurde dann mehr ausgegeben, wenn es Nudeleintopf gab. Kleiner Scherz. Das anfänglich forsche Auftreten der Wirtschaftsleiterin ließ erheblich nach.

Aufgrund meiner bisherigen Prüfungsfeststellungen, Wahrnehmungen und sonstiger Hinweise stand für mich eindeutig fest, dass Lebensmittel in nicht unbeträchtlicher Höhe in andere Kanäle verschwunden waren und noch verschwanden. Obwohl ich bis zu diesem Zeitpunkt den Nachweis noch nicht erbringen konnte, war ich erst einmal froh, die Überschreitung des Verpflegungskostensatzes nachgewiesen zu haben. 7,8 TM Schaden für den Haushalt waren kein Kavaliersdelikt.
Ich kann mich noch ziemlich gut daran erinnern, dass einige Leute im Heim über die unangemeldete Prüfung sehr überrascht waren. Andererseits entnahm ich ihren Bemerkungen, Gesten und Auskünften, dass ein so junger „Prüferling" – im Juni 1982 war ich 29 Jahre alt – ihnen

keine Probleme bereiten könne. Nach der Feststellung der ersten erheblichen Beanstandungen war einigen Personen anzumerken, dass sie unruhiger wurden. Andere schienen froh zu sein, dass endlich eine Finanzrevision durch die SFR erfolgte. Auf alle Fälle hatten mich einige Angestellte des Pflegeheimes – ich nenne gleich den Personenkreis – total unterschätzt. Während meiner Prüfung erhielt ich aus verschiedenen Quellen Informationen, die meine Verdachtsmomente bekräftigten. Ohne auf diese Informationen, die nicht nur den dienstlichen Bereich, sondern auch das private Umfeld einiger Angestellter betrafen, einzugehen, waren diese Hinweise Gold wert. Dadurch wurde mit bewusst, dass die Auskünfte des von mir verdächtigten Personenkreises kaum der Wahrheit entsprachen. Es war hochinteressant zu erleben, wie man mich nach Strich und Faden zu belügen versuchte. Andererseits gefielen mir diese kleine Fragespielchen prima. Ich hörte mir ihre vielen Lügengeschichten mit Genugtuung an. Es kristallisierte sich immer mehr heraus, dass im Pflegeheim mehrere Personen am Werk waren, die nach meiner Wahrnehmung und ihren Auskünften – aus Unterlagen erkennen Sie so etwas nicht – eine Art Obrigkeit geschaffen hatten, der sich alle unterzuordnen hatten, die nicht mit ihnen gemeinsame Sache machten. Das Ziel dieser Obrigkeit bestand für mich eindeutig darin, sich ungehindert am Volkseigentum zu bedienen (zum Beispiel bei Nahrungs- und Genussmitteln sowie Verbrauchsmaterialien wie zum Beispiel Waschpulver). Ihr Ziel hatten sie meines Erachtens erreicht. Das Hauptproblem dieser „Obrigkeit" bestand darin, alle im Heim ehrlich arbeitenden Personen in Schach zu halten. Innerhalb der Einrichtung war das schändliche Tun längst kein Geheimnis mehr. Es gab übrigens auch Hinweise bezüglich des „Abhandenkommens" von Gegenständen der Heimbewohner und weitere brisante Informationen. Obwohl meine Prüfungsbeanstandungen vorwiegend den Arbeitsbereich der Wirtschaftsleiterin betrafen, war ich mir sicher, dass diese nicht die Lenkerin war. Dieser Personenkreis, der wahrscheinlich sechs Personen umfasste, wendete Mittel zur Aufrechterhaltung ihrer Machenschaften an, die mir mündlich sowie schriftlich mitgeteilt wurden, welche tief unter der Gürtellinie lagen. Ein spannender Krimi war nichts gegen diese Finanzrevision.

Wenn sich jemand an Lebensmitteln privat bediente, welche beispielsweise Heimbewohnern zustanden, dann waren derartige Sauereien für mich ein rotes Tuch. Um ehrlich zu sein, überkam mich bei solchen Betrugshandlungen Wut gegen diejenigen, die sich schamlos bedienten. Letztlich ging es um nicht unbeträchtliche finanzielle Mittel, die vom Staat für die Versorgung der Heimbewohner bestimmt waren. Wenn Angestellte ihre Funktionen so skrupellos ausnutzten, dann schaltete etwas in mir auf „Angriff". Ich war in derartigen Fällen sicher eine gewisse „Waffe" gegen Leute wie diese. Zur damaligen Zeit hätte ich einen solchen Vergleich nie gewählt, weil die Durchführung von Finanzrevisionen meine tägliche Aufgabe bei der SFR war.

Um nicht alle Angestellten des Pflegeheimes in einen Topf zu werfen, gab es beispielsweise im Bereich Buchhaltung/Kasse auch Angestellte, die ihre Arbeit gewissenhaft erledigten. Aufgrund der bisherigen Beanstandungen war ich überzeugt, dass es noch weitere „Baustellen" geben würde. Es war lediglich erforderlich, die gefährdeten Bereiche festzustellen. Jedenfalls war der Zeitpunkt gekommen, sich intensiv mit den Befugnissen der von mir „eingekreisten" Angestellten zu befassen. Bei der Durchsicht der Belege stellte ich fest, dass während der von März bis August 1981 durchgeführten Rekonstruktionsmaßnahmen für die Mitarbeiter des Heimes und für die Arbeiter sowie Handwerker eine Versorgung durch die Küche des Heimes erfolgt war. Für die Einnahmen, die in bar erfolgten, führte die Wirtschaftsleiterin eine gesonderte Kasse, die nicht im Tresor des Heimes, sondern in einer verschließbaren Kassette aufbewahrt wurde. Bei der Prüfung der Abrechnung dieser Einnahmen stellte ich erhebliche Mängel fest. Unter Beachtung bestimmter Sachverhalte hatten die Einnahmen die Ausgaben zu decken. Den vorgelegten Ausgabebelegen für Verpflegungsleistungen in Höhe von 8,5 TM standen lediglich Einnahmen von 3,7 TM gegenüber. Die Ursachen für die Mindereinnahmen in Höhe von 4,8 TM konnten von mir nicht geklärt werden. Die Vollständigkeit der Ausgabebelege war nicht nachvollziehbar und für die Einnahmen hatte die Wirtschaftsleiterin teilweise ungesetzliche Einnahmequittungen verwendet. Daraufhin forderte ich von der Wirtschaftsleiterin eine schriftliche Stellungnahme. Gemäß Stellungnahme vom 11.6.1982 war es ihr nicht mehr möglich, einen vollständigen Nachweis über die nicht unbeträchtlichen Einnahmen und Ausgaben zu erbringen. Die dazugehörigen Unterlagen waren nicht mehr auffindbar, was ihr unerklärlich war.

Durch die gravierenden Beanstandungen beim Umgang mit Bargeld stieg ich auch in dieses Prüfungsgebiet ein. Laut Kassenordnung der DDR waren für alle Bareinnahmen nummerierte und registrierte Quittungen auszustellen. Gemäß internen Regelungen war im Pflegeheim außerhalb der Bürokasse eingenommenes Bargeld mindestens einmal wöchentlich auf das zuständige Haushaltskonto einzuzahlen oder der Bürokasse zuzuführen. Diese gesetzlichen Festlegungen und weitere Regelungen der Kassenordnung wurden erheblich verletzt. Stellvertretend dazu folgende zwei Feststellungen:

Von der Wirtschaftsleiterin wurde am 26.5.1981 ein Betrag in Höhe von 2,3 TM in die Bürokasse des Heimes eingezahlt. Es handelte sich dabei um Einnahmen aus dem Verkauf von ausgebauten Heizkörpern. Als zahlungsbegründende Unterlagen lagen unnummerierte Einnahmequittungen vom 23.3. und 6.4.1981 vor. Dieses Geld wurde laut Angaben der Wirtschaftsleiterin von ihr in einer gesonderten Kassette aufbewahrt. Diese Verfahrensweise erfolgte in Absprache mit einem leitenden Mitarbeiter der zuständigen Fachabteilung des Rates des Kreises, der für diese Rekonstruktionsmaßnahme als Verantwortlicher eingesetzt war. Dieser bestätigte den Sachverhalt.
Die Wirtschaftsleiterin erhielt am 17.11.1981 mit Scheck 1,0 TM für den Kauf von Getränken und Lebensmitteln. Am gleichen Tag wurden auch Einkäufe von 0,6 TM getätigt. Die restlichen Ausgabebelege in Höhe von 0,4 TM stammten erst wieder vom 4.12.1981. Zwischenzeitlich wurden die 0,4 TM laut Auskunft der Wirtschaftsleiterin gesondert aufbewahrt.

Zum Aufgabengebiet der Wirtschaftsleiterin gehörte die ordnungsgemäße Verwaltung von Materialbeständen. Ich versuchte auch da mein Glück. Und, welch ein Wunder, es gab erhebliche Beanstandungen. So war die Grund- und Arbeitsmittelkartei ab Ende 1979 nicht mehr weitergeführt worden. Über die für DDR-Verhältnisse erheblichen Bestände an Geschirr in Höhe von rund 30,0 TM stammten die letzten Eintragungen über Bestandsveränderungen vom Juli 1980. Auch in der Wäschekartei waren die letzten Bestandsveränderungen mit Juli 1980 datiert. Über die nicht unerheblichen Bestände beziehungsweise Bestandsveränderungen an Verbrauchsmaterialien (zum Beispiel Reinigungsmittel) wurden ebenfalls keine Nachweise geführt. Diese Feststel-

lungen verdeutlichten, dass in dieser Einrichtung zum damaligen Prüfungszeitpunkt die Voraussetzungen für eine ordnungsgemäße Verwaltung des Volkseigentums nicht gegeben waren.
Vorwiegend war die Wirtschaftsleiterin dafür verantwortlich. In einer weiteren schriftlichen Stellungnahme gab sie als Ursachen der erheblichen Beanstandungen die Belastungen während der Rekonstruktionsmaßnahmen, Aushilfen in der Küche durch Krankheit von Mitarbeitern sowie eigene Krankheit an. Diese Gründe spielten wahrscheinlich durchaus eine Rolle. Ihre Argumente wurden im Revisionsprotokoll nicht kommentarlos aufgeführt. So hätte sie sich bei derartigen gravierenden Problemen an die Fachabteilung wenden müssen. Außerdem war es ihr trotzdem möglich gewesen, während der Rekonstruktionsmaßnahmen insgesamt 1.000 Stunden zusätzliche Arbeitsleistungen zu erbringen. Laut Abrechnungen erhielt sie dafür eine Vergütung in Höhe von 4,9 TM. Die äußerst mangelhafte Wahrnehmung der Leitungsaufgaben durch das damalige Leitungspersonal hatte diese katastrophalen Zustände in der Haushalts- und Finanzwirtschaft dieser Einrichtung wesentlich begünstigt.
Im Ergebnis dieser Prüfung wurden von der SFR Auflagen zur Herstellung des gesetzlichen Zustandes in der Haushalts- und Finanzwirtschaft erteilt und das übergeordnete Organ zur Überprüfung von disziplinarischen Maßnahmen sowie der materiellen Verantwortlichkeit gegen den ehemaligen Heimleiter und die Wirtschaftsleiterin aufgefordert. Obwohl meine Prüfungsfeststellungen zu einer Entlassung der Wirtschaftsleiterin gereicht hätten, war es mir trotzdem nicht gelungen, Betrugshandlungen so weit nachzuweisen, dass eine Anzeige an den Staatsanwalt und damit verbundene Ermittlungen der Kriminalpolizei erfolgen konnten. Auch die Prüfungsfeststellungen zu den Bargeldbewegungen reichten nicht zum Nachweis der persönlichen Bereicherung aus. Die Revision wurde beendet und die Beanstandungen im Revisionsprotokoll vom 6.7.1982 dokumentiert.
Unter Beachtung des Sprichwortes „Die Katze lässt das Mausen nicht" behielt ich das Heim weiter im Visier. So leicht gab sich der „Finanzrevisor Pfiffig in Gründung" nicht geschlagen. So bemühte ich mich um Insider-Informationen. Da viele Personen auf diese „Heimclique" eine erhebliche Wut hatten, gelang mir das leicht. Schon ab Januar 1983 wurden diese Informationen aus mehreren sicheren Informationsquellen konkreter. Hier eine kleine Auswahl:

- Am 4.2.1982 begaben sich die Angestellten des Technischen Bereiches (!), die Herren A und B, ins Lebensmittellager (!) und machten hinter sich die Türe zu.
- Am 4.12.1982 hingen 10 Nussschinken im großen Kühlschrank. Am 7.12.1982 waren nur noch 4 Nussschinken vorhanden. Es war kein Schinken an die Heimbewohner ausgegeben worden.
- Die Gewichte der Küchenwaage wurden durch die Wirtschaftsleiterin entfernt, um ein Nachwiegen zu verhindern. Das Küchentagebuch durfte oft erst acht Tage nachträglich vom Küchenpersonal unterschrieben werden.
- Im Heim war bekannt, dass die Familien A, B und C sehr oft bei der Wirtschaftsleiterin zu Hause verkehrten. Anschließend brüstete sich dieser Personenkreis, was es wieder für feine Sachen zu essen und welche Menge es zu saufen gegeben hatte. Sehr oft brüstete sich die Wirtschaftsleiterin selbst damit, was sie diesem Personenkreis bei den vielen Besuchen vorgesetzt hatte. Auch das für die Jugendweihefeier ihres Kindes (wahrscheinlich im April 1983) bereits langfristig prall gefüllte Vorratslager von den allerfeinsten Leckereien war oft Gesprächsthema im Heim.

Hinsichtlich des Wahrheitsgehaltes dieser Angaben kein Kommentar. Für mich bestand kein Grund, an der Richtigkeit zu zweifeln. Im Gegenteil. Derartige Informationen aus mehreren Quellen waren für mich ein Beweis dafür, dass selbst der Warnschuss in Form meiner Finanzrevision bezüglich der „Selbstbedienungsmentalität" des genannten Personenkreises zu wenig Wirkung hinterlassen hatte. Das war in der DDR ein äußerst starkes Stück. Jedenfalls hatten die betroffenen Personen als Kinder das Märchen vom Hans im Glück nicht zu Ende gelesen. Nach „Tischlein deck dich" hatten sie „Esel streck dich" noch verstanden. Aber wie war es mit „Knüppel aus dem Sack"?

Zusammengefasst konzentrierten sich die neuen Informationen auf folgende Sachverhalte:

- Im Ergebnis meiner 1982 durchgeführten Prüfung waren geforderte Inventuren in allen Lagern durchzuführen. Als es um die Inventurauswertung ging, also unter anderem um die Feststellung von Diffe-

renzen, fehlten plötzlich wichtige Unterlagen, die noch während meiner Revision 1982 vorhanden gewesen waren.
- Private Entnahme von Lebens- und Genussmitteln (vorwiegend Wurst- und Fleischwaren, alkoholische Getränke, Konserven). Um den Verpflegungskostensatz einzuhalten, erhielten die Heimbewohner kleinere Portionen und wurden somit vorsätzlich betrogen.
- Verschwinden von Wäsche und Geschirr aus den jeweiligen Lagern.
- Überhöhte Abrechnung von Stunden für geleistete zusätzliche Tätigkeit im Jahre 1981.
- Diebstahl von Gegenständen während der 1981 durchgeführten Rekonstruktion des Heimes.
- Unerlaubter Besitz von Schlüsseln für die Lager und andere Räume durch den technischen Leiter, den Hausmeister und technische Angestellte. Diese Schlüssel waren nirgends erfasst. Diesem Personenkreis war ein alleiniger Zutritt zu diesen Lagern (unter anderem Wäsche-, Gebrauchsmaterial- und natürlich Lebensmittellager) nicht gestattet.

Es gab weitere Hinweise, die jedoch für meine Prüfungsaufgabe nicht direkt verwertbar waren (Hinweise zum Privatleben). Ich erhielt von meiner Dienststelle den Auftrag, eine Nachkontrolle zu meiner Revision von 1982 durchzuführen. Darin eingebunden sollte ich mich erneut daran „probieren", ob von mir ein Nachweis der neuen Beschuldigungen möglich war. Im Ergebnis dieser Nachkontrolle legte ich in der Information vom 27.4.1983 dar, dass die Auflagen nur ungenügend umgesetzt worden waren. Im Küchenbereich bestanden nach wie vor erhebliche Mängel bei der Unterlagenführung. Es war deshalb nicht möglich, die teilweise taggenauen Hinweise zu Unregelmäßigkeiten persönlicher Warenentnahmen zuzuordnen.
Aufgrund eines weiteren Hinweises prüfte ich die Verwertung von Schrott. Dazu begab ich mich zur Verwaltung des damaligen volkseigenen Betriebes (es dürfte der VEB Sekundärrohstoffe gewesen sein). Nach Vorlage meines Dienstausweises erläuterte ich den Sachverhalt und erhielt Einblick in die Abrechnungsunterlagen. Jeder, der Schrott in einer der Annahmestellen ablieferte, wurde mit Namen sowie nach meiner Erinnerung auch mit Adresse und Personalausweisnummer erfasst. Dadurch war es mir in kurzer Zeit möglich festzustellen, dass ein im Heim beschäftigter Mitarbeiter des Bereiches Technik am

23.2.1983 für vom Pflegeheim abgelieferten Schrott 300,00 M in bar erhalten hatte. Dieses dem Heim zustehende Geld hatte er nicht abgerechnet, sondern nach seinen Angaben im abschließbaren Spind verwahrt. Am 12.4.1983 zahlte er die 300,00 M in die Bürokasse nach meiner Ansicht deshalb ein, weil ich am Vortag einen Angestellten über die Ablieferung von Sekundärrohstoffen befragt hatte. Daher wehte der Wind. Übrigens gab der betroffene Kollege mir gegenüber an, dass die Abrechnung dieser Einnahme nicht eher hatte erfolgen können, weil in der Verwaltung selten jemand anwesend war. Ich nahm diesen Unsinn zur Kenntnis. Bei den Mitarbeitern der Buchhaltung des Heimes stieß diese Begründung auf entschiedene Kritik.

Im Ergebnis der Nachkontrolle wurden mit Schreiben vom 28.4.1983 an das Volkspolizeikreisamt, Abteilung Kriminalpolizei, neben der Information der SFR vom 27.4.1983 weitere Unterlagen zur Verwendung übergeben. Weitere Prüfungshandlungen waren nicht Erfolg versprechend, da die vielen Hinweise auf Rechtsverletzungen nicht dokumentarisch aus dem Rechnungswesen nachgewiesen werden konnten. Der Bezirksarzt erhielt ebenfalls ein Exemplar dieser Unterlagen und wurde zugleich aufgefordert, die Verantwortlichen des übergeordneten Organs des Rates des Kreises bei der Herstellung der staatlichen Ordnung zu unterstützen. Laut Antwort des Bezirksarztes vom 30.8.1983 hatten am 25.8.1983 leitende Mitarbeiter des Verantwortungsbereiches des Bezirksarztes sowie der Fachabteilung des zuständigen Rates des Kreises aufgrund unserer Angaben eine Kontrolle durchgeführt. Dabei war festgestellt worden, dass die zuständige Kreisärztin die Unzulänglichkeiten auf dem Gebiet der Materialwirtschaft konsequent ausgewertet hatte.

Im November/Dezember 1986 wurde die nächste Finanzrevision von Werner durchgeführt. Gemäß Revisionsprotokoll dieser Prüfung waren im Leitungsbereich Konsequenzen gezogen worden. Fast alle der während der Revision im Jahre 1982 für mich zu den „Problemfällen" gehörenden Personen waren nicht mehr beschäftigt.

Leipziger Prüfungs-Allerlei

Zur Abwechslung serviere ich Ihnen ein kleines buntes Leipziger Prüfungs-Allerlei. Unter Leipziger Allerlei versteht man übrigens ein sehr gesundes und schmackhaftes Gemüsegericht, welches vorwiegend aus Erbsen, Karotten, Spargel und Morcheln zubereitet wird. Häufig werden noch grüne Bohnen, Kohlrabi und Blumenkohl dazugegeben. Es ist für Sie angerichtet. Ich wünsche guten Appetit!

Den Bürgermeistern stand in der DDR ein Bürgermeisterfonds zur Verfügung. Die Höhe richtete sich nach der Anzahl der Einwohner und betrug in kleineren Städten etwa 2,0 TM. Bei der Prüfung dieses Fonds des Rates der Stadt Markranstädt stellte ich fest, dass etwas mehr als 50,0 % dieser Mittel für Speisen und Getränke verausgabt worden waren. Unter den Getränken waren auch Spirituosen. Dabei eine teure Marke Weinbrand, was nicht im Sinne des Gesetzgebers war. Der Bürgermeister gab dazu an, dass er diesen Schnaps vorrätig haben musste, weil ein hochrangiges Mitglied des Rates des Bezirkes bei Arbeitsbesuchen darauf bestehe, nur diese Sorte zu trinken. Bis heute habe ich diese Antwort nicht vergessen.

Im Mai 1989 prüfte ich das Kinderheim „Junge Garde" in der Gemeinde Dölzig. Das Heim verfügte über eine Kapazität von 33 Plätzen. Dort waren Kinder im Alter zwischen 6 und 18 Jahren untergebracht. 1988 war die Einrichtung zu 92,5 % ausgelastet. Damit waren im Durchschnitt 31 Plätze belegt. Schwerpunkt der Prüfung war die Verwaltung der Eigenmittel der Kinder. Das betraf unter anderem die Führung der Gruppenbücher, die Kontrolle der vollständigen und termingemäßen Einzahlung von Geldern auf die Sparbücher der Kinder und die ordnungsgemäße Erfassung der Taschengelder. Es gab keine Beanstandungen. In den geprüften 5 Fällen (= 1.665,00 M) waren die den Kindern zustehenden Rentenrestbeträge vollständig auf die Sparbücher eingezahlt, das Taschengeld (27 Fälle = 252,00 M) war in den Gruppenbüchern vollständig erfasst. Die Gruppenbücher wurden ordnungsgemäß und sauber geführt. Bei der Prüfung einer Gruppenkasse stimmten Soll- und Ist-Betrag überein. Der „Finanzrevisor Pfiffig" verband, wenn es ihm möglich war, das Angenehme mit seiner Arbeit. So wählte ich den Prüfungszeitpunkt für dieses Prüfungsobjekt möglichst in dem Zeitraum, wo Himmelfahrt war. Himmelfahrt war in der DDR kein offizieller Feiertag. Viele Männer nahmen deshalb Urlaub und ließen sich das Feiern nicht verbieten. Das Kinderheim befand sich im Ortsteil Kleinliebenau der Gemeinde Dölzig. Der etwa 1,5

Kilometer lange Fußmarsch tat mir morgens in der angenehmen Landschaft recht gut. In unmittelbarer Nähe des damaligen Kinderheimes liegt der Kleinliebenauer See. Dort befand beziehungsweise befindet sich auch heute noch ein Zeltplatz mit dazugehöriger Gaststätte. Gegen 10.00 Uhr trafen neben zum Feiern aufgelegten Radfahrern auch die ersten voll besetzten Pferdekutschen ein. Zur Mittagszeit machte ich immer einen kleinen Abstecher an den See. Bei zwei Prüfungen hatte ich das Glück, dass ich den Heimweg in einer Pferdekutsche antreten konnte.

1988 prüfte ich im Feierabendheim „Maxim Gorki" die Verwendung des Kultur- und Sozialfonds. Dieser war gemäß „Verordnung über die Planung, Bildung und Verwendung des Prämienfonds und des Kultur- und Sozialfonds ..." (GBl. I Nr. 72/1974) vorwiegend zur Verbesserung der Arbeits- und Lebensbedingungen der Werktätigen einzusetzen. Den Mitarbeitern des Heimes stand 1987 ein Kultur- und Sozialfonds in Höhe von 4,0 TM (außer Speisen und Getränke) zur Verfügung. Die Ist-Ausgaben betrugen 3,0 TM. Entgegen den Rechtsvorschriften wurden 2,2 TM für Dinge verausgabt, die aus dem Prämienfonds zu finanzieren waren. So erfolgte beispielsweise der Kauf von 37 Schmuckschalen á 48,30 M (= 1,8 TM) als Präsente anlässlich des Tages des Gesundheitswesens aus dem Kultur- und Sozialfonds.

Ein Schwerpunkt dieser Revision war die Verwaltung der Eigenmittel der Heimbewohner und die Abwicklung der Nachlässe. Pro Jahr gingen rund 600,0 TM Rente ein, die zu bearbeiten war. Es bestand Übereinstimmung zwischen Soll- und Ist-Bestand bei den vom Heim verwahrten Mitteln der Heimbewohner. In 10 geprüften Fällen (= 1,4 TM) waren die Bargeldbeträge vollständig und termingemäß auf die jeweiligen Sparbücher eingezahlt worden. Für 10 Geldabhebungen (= 2,6 TM) von verwahrten Sparbüchern lagen alle Belege vor beziehungsweise waren die Beträge als Zugänge auf den jeweiligen Karteikarten erfasst. Für die im Dezember 1987 überwiesene Rente in Höhe von insgesamt 49,7 TM waren ordnungsgemäße Unterlagen über die Zuordnung der Renten an die jeweiligen Heimbewohner vorhanden. Die Abwicklung der Nachlässe erfolgte ebenfalls ordnungsgemäß.

1988 wurde das Naturkundemuseum Leipzig (Stadtarchiv Leipzig StVuR 18.265) geprüft. Gemäß Fachberichterstattung für die Museen der DDR per 31.12.1987 verfügte das Naturkundemuseum Leipzig über ein Sammelgut von 146.500 Sachzeugen. Gegenüber demselben Zeitraum des Vorjahres war die Sammlung um 11.500 Sachzeugen erweitert worden. Die Größe und Vielfältigkeit der Sammlung an sich und dieser hohe Zugang an Sachzeugen in einem Jahr erforderten von den verantwortlichen Mitarbeitern einen erheblichen Zeit- und Arbeitsaufwand bezüglich der Inventarisierung und zweifelsfreien Kennzeichnung als Volkseigentum. 90,8 % der im Naturkundemuseum vorhandenen Sachzeugen war in den Inventurbüchern erfasst. Rund 13.500 museale Objekte waren dagegen noch nicht inventarisiert. Vom Direktor des Naturkundemuseums wurde der erreichte Stand bei der Inventarisierung als gut beurteilt, da eine unverzügliche Inventarisierung gemäß den gesetzlichen Regelungen durch die Vielzahl der musealen Objekte und deren arbeitsaufwendige wissenschaftliche Beurteilung (zum Beispiel Insekten, Gesteine) nicht möglich war. Dieser Standpunkt wurde von der SFR geteilt. In einer für Museen geltenden Rechtsvorschrift war geregelt, dass im Museum vorhandene Bestände an musealen Objekten und Sammlungen, deren Umfang oder wissenschaftliche Zuordnung eine unverzügliche Inventarisierung nicht zuließ, dem zuständigen übergeordneten Organ durch den Direktor zu melden waren. Diese Meldung hatte Angaben über die Art, die Anzahl und den offensichtlichen Erhaltungszustand der musealen Objekte und Sammlungen zu enthalten und musste einen Terminplan für ihre Inventarisierung einschließen. Derartige gesetzlich vorgeschriebene Meldungen an die Abteilung Kultur des Rates der Stadt Leipzig hatten die Direktoren des Naturkundemuseums bislang nicht vorgenommen. Dadurch war nicht eindeutig nachgewiesen, welche 13.500 Sachzeugen noch nicht inventarisiert waren. Es lagen auch keine Festlegungen zum terminlichen Ablauf aller Inventarisierungen vor. Teilweise bestanden die Rückstände bei der Inventarisierung bestimmter Sachzeugen bereits jahrzehntelang und waren vorwiegend bedingt durch das Fehlen geeigneter Wissenschaftler zur Einordnung der Sachzeugen in die Sammlungen. Durch die jährliche Berichterstattung war der Abteilung Kultur des Rates der Stadt die Anzahl der nicht inventarisierten Sachzeugen bekannt.

Erhebliche Beanstandungen gab es bei der Prüfung des Zentralen Klubs der Jugend „Arthur Becker" (Stadtarchiv StVuR 18.265) Leipzig.

Gemäß Protokoll vom 25.2.1987 betrafen die von Bärbel festgestellten Beanstandungen vorwiegend den Einzug der Einnahmen. So lagen Einzelabrechnungen für die im Zentralen Klub durchgeführten Veranstaltungen – es waren sehr viele – nicht vollständig vor beziehungsweise ein großer Teil befand sich ungeordnet in einer unübersichtlichen Ablage. Vorliegende Abrechnungen von Veranstaltungen enthielten teilweise keine Kontrollvermerke hinsichtlich der Richtigkeit. Ein laut gesetzlicher Bestimmungen geforderter Nachweis über den Bestand und die Ausgabe an Eintrittskarten wurde nicht geführt. Zum Zeitpunkt der Prüfung waren 38.674 Eintrittskarten mit einem Verkaufswert von 107.883,90 M nicht erfasst. Jährlich wurden in dieser Einrichtung Einnahmen aus der Vermietung von Räumen in Höhe von rund 70,0 TM erzielt. Für alle zu vermietenden Räume existierten ordnungsgemäß festgesetzte Mietpreise. In der „Anordnung über die Planung, Finanzierung und Abrechnung der staatlichen Kulturhäuser" vom 1.7.1972 war festgelegt, welche Veranstalter mietfrei Räumlichkeiten in staatlichen Kulturhäusern nutzen konnten. Über diese Festlegungen hinaus gewährte die Leitung des Zentralen Klubs verschiedenen Partnern, die oft Leistungen für die Einrichtung erbracht hatten (vorwiegend volkseigene Betriebe), Mietfreiheit. Allein für den großen Saal wurde damit jährlich auf Einnahmen in Höhe von 5,3 TM verzichtet. Diese Verfahrensweise wurde jahrelang praktiziert. Eine Rücksprache beim übergeordneten Fachorgan ergab, dass zur Gewährung dieser Mietfreiheit keine Zustimmung vorlag. Damit war diese Verfahrensweise rechtswidrig.

Irmgard prüfte 1987 das Museum der bildenden Künste Leipzig (Stadtarchiv Leipzig StVuR 18.265). Ein Prüfungsschwerpunkt war die Verwaltung von Katalogen. Dabei wurde beanstandet, dass teilweise keine Nachweise über die Endempfänger vorlagen. So fehlten beispielsweise über die vom Sekretariat des Direktors ausgegebenen 8 Klingner-Bände á 70,00 M, 145 Heisig-Bände á 25,00 M und 111 Bände Bachzeit á 20,00 M die Nachweise. Die Nachweisführung über die Kataloge war mangelhaft. Es erfolgten keine ordnungsgemäßen Bestandskontrollen und bei Personalwechsel teilweise keine Übergaben. Die Bestände wurden von den Nachfolgern ohne Prüfung übernommen. Bei Rückführungen in den Lagerbestand wurden die Bestandsveränderungen nicht immer gebucht. Ein weiterer Prüfungsschwerpunkt war die

Beschaffung, Verwaltung und der Einsatz von Werbematerial und Postkarten. Mit den dafür zur Verfügung stehenden Mitteln war sehr großzügig umgegangen worden. So wurden 1986 unter anderem insgesamt 53.780 Kunstpostkarten mit insgesamt 5 Motiven beschafft. Per 31.12.1986 war davon noch ein Bestand von 47.191 Stück (= 9,5 TM) vorhanden. Die Mindestbestellauflage hatte laut Angaben im Museum 10.000 Stück pro Motiv betragen. Für 1987 wurden weitere 17 Motive mit einer Gesamtauflage von 170.000 Stück in Auftrag gegeben. Diese Bestände hätten für mehrere Jahre gereicht. Die Bestellung stand demnach in keinem Verhältnis zum Verkauf.

Brigitte prüfte 1985 den Einzug der Einnahmen in der Stadt- und Bezirksbibliothek Leipzig (Stadtarchiv Leipzig StVuR 18.264). Die sehr geringen Einnahmen resultierten fast ausschließlich aus der Erhebung von Versäumnisgebühren bei der Überschreitung der Fristen für die Entleihungen. Der vollständige Einzug dieser Versäumnisgebühren war nicht prüfbar, weil im gesamten staatlichen Allgemeinbibliothekswesen der DDR keine schriftlichen Nachweise über Entleihungen geführt wurden. Obwohl nach der damaligen Benutzerordnung die Bibliotheken nicht zur Mahnung verpflichtet waren, nutzten trotzdem alle Einrichtungen der Stadt- und Bezirksbibliothek das Mahnverfahren, um eine schnellstmögliche Rückgabe der Entleihungen (zum Beispiel der Bücher, Tonkassetten. Schallplatten, Bilder) zu erreichen. In der DDR wurden übrigens für das Entleihen von Büchern keine Gebühren erhoben. Das war kostenlos.

Die Abteilung Kultur des Rates des Kreises Leipzig wurde 1988 im Rahmen der Gesamtrevision des Rates des Kreises Leipzig von Karola geprüft. Ein Prüfungsschwerpunkt war die Abrechnung der Werterhaltungsmaßnahmen. 1987 wurden 424,4 TM für Rekonstruktionen und Modernisierungen der kulturellen Einrichtungen des Kreises Leipzig ausgegeben. Über die Notwendigkeit der Ausgaben wurde von der Abteilung Kultur entschieden. Die Auszahlung der finanziellen Mittel erfolgte über Auftragszahlungen sowie über Rechnungslegung bei der Fachabteilung. Bei den Auftragszahlungen wurde keine ordnungsgemäße Kontrolle über die zweckentsprechende Verwendung der Mittel ausgeübt. Das betraf beispielsweise den Jugendklub Burghausen (58,0 TM), die Musikschule „Otmar Gerster" (50,0 TM) und das Kulturbundhaus Liebertwolkwitz (30,0 TM). Bei der zweckentsprechenden Kontrolle der Werterhaltungsmittel wurde außerdem festgestellt, dass daraus Ausgaben finanziert wurden, die nicht dem Verwendungszweck entsprachen (zum Beispiel Kauf eines Klaviers für die Musikschule).

Was war eigentlich ein Revisor in der DDR?

Die Antwort steht auf Seite 7 der Festschrift zum 25. Jahrestag des Bestehens der SFR, Inspektion Leipzig. Danach war ein Revisor

Ein ewig trabender
– nie erlahmender,
Protokolle schwingender
– durch Betriebe springender,
ins Telefon leiernder
– laut und leise schreiender,
sich um Unterkunft raufender
– nicht nur Limonade saufender,
Spesen verzehrender
– Prämien begehrender,
nach Motiven suchender
– manchmal fluchender,
sein Geschick tragender
– nie verzagender,
Differenzen bezwingender
– um Wahrheit ringender,
in Papier schwimmender
– Sachkonten abstimmender,
den Amtsschimmel treibender
– Verstöße aufschreibender,
Fehler fangender
– um Sicherheit bangender,
Casino rauchender
– Spesen verbrauchender,
Verdächtiges erspähender
– fast alles sehender,
auf Lehrgänge sich quälender
– Studium bezähmender,

nach Sex schielender
– in Akten wühlender,
junger oder alter
– durchschnittlich bezahlter DDR-Bürger.

Auch das gehörte zur DDR

Die „Anordnung über den Bezug von Industriewaren des Bevölkerungsbedarfs und die Inanspruchnahme von Leistungen durch gesellschaftliche Bedarfsträger" wurde in der DDR am 8.12.1971 in Kraft gesetzt. Gesellschaftliche Bedarfsträger im Sinne dieser Anordnung waren unter anderem volkseigene und ihnen gleichgestellte Betriebe, volkseigene Kombinate, staatliche Organe und Einrichtungen, gesellschaftliche Organisationen, private Betriebe, Rechtsanwaltskollegien sowie Kommissionshändler, Handwerker, Kleingewerbetreibende und selbstständig tätige Bürger. Keine gesellschaftlichen Bedarfsträger waren beispielsweise Dorf- und Jugendklubs, Heime der Jugendhilfe, Dauerheime für Säuglinge und Kleinstkinder, Internate von Sonderschulen sowie Einrichtungen des Gesundheitswesens, in denen pflegebedürftige Bürger ständig untergebracht waren (zum Beispiel Heime für Psychiatrie). Die gesellschaftlichen Bedarfsträger durften für betriebliche Zwecke Industriewaren des Bevölkerungsbedarfs einschließlich Baumaterialien und Leistungen für die Ausstattung von Büro- und Verwaltungsräumen nur nach Maßgabe dieser Anordnung beziehen beziehungsweise in Anspruch nehmen. Der Kauf von Industriewaren und Baumaterialien für betriebliche Zwecke vom Einzelhandel, vom Großhandel und vom Hersteller aus dem Warenfonds des Bevölkerungsbedarfs durch gesellschaftliche Bedarfsträger oder durch von ihnen beauftragte Bürger und die Verausgabung von Mitteln hierfür war – unter Berücksichtigung der in der Anordnung festgelegten Ausnahmen – untersagt. Wer vorsätzlich oder fahrlässig Einkäufe oder vorsätzlich Verkäufe entgegen den Bestimmungen dieser Anordnung durchführte oder durchführen ließ, konnte mit Verweis oder Ordnungsstrafe von 10 bis 300 M belegt werden. Wurde eine derartige Handlung innerhalb von zwei Jahren wiederholt begangen, konnte eine Ordnungsstrafe von 1.000 M ausgesprochen werden. Die Durchführung des Ordnungsstrafverfahrens oblag den Vorsitzenden, deren Stellvertretern oder den sachlich zuständigen hauptamtlichen Mitgliedern der

Räte der Bezirke, Kreise, Städte und Gemeinden. Da aus heutiger Sicht diese Anordnung für den überwiegenden Teil der Leserinnen und Leser sicher kaum nachvollziehbar beziehungsweise verständlich ist, lediglich zwei Prüfungsfeststellungen dazu.

Bei der Prüfung des Kreiskrankenhauses Zwenkau 1986 wurde gegen die vorgenannte Anordnung verstoßen. Es wurden Möbel im Einrichtungshaus Zwenkau im Gesamtwert von 1.591,00 M gekauft.

1984 stellte Werner bei der Prüfung des Hauses der Jungen Pioniere „Fritz Siemon" Markkleeberg fest, dass ein gebrauchter Plattenspieler „Perfekt 406", Geräte-Nr. 5.900, mit Zubehör im April 1984 aus Privathand im Widerspruch zu dieser Anordnung angeschafft worden war. Der Plattenspieler war ordnungsgemäß im Inventarverzeichnis der Einrichtung erfasst. Als Rechnung war ein Briefkopfformular der Gesellschaft für Deutsch-Sowjetische Freundschaft verwendet worden. Die Erstattung des Kaufbetrages erfolgte auf das Privatkonto des Sekretärs dieser Organisation. Vom Leiter des Hauses der Jungen Pioniere wurde dazu erklärt, dass die Verwendung dieses Briefkopfes deshalb erfolgt sei, da derartige Gebrauchtartikel aus privater Hand nicht erworben werden durften. Eine Eigentumserklärung des Verkäufers lag nicht vor.

Wo ist das Geld nur geblieben?

Um Ihren Spannungszustand zu steigern, jetzt Ausführungen zur Revision eines Kinderheimes. Die Prüfung erfolgte 1982 im Rahmen des zentralen Prüfungsauftrags „Kontrolle der Lern- und Lebensbedingungen in den staatlichen Kinderheimen der DDR". Das Kinderheim verfügte über eine Kapazität von 54 Plätzen, die meist fast vollständig ausgelastet waren. Im Haushaltsplan der Einrichtung standen 1982 Mittel für Ausgaben in Höhe von 355,0 TM zur Verfügung. Prüfungsschwerpunkte waren die ausreichende Ausstattung mit Bekleidung, das Ermöglichen der Teilnahme der Kinder und Jugendlichen an Ferienfahrten, die Einhaltung von Richtwerten für die Bestandshaltung an Bett- und Gebrauchswäsche, die Einhaltung des Verpflegungskostensatzes sowie die Kontrolle von Ordnung und Sicherheit im Kassen- und Rechnungswesen. Zur Kontrolle von Ordnung und Sicherheit im

Kassen- und Rechnungswesen gehörte die Prüfung der Eigenmittel der Kinder und Jugendlichen, also der Taschengelder sowie der Ausbildungs- und Unterhaltsbeihilfen. Für die Verwaltung der Taschengelder waren die Erzieher verantwortlich, für die Verwaltung der Ausbildungs- und Unterhaltsbeihilfen der Heimleiter. Bei der Prüfung der Ausbildungs- und Unterhaltsbeihilfen ergab sich aus den Nachweisen der Geldbewegungen für 8 Jugendliche ein Soll-Bestand von 2,7 TM, der in bar beziehungsweise auf den Sparbüchern der Jugendlichen hätte vorhanden sein müssen. In der Kassette im Zimmer des Heimleiters waren lediglich 0,4 TM vorhanden. Der Heimleiter gab dazu an, für die Jugendlichen Sparbücher angelegt und die restlichen 2,3 TM darauf eingezahlt zu haben. Aus den geforderten Sparbüchern waren keine Einzahlungen erkennbar. Es stellte sich heraus, dass der Heimleiter die 2,3 TM in einem Umschlag in dem von ihm bewohnten Dienstzimmer verwahrte. Laut seiner Angabe hatte er es versäumt, diesen Betrag einzuzahlen. Im Revisionsprotokoll wurde festgehalten, dass der Heimleiter die Revisorin täuschen wollte. Das Geld wurde noch während der Revision auf die Sparbücher eingezahlt. Auch die Unterlagen über Abgänge von Jugendlichen waren nicht vollständig. Auskunftsgemäß hatte der Heimleiter die Seiten aus dem Nachweisbuch herausgerissen und vernichtet, sobald die Jugendlichen beim Verlassen des Heimes in den Übergabeprotokollen den Empfang ihres Bargeldbestandes quittiert hatten. Bei der Auswertung der Prüfungsfeststellungen mit dem für das Kinderheim zuständigen Rat der Gemeinde wurde die Bürgermeisterin eindringlich auf die mangelnde Kontrolltätigkeit hingewiesen und von der SFR wurden entsprechende Maßnahmen gefordert.
1983 erhielten wir vom Referat Jugendhilfe des zuständigen Rates des Kreises erneut Hinweise zu Unstimmigkeiten bei der Zahlung von Ausbildungs- und Unterhaltsbeihilfen in diesem Kinderheim. Gemeinsam mit der Leiterin der Innenrevision der Abteilung Finanzen des Rates des Kreises erfolgte eine nochmalige Prüfung. Die Innenrevisorin war übrigens eine recht schwergewichtige Dame, deren Wort etwas galt. Ich muss noch heute darüber lächeln, wenn ich daran denke, wie sie trotz ihrer Fülle mit großer Lust oft zwei Stück Sahnetorte verspeiste. Zum Zeitpunkt dieser erneuten Prüfung war der Heimleiter nicht mehr im Kinderheim beschäftigt. Bei der Kontrolle der Unterhalts- und Ausbildungsbeihilfen wurde festgestellt, dass der ehemalige Heimleiter im überprüften Zeitraum vom 1.1.1982 bis 31.8.1983 insgesamt 12,5

TM Unterhaltsbeihilfen und 8,0 TM Ausbildungsbeihilfen in Empfang genommen hatte. Bei der Abstimmung der in Empfang genommenen Beträge mit den Gutschriften in den Unterlagen der Kinder und Jugendlichen ergab sich ein Fehlbetrag von 4,6 TM. Gemäß Übergabeprotokoll vom 26.7.1983 waren mit Ausnahme der Sparkassenbücher der Kinder und Jugendlichen die vom ehemaligen Heimleiter geführten Unterlagen an die neue Heimleiterin übergeben worden. Eine Übergabe der Sparbücher war nicht erfolgt, weil diese sich angeblich zum Zeitpunkt der Übergabe unter Verschluss im Tresor des Stellvertreters befanden, der gerade im Urlaub war. Nach von der Revisorin eingeholten Auskünften entsprach diese Angabe nicht der Wahrheit. Schließlich erfolgte eine Übergabe der Sparbücher Mitte August 1983. Bei der Prüfung der Einzahlungen auf die Sparbücher wurde ein weiterer Fehlbetrag in Höhe von 0,6 TM festgestellt. In Höhe dieses Betrages waren in den Unterlagen der Kinder und Jugendlichen Einzahlungen auf ihre Sparbücher erfasst, die nicht getätigt worden waren.

Laut Unterlagen waren Beihilfen aufgrund von Entlassungen nach Erreichen der Volljährigkeit in Höhe von 20,0 TM für Jugendliche an das Kinderheim überwiesen worden. Davon lagen für 18,0 TM bestätigte Abrechnungen vor. Damit bestand eine weitere Differenz von 2,0 TM, die nicht geklärt werden konnte. Insgesamt konnte der Verbleib von 7,2 TM nicht nachgewiesen werden. Der Rat der Gemeinde hatte gegenüber dem Kinderheim keine Schlussfolgerungen aus der Revision im Jahr 1982 gezogen. Als Auflage wurde erteilt, die festgestellten Fehlbeträge durch die Abteilung Volksbildung des Rates des Kreises mit dem ehemaligen Heimleiter zu klären. Falls kein Nachweis über den Verbleib des Geldes möglich sei, sollten weitere Maßnahmen eingeleitet werden. Zur Klärung der Differenzen beziehungsweise zu den eingeleiteten Maßnahmen sind mir Angaben unmöglich, weil dazu in den noch vorhandenen Unterlagen keine Hinweise ersichtlich sind.

Ein besonders bedauernswerter Fall

Die aufgrund meiner Prüfungsfeststellungen teilweise harten Konsequenzen wie Entlassungen, Anzeigen an den Staatsanwalt, Einleitung von Ermittlungsverfahren und in einigen Fällen Verurteilungen zu Freiheitsstrafen bereiteten mir keine beziehungsweise kaum schlaflose

Nächte. Es gab Einzelfälle, wo es mir leidtat, die Betrugshandlung festgestellt zu haben. Ein Fall ist mir dazu besonders in Erinnerung:

Prüfungsobjekt war ein Rat der Stadt in der Nähe von Leipzig. Wie immer nahm ich mir anfangs genügend Zeit für die Belegkontrolle. Unter den Ausgabebelegen des Bereiches Jugendhilfe befanden sich zwei Rechnungen über den Kauf von Kinderbekleidung in Höhe von etwa 200,00 M. Empfänger dieser Kleidungsstücke waren laut der Vermerke auf den Rechnungen zwei Kinder dieser Stadt, die in einem Kinderheim des Kreises Z untergebracht waren. Ich wurde deshalb stutzig, weil in den Kinderheimen der DDR die Ausstattung der dort untergebrachten Kinder und Jugendlichen aus den Haushaltsmitteln der Kinderheime erfolgte. Da ich sämtliche Kinderheime des Kreises Z bereits einmal beziehungsweise mehrmals geprüft hatte, genügte ein Telefonanruf, um festzustellen, dass die angegebenen Kinder zwar im auf dem auf den Rechnungen vermerkten Kinderheim untergebracht waren, aber diese Bekleidungstücke nicht erhalten hatten. Nach dieser Auskunft bat ich die betreffende Kollegin des Rates der Stadt zur Klärung des Sachverhaltes in den, nach meiner Erinnerung, Sitzungsaal. Sie gab unter Tränen an, dass sie aufgrund persönlicher und damit verbundener finanzieller Probleme diese Bekleidung für ihre eigenen beiden Kinder gekauft hatte. Selbst der Familienname der Betroffenen ist mir bis heute im Gedächtnis geblieben. An die Konsequenzen meiner Feststellungen für die Betroffene habe ich dagegen keine Erinnerung mehr.

Episoden aus dem Leben eines Revisors

Bevor ich zu wesentlich „härteren" Feststellungen komme, beweise ich Ihnen anhand einiger Episoden, dass das Revisorenleben durchaus seine lustigen Seiten hatte, und die nicht zu knapp.

Werner, Lothar und ich fuhren mit dem Zug zur Revision des Rates des Kreises Torgau. Im Nebenabteil saßen zwei Frauen. Eine davon stieg aus. Dort, wo die Frau gesessen hatte, lag eine Frauenhandtasche. Die noch im Abteil verbliebene Frau sah zum Fenster hinaus. Plötzlich sprang unser Werner auf, nahm die Handtasche, riss das Zugfester auf und warf der ausgestiegenen Frau die Handtasche hinterher. Plötzlich schrie die im Abteil verbliebene Frau auf, denn es war ihre Handtasche! Zum Glück fuhr der Zug sehr langsam an und die Handtasche fand den Weg zurück ins Abteil. Obwohl die Besitzerin der Handtasche vor Wut kochte und unserem Werner einige nicht sehr freundliche Worte entgegenwarf, amüsierte ich mich köstlich.

Der Chef, Werner und ich hatten Feierabend. Wir machten uns auf den Heimweg zum Bahnhof Torgau. In Torgau gab und gibt es eine Strafvollzugsanstalt. Da der Zug oft recht voll war, stieg Werner möglichst schnell ein, um Sitzplätze zu sichern. Wir standen bei Einfahrt des Zuges weit vorn. Im ersten Wagen gingen die Türen auf und Werner stürzte los. Ihm wurden sogar Hände gereicht und man forderte ihn freundlich auf, einzusteigen, da noch genug Platz war. So viel Freundlichkeit machte selbst Werner stutzig. Diejenigen, die ihm die Hände reichten, trugen eine Uniform. Es war das Aufsichtspersonal für Strafgefangene, da es sich um einen Wagen des Strafvollzuges handelte. Auch hier konnten wir herrlich lachen.

Werner und ich hatten ein Krankenhaus für Psychiatrie und Neurologie zu prüfen. Wir fuhren mit der Straßenbahn zum Prüfungsobjekt und begaben uns zur Anmeldung ins Verwaltungsgebäude. An diesem Morgen führten dort zwei Patienten einfache Tätigkeiten aus. Sie sahen zuerst Werner, der ziemlich groß und sehr schlank war, und anschließend mich. Beide Patienten musterten uns mit fachmännischen Blicken, unterhielten sich kurz und rieben sich die Hände. Was sollte das? Zu gern wollte ich wissen, was das zu bedeuten hatte. Nach der Anmeldung begaben wir uns in das zugewiesene Arbeitszimmer. Da meine Neugier zu groß war, ging ich zurück zu den Patienten und belauschte kurz ihr Gespräch. Sicher war das kein feiner Zug von mir. Aber für das, was ich zu hören bekam, lohnte es sich. Die Patienten sahen in uns zwei Neuzugänge und diskutierten sehr ausgiebig und ernsthaft, auf welche psychiatrische Station wir wohl eingewiesen würden. Welch ein hervorragender Prüfungsbeginn!

Als Revisor lebte man dienstlich nicht ungefährlich. Rudi und ich prüften im Kreis Delitzsch. Um einen Sachverhalt zu klären, mussten wir einen Handwerksbetrieb aufsuchen. Wir klingelten an der Tür der Firma. Da niemand öffnete, betraten wir das Grundstück. Plötzlich ein

Gebell und zwei ausgewachsene Schäferhunde, die auf uns zustürmten. Ich kann mich heute noch bestens daran erinnern, wie mulmig mir war. Zum Glück blieben beide Hunde kurz vor uns stehen und ihr Herrchen kam. Alles ging gut aus.

Eine sehr schöne Außenstelle der SFR gab es in Torgau. Sie befand sich im Schloss Hartenfels direkt über dem Bärengraben. Alfred, der Verantwortliche für den Kreis Torgau, hatte immer etwas Essbares für die Bären dabei (meist abgepackten Zucker aus der Mitropa). Zur Haltung der Bären war eine Frau beim Rat des Kreises fest angestellt. Sie wurde überall die „Bärenmutter" genannt. Die Bären waren ihr sprichwörtlich ans Herz gewachsen. Oft stellte sich bei den Tieren Nachwuchs ein. Nur wenige Meter von unserer Außenstelle entfernt befand sich die sogenannte Milchküche, wo das Futter für die Bären zubereitet wurde. Häufig waren Jungtiere mit in der Milchküche. Eine Tages wollte unsere Marion einen dieser kleinen niedlichen Kerle streicheln. Dem kleinen Bären schien das aber nicht zu gefallen. Jedenfalls holte er plötzlich aus und Marions gute Brille flog ein paar Meter davon. Alle kugelten sich vor Lachen, worüber Marion sehr verärgert war. Nie wieder versuchte sie, einen kleinen Bären zu streicheln.

Bei der Prüfung des Rates der Gemeinde Kursdorf, eine der kleinsten Gemeinden im Kreis Leipzig, führte ich mit der Bürgermeisterin den obligatorischen Gemeinderundgang durch. Dabei machte sie mich auf das Gebäude des Jugendklubs aufmerksam. Als ich sie bat, mir die Räumlichkeiten zu zeigen, schien es mir so, als ob sie davon nicht sehr begeistert war. Was gab es für einen Grund? Etwas zurückhaltend schloss sie die Eingangstür auf. Im Erdgeschoss gab es nichts Ungewöhnliches. Sie strebte schon wieder dem Ausgang zu, obwohl noch eine Treppe in die obere Etage führte. Etwas mürrisch nahm die Bürgermeisterin zur Kenntnis, dass ich mir auch die oberste Etage ansehen wollte. Oben angekommen war der Grund für ihre Zurückhaltung an den Wänden ablesbar. Viele Aktbilder, vorwiegend aus der DDR-Zeitschrift „Das Magazin", zierten die Wände. Die Bürgermeisterin war nicht gerade erfreut, dass ich mir auch diesen Raum in Ruhe ansah. Aber auch das gehörte zu einer Objektbesichtigung.

Die planmäßige Revision des Rates der Gemeinde Merkwitz, gleich in meiner Nähe, stand an. Wie immer klopfte ich unangemeldet an die Tür. Schon nach kurzer Zeit stellte es sich heraus, dass ich die Prüfung nicht beginnen konnte, weil sämtliche Belege ungeordnet in Pappkartons und Wäschekörben lagen. Ich rief meinen Chef an und teilte danach dem Bürgermeister mit, dass er die Belegablage innerhalb von vier Wochen in Ordnung zu bringen hatte. Nach vier Wochen ging es erneut nach Merkwitz. Kaum hatte ich das Gemeindebüro betreten, tönte aus einem hinteren Raum mit lauter, bösartiger und greller Stimme: „Jetzt ist der Schnüffler schon wieder da." Das war nicht der Bürgermeister, sondern die beim Rat der Gemeinde angestellte Reinigungsfrau. Dieser „übertriebene" Humor hielt mich allerdings nicht vom Prüfen ab.

Während einer Revision des Rates der Gemeinde Borsdorf (Kreis Leipzig) hatte eine Mitarbeiterin der Finanzabteilung Geburtstag. Wie üblich gab es eine Geburtstagsrunde. Als Revisor wäre es besonders in so einer kleinen Gemeinde unhöflich gewesen, die Einladung, sich mit an den Tisch zu setzen, abzulehnen. Mit Bestechung hatte das nichts zu tun. Es wurde – frisch vom Bäcker – Bratwurst im Schlafrock serviert. Das ist Bratwurst, die mit Blätterteig umhüllt und anschließend im Backofen schön braun gebacken wird. Es schmeckte vorzüglich. Da mehr Würste als Esser da waren, ließ ich mich dazu hinreißen, eine zweite Bratwurst im Schlafrock zu verspeisen. Welch ein Fehler! Es dauerte nicht lange und mir drehte sich der Magen um. Wahrscheinlich waren Stücke des Schlafrocks einer älteren Dame darin gewesen. Ich war froh, als ich zu Hause war. Nie wieder habe ich seitdem Bratwurst im Schlafrock angerührt.

Häufiger bestand meine Aufgabe darin, Auszubildende, Absolventen der Hochschule beziehungsweise der Fachschule in Prüfungen einzubeziehen. Einerseits war das anstrengend, denn mir wurden Löcher in den Bauch gefragt. Da es sich jedoch immer um junge und hübsche Mädels handelte, wurde diese Anstrengung dadurch wieder kompensiert. 1982 hatte ich mit Karola aus Audenhain den Rat der Gemeinde Mockrehna im Kreis Eilenburg zu prüfen. Karola studierte zu diesem Zeitpunkt an der Humboldt-Universität in Berlin und absolvierte ein Praktikum beim Rat der Stadt Eilenburg. Die Gemeinden Mockrehna und Audenhain waren nur wenige Kilometer entfernt. Ich fuhr morgens um 7.15 Uhr mit dem Bus von Leipzig nach Mockrehna und meldete mich beim Bürgermeister an. Die Zeit verging und um 9.00 Uhr war Karola immer noch nicht da. Der Bürgermeister stellte mir freundlicherweise sein Fahrrad zur Verfügung. Ich radelte nach Audenhain und klingelte Sturm. Nach einer Weile öffnete Karola die Tür des elterlichen Hauses. Sie war nur mit einem kurzen Nachthemdchen bekleidet. Ihr Anblick besänftigte mich. Sie teilte mir mit, dass sie sich beim Seefest den Fuß verstaucht hatte. Sie lud mich noch zum Frühstück ein und anschließend fuhr ich wieder zurück nach Mockrehna. Die Prüfung musste ich allein durchführen. Nach Abschluss ihres Hochschulstudiums arbeitete Karola bis zur Auflösung der SFR in der Revisionsgruppe 945. Gegenwärtig ist sie im Rechnungsprüfungsamt eines Landkreises tätig. Ich würde mich für sie freuen, wenn sie bei der Neubesetzung der Amtsleiterstelle den Zuschlag erhalten würde.

Ein sehr schönes Erlebnis hatten mein Kollege Rudi und ich bei der Prüfung des Rates der Gemeinde Löbnitz im Kreis Delitzsch. Die Gemeinde Löbnitz war bekannt für ihre Reitpferde. Die LPG Pflanzenproduktion Löbnitz war in der DDR ein anerkannter Pferdezuchtbetrieb. In den Stallungen waren nach meiner Erinnerung Spitzenreitpferde der DDR untergebracht. Im Rahmen der Ortsbesichtigung ließen wir natürlich die Stallungen und alles, was dazugehörte, nicht aus. Das war beispielsweise eine Pferdekutsche, die Napoleon bei seinem Rückzug stehen gelassen haben soll. Eine fantastische Kutsche, die wieder auf Vordermann gebracht worden war und beispielsweise bei Umzügen zum Einsatz kam. Rudi und ich nutzten die einmalige Gelegenheit, um einige Minuten in dieser herrlichen Kutsche zu verweilen. Wäre das ein wunderschönes Transportmittel für mich als Revisor gewesen. So musste ich mich meist mit Bahn und Bus begnügen. Aber auch das schöne grüne Fahrrad meines Opas Richard sowie mein SR 1, dann das SR 2 und schließlich, nach mehreren Jahren Wartezeit, mein S 50 wurden von mir benutzt, um auch abgelegene Prüfungsobjekte zu erreichen. SR 1, SR 2 und S 50 waren übrigens Mopeds. Ab und zu ging es mit dem Schulbus über Land. Selbst mit einem Pferdewagen voller Mist erreichte ich eine entlegene Gemeinde. Ein Bürgermeister hatte mich mit einem Motorrad mit Beiwagen abgeholt. Wenn ich die Jugendherberge Bad Düben zu prüfen hatte, dann wurde mir vom Fundbüro beim Rat der Stadt Bad Düben ein Fahrrad zur Verfügung gestellt – und ab ging die Post. Für diese Fahrt gehörten Nüsse zu meiner Ausstattung, da es dort reichlich Eichhörnchen gab. Nicht zu vergessen die sehr vielen Kilometer, die ich zu Fuß zurücklegte. Geschadet hat es mir nicht.

Beim Rat des Kreises Eilenburg war die Stelle des Sekretärs des Rates des Kreises neu besetzt worden. Aufgabe eines Sekretärs des Rates war die Vorbereitung der Sitzungen des Kreistages und der ständigen Kommissionen. Er hatte die Abgeordneten bei der Durchführung ihrer Aufgaben zu unterstützen. Der Sekretär stellte unter Hinzuziehung der Abteilungsleiter den Arbeitsplan des Rates auf sowie koordinierte und kontrollierte die Arbeit aller Abteilungen und Einrichtungen des Rates und bereitete die Beschlussvorlagen vor. Es war ein politisch bedeutender Posten. Ich gehe ebenfalls davon aus, dass eine der Funktionen darin bestand, ein Ohr an der Masse zu haben. Ich hatte des Öfteren meine Probleme wegen der Überheblichkeit einiger Sekretäre der Räte der Städte und Kreise. Trotzdem arbeitete ich im Rahmen meiner Revisionstätigkeit mit ihnen zusammen. Mir blieb ja gar nichts anderes übrig. Wenn es nicht unbedingt erforderlich war, vermied ich den Kontakt. Jedenfalls wollte ich mich beim neuen Sekretär des Rates des Kreises Eilenburg vorstellen. Im Vorfeld hatte man mich bereits informiert, dass er vorher Offizier bei der NVA gewesen war. Ich hörte bereits die Nachtigall trapsen. Nachdem mir seine Sekretärin einen Termin vermittelt hatte, war ich wie immer etwa zehn Minuten vor der vereinbarten Zeit da. Ich begrüßte die Sekretärin, wir wechselten ein paar Worte und sie meldete mich an. Der neue Sekretär des Rates empfing mich jedoch noch nicht. Auf die Sekunde genau ging die Tür auf und er ließ mich in sein Arbeitszimmer. Selbst wenn man mir vorher nicht gesagt hätte, dass dieser Mann vorher Offizier gewesen war, hätte ich es spätestens aufgrund dieser Zeitmacke bemerkt. Die Krönung kam noch. Schon nach wenigen Worten unterbrach er mich. Er wollte wissen, wie lange ich bei der NVA gedient hatte. Mit freundlichen Worten entgegnete ich, dass natürlich meine Dienstzeit achtzehn Monate betragen habe, wie in der DDR vorgeschrieben. Das gefiel ihm gar nicht. Er versuchte mir klarzumachen, dass man erst ein ganzer Kerl sei, wenn man mindestens drei Jahre gedient hatte. Was ich bei seinen Worten dachte, können Sie sich vorstellen. Ich sah ihn an, ließ ihn seinen Blödsinn herunterleiern und brachte ihm anschließend freundlich bei, dass er mich trotz meiner nur achtzehnmonatigen Dienstzeit bei der NVA nicht daran hindern würde, meine Prüfungsaufgaben in der Art und Weise zu erledigen, wie ich es für richtig hielt. Diese Antwort schmeckte ihm gar nicht. Aber da musste er durch, das Leben war auch in der DDR kein Wunschkonzert.

Ich prüfte die Haushalts- und Finanzwirtschaft des Rates der Stadt Markkleeberg. Die Stadt Markkleeberg hatte zu diesem Zeitpunkt einen fachlich hervorragenden Bürgermeister hatte. Nach einigen Prüfungstagen erkundigte sich der Bürgermeister nach den bisherigen Prüfungsergebnissen. Er wollte von mir insbesondere darüber etwas erfahren, wie ich die Arbeit des Ratsmitgliedes für Finanzen – sie war eine Frau – einschätzte. Derartige Fragestellungen mochte ich gar nicht, da es nicht Aufgabe der SFR war, Beurteilungen über Angestellte der Verwaltungen abzugeben. Ich bat ihn, das Ende der Prüfung abzuwarten und sich dann auf Grundlage der Prüfungsfeststellungen eine eigene Meinung zu bilden. In der Schlussbesprechung informierte ich den Bürgermeister über das Prüfungsergebnis, welches bezüglich der Arbeit des Ratsmitgliedes für Finanzen kein Ruhmesblatt war. Einige Zeit später kam ich wieder mit dem Bürgermeister ins Gespräch. Er hatte das Personalproblem in der Form gelöst, dass er die Finanzverantwortliche auf die Parteischule delegiert hatte. Nach meiner Kenntnis kam sie nicht zur Stadtverwaltung zurück. So einfach war dieses Problem vom Bürgermeister gelöst worden.

Auch bei der SFR stand der Geheimnisschutz an oberster Stelle. Dazu gehörte, dass etwa bis Mitte der achtziger Jahre jeder Mitarbeiter mit einem Petschaft ausgestattet war. Damit mussten unter anderem die Außentüren in den jeweiligen Außenstellen und die Schränke, in denen sich die Revisionsprotokolle befanden, versiegelt werden. In jeder Außenstelle wurde ein Siegelbuch geführt und darin namentlich erfasst, wer die Außenstelle ent- beziehungsweise versiegelt hatte. Bei Urlaubsantritt musste das Petschaft in der Dienststelle abgegeben werden. Es war eines Morgens in der Außenstelle Leipzig-Land. Als ich die Tür aufschließen wollte, traute ich meinen Augen nicht: Das Dienstsiegel war beschädigt. Die zur Versiegelung erforderliche rote Schnur hing wie ein nasser Sack herunter. Hatte hier womöglich der „Klassenfeind" seine Hände im Spiel gehabt? Jedenfalls erfolgte von mir, wie in solchen Fällen vorgeschrieben, eine Sofortinformation an die Dienststelle. Was danach geschah, entzieht sich meiner Erinnerung. Dennoch kann ich mich an den Übeltäter beziehungsweise konkreter an die Übeltäterin erinnern. Es war die Reinigungsfrau, die vorher viele Jahre als Angestellte beim Rat der Gemeinde Plaußig gearbeitet hatte. Als Zerstörungswerkzeug hatte der Besenstiel ihres Reinigungsgerätes gedient. Sie hatte das Malheur nicht bemerkt und wie immer mit guter Laune weitergefegt.

Nun eine verrückte Begebenheit, die sich im Rahmen einer Prüfung des Rates der Stadt Delitzsch zutrug. Vorwiegend bei der Prüfung von Räten der Städte wählte ich oft Prüfungsobjekte aus, die nicht alltäglich waren. In Abstimmung mit Rudi prüfte ich das Stadtmuseum Delitzsch und den stadtgeleiteten Tierpark. Bei derartig interessanten Prüfungsobjekten war die Objektbesichtigung ein Höhepunkt der Revision. Das traf besonders auf den Tierpark zu. Als Prüfer war es mir gestattet, alles anzusehen, was dem Tierparkbesucher nicht möglich war. Während der Begehung des Tierparks zusammen mit dem Tierparkleiter gingen mir viele Frage durch den Kopf. Hier kleine Kostproben: Wie viele Vögel sind aus den Eiern geschlüpft? Wie ist es möglich festzustellen, wie viel Nachwuchs es bei den Fischen gegeben hat? – Nach der Objektbegehung begab ich mich in das hintere Zimmer des kleinen Bürogebäudes im Tierpark und führte Prüfungshandlungen durch. Im vorderen Zimmer hielt sich der Tierparkleiter auf und erledigte Büroarbeiten. Die Tür des Zimmers, in dem ich Unterlagen prüfte, war leicht angelehnt. Ich hörte ein Klopfen und die Stimme einer älteren Frau. Sie begrüßte den Tierparkleiter freundlich. Als Dank für den immer sauberen und schönen Tierpark überreichte sie ihm einen Barscheck, um davon ein neues Tier zu kaufen. Als die Frau das Büro verlassen hatte, zeigte mir der Tierparkleiter den vollständig ausgefüllten Scheck in Höhe von, ich bin mir ziemlich sicher, 5.000,00 M. Das war in der DDR ein recht hoher Betrag, den man erst einmal verdienen musste. Gegen das Geldgeschenk gab es nichts einzuwenden. Dieses Beispiel zeigt, welche ungewöhnlichen „Gefahrenquellen" es im Bargeldverkehr gab. Dieser Betrag wurde übrigens ordnungsgemäß abgerechnet. An das gekaufte Tier kann ich mich nicht mehr erinnern.

Jeder Mensch hat bekanntlich seinen Vogel. Diesbezüglich machten auch die Mitarbeiter der SFR keine Ausnahme. Ich hoffe, dass es mir drei ehemalige Kollegen der Inspektion Leipzig nicht übel nehmen, wenn ich ihren „Vogel" – zumindest empfand ich es so – beim Namen nenne.

Da wir oft mit Bahn, Bus und Zug unterwegs waren, begegneten wir auf dem Bahnhof häufiger Kolleginnen oder Kollegen. So fuhr ich einige Zeit jeden Morgen mit einem Kollegen der Abteilung Industrie in die gleiche Richtung. Dabei erzählte er ab und zu, was er zum Frühstück gegessen hatte. Was war daran ungewöhnlich? Es handelte sich dabei weder um belegte Brote, Brötchen oder eine Suppe, sondern um eine warme Mahlzeit, die er sich als Junggeselle zubereitete. Ich glaube mich daran erinnern zu können, dass er einmal von Eisbein mit Kartoffeln und Sauerkraut sprach, welches er gegen 6.00 Uhr in der Früh verspeist hatte.

Ein anderer Kollege war ein großer Tierfreund – und ist es sicher auch heute noch. Er besaß eine Rassekatze, die in der Wohnung gehalten wurde. Tierliebe ist nichts Schlimmes. Ich mag ja auch meine Katze Grethe. Seine Katze nahm in der Familie eine besondere Stellung ein. Wenn Mittagessen angesagt war, durfte diese Katze mit am Esstisch auf einem hohen Stuhl Platz nehmen und ihr Fressen am Mittagstisch verzehren. Diese Tierliebe ging mir doch etwas zu weit.

Ab und zu wurden wir mit dem Dienstauto zu Prüfungsobjekten gefahren, wenn diese verkehrsungünstig lagen. Aus Sparsamkeitsgründen erfolgte das meist im „Sammeltransport". Ein Kraftfahrer der Inspektion brachte also mehrere Prüfer zu ihren Prüfungsobjekten und holte diese zu einer vorher ausgemachten Zeit wieder ab. Das klappte immer recht gut. Ein Kollege nahm es mit der Zeit besonders genau. Wenn beispielsweise das Abholen um 15.30 Uhr vereinbart war, dann kam der Kollege pünktlich um 15.30 Uhr aus dem Prüfungsobjekt, auch wenn der Kraftfahrer mit den bereits abgeholten Prüfern schon um 15.20 Uhr am Prüfungsobjekt angekommen war. Besonders kann ich mich an einen Tag erinnern, wo es wie aus Kannen goss. Der Kraftfahrer war bei diesem Sauwetter etwas zeitiger da, weil die Heimfahrt aufgrund des Wetters länger dauern würde. Aber da machte uns dieser Kollege einen Strich durch die Rechnung. Er kam nicht eine Minute früher als abgemacht aus dem Prüfungsobjekt. Um etwas beneidete ich diesen Revisor. Er besaß schöne alte Ärmelschoner, wie sie früher bei Buchhaltern üblich waren. Auch Handtuch und Seife gehörten zu seiner Ausrüstung.

In der DDR war es üblich, dass volkseigene Betriebe, landwirtschaftliche Produktionsgenossenschaften sowie staatliche Organe und große Einrichtungen über eigene Urlaubsobjekte für ihre Mitarbeiter verfügten. Die Inspektion Leipzig verfügte über drei Wohnwagen, die unter anderem in Trassenheide, Rerik und Zinnowitz an der Ostsee sowie in Groß Quassow in Mecklenburg in den Monaten Juni bis September für Urlaubszwecke zur Verfügung standen. Pro Tag waren für die Nutzung lediglich 8,00 M zu zahlen. Sehr begehrt war bei den älteren Kollegen das Lehrgangsheim der SFR in Friedrichroda (Thüringen), welches in der Zeit, in der keine Lehrgänge des Ministeriums der Finanzen erfolgten, ebenfalls als Urlaubsunterkunft von den Mitarbeitern aller Inspektionen genutzt werden konnte. Die Inspektion Leipzig besaß noch ein heiß begehrtes Urlaubsobjekt, einen Bungalow in Siebenbrunn (Ortsteil von Markneukirchen) im schönen Vogtland. Dieser für DDR-Verhältnisse recht ordentlich ausgestattete Bungalow besaß einen Fernseher und ein Radio. Das Vogtland war nicht weit von der damaligen Grenze zwischen der DDR und der BRD entfernt. Dadurch reichte eine kleine Antenne, um Westfernsehen zu empfangen. Keiner sprach darüber, wie das Westbild war. Da ich das Glück hatte, einige Male den Bungalow als Ferienobjekt nutzen zu dürfen, war mir bekannt, dass der Fernsehmonteur sofort um Hilfe gerufen wurde, wenn der Fernseher versagte. Da der Fernsehmonteur ein guter Bekannter eines unserer Kollegen im Innendienst war, ging das meist recht schnell. Ich kann beziehungsweise konnte mir beim besten Willen nicht vorstellen, dass es Urlauber aus unserer Inspektion gab, die kein Westfernsehen schauten. Sollte es doch welche gegeben haben, so bitte ich diese nachträglich um Entschuldigung für meine Unterstellung.

Lachen ist gesund

Achtung, Rarität! Ein nur wenig gekürzter Inhalt eines Originalbriefes eines Urlaubers aus dem Jahre 1978 aus Zinnowitz an die Inspektion Leipzig. Dieser Brief war Inhalt der Broschüre anlässlich des 25. Jahrestages der SFR. Wer hier nicht lacht, ist selber schuld.

„Lieber Hubert oder Helmut!
Wir sind hier gut angekommen. Die Lage ist sehr schön und auch die Wohnwagen und deren Einrichtung. Auch mit dem Wetter geht es. Aber noch zu kühl zum Baden, Wassertemperatur 11 Grad. Leider muss ich auch etwas Unangenehmes berichten und Euch bitten, mir zu schreiben oder mich anzurufen, wie ich mich verhalten soll. Die Tür zum Wohnwagen Bastei ist um 1,00 Zentimeter verzogen. Wir haben dieselbe nur ganz schwer öffnen und nur durch Andrücken von zwei Erwachsenen schließen können. Beim Öffnen – wir probierten es fast fünfzehn Minuten! – brach infolge des Verziehens der Sicherheitsschlüssel. Gott sei Dank hatte ich die Entlüftungsklappe auf. Mit Hilfe der Zeltplatzbewohner und deren Werkzeug, eigenes war nicht vorhanden, habe ich nach Entfernen der Schrauben, um durch die Klappe von oben einsteigen und von innen das Schloss abschrauben zu können, den abgebrochenen Teil entfernt. Das Schloss selbst ist in Ordnung und könnte mit dem anderen Schlüssel wieder benutzt werden, aber die Tür schließt infolge des Verziehens nicht (Qualitätsmangel!). Wir haben versucht – es war gegen 17.00 Uhr –, noch einen Schlosser zu bekommen. In Zinnowitz gibt es laut Zeltplatzleitung nur einen Schlosser. Vergebens! Da meine Tochter am 9.6.1976 gegen 20.00 Uhr von zu Hause wegfährt, um hier nach Zinnowitz zu kommen, kannst Du vielleicht hinterlassen, was wir tun sollen. Wie können zurzeit nicht zuschließen und deshalb auch nie gemeinsam weggehen, bis der Schaden behoben ist. Soll ich eventuell außen Stahlschienen mit Vorhängeschloss anbringen lassen? Wie sollen wir uns zu unserem Nachfolger Herbert verhalten. Er kommt am 24.6. früh gegen 4.30 Uhr an, während ich bereits am 23.6. wegfahre. Meine Tochter ist in Nr. 103 bis 8.30 Uhr dort. Herbert müsste notfalls bei ihr anklopfen. Weiterhin muss ich Dir noch mitteilen, dass vom Wohnwagen der Kasten für die Propangasflasche nicht zu verschließen geht, da der Greifer zu kurz ist. Wir haben ihn angebunden. Auch die Halterungen für den großen Tisch waren zu straff. Wir haben diese mit Werkzeug von anderen Zeltplatzbewohnern abgeschliffen. Es geht jetzt einwandfrei. Die Feuerschutzpolizei war da und beanstandete das Fehlen von Feuerlöschern und Sanitätskästen. Was soll ich tun? Welche kaufen? Von der anderen Propangasflasche ist das Gewinde überdreht und kaum verwendungsfähig. Sie schließt nicht dicht ab. Antwortet bitte sofort durch Anruf oder Mitteilung über meine Tochter, wie ich mich verhalten soll!

Für den schönen Urlaubsplatz nochmals vielen Dank.
Euer Paul S."

Vorhaben gescheitert – Glück gehabt

Prämisse vor Beginn des Schreibens meines Buches war, dass ich nur das niederschreiben würde, worüber mir Unterlagen zur Verfügung standen, was ich selbst erlebt hatte und woran ich mich noch konkret erinnern konnte. Die im Rahmen meiner Recherchen erhaltenen Informationen sollten nur dann Verwendung finden, wenn es hinsichtlich der Zuverlässigkeit der Gesprächspartner und damit der Wahrheit der Hinweise keine Zweifel gab. Also immer schön bei der Wahrheit bleiben. Zu dieser Wahrheit gehört, dass es ab dieser Stelle meine Absicht war, ausführlich über spektakuläre Prüfungsfeststellungen der Inspektion Leipzig vorwiegend aus den Jahren 1980 bis 1989 zu berichten. Das betraf beispielsweise Finanzrevisionen bei den Räten der Gemeinden Schenkenberg, Sornzig, Böhlitz-Ehrenberg, beim Rat des Kreises Döbeln sowie in Fachabteilungen und nachgeordneten Objekten des Rates des Bezirkes Leipzig. Meine Aufgabe bestand lediglich darin, die etwa fünfzehn Revisionsprotokolle in den Archiven ausfindig zu machen. Aber da fiel ich auf meine Prüfernase, der Erfolg war bescheiden. Was war hier los? Die vielen Revisionsprotokolle konnten sich doch nicht in Luft aufgelöst haben. Oder doch? Ich intensivierte meine Recherchen. Erste kleine Erfolgserlebnisse. Dann Informationen aus mehreren Quellen, dass die Protokolle von Finanzrevisionen zu vernichten gewesen seien. Weshalb? Wer könnte so eine Anweisung gegeben haben? Ich dachte, mich tritt ein Pferd. Oder lauste mich etwa der Affe? Diese Hinweise decken sich mit den Ergebnissen meiner Recherchen. Die Protokolle der Inspektion Leipzig aus den Jahren 1980 bis 1989 waren Exoten in den Archiven. Dabei ist hervorzuheben, dass in diesen zehn Jahren von den Revisorinnen und Revisoren der Inspektion Leipzig mindestens 10.000 Finanzrevisionen durchgeführt worden sein dürften und der Verteiler von Protokollen mit erheblichen Beanstandungen von übergeordneten Organen der Prüfungsobjekte über Kreis- und Bezirksparteileitungen der SED, der Abteilung Kriminalpolizei bis hin zu den jeweiligen Staatsanwaltschaften reichte. War ich nun mit meinem Latein am Ende? Nein. Aufgeben kam für mich zu keiner Zeit in Frage. Dann fiel mir das Lied von Freddy Quinn aus dem Jahre 1961 ein: „Wann kommt das Glück auch zu mir?" Der Songtext beginnt wie folgt:

> „So ist nun einmal das Leben.
> Dem einen geht es gut,
> dem andren geht alles daneben.
> Manchmal verliert man den Mut.
> Doch was man heut nicht gefunden,
> morgen vielleicht ist es hier.
> Schlaflos lieg ich und denke:
> Wann kommt das Glück auch zu mir?"

Mehrere Tage trällerte ich das Lied immer mal wieder vor mich hin. Kein Signal war am Horizont zu erkennen. Plötzlich ging sie auf, die Prüfersonne, direkt hinter dem Sächsischen Staatsarchiv. Mein Laptop und ich liefen zur Hochform auf. Da war sie wieder da, die Prüfernase des „Finanzrevisors Pfiffig". Durch die fantastische Unterstützung der Mitarbeiterinnen und Mitarbeiter des Staatsarchivs Leipzig war es mir innerhalb kurzer Zeit möglich, ältere, aber trotzdem „Revisionsperlen" aufzuspüren, die ich selbst nicht gekannt hatte. Revisionsprotokolle aus den Jahren 1980 bis 1989 waren auch im Sächsischen Staatsarchiv Mangelware. Wenige, aber trotzdem hochinteressante Prüfungsfeststellungen aus diesen Jahren konnte ich dennoch herausfischen. Petri Heil! Ich habe keine Zweifel, dass, aus welchen Gründen auch immer, die meisten der Revisionsprotokolle aus den Jahren 1980 bis 1989 sowie auch viele vor 1980 vernichtet wurden. Ich gehe davon aus, dass diese Verfahrensweise auch in allen anderen Inspektionen der SFR erfolgte. Sollte ich diesbezüglich unrecht haben, wäre ich für eine Information dankbar.

Ich bin deshalb besonders erfreut, Ihnen anschließend Prüfungsfeststellungen präsentieren zu können, die bezüglich Objektivität, Sachlichkeit, Informationsvermittlung und Spannung keine Wünsche offen lassen dürften. Heute kann man über viele dieser Feststellungen schmunzeln, aber damals waren sie oft bitterer Ernst. Für mich war es ein Genuss, diese Protokolle zu lesen. Neben den meistens hochinteressanten Feststellungen bezieht sich das auch auf die perfekten Gliederungen sowie auf die verständlichen, präzisen und sich auf das Notwendigste beschränkenden Darlegungen. Auch die Revisorinnen und Revisoren der älteren Semester der Inspektion Leipzig waren schon aus gutem „Prüferholz" geschnitzt.

Teure Hausschuhe

Beginnen wir mit der im Jahre 1960 durchgeführten Prüfung des VEB Hausschuhwerke Hartha (Staatsarchiv Leipzig 20.237/3.123). Prüfungsschwerpunkte waren die Auslastung der Produktion unter Berücksichtigung der modischen Gestaltung des Schuhwerks, die Qualität der Erzeugnisse und die Spezialisierung des Betriebes. Der VEB Hausschuhwerke Hartha war der größte Hausschuhproduzent der DDR. Der Betrieb hatte zum 30.6.1960 insgesamt 1.114 Beschäftigte, davon 924 Produktionsarbeiter. Das Produktionsprogramm 1960 umfasste circa 4,25 Mio. Paar Schuhe in den verschiedensten Ausführungen. 1958 betrug die Warenproduktion zu Betriebspreisen 25.873 TDM. Die Kosten pro 100 DM Produktion lagen im Verhältnis zu anderen Betrieben sehr günstig. Dadurch und durch die Übererfüllung der Produktion war es möglich, in den letzten Jahren die staatliche Auflage zur Senkung der Selbstkosten zu überbieten und dem Staatshaushalt Finanzmittel von mehreren 100 TDM in Form von Gewinn und Produktionsfondsabgabe außerplanmäßig zur Verfügung zu stellen. Den überwiegenden Teil seiner Erzeugnisse setzte der Betrieb innerhalb der DDR ab. Etwa 30 % exportierte er in die Sowjetunion, nach Westdeutschland und in das kapitalistische Ausland. Die Tendenz des Exportgeschäftes war steigend. 1960 arbeitete der Betrieb jedoch mit Planschulden. Der Plan des Absatzes war zum 30.6.1960 nicht erfüllt. Eine wesentliche Ursache war, dass die Werkleitung und das übergeordnete Organ bei der Planung des Produktionsprogrammes 1960 die veränderten Marktverhältnisse bei Haus- und Straßenschuhen ungenügend beachtet hatten. Die Organe des Handels hatten seit langer Zeit gefordert, die Schuhe modischer zu gestalten. Dabei lag das Schwergewicht auf einer farbenfreudigeren Ausführung der Ober- und Futterstoffe und der Flexibilität der Sohlen. Der Betrieb schloss sich dieser Forderung nicht schnell genug an. Dadurch entstanden 1960 erhebliche Mängel. Dieser Gesamteinschätzung der Prüfung schließen sich unter anderem folgende konkrete Prüfungsfeststellungen an.
Der Betrieb produzierte 1960 insgesamt 4.253 T Paar Schuhe mit einem Wertumfang von 30.283,4 TDM. Die vertragliche Bindung des

Produktionsprogramms lag jedoch nur bei 90,7 % der Planauflage. Dadurch war der Absatz von circa 400 T Paar Schuhe nicht gesichert, was einem Wertumfang von circa 3.700 TDM entsprach. Das Vertragsgesetz untersagte dem Betrieb, ohne Vorliegen von Absatzverträgen zu produzieren. Der Betrieb war deshalb gezwungen, Produktionssortimente aus dem zweiten Halbjahr vorzuziehen und Erzeugnisse auf Vorrat herzustellen, um seine Arbeitskräfte voll zu beschäftigen. Das führte zu einer Reihe von Nachteilen für den Betrieb und den Staatshaushalt, die sich in der Nichtauslastung des Absatzplanes, der Überschreitung der Selbstkosten und in Planschulden an den Staatshaushalt ausdrückten.

Das Zentrale Warenkontor der DDR für Schuhe und Lederwaren, die Großhandelsgesellschaften für Schuhe und das Zentrale Musterbüro in Weißenfels hatten übereinstimmend festgestellt, dass der Markt an Hausschuhen in konservativer Modellgestaltung und in der bisher überwiegenden einfachen Oberstoffausführung gesättigt war. Der Forderung des Weltniveaus und der Bevölkerung entsprechend wurden Schuhe mit flexiblen Böden und in einer farbenfreudigen Ausführung der Oberstoffe gefordert. Wurde dem nicht Rechnung getragen, war mit einem entscheidenden Rückgang in der Nachfrage zu rechnen. Dazu zwei Beispiele aus dem Betrieb:

- Bei gezwickten, geklebten und Wendeartikeln betrug die Produktionsauflage 1.169 T Paar Schuhe = 4.243,2 TDM. Für deren Absatz lagen keine vertraglichen Bindungen für 108,5 T Paar Schuhe = 388,0 TDM vor. Es handelte sich dabei um kamelfarbene Niedertreter für Männer und Schnallenstiefel für Kinder. Diese Artikel gehörten seit über einem Jahrzehnt zum Produktionsprogramm des Betriebes. Sie hatten im Aussehen keine Änderung erfahren und waren unter dem Begriff „Stapelware" bekannt. Ein gleiches Produktionsvolumen wie in den Vorjahren lehnte der Handel ab. Deshalb stellte der Betrieb die Produktion von Kamelhaarschnallenstiefeln für Kinder ein.
- Die Produktionsauflage für die Flexibel-Ledersandale in Schweinslederausführung für 1960 betrug 444,0 T Paar Schuhe = 5.792,3 TDM. Hier lagen für 220,5 T Paar Schuhe = 2.870,0 TDM keine vertraglichen Bindungen vor. Die Flexibel-Ledersandale war ein Straßenschuh und wurde seit vielen Jahren im Betrieb hergestellt.

Der Schuh war als Arbeitssandale einzustufen und hielt nicht das, was sein Name versprach. Er war nicht biegsam, sondern in der Sohle steif und ungelenkig. Da der Verkaufspreis = 19,00 DM sehr hoch lag, wurde das Produkt vom Handel in der vorgesehenen Menge abgelehnt. Der Rückgang in der Nachfrage brachte dem Betrieb die entscheidenden finanziellen Verluste.

Die Auslastung der Flexibelabteilung war im zweiten Halbjahr 1960 nicht gewährleistet. In dieser Abteilung arbeiteten 50 bis 60 Kolleginnen und Kollegen. Neben den Flexibel-Lederschuhen wurden im zweiten Halbjahr 160 T Paar flexible Schuhe aus Filz produziert. Ein Teil von ihnen wurde bereits im ersten Halbjahr hergestellt, weil 50 % der Flexibel-Lederschuhe nicht vertraglich gebunden waren. Um die Beschäftigung der Arbeiter im zweiten Halbjahr zu gewährleisten, orientierte sich das Zentrale Warenkontor in Absprache mit der Staatlichen Plankommission und dem Rat des Bezirkes Leipzig darauf, 150 T Paar Sandalen in der bisherigen Form als Vorlauf für den Handel für 1961 zu produzieren und 71 T Paar Mehrzweckschuhe neu in das Fertigungsprogramm aufzunehmen. Dieser Vorschlag konnte nicht verwirklicht werden, da nur in geringem Umfang Bestellungen für Flexibelsandalen eingegangen und zusätzliche Absatzverträge noch nicht abgeschlossen waren. Die Produktion der 71 T Paar Mehrzweckschuhe musste ganz entfallen, weil kein Porosohlenmaterial zur Verfügung gestellt werden konnte.
Die Nichtauslastung der Produktion war die wesentliche Ursache dafür, dass der Betrieb die Bevölkerung im ersten Halbjahr 1960 mit Schuhen für 1,2 Mio. DM weniger versorgen konnte. Er konnte auch seine finanziellen Verpflichtungen gegenüber dem Staatshaushalt nicht einhalten. Die Finanzschuld betrug zum 30.6.1960 circa 400 TDM. Das Vorziehen der Produktion aus dem zweiten Halbjahr führte zu erheblichen Überplanbeständen an Fertigerzeugnissen. Dieser Zustand hatte sich seit Beginn des Jahres 1960 ständig verstärkt. Die Bestände schwankten in den letzten Monaten zwischen 970 und 1.010 TDM. Das war das 2,3-fache des Planbestandes 1960. Als Folge davon musste der Betrieb im ersten Halbjahr mehr als 23 TDM Zinsen für außerplanmäßige Kredite zahlen.

Auch bei der Umsetzung des Prinzips der strengsten Sparsamkeit gab es Beanstandungen. So entstanden durch die ungenügende Auslastung der Pressenkapazitäten der Vulkanoabteilung Produktionsausfälle und Verluste. Die Vulkanoabteilung verfügte über 126 Paar Pressen zum Anvulkanisieren der Sohlen, die in Ringform zu je 9 bis 10 Paar aufgestellt waren. Je einen Pressenkranz bedienten ein Vulkaniseur und eine Einlegerin. Zahlreiche Pressenpaare standen still, weil nicht genügend Schaftmaterial (Schuhoberteile) zur Verfügung stand. Allein im Mai 1960 betrug der Ausfall dadurch 6.372 Paar Hausschuhe. Das waren pro Tag circa 250 Paar Schuhe. Diese Erscheinung war kein Einzelfall, sondern trat täglich auf. Auf das Jahr bezogen wurden dadurch 50 bis 70 T Paar Vulkanoschuhe für die Versorgung der Bevölkerung weniger hergestellt. Das entsprach einem Erlösausfall von circa 500 TDM und einem Ausfall für den Staatshaushalt und den Betrieb von circa 180 TDM.

Das Nichterreichen der geplanten Qualitätskennziffern führte zu erheblichen Verlusten für den Betrieb und den Staatshaushalt. Der Anteil der Erste-Wahl-Schuhe hatte sich von 1958 = 94,3 %, 1959 = 93,1 % bis 1960 auf 92,7 % verschlechtert. Dadurch erhielt die Bevölkerung 1960 circa 68 T Paar Vulkanoschuhe weniger. Ursachen der Qualitätsunterschreitung waren unter anderem:

- Ausschuss und Minderqualitäten entstanden überwiegend durch persönliches Verschulden der Vulkaniseure und Einleger. Sie beachteten teilweise die Bedienungsvorschriften nicht.
- Die vor den Vulkaniseuren liegenden Abteilungen (zum Beispiel Brandsohlennäherei und Zuschneiderei) arbeiteten oft mangelhaft. Die Schäfte waren verzogen, falsch eingekappt und farblich unterschiedlich.
- Mehrere Vulkaniseure beachteten die Fehler der Vorabteilungen nicht. Sie gaben die mangelhaften Schäfte nicht zurück, sondern verarbeiteten sie weiter.
- Das vom VEB Elguwa Leipzig (ELGUWA = Leipziger Gummi Waren) gelieferte Granulat war teilweise von schlechter Qualität. Dadurch entstand Ausschuss.
- Bei der Entlohnung wurde kein Unterschied gemacht, ob qualitätsgeminderte oder unbrauchbare Erzeugnisse hergestellt worden waren.

Der nachfolgende Absatz ist kein Zusatz von mir, sondern kann auf Seite 10 des Revisionsprotokolls nachgelesen werden. Der Betrieb und die SFR leiteten gemeinsam Maßnahmen zur Beseitigung der Mängel ein. So organisierte der Betrieb in Absprache mit der SFR am 21.6.1960 eine Produktionsberatung mit der Brigade „Erich Seifert". Diese Beratung war der Ausgangspunkt für die Durchführung einer zweiten, erweiterten, außerordentlichen Produktionsberatung am 7.7.1960, an der die Meister, Brigadiere, gut und schlecht arbeitende Kollegen der gesamten Vulkanoabteilung sowie ein Vertreter der Kreisleitung der SED teilnahmen. Anhand praktischer Beispiele wurden die gute und die schlechte Arbeit unter namentlicher Nennung der Kollegen vorgeführt. Dabei berichteten die Revisoren über ihre während der Prüfung gewonnenen Erfahrungen. Die Abteilung Arbeit des Betriebes erhielt als Schlussfolgerung aus dieser Aussprache den Auftrag, bis zum Zeitpunkt der Abschlussbesprechung durch die SFR Methoden zur Einführung und Anwendung eines Qualitätslohnes auszuarbeiten.

Begriffserläuterungen zur vorherigen Prüfung

Produktionsfondsabgabe
Teil des in den sozialistischen Betrieben erwirtschafteten Bruttogewinns, der als Vorabverfügung in einem normativ festgelegten Prozentsatz erhoben wurde und an den Staatshaushalt abzuführen war

Planauflage
Zur Durchführung der beschlossenen Pläne bilanzierte und in sich abgestimmte verbindliche staatliche Plankennziffer für die Fertigstellung und Durchführung der Pläne in den Kombinaten, Betrieben und Einrichtungen

Zentrales Warenkontor
Wirtschaftsleitendes Organ für einen Großhandelszweig des Konsumgüterhandels und die dazugehörigen Betriebe

Staatliche Plankommission
Organ des Ministerrates der DDR für die gesamtstaatliche Planung der Entwicklung der Volkswirtschaft und die Kontrolle der Pläne

Was charakterisierte einen Leiter in der DDR?

Bevor es um Milch, Butter und Quark geht, einige nicht so ganz ernst (oder doch?) gemeinte Aussagen über Leiter in der DDR. Diese Weisheiten fand ich beim Aufräumen meines Kellers in einer Kiste.

- Kommt er morgens pünktlich: „Damit will er uns bloß schikanieren."
- Kommt er morgens später: „Er kann es sich ja leisten."
- Fragt er, wie es deiner Familie geht: „Der muss seine Nase auch überall reinstecken."
- Fragt er nicht, wie es deiner Familie geht: „Der findet nie ein menschliches Wort."
- Bittet er um Vorschläge: „Selber hat er ja keine."
- Hat er selber Vorschläge: „Seine Ideen sind ja sowieso immer die besten."
- Entscheidet er schnell: „Voreilig ist er, unüberlegt."
- Entscheidet er langsam: „Entschlusskraft hat er ja keine."
- Will er noch eine Arbeitskraft mehr: „Bloß damit seine Abteilung die größte ist."
- Kommt er ohne zusätzliche Arbeitskräfte aus: „Immer alles auf unsere Knochen."
- Umgeht er eine Vorschrift: „Wenn er doch wenigstens gewissenhaft wäre."
- Hält er sich an die Vorschriften: „Der alte Bürokrat."
- Macht er einen Scherz: „Seine blöden Witze."
- Macht er keinen Scherz: „Hast du den schon einmal lachen sehen?"
- Achtet er auf Ratschläge: „Allein ist er völlig hilflos."
- Missachtet er Ratschläge: „Selbstherrlich und überheblich."
- Ist er freundlich: „Anbiedern will er sich."
- Ist er unfreundlich: „Eingebildet ist er."
- Läuft die Arbeit seiner Abteilung gut: „Die Arbeit machen wir ja schließlich."
- Läuft die Arbeit seiner Abteilung schlecht: „Er ist kein guter Vorgesetzter."

Wenn die Flaschenwaschmaschinenkapazität nicht ausreicht

1961 erfolgte eine Finanzrevision des VEB Molkerei Döbeln (Staatsarchiv Leipzig 20.237/3.123), in deren Mittelpunkt die Einhaltung der demokratischen Gesetzlichkeit, die Umlaufmittelausstattung sowie die sachliche und formelle Ausführung der Buchführung standen. Der VEB Molkerei Döbeln wurde in den Jahren 1958 bis 1960 gebildet. Der Staatshaushalt stellte für die Errichtung dieses Betriebes mehr als 3,0 Mio. DM zur Verfügung. Die Produktion wurde am 1.10.1960 aufgenommen. Nach dem Urteil von Fachexperten zählte der Betrieb damals zu den modernsten Molkereien der DDR. Die Anlagen gestatteten es, ohne große körperliche Arbeit stündlich 10.000 kg Milch zu verarbeiten. Das Produktionsprogramm setzte sich aus Trinkvollmilch, Butter, Quark, entrahmter Milch und Sahne zusammen. 1961 war die allseitige Planerfüllung nicht gesichert. Die Nichterfüllung des Planes der Warenproduktion war auf Rückstände in der Milchablieferung zurückzuführen. Davon entfielen auf die LPG Typ III 659,6 t.

Kurzer Hinweis: Die landwirtschaftliche Produktionsgenossenschaft war eine grundlegende Organisationsform der genossenschaftlich-sozialistischen Produktion in der Landwirtschaft der DDR. In die LPG Typ III wurden die gesamte land- und forstwirtschaftliche Nutzfläche, Maschinen und Wirtschaftsgebäude sowie sämtliches Nutzvieh eingebracht, soweit sie für die genossenschaftliche Produktion erforderlich waren.

Die Volkseigenen Güter und andere Betriebe des Einzugsgebietes hatten ihre Pläne erfüllt. Die Rückstände der LPG Typ III verteilten sich vorwiegend auf die LPG „Freier Bauer", Döbeln (186,8 t), die LPG „Hermann Matern", Mochau (114,1 t), und die LPG „Neues Deutschland, Gadewitz (111,1 t). Die Rückstände bei der Milchablieferung führten dazu, dass die Arbeitsproduktivität hinter dem Durchschnittslohn zurückblieb. Nach dem Stand 30.9.1961 wurde die Arbeitsproduktivität nur mit 96 % erfüllt. Der Durchschnittslohn stieg dagegen auf 102,6 % an. Der Betriebsleiter hatte einen Maßnahmenplan zur Aufholung der Lieferrückstände ausgearbeitet. Danach sollten jeweils zwei Kollegen durch Aufklärungen in den LPG auf die Erhöhung des Abschöpfungsgrades der Milch Einfluss nehmen und in wöchentlichen Arbeitsberatungen die schriftlichen Berichte der Verantwortlichen ausgewertet werden. Anfangs lief die Arbeit gut an. Später, etwa ab Oktober, hielten, abgesehen vom Betriebsleiter selbst, kaum andere Mitarbeiter des Betriebes den Kontakt mit den LPG aufrecht. Das Nachlassen der Bemühungen war auf Mängel in der Leitungstätigkeit des Betriebsleiters zurückzuführen. Die sozialistischen Leitungsprinzipien wurden nicht angewandt. Es gab beispielsweise keine Werkleitungsbesprechungen, so dass Entscheidungen des Werkleiters ohne kollektive Beratungen gefällt wurden.

Die Rückstände bei der Milchablieferung führten zur unzureichenden Auslastung der Produktionskapazitäten und zu Disproportionen in der Flaschenmilchabteilung. Die Maschinen und Aggregate waren in der Lage, bei ununterbrochener Produktion stündlich 10.000 kg Milch zu verarbeiten. In der Zeit vom 1.1. bis 30.11.1961 wurden 11.689,3 T kg angeliefert. Das entsprach einer durchschnittlichen Verarbeitung pro Tag von 35.000 kg. Aufgrund der Kapazität lag danach die reine Bearbeitungszeit für die neun Beschäftigten der Annahme und Ausgabe, einschließlich Maschinenführer, bei 3,5 Stunden. Nach Angaben des technischen Leiters betrug die Reinigungszeit circa 1,5 Stunden. Der Rest der Arbeitszeit wurde durch andere Arbeiten überbrückt. In denselben Monaten wurden 3.094.164 Flaschen (½ und ¼ Liter) mit Trinkmilch, Buttermilch und Kakaotrunk gefüllt. Das entsprach einem Tagesdurchschnitt von circa 10.900 Flaschen. Der Betrieb verfügte über einen Vakuumflaschenfüller, dessen Leistungsfähigkeit bei 6.000 Flaschen pro Stunde lag. Danach konnte die durchschnittliche tägliche Menge in knapp zwei Stunden bewältigt werden. Zum Prüfungszeitpunkt lag die Auslastung jedoch nur bei circa 65,0 % (etwa 4.000 Stück). Die Begrenzung ergab sich einmal durch die Nichterfüllung des Marktaufkommens, zum anderen war das Leistungsvermögen der Flaschenwaschmaschine nicht mit der des Abfüllers identisch. Im Gegensatz zum Abfüllautomaten betrug die Kapazität der Flaschenwaschmaschine 2.000 bis 3.000 Flaschen pro Stunde. Damit war eine kontinuierliche Versorgung des Abfüllers nicht gewährleistet. Um jedoch dieses Aggregat einigermaßen wirtschaftlich einzusetzen, musste die Flaschenwaschmaschine einen Vorlauf schaffen. Durch die Schaffung des Vorlaufs mussten die Flaschen wieder abgestellt werden. Erst nach einigen Stunden war eine Weiterverarbeitung in der Abfüllung möglich. In der Zwischenzeit trat wieder eine gewisse Verschmutzung der Flaschen ein.

Die gesamte Flaschenmilchanlage war ursprünglich mit einer Kapazität von 2.000 Stück pro Stunde projektiert gewesen. Da die Molkerei in der Perspektive auch den Bedarf der Städte Leisnig und Ostrau decken sollte, wurde entgegen der ursprünglichen Absicht der Flaschenabfüller mit der höheren Leistungsfähigkeit angeschafft. Es erfolgte jedoch keine gleichzeitige Erweiterung der Flaschenwaschkapazität. Eine Maschine in dieser Art stellte ein Betrieb in Gera zum Preis von 60,0 TDM her. Nach Mitteilungen des Betriebsleiters bestand für 1962 nur geringe Aussicht, dieses Aggregat zu erhalten, da es vorrangig für den Export bestimmt war. Die vorhandene Flaschenwaschmaschine hatte nach seiner Ansicht nur eine Lebensdauer von vier bis fünf Jahren, da die verwendeten Metalle für die betrieblichen Zwecke nicht geeignet waren. Die Metalle wurden durch die für die Reinigung erforderlichen Laugen angegriffen.

Mieteinnahmen in einem Schwesternhaus

Die Prüfung der Einheit Kreiskrankenhaus – Kreispoliklinik Borna mit Stadtbad, Gemeindeschwesternstationen, Schwesternhaus, Lehrlingsausbildung und staatlicher Zahnarztpraxis Neukieritzsch (Staatsarchiv Leipzig 20.237/3.303) im Jahre 1960 ergab, dass für den Zeitraum 1.1.1959 bis 31.8.1960 die Einnahmen aus Mieten im Schwesternhaus nicht nach der von der Abteilung Finanzen des Rates des Kreises Borna festgesetzten Höhe vereinnahmt worden waren. Das neu erbaute Schwesternhaus mit 60 Einzelzimmern war im Februar 1960 in Betrieb genommen worden. Die Zimmer mit einer Größe von 14,77 und 10,87 Quadratmetern waren vollständig eingerichtet mit Schlafcouch, Einbauschränken, Gardinen, Lampen, Tischen, Stühlen, Bücherbord und Kredenz. Jeweils zwei Zimmer besaßen im Vorraum eine Waschgelegenheit mit Kalt- und Warmwasser. Den Schwestern standen weiterhin ein Fernsehraum, ein Klubzimmer, ein Bügelzimmer, Kochgelegenheiten, Waschküche sowie Bäder zur Verfügung. Alle Räume waren an die Fernheizung angeschlossen und wurden von Reinigungskräften gesäubert. Wäsche wurde vom Krankenhaus zur Verfügung gestellt. Das Referat Mieten und Pachten beim Rat des Kreises Borna hatte auf Grundlage der gesetzlichen Bestimmungen für ein kleines Zimmer eine Miete von monatlich 22,77 DM und für ein großes Zimmer von 25,35 DM festgelegt. Dabei waren die Bereitstellung von Bettwäsche und

Handtüchern sowie das Reinigen der Zimmer nicht berücksichtigt worden. Die Leitung war der Ansicht, dass diese Mietpreise zu hoch seien und fasste deshalb am 17.3.1960 den Beschluss, für ein kleines Zimmer monatlich nur 13,00 DM und für ein großes Zimmer 15,00 DM einzubehalten. Dadurch entstand dem Staatshaushalt ein Schaden von jährlich 7,1 TDM.

Prüfungsfeststellungen 1959

Wenden wir uns nun Prüfungsfeststellungen aus dem Bericht der Inspektion Leipzig über durchgeführte Finanzrevisionen im IV. Quartal 1959 zu (Staatsarchiv Leipzig 20.237/3.210). Grundlage dieses Berichtes bildeten Prüfungsfeststellungen unter anderem bei den Räten der Kreise Altenburg, Döbeln und Schmölln, bei den Räten der Städte Leipzig und Borna, beim Rat des Bezirkes Leipzig, beim Kreiskrankenhaus Eilenburg, bei den Räten der Gemeinden Merkwitz und Pönitz (Kreis Leipzig), Steinbach (Kreis Borna), Zumroda (Kreis Schmölln) sowie den Leipziger Werkstätten für Möbel- und Innenausbau und den volkseigenen Gütern Cavertitz, Zschadraß und Beucha.

Der Rat der Stadt Borna wollte bis zum 10. Jahrestag der Republik die geplante Instandsetzung des Breiten Teiches fertigstellen. Um Terminrückstände aufzuholen, vereinbarte der Bürgermeister mit den Arbeitern der bauausführenden Firma, dass diese nach Feierabend auf eigene Rechnung weiterarbeiten würde. Er versprach eine Vergütung entsprechend der Festpreise der Firma. In der Zeit vom 20.7. bis 14.8.1959 waren mehrere Arbeiter nach Feierabend tätig. Ihnen wurden insgesamt 10.650,00 DM ausgezahlt, davon erhielten allein vier Mitarbeiter je 2.000,00 DM. Nach den Berechnungen des Prüfers wurden rund 4,3 TDM unrechtmäßig gezahlt, da im Festpreis ein Zuschlag von 80,0 % zu den Lohnkosten enthalten war, der sich unter anderem aus Gewinnanteilen, Betriebsanteilen zur Sozialversicherung und Gemeinkosten zusammensetzte.

Der Bürgermeister der Gemeinde Steinbach hatte zur Finanzierung der Feier anlässlich des 10. Jahrestages der DDR Haushaltseinnahmen in Höhe von 465,95 DM (unter anderem aus der Schulspeisung und Steuern) nicht auf das Haushaltskonto eingezahlt. Er hatte eine Nebenkasse eingerichtet und davon die Ausgaben für Musik (280,00 DM) und Prämien an vier Gemeindevertreter (160,00 DM) gezahlt. Der Bürgermeister war der irrigen Meinung, dass er diese Beträge vom Rat des Kreises wiederbekäme.

Im Februar 1958 kaufte die Gemeinde Pönitz das Grundstück und Gebäude des ehemaligen Gasthofes für 8,0 TDM. Das Gebäude war ein Lehmbau aus dem Jahre 1761. Die Mittel stellte die Abteilung Finanzen des Rates des Kreises Leipzig zur Verfügung, ohne sich vorher über den ökonomischen Nutzen zu informieren. Nachdem später durch die Bauaufsicht der bauliche Zustand überprüft worden war, musste das Gebäude wegen Baufälligkeit gesperrt werden. Von der SFR wurde dem Vorsitzenden des Rates des Kreises ein Vorschlag zur disziplinarischen Bestrafung der Verantwortlichen unterbreitet.

Der Bürgermeister der Gemeinde Wellerswalde kaufte im Dezember 1958 für 220,00 DM aus Haushaltsmitteln einen Ofen. Der Ofen kam in die Wohnung einer Lehrerin, die sich auf einem privaten Grundstück befand. Eine Erstattung des Betrages erfolgte weder vom Grundstückseigentümer noch von der Mieterin.

Der Rat des Kreises Schmölln kaufte im Jahre 1959 die privaten Anteile einer Ziegelei mit staatlicher Beteiligung in Höhe von 45,8 TDM. Vor dem Kauf war weder ein geologisches noch ein betriebstechnisches Gutachten angefertigt worden. Die Ziegelei war so heruntergewirtschaftet und baufällig, dass sie im IV. Quartal die Produktion einstellen musste. Über den Vorgang wurden mit Sonderbericht vom 2.12.1959 der stellvertretende Minister für Finanzen, der Vorsitzende des Rates des Bezirkes Leipzig, der Bezirksbaudirektor und die SED-Bezirksparteileitung informiert. Verantwortlich war ein hoher Funktionär des Rates des Kreises Schmölln.

Der Bürgermeister der Gemeinde B hatte Bareinnahmen für Barausgaben verwendet und damit gegen das Prinzip der Bruttofinanzierung verstoßen. Die Buchhaltung wurde nicht ordentlich geführt. Zum Zeitpunkt der Revision fehlten für 4.207,55 DM Belege. Während der Prüfung konnten Nachweise für Ausgaben in Höhe von 2.212,27 DM erbracht werden. Über die restlichen Ausgaben von 1.995,28 DM konnte der Bürgermeister keine Nachweise erbringen. Der Vorgang wurde dem Kreisstaatsanwalt übergeben. Dieser leitete kein Ermittlungsverfahren ein, sondern verwies auf den Disziplinarweg.

Im Volksgut K hatte sich die Leitung über die gesetzlichen Lohnbestimmungen hinweggesetzt und Zustände geduldet und befürwortet, durch die ein erheblicher Schaden für den Staatshaushalt entstand.

Im September 1959 wurde eine Revision beim Rat der Gemeinde A durchgeführt. Der ehemalige Bürgermeister hatte völlig die Übersicht über die Haushaltswirtschaft der Gemeinde verloren. Vom Revisor mussten Ausgabebelege für rund 7,3 TDM in mühevoller Kleinarbeit zusammengesucht werden. Für Abhebungen vom Haushaltskonto in Höhe von 1.200,00 DM konnten weder ein Zahlungsgrund noch ein Empfänger nachgewiesen werden. Der ehemalige Bürgermeister stellte unter anderem für sich eine Rechnung für Arbeiten am Gasthof in Höhe von 850,00 DM aus. Andererseits wies er jedoch 300 eigene Stunden für das Nationale Aufbauwerk aus und ließ sich die goldene Aufbaunadel verleihen. In weiteren Fällen verschaffte er sich innerhalb eines Jahres 900,00 DM Bargeld aus dem Gemeindehaushalt. Die Verfehlungen waren durch ungenügende Wachsamkeit der Haushaltsbearbeiter und des Gemeindebuchhalters möglich. So wurden Schecks ohne Prüfung abgezeichnet und Buchungen ohne Belege vorgenommen. Der Vorgang wurde der Staatsanwaltschaft übergeben. Der ehemalige Bürgermeister entzog sich seiner Verantwortung durch Republikflucht.

Bei der Prüfung eines VEB wurden Unterschlagungen in Höhe von 8,0 TDM festgestellt. Diese wurden von einem Lehrling, dem Hauptbuchhalter und dem Betriebsleiter begangen. Der Betriebsleiter und der Hauptbuchhalter verletzten ihre Aufsichtspflicht gegenüber dem Lehrling, der mit selbstständigen Buchungs- und Kassenarbeiten beauftragt war. Andererseits wurden vom Betriebsleiter und Hauptbuchhalter selbst Beträge unterschlagen. Im Einzelnen wurden veruntreut:

1.840,00 DM	von der Sparkasse abgehobene Gelder wurden nicht in die Kasse eingezahlt
1.850,00 DM	Kasseneinnahmen wurden nicht bei der Sparkasse eingezahlt
1.245,00 DM	Kauf von Konsumgütern durch den Lehrling für

	persönliche Zwecke
1.700,00 DM	Differenz zwischen Produktionsmenge laut Produktionsbuch und Erlöskonten
650,00 DM	Unterschlagung des Betriebsleiters und des Hauptbuchhalters zu Lasten des Prämienfonds
700,00 DM	doppelt gebuchte, aber nur einmal verausgabte Beträge
7.985,00 DM	**Summe der veruntreuten Beträge**

Weisheiten eines Finanzrevisors

Für die Mitarbeiter der SFR war die Verbesserung ihrer beruflichen Kenntnisse eine ständige Aufgabe. Daneben erkannte man durch die Prüfungen vor Ort viele Weisheiten, die bis heute nichts von ihrer Bedeutung verloren haben. Nehmen Sie sich beim Lesen und Nachdenken ruhig etwas Zeit!

1.	Das wichtigste Leitungsinstrument ist das Telefon.
2.	Es ist nicht alles so gut, wie es scheint; manches ist viel besser.
3.	Kopfjucken ist keine Gehirntätigkeit.
4.	Mancher spielt als Leiter eine Rolle, obwohl er keine Rolle spielt.
5.	Stöhnen ist die halbe Arbeit.
6.	Mancher hält sich für sehr beschlagen; dabei ist er nur behämmert.
7.	Die Wahrheit ist immer anständig, selbst, wenn es sich um die nackte Wahrheit handelt.
8.	Es gibt Leute, die sehr angestrengt darüber nachdenken, wozu sich andere verpflichten könnten.
9.	Alles, was im Revisionsprotokoll steht, ist wahr – aber nicht alles, was wahr ist, steht im Protokoll.
10.	Revisoren und Pädagogen haben eins gemeinsam: Sie wollen immer recht haben!
11.	Es ist keine Schande zu schweigen, wenn man nichts zu sagen hat.
12.	Es ist besser, zweimal zu fragen, als einmal irrezugeh'n.
13.	Iss, was gar ist, trink, was klar ist, sprich, was wahr ist.

14.	Später Dank, schlechter Dank.
15.	Kritik tötet nicht, sie bessert.
16.	Mit Reden hätt' er Berge versetzt, zur Arbeit kommt er, wenn überhaupt, zuletzt.
17.	Es kommt alles zu Tag', was man unter dem Schnee verbirgt.
18.	Lieber ein kluger Tadel als ein dummes Lob.
19.	Wenn man einen Menschen richtig beurteilen will, so fragt man sich immer: Möchtest du den zum Vorgesetzten haben?
20.	Eine Sitzung ist der Sieg des Hinterns über den Geist.

Prüfungsfeststellungen 1960

Nun vier, wie ich meine, recht interessante Prüfungsfeststellungen aus dem Bericht der Inspektion Leipzig über Finanzrevisionen im IV. Quartal 1960 (Staatsarchiv Leipzig 20.237/3.206).

Auf Weisung des Rates des Kreises Schmölln erfolgte durch den VEB Hastra Schmölln aufgrund eines Schätzungsscheines vom 8.12.1958 ein Grundstückskauf von einer ehemaligen Privatfirma zum Zeitwert. Der Kaufvertrag wurde am 30.12.1958 laut des vom Schätzer ermittelten Zeitwertes in Höhe von 119,4 TDM notariell abgeschlossen. Am selben Tag wurden 86,0 TDM von der DIB (Deutsche Investitionsbank) an den Verkäufer überwiesen. Im Verlauf der Umbauarbeiten stellten sich 1959 an Gebäudeteilen, Dielen, Treppen und Wänden erhebliche Mängel heraus, die völlig dem in der Schätzurkunde angegebenen Zustand widersprachen. Aufgrund dieser Feststellungen beauftragte der VEB Hastra Schmölln zur Kontrolle der Schätzung des Verkäufers einen anderen, aber ebenfalls vom Ministerium für Bauwesen zugelassenen Sachverständigen mit einer nochmaligen Schätzung. Die zweite Schätzung vom 12.3.1959 ergab einen Wert des Grundstücks und Gebäudes von 50,2 TDM (Differenz 69,2 TDM). Während die ursprüngliche Schätzung den Zustand des Gebäudes als „mittelgut" gekennzeichnet hatte, stellten sich bei der zweiten Schätzung unterlassene Instandhaltungen von 23,0 TDM heraus. Dazu kamen im Laufe des Jahres 1959 noch 47,0 TDM für eine von der Arbeitsschutzinspektion festgestellte erforderliche völlige Erneuerung der Holzbalken. Nach Vorlage der zweiten Schätzung forderte der VEB den Rat des

Kreises auf, dass die Genehmigung zur Inkraftsetzung des Kaufvertrages ausgesetzt und eine Prüfung der Angelegenheit von der preisrechtlichen Seite durchgeführt wird. Anlässlich einer Besprechung am 4.5.1959 zwischen dem VEB Steuerbüro Altenburg, als Liquidator der ehemaligen Firma, und dem Abteilungsleiter Industrie beim Rat des Kreises Schmölln wurde der Kaufpreis von 119,4 TDM endgültig festgesetzt. Ferner wurde die zweite Schätzung vom ehemaligen Mitinhaber, der republikflüchtig war, der Privatfirma abgelehnt und von diesem eine gerichtliche Entscheidung beantragt. Trotz der vorhandenen Hinweise vom Rat des Kreises Schmölln wurde der Kaufvertrag als endgültig bestätigt und die Restzahlung in Höhe von 33,4 TDM am 5.6.1959 geleistet. Zudem schloss der Grundstückskauf noch eine weitere, zwischen der Abteilung Industrie des Rates des Kreises Schmölln und einem ehemaligen Mitarbeiter der Privatfirma getroffene Vereinbarung ein. Der Rat des Kreises sicherte dem Genannten für seine persönlichen Bemühungen beim Zustandekommen des Grundstücksvertrages die Übernahme und Beschäftigung im VEB Hastra mit einem Monatsgehalt von 550,00 DM zu. Nach Einschätzung des Hauptbuchhalters des VEB und anderer Kollegen im Betrieb entsprachen seine Leistungen in keinem Fall der vereinbarten Vergütung, was auch zu Kritiken seitens der Belegschaft führte. Der Rat des Kreises Schmölln hatte das Sparsamkeitsprinzip grob verletzt, die Kontrollen stark vernachlässigt und keinerlei Sicherungsmaßnahmen eingeleitet. Die übereilte Handlungsweise führte zu einer Schädigung des Staatshaushaltes von rund 70,0 TDM. Ich entschuldige mich dafür, dass es mir trotz großer Bemühungen nicht gelungen ist in Erfahrung zu bringen, was die Abkürzung „Hastra" bedeutet.
Der ehemalige Hauptbuchhalter eines VEB Kreislichtspielbetriebes (KLB) hatte den Staatshaushalt um 2.296,39 DM geschädigt. Davon 784,70 DM durch Nichtversteuerung seiner Nebeneinkünfte aus den Jahren 1956 bis 1958. Bei der Revision im Oktober 1958 wurde er bereits darauf hingewiesen, dass eine Versteuerung erfolgen müsse. Insgesamt hatte er im Zeitraum von Oktober 1959 bis März 1960 250,69 DM zu viel Krankengeld und Lohnausgleich auf das Konto der beim KLB ebenfalls beschäftigten Ehefrau überwiesen. 1.261,00 DM errechnete der Hauptbuchhalter für das Anfertigen von Filmplakaten, ohne diese Leistungen ausgeführt zu haben. Zum Teil hatte er von ihm tatsächlich ausgeführte Arbeiten doppelt berechnet beziehungsweise die

von Kollegen angefertigten Plakate als seine Leistungen angegeben. Die Überweisung dieses Betrages auf sein Konto war möglich, weil der verantwortliche Betriebsleiter die Belege nicht kontrollierte. Die Belege wurden nicht mit „sachlich richtig" abgezeichnet. Die Angelegenheit wurde den zuständigen Justizbehörden übergeben.

Eine ehemalige Sachbearbeiterin im Referat Jugendhilfe eines Rates des Kreises eignete sich widerrechtlich 1.310,00 DM an und schädigte damit den Staatshaushalt um 330,00 DM und zwei Privatpersonen um zusammen 980,00 DM. Es handelte sich um das Aneignen von Pflegegeld, welches der Sachbearbeiterin von den Kindesmüttern in bar gezahlt worden war. Für ein Pflegekind erhielt sie von April 1957 bis März 1960 insgesamt 775,00 DM. Sie leitete das Geld nicht an die Pflegemutter weiter, da ihr bekannt war, dass die Pflegeeltern kein Geld für das Pflegekind haben wollten. In einem anderen Fall wurde die Mutter eines Pflegekindes von der Zahlung des Heimkostenzuschusses befreit. Die Sachbearbeiterin informierte davon nur die Kreisbuchhaltung, nicht jedoch die Mutter und behielt das Geld für sich. Im dritten Fall kassierte die Sachbearbeiterin einen Heimkostenzuschuss, ohne diesen an das Heim weiterzuleiten.

Die Mitarbeiter des Referates Erfassung des Rates des Kreises Delitzsch ließen sich seit Jahren von einer Anzahl Bürgermeister bei der Barauszahlung von Prämien Geldgeschenke machen. Diese Gelder wurden in einer Kasse gesammelt und von den Angestellten der Abteilung zu Feiern oder für Fahrten verwendet. Aufgrund dieser Feststellungen der SFR wurden vom Rat des Kreises Delitzsch sechs Mitarbeiter fristlos entlassen. Zusätzlich erfolgten mehrere kritische Auswertungen dieses Vorfalls bei Beratungen der Bürgermeister und Haushaltsbearbeiter der Städte und Gemeinden des Kreises Delitzsch.

Prüfungsfeststellungen 1965

Prüfungsfeststellungen aus dem I. Halbjahr 1965 sind in der Information vom 10.9.1965 (Staatsarchiv Leipzig 20.237/10.493) enthalten.

Ein ehemaliger leitender Mitarbeiter eines Dienstleistungskombinates (DLK) hatte vom Dezember 1962 bis Januar 1965 insgesamt 73,0 TDM unterschlagen. Der Beschuldigte suchte sich im Betrieb vorwiegend solche Zahlungen heraus. Es handelte sich dabei zum Beispiel um Versicherungsbeträge, deren Höhe sich nach dem Umsatz richteten, sowie um Pauschalbeträge für den Wasserverbrauch. Den Geschäftspartnern wurden falsche Abrechnungen übersandt, Überweisungsaufträge wurden falsch ausgefüllt und nach der Unterschrift der Zeichnungsberechtigten weiter verändert. Geschäftsvorfälle wurden vorgetäuscht. Die Unterschlagungen wurden im Wesentlichen durch die ungenügende Kontrolle der Deutschen Versicherungsanstalt (DVA) begünstigt. So entfielen rund 52,6 TDM der unterschlagenen Beträge auf Versicherungssummen, deren Eintreibung von der DVA nicht beziehungsweise nicht mit dem nötigen Nachdruck vorgenommen worden war. So waren zum Beispiel jährlich 24 Abschlagszahlungen und eine Endabrechnung festgelegt. Die DVA gab sich 1963 und 1964 mit 6 Abschlagszahlungen und einer Restzahlung zufrieden. Es wurde weder gemahnt noch erfolgte eine operative Kontrolle. Für den Zeitraum Juli bis Dezember 1963 gab es keine Abrechnung. Die Kontenkarte der DVA wurde vom betreffenden Sachbearbeiter unausgeglichen abgelegt. Atmen Sie jetzt gut durch. Augen schließen, Augen öffnen! Das Urteil des Bezirksgerichts Leipzig gegen den leitenden Mitarbeiter des DLK lautete auf sechs Jahre Zuchthaus!

Eine ehemalige Sachgebietsleiterin des Sozialwesens eines Stadtbezirkes hatte nach den Feststellungen der SFR und den durch die Kriminalpolizei fortgesetzten Ermittlungen im Zeitraum 1962 bis 1965 insgesamt 17,7 TDM Haushaltsmittel unterschlagen. Sie nahm ungesetzliche Auszahlungen von Prämien und für Ferienschecks für Sozialhelfer vor, um auf diese Weise selbst zu Geld zu kommen. Zur Täuschung gab sie auf den Belegen nicht den eigentlichen Verwendungszweck, sondern „einmalige Beihilfe" beziehungsweise „Unterstützung" an. Die Höhe wurde im Einzelfall so gehalten, dass keine Unregelmäßigkeit bemerkt werden sollte. Um sich in Besitz von Bargeld zu bringen, änderte sie die quittierten Beträge in Ziffern und in Buchstaben nach oben hin ab (Vorschreiben einer „1" beziehungsweise „Einhundert"). In anderen Fällen verdeckte sie bei der Quittungsleistung von Dritten über Ferienschecks die leeren Betragszahlen und setzte später Beträge ein. Der Empfänger glaubte, nur über den Erhalt eines Ferienschecks, nicht aber über Geld quittiert zu haben. Durch die raffinierte Fälschung von

Zahlungsbelegen wurde die Unterschlagung erst relativ spät, und zwar aufgrund von Hinweisen von Mitarbeitern im Referat aufgedeckt. Begünstigt wurde die Unterschlagung dadurch, dass es der Sachgebietsleiterin im Widerspruch zu den getroffenen Festlegungen möglich gewesen war, Zahlungsanweisungen und Auszahlungen in einer Hand vorzunehmen.

Beanstandungen gab es auch bei der Erfassung des staatlichen Vermögens. In 93 Haushaltsorganisationen von 700 geprüften Objekten (13 %) war seit dem 1.1.1964 die vorgeschriebene stückzahlmäßige Kontrolle des staatlichen Sachvermögens unterblieben. Unmittelbar im Zusammenhang mit der unterbliebenen Kontrolle wurde festgestellt, dass in 127 Prüfungsobjekten neu angeschaffte Vermögensgegenstände beziehungsweise neu geschaffene Werte von insgesamt 386,1 TDM nicht in den Anlagekarteien beziehungsweise Vermögensnachweisen erfasst waren. So waren in 96 von 295 geprüften Gemeinden Vermögensgegenstände mit einem Neuwert von rund 250,0 TDM nicht erfasst.

Erhebliche Verluste bei Gemüse, Zitronen und Speisekartoffeln

Anschließend sehr nachdenkliche Feststellungen aus der Information vom 2.9.1959 an das Ministerium der Finanzen der DDR zu Ergebnissen bei der Prüfung des Großhandelskontors Obst und Gemüse Leipzig (GHK) im Jahre 1959 (Staatsarchiv Leipzig 20.237/1.613).
1959 entstanden erhebliche Verluste durch Preissenkungen bei Hartgemüse in Höhe von insgesamt 118,8 TDM. Das betraf vorwiegend Blumenkohl (89,0 TDM) und übriges Gemüse (29,8 TDM). Beim Blumenkohl waren es vorwiegend zwei Ursachen, die dringend einer Änderung bedurften. So wurde der Aufkauf von Obst und Gemüse von mehreren Betrieben durchgeführt (Großhandelskontor, Konsum, private Groß- und Einzelhändler). Zwischen diesen Betrieben erfolgte keine Koordinierung, um den Gemüseanbau entsprechend zu beeinflussen. Bei diesen Verhältnissen war eine Einflussnahme des volkseigenen Erfassungs- und Großhandelsbetriebs auf die Produktion nur in beschränktem Umfange möglich. Da die Erzeuger-Mindestpreise für Blumenkohl im Verhältnis zum gesellschaftlich notwendigen Ar-

beitsaufwand sehr hoch lagen, wurde mehr angebaut, als notwendig war. Nach den Güte- und Abnahmebestimmungen war das GHK verpflichtet, die vertraglich vereinbarten Mengen vom Erzeuger abzunehmen. Sehr viele Erzeuger lieferten in den Sammelstellen Mengen ab, die über die vertraglich vereinbarten Mengen hinausgingen. Das GHK wurde wie früher vom Staatsapparat verpflichtet, auch diese Mengen abzunehmen. Es handelte sich hierbei um solche Waren, die aufgrund der guten Ernte zusätzlich angefallen waren. Teilweise handelte es sich auch um solche Waren, die spekulativ – anstelle von anderen Gemüsekulturen, die dringend gebraucht wurden – angebaut worden waren. So musste zum Beispiel vom GHK Blumenkohl über die bestehenden Verträge hinaus vom VEG Gartenbau Schkeuditz (19.000,00 kg), Kirsten M., Zwenkau (6.500,00 kg) und Kurt B. (3.000,00 kg) abgenommen werden. In vielen Fällen wurde Blumenkohl angeboten und musste angenommen werden, obwohl es keine Verträge gab. Das traf beispielsweise auf Horst F., Stadt Schkeuditz (3.500,00 kg), die LPG „Glückauf", Gemeinde Dölzig (600,00 kg) und auf Willy O., Gemeinde Dölzig (650,00 kg) zu. Um den Absatz von Blumenkohl zu steigern und die Abnahme zu erreichen, hatten Vertreter des GHK sämtliche Großverbraucher aufgesucht. Sie hatten Produktionsbetriebe angesprochen, eine Einfrostung von Blumenkohl zu übernehmen, Rundfunkreportagen durchgeführt, um die Bevölkerung anzusprechen, sowie die Einrichtung von Sonderverkaufsstellen im Einzelhandel gefordert. Eine schließlich erwirkte Herabsetzung des Preises kam zu spät. Erhebliche Verluste konnten nicht mehr verhindert werden.

Durch Minderqualitäten bei Südfrüchten gab es beim GHK hohe Verluste. Der Betrieb hatte allein im Juni 1959 einen Lagerverlust von circa 30,6 t = 31,5 TDM bei einem Eingang von 147,5 t. Es handelte sich um spanische Zitronen von sehr schlechter Qualität, die zu dickschalig und nicht lagerfähig waren. Die Bevölkerung beschwerte sich wegen der schlechten und teuren Zitronen. Der Preis war der übliche, wie bei Zitronen mit dünner Schale und guter Qualität. Die Leitung des GHK war schon mehrfach wegen Staffelung des Preises für Importwaren entsprechend der Qualität beim Ministerium vorstellig geworden, aber immer ohne Erfolg. Ein Mangel bestand außerdem darin, dass die Importwaren anstatt am Empfangsort an den Grenzkontrollpunkten kontrolliert wurden. Dort konnten jedoch nur Stichproben durchgeführt werden. Dadurch erhöhte sich das Risiko des Verderbs. Nach Ansicht der SFR war eine Änderung sowohl bei der Preisgestaltung als auch bei der Abnahme erforderlich.

Im II. Quartal 1959 entstanden bei Speisekartoffeln erhebliche Schwund- und Verderbverluste. Dieser Warenverlust betrug 257 t. Der Hauptteil dieser Verluste war in einer Messehalle entstanden, die vom GHK zur Einlagerung von Speisekartoffeln gemietet worden war. Dort ergab sich ein Warenverlust von 198,6 t im Werte von rund 20,0 TDM. Der Warenverlust zur eingelagerte Menge betrug 11,0 % gegenüber 1,5 % in den anderen Lagern. Die Messehalle besaß eine völlig unzureichende Be- und Entlüftung, so dass Innentemperaturen von 26 Grad Celsius zu verzeichnen waren. Wiederholt hatten die dort arbeitenden Kollegen zum Ausdruck gebracht, dass sie mit der Abwicklung der Kartoffelversorgung im II. Quartal nicht einverstanden waren. Die Ursachen lagen in einer falschen Einschätzung der Situation durch die zuständigen Erfassungsorgane. Im Perspektivplan des GHK war der Bau eines Kartoffelbunkers für 1963 vorgesehen.

Durch das laufende Aussortieren von Importwaren waren erhebliche Arbeitskräfte gebunden. Sämtliche Importkisten wurden geöffnet, die Waren ausgeschüttet, sortiert und wiederverpackt. Am 30.7.1959 konnte sich der Prüfer davon überzeugen, dass 6 Arbeitskräfte damit beschäftigt waren. Zu bestimmten Zeiten waren bis zu 15 Arbeitskräfte mit diesen Arbeiten beschäftigt. Das Aussortieren wurde wegen der Akzise (Form der indirekten Besteuerung des Verbrauchs) vorgenommen. Der GHK war verpflichtet, Akzise zu zahlen, wenn er die Ware an den Einzelhandel ausgeliefert hatte und als beanstandet zurückerhielt. Bei sofortigem Aussortieren entfiel die Akzise.

Die Ballade vom Revisor

Bevor es mit Prüfungsfeststellungen weitergeht, die nachweisen sollen, dass die SFR zu Recht das Kernstück des Finanzprüfungswesens der DDR war, eine weitere literarische Kostbarkeit aus der Festschrift der Inspektion Leipzig zum zehnjährigen Bestehen der SFR.

Die Ballade vom Revisor

Zu den schwersten der Berufe
zählt das Prüferhandwerk man
dort kann man nur den gebrauchen
der was leistet und was kann.

Der Revisor hat zu prüfen
ob im Buchwerk alles stimmt
und dass keiner aus der Kasse
aus Verseh'n sich Geld rausnimmt.

Eine Nase muss er haben
besser als des Jägers Hund
damit riecht er jeden Fehler
geht der Sache auf den Grund.

Und dazu viel guter Wille
unbestechlich muss er sein
hart im Nehmen fast wie Schmeling
und ein Herz so kalt wie Stein.

Die Versuchung, die herantritt
muss ihn finden stark und fest
er muss meiden lose Frauen
die ihn zieh'n ins fremde Nest.

Vorsichtshalber muss er tragen
stets bei sich ein kleines Zelt
Zimmer sind sehr schwer zu haben
was ihm nicht sehr gut gefällt.

Fern der Heimat, fern der Lieben
wird das Leben ihm recht schwer
mancher ist schon abgeblieben
und man hört von ihm nichts mehr.

Denn die Stelle, die geprüft wird
liegt im finsteren Dickicht
doch die Wut im Bauch des Prüfers
diese Wut, die sieht man nicht.

Mit dem Zuge, mit dem Auto
kommt der Prüfer da nicht ran
für den Notfall müsst' er reiten
doch ein Pferd steht nicht im Plan.

Kommt er in die Landgemeinde
fängt der Spaß erst richtig an
rennt von Pontius zu Pilatus
doch er trifft da keinen an.

Jener hat 'ne lange Sitzung
dieser muss ganz schnell zum Kreis
schließlich bleibt ihm keiner übrig
der ihm sagt, was er nicht weiß.

Und die Zeit ist knapp bemessen
wenig Tage hat er nur
manchmal kommt er kaum zum Essen
wie verrückt rast seine Uhr.

Kommt er trotzdem noch zum Zuge
kniet verbissen er und stumm
sich in seine Prüfungsarbeit
ist die Zeit dann meistens 'rum.

Und so fehlt ihm im Ergebnis
weil er gehen muss davon
eine wichtige Erkenntnis
die zieht er am Telefon.

Und damit es ihm im Leben
nicht zu gut geht und zu wohl
hat er manche Müh' und Plage
mit dem Prüfungsprotokoll.

Find't am Ende jeder Prüfung
eine Schlussbesprechung statt
kann er mit Erfolgen glänzen
falls er was gefunden hat.

Doch wer einmal ist Revisor
dem fehlt nichts zu seinem Glück
und er weiß sehr wohl zu schätzen
sein Beruf ist sein Geschick.

Wenn dem Song von Mackie Messer
ähnlich ist sein Heldenlied
gibt es doch, man wird es merken
einen feinen Unterschied.

Mackie sitzt das Messer locker
er sticht zu wie es sich trifft.
Der Revisor hat kein Messer
er hat nur den grünen Stift.

Manipulationen mit Tankkreditscheinen

Verweilen wir noch etwas in den sechziger Jahren und beschäftigen uns mit der im IV. Quartal 1967 im Rahmen der Prüfung von psychiatrischen Einrichtungen im Bezirk Leipzig durchgeführten Revision einer derartigen staatlichen Einrichtung (Staatsarchiv Leipzig 20.237/5.991). Hochinteressante Feststellungen!

Kurz nach Beginn der geplanten tiefgründige Prüfung – durch vier Mitarbeiter der SFR – war bekannt geworden, dass es in der Einrichtung Manipulationen mit Tankkreditscheinen durch einen Mitarbeiter der Abteilung Technik gegeben hatte. Der erste Verdacht ergab sich bei der Überprüfung von Rechnungen des VEB Minol Halle. Der VEB Kombinat Minol war in der DDR für die Versorgung mit Kraft- und Schmierstoffen verantwortlich. Das vorgesehene umfangreiche Prüfungsprogramm konnte nur zum Teil umgesetzt werden, weil die SFR durch den Staatsanwalt des Kreises Z den Auftrag zur Prüfung dieses Falles erhielt.

Im Ergebnis dieser Revision wurde der Sonderbericht der SFR vom 1.11.1967 erstellt. Die Kontrolle der eingehenden Rechnungen vom VEB Minol Halle erfolgte normalerweise durch einen bestimmten Mitarbeiter der Abteilung Technik (ein Kraftfahrer). Am 21.7.1967 kam eine Kollegin der Abteilung aus dem Urlaub zurück und der betreffende Kollege begann am selben Tag seinen Jahresurlaub. Kurze Zeit danach ging eine Rechnung des VEB Minol Halle vom 19.7.1967 in Höhe von 593,30 MDN ein, die ausnahmsweise durch diese Kollegin bearbeitet wurde. In den vorhergehenden Jahren waren diese Rechnungen, die während der Urlaubszeit des betreffenden Mitarbeiters eingingen, solange nicht bearbeitet worden, bis dieser wieder seine Arbeit aufgenommen hatte. Bei der Bearbeitung dieser Rechnung wurde das Ausgabebuch für Tankkreditscheine durch die Mitarbeiterin mit herangezogen. Dabei stellte sie fest, dass in der Rechnung des VEB Minol das Tankkreditscheinheft mit der Nr. 190 aufgeführt war und darauf einzelne getankte Mengen an Vergaserkraftstoff berechnet worden waren, obwohl dieses Tankkreditscheinheft von ihr gar nicht ausgegeben war. Eine sofortige Überprüfung mit dem Leiter der Abteilung Technik ergab, dass dieses Tankkreditscheinheft fehlte und außerdem die Tankkreditscheinhefte Nr. 171 und 232 nicht auffindbar waren. Auf Veranlassung des Verwaltungsleiters fuhr man am selben Tag nach Halle zum VEB Minol, um die zu der Abrechnung dazugehörigen Belege zu sichten.

Die von der SFR in Zusammenarbeit mit dem Volkspolizeikreisamt Leipzig, Abteilung Kriminalpolizei, durchgeführten Untersuchungen ergaben, dass der Haushalt der staatlichen Einrichtung um insgesamt 33.984,00 MDN geschädigt worden war. In der Zeit, in der die Manipulationen durchgeführt worden waren, war der Betreffende ständiger Kraftfahrer des Ärztlichen Direktors gewesen. Da der Kraftfahrer in dieser Funktion nicht ausgelastet war, war er von der Verwaltungsleitung für Abrechnungsarbeiten auf dem Gebiet der Materialwirtschaft mit eingesetzt worden. Dazu enthielt der Arbeitsvertrag jedoch keine Festlegungen. Hier nun die Handlungen im Einzelnen – dargestellt nach Komplexen bei gleichzeitiger Berücksichtigung der begünstigenden Umstände.

Zunächst hatte der Kraftfahrer drei Tankkreditscheinhefte entwendet. Nach den vorhandenen Minol-Abrechnungen waren über diese Tankschecks wertmäßige Mengen an Treibstoff in Höhe von 7.584,30 MDN bezogen worden. Die Mengen waren jedoch nicht vom Kraftfahrer privat getankt worden, sondern er hatte die Tankkreditscheinhefte verkauft. Laut Aussagen in den Vernehmungen des Beschuldigten war pro Liter 0,80 MDN bis 1,00 MDN berechnet und mit dem Käufer vereinbart worden, wie viel Benzin er für den betreffenden Kreditschein tanken konnte. So zum Beispiel 50 Liter für 50,00 MDN. Der Käufer hatte danach den vom Kraftfahrer blanko unterschriebenen Kreditschein bei einer Tankstelle eingelöst. Von dort war dann, über die Abrechnung beim VEB Minol, Filiale Halle, die Belastung der staatlichen Einrichtung erfolgt. Der Abnehmer der Kreditscheine (Hehler) hatte als Gewinn die Differenz zwischen dem vollen Benzinpreis und dem vom Kraftfahrer verlangten Preis. Begünstigend hatte sich unter anderem ausgewirkt, dass die Tankkreditscheinhefte nicht fortlaufend nummeriert waren. Obwohl die Ausgabe der Hefte an die Kraftfahrer gegen Quittungsleistung erfolgte, war der Gesamtbestand nicht eingetragen und die Ausgabe auch nicht in der Reihenfolge der laufenden Nummern erfolgt.

Durch eine Verfügung des Ministeriums für Gesundheitswesen vom 14.8.1957 war im Rahmen des Gesamtkontingentes für kontingentierten Vergaserkraftstoff den Einrichtungen des Gesundheitswesens für die gesundheitliche Betreuung der Werktätigen verbilligter Kraftstoff zur Verfügung gestellt worden. Die staatliche Einrichtung hatte in den letzten Jahren für monatlich 1.700 Liter Marken für den Kauf von verbilligtem Treibstoff erhalten. Damit brauchte teilweise nicht das freie Benzin zum Preis pro Liter in Höhe von 1,50 MDN erworben werden. Die durch die Abteilung Technik an die einzelnen Kraftfahrer ausgegebenen Benzinmarken berechtigten diese, in Verbindung mit ihrem Tankkreditscheinheft den Liter Benzin für 0,70 MDN beziehungsweise 0,80 MDN zu tanken. Der Betreffende hatte in vielen Fällen außer dem verbilligten Treibstoff freies Benzin über seine erhaltenen Tankkreditscheine an andere Personen veräußert. Die in den Tankstellen eingelösten Tankkreditscheine wurden über den VEB Minol der staatlichen Einrichtung in Rechnung gestellt. Durch diese Manipulationen war es dem Kraftfahrer möglich gewesen, im Zeitraum Januar 1960 bis Juli 1967 die Einrichtung und damit das staatliche Gesundheitswesen um 25.855,20 MDN zu schädigen. Diese Manipulationen waren nur möglich, weil keine genaue Kontrolle der Unterlagen erfolgt war. So waren lediglich die gefahrenen Kilometer und die getankten Mengen addiert worden, um den Benzinverbrauch pro 100 Kilometer zu ermitteln. Der Betreffende hatte in seinen Fahrtenbüchern jedoch nur die auf Benzinmarken getankten Mengen eingetragen. Damit war nicht festzustellen, welche weiteren Mengen er getankt und letztlich veräußert hatte. Begünstigend wirkte sich zu diesem Komplex aus, dass der Betreffende unbegrenztes Vertrauen bei fast allen Mitarbeitern genoss. Aufgrund dieses Vertrauens erfolgten kaum Kontrollen seiner Fahrtunterlagen.

Eine weitere Differenz in Höhe von 424,00 MDN ergab sich bei der Gegenüberstellung zwischen erhaltenen kontingentierten Benzinmarken, getankter und im Fahrtenbuch eingetragener Benzinmengen. Dieser Betrag war wahrscheinlich wesentlich höher, da durch das Fehlen von Fahrtenbüchern teilweise keine exakten Angaben ermittelt werden konnten. Auch hier war wesentliche Ursache die ungenügende Kontrolle der Fahrtenbücher.

In den Jahren 1960 bis 1962 waren in der Einrichtung mit den Dienstwagen noch sehr viele Privatfahrten durchgeführt worden, die der Einrichtung durch die Benutzer bezahlt werden mussten. Entsprechend der Anweisung über die Verwendung des kontingentierten Treibstoffes in den Einrichtungen des Gesundheitswesens durften diese Fahrten mit dem verbilligten Benzin nicht durchgeführt werden. Da eine Trennung aber nicht möglich war, wurde das vereinnahmte Bargeld am Monatsende wieder zum Tanken verwendet. Die Kraftfahrer erhielten je nach Bedarf für eine vorher bestimmte zu tankende Menge Benzin Bargeld. Sie mussten von der Tankstelle eine Quittung über diesen Betrag vorweisen. In einigen Fällen konnte aufgrund von Originalbelegen nachgewiesen werden, dass der Betreffende das Bargeld eingesteckt und die Menge Treibstoff auf sein Tankkreditscheinheft gekauft hatte. Eine Quittung hatte er sich von der Tankstelle geben lassen, indem er angab, dass er außerdem einen derartigen Beleg brauchte. Die Quittung wurde ihm ohne Weiteres ausgehändigt, obwohl er sein Tankscheckheft benutzte. Insgesamt hatte er dadurch 250,10 MDN unterschlagen. Aus den Unterlagen, die mir zur Verfügung standen, war der Ausgang – also das Urteil – des Verfahrens nicht erkennbar. Auch durch weitere Recherchen gelang es mir nicht, das Urteil in Erfahrung zu bringen. Die nach meiner Ansicht ausgesprochene Freiheitsstrafe, natürlich ohne Bewährung, dürfte mindesten vier Jahre betragen haben.

Sozialfürsorgeleistungen

Da in der DDR für Leistungen der Sozialfürsorge erhebliche finanzielle Mittel zur Verfügung gestellt wurden, waren diese Ausgaben oft Prüfungsgegenstand bei den Finanzrevisionen der Räte der Städte und Gemeinden. Diese Prüfungshandlungen waren deshalb sehr zeitaufwendig, weil für jeden Empfänger neben einer Akte eine Karteikarte geführt wurde, auf der die einzelnen Zahlungen erfasst waren. Wesentlichste gesetzliche Regelung für die Zahlung von Sozialfürsorge war die „Verordnung über Leistungen der Sozialfürsorge – Sozialfürsorgeverordnung" vom 23.11.1979. Danach bestand gemäß § 1 Abs. 1 der Sozialfürsorgeverordnung ein Anspruch auf Leistungen nach dieser Verordnung für Bürger, die nicht in der Lage waren, ihren Lebensunterhalt durch Arbeitseinkommen zu bestreiten, die über kein sonstiges ausreichendes Einkommen oder Vermögen verfügten und die auch keinen ausreichenden Unterhalt von unterhaltspflichtigen Angehörigen erlangen konnten. Als hilfsbedürftig galt nicht, wer arbeitsfähig war und eine zumutbare Arbeit ablehnte. Empfänger von Sozialfürsorgeunterstützung, die noch nicht im Rentenalter waren, hatten sich darum zu bemühen, dass die Notwendigkeit der Zahlung so bald als möglich entfiel. Hierbei war ihnen durch den Rat der Stadt, den Rat des Stadtbezirkes beziehungsweise den Rat der Gemeinde und durch das zuständige Amt für Arbeit volle Unterstützung zu geben, wie durch die Bereitstellung eines geeigneten Arbeitsplatzes, die Zuweisung eines Kinderkrippen- oder Kindergartenplatzes oder durch Rehabilitationsbeziehungsweise andere Maßnahmen. Als ausreichendes Einkommen galt das Nettoeinkommen, dessen Höhe die Beträge der Sozialfürsorgeunterstützungen erreichte oder überstieg. Die Sozialfürsorgeunterstützung betrug für alleinstehende Bürger monatlich 230,00 M, für Ehepaare monatlich 360,00 M und für minderjährige Kinder und volljährige Kinder, die noch die zehnklasige allgemeinbildende polytechnische Oberschule, Erweiterte Oberschule, Spezialschule, Spezialklasse oder Sonderschule besuchten, monatlich je 45,00 M. Weiterhin wurden Sozialfürsorgeleistungen gewährt als

- Mietbeihilfen,
- Pflegegeld, Blindengeld und Sonderpflegegeld,
- Beihilfen für Tuberkulose-, Geschwulst- und Zuckerkranke,

- Unterstützung bei Krankenhausaufenthalten,
- Versicherungsschutz für Sachleistungen der Sozialversicherung
- sowie einmalige Beihilfen.

Das Ergebnis der im zweiten Halbjahr 1968 im Bereich des Gesundheits- und Sozialwesens des Bezirkes Leipzig (Staatsarchiv Leipzig 20.237/5.991) durchgeführten Prüfungen der Geldausgaben an die Bevölkerung für Leistungen der Allgemeinen Sozialfürsorge, Unterhaltszahlungen an Angehörige der Wehrpflichtigen, Leistungen an Tuberkulosekranke sowie Zahlungen von Beihilfen für Geschwulst- und Zuckerkranke wurde im Bericht vom 13.1.1969 zusammengefasst. Daraus folgende Feststellungen:
Einbezogen in diese Prüfung waren 5 Räte der Stadtbezirke der Stadt Leipzig, 48 Räte der Städte und Gemeinden, 8 Kreis- beziehungsweise Stadtbezirksstellen für Tuberkulose, 4 Betreuungsstellen für Geschwulstkranke und 5 Betreuungsstellen für Zuckerkranke. Schwerpunkte dieser Prüfungen waren die Ordnung und Sicherheit im Zahlungsverkehr und die Einhaltung der gesetzlichen Bestimmungen. In Auswertung der Prüfungsfeststellungen konnte den Räten der Städte und Gemeinden eine gute Arbeit bei der Umsetzung der Prüfungsschwerpunkte bescheinigt werden. So waren die Ausgaben vollständig nachgewiesen, die Belege ordnungsgemäß ausgefertigt, die Ordnung und Sicherheit im Scheckverkehr und bei den monatlichen Barzahlungen gewährleistet. Es gab nur in Einzelfällen Beanstandungen gegen die gesetzlichen Bestimmungen bei der Ermittlung der Höhe der Geldzuwendungen.
In den geprüften Städten, Gemeinden und Stadtbezirken der Stadt Leipzig wohnten 577.500 Bürger. Davon erhielten 4.375 Bürger Allgemeine Sozialfürsorge. Das bedeutete, dass in den Kreisen von 1.000 Einwohnern 3 Bürger und in der Stadt Leipzig (in 5 von 7 Stadtbezirken) von 1.000 Einwohnern 9 Bürger Sozialfürsorge erhielten. Von den 4.375 Fällen wurden in 689 Fällen (= 15,7 %) Prüfungen anhand von Akten, Auszahlungsbögen und sonstigen Unterlagen vorgenommen. Die Anzahl der Fürsorgeempfänger war zum Beispiel in den 5 Stadtbezirken der Stadt Leipzig von 1965 bis 1967 um 1.250 Fälle zurückgegangen. Diese Entwicklung wäre noch günstiger gewesen, wenn in der Stadt Leipzig die Zusammenarbeit der Abteilungen Gesundheits- und Sozialwesen sowie Volksbildung bei der Unterbringung von Kindern

arbeitsfähiger Frauen besser gewesen wäre. Allein von 1965 bis 1967 trat ein effektiver Zugang von 53 arbeitsfähigen Sozialfürsorgeempfängern (arbeitsfähige Frauen) ein. Der Anteil dieses Personenkreises entwickelte sich von 12,5 % im Jahre 1965 auf 19,0 % im Dezember 1967 – gemessen an der Gesamtzahl der Fürsorgeempfänger. Bei etwa 80,0 % der unterstützten Frauen handelte es sich um arbeitsfähige Frauen mit Kindern. Dadurch wurde nicht nur der Staatshaushalt belastet, sondern dadurch konnten dringend benötigte Arbeitskräfte der Volkswirtschaft nicht zugeführt werden.

Während in den Kreisen die Berechnung und Auszahlung der Sozialleistungen bis auf unbedeutende Einzelfälle entsprechend den gesetzlichen Bestimmungen erfolgte, bestanden in den Referaten Sozialfürsorge der Stadtbezirke der Stadt Leipzig zum Teil erhebliche typische Mängel in der ordnungsgemäßen Aktenführung und Durchsetzung der gesetzlichen Bestimmungen. So fehlten Anträge zur Zahlung von Sozialfürsorge, lagen ärztliche Untersuchungsbefunde nicht vor beziehungsweise waren unzureichend. Auch Mietbescheinigungen und Verdienstbescheinigungen waren in den Unterlagen nicht vorhanden. Ursachen für die noch nicht ausreichende Arbeitsweise der Mitarbeiter in den Referaten Sozialfürsorge der Stadtbezirke waren unter anderem eine unzureichende Anleitung und Kontrolle durch die Abteilungen Gesundheits- und Sozialwesen sowie durch die Finanzabteilungen, die unzureichende Qualifikation von Mitarbeitern sowie eine hohe Fluktuation der Mitarbeiter und die Besetzung der Planstellen mit Teilzeitkräften.

In den geprüften örtlichen Organen wurden 1.288 Anspruchsberechtigte für Unterhaltszahlungen an Angehörige von Wehrpflichtigen ermittelt. Davon wurden 1.023 Fälle (= 79,4 %) geprüft, die sich überwiegend auf die 5 Stadtbezirke der Stadt Leipzig konzentrierten. Von den 873 geprüften Unterlagen in den Stadtbezirken gab es bei 170 (= 19,3 %) Beanstandungen. So wurden die Zahlungen bereits für den Ersten des Monats berechnet, selbst wenn der Einberufungstag oder andere zahlungsverändernde Ereignisse erst zu einem späteren Zeitpunkt eintraten. Nach Angaben der Verantwortlichen erfolgte diese Verfahrensweise zur Vereinfachung der Berechnung. Dadurch entstanden Überzahlungen in Höhe von 450,00 M. In 69 Fällen fehlten die für die Mietzahlungen erforderlichen Nachweise beziehungsweise waren unvollständig. In 21 Fällen wurden Überzahlungen in Höhe von

2.500,00 M festgestellt, weil nicht beachtet worden war, dass die Beihilfen zuzüglich 130,00 M Wehrsold das vorherige Nettoeinkommen nicht überschreiten durften. In 30 Fällen war die Einhaltung nicht prüfbar, da in den Antragsformularen das Nettoeinkommen nicht ausgewiesen war. In den Revisionsprotokollen wurden den Leitern aller geprüften Objekte Auflagen zur Beseitigung der festgestellten Mängel erteilt und Hinweise zur Verbesserung der Arbeit gegeben. In allen Fällen erhielten die Fachabteilungen und Abteilungen Finanzen der Räte der Kreise, Städte und Stadtbezirke zur Auswertung der Prüfungen Protokollausfertigungen. Außerdem wurden zusammengefasste Berichte der SFR den Ständigen Kommissionen Gesundheits- und Sozialwesen der Kreistage beziehungsweise der Stadtverordnetenversammlung der Stadt Leipzig übergeben. Besonders ausführlich wurde die Auswertung in der Stadt Leipzig vorgenommen. Neben Auswertungen in den Stadtbezirken wurden den Abteilungen Gesundheits- und Sozialwesen sowie Finanzen beim Rat der Stadt Leipzig Hinweise und Empfehlungen gegeben, um durch entsprechende Anleitungs- und Kontrollmaßnahmen eine einheitliche, der Ordnung und Sicherheit sowie den gesetzlichen Bestimmungen entsprechende Arbeit in allen Stadtbezirken und Betreuungsstellen durchzusetzen. Besonders wurde hierbei auf das Problem zur vordringlichen Unterbringung von Kindern hingewiesen, deren Mütter Sozialfürsorge erhielten.

Bei derartigen komplexen Prüfungen, die meist im gleichen Zeitraum von allen Inspektionen durchzuführen waren, wurden oft auch die Mitarbeiter der Innenrevisionen und ehrenamtliche Finanzkontrollaktivs einbezogen. Dadurch war es möglich, eine große Anzahl von Objekten in kurzer Zeit zu prüfen und so in der Gesamtinformation eine sehr aussagefähige Beurteilung über den Umgang mit diesen Geldern zu treffen. Eine derartige Zusammenarbeit erfolgte beispielsweise gemäß Information vom 5.6.1986 bei der Prüfung über die Durchsetzung der staatlichen Ordnung bei der Zahlung von sozialen Zuwendungen an Bürger, Familien sowie Kinder und Jugendliche in staatlichen Einrichtungen (Staatsarchiv Leipzig 20.237/5.991). Einbezogen in diese Prüfung wurden die Stadt Leipzig (speziell die Stadtbezirke Mitte und Nordost), 4 Kreise (unter anderem Schmölln, Wurzen), 12 kreisangehörige Städte und Gemeinden sowie 49 staatliche Einrichtungen (insbesondere Kinderheime, Erweiterte Oberschulen, Krankenhäuser und Beratungsstellen des Gesundheits- und Sozialwesens). Schwerpunkte der Prüfung waren die Unterstützung und Kontrolle der Fachorgane der örtlichen Räte und deren Einrichtungen bei der Durchsetzung der Beschlüsse und Rechtsvorschriften für den Einsatz von rund 34,8 Mio. M

- zur Unterstützung kinderreicher Familien, alleinstehender Bürger mit drei Kindern sowie Ehen mit drei Kindern;
- zur Bezahlung von Beihilfen an Geschwulst-, Tuberkulose-, Diabetes- und Zöliakiekranke;
- zur Betreuung und Versorgung von betreuungsbedürftigen Bürgern;
- zur Zahlung von Sozialfürsorgeleistungen, Ausbildungsbeihilfen an Schüler der Erweiterten Oberschulen und soziale Zuwendungen an Kinder und Jugendliche in staatlichen Heimen.

Im Ergebnis dieser Prüfung wurde eingeschätzt, dass die planmäßige Finanzierung der beschlossenen sozialpolitischen Maßnahmen in allen örtlichen Räten und Einrichtungen gewährleistet war. Das betraf besonders die Unterstützung von kinderreichen Familien und alleinstehenden Bürgern mit drei Kindern, der Ehen mit drei Kindern, die Fürsorge des Staates für geschädigte Bürger sowie die kulturell-soziale Betreuung und Versorgung von Kindern und Jugendlichen in Heimen.

- Im Kreis Schmölln wurden 1985 die zur Unterstützung kinderreicher Familien, alleinstehender Bürger mit drei Kindern und Familien mit drei Kindern bereitgestellten Mittel in Höhe von 161,7 TM vollständig eingesetzt. Der Einsatz der Mittel erfolgte von den Räten der Städte und Gemeinden unter Berücksichtigung der sozialen Lage der Familien differenziert. Voraussetzung dafür bildete eine bürgernahe Arbeitsweise durch regelmäßige Hausbesuche. So wurden 1985 bei insgesamt 315 zu betreuenden Familien 452 Hausbesuche durchgeführt. Bewährt hatte sich im Kreis Schmölln unter anderem die Ausgabe von Berechtigungskarten für kostenlose Besuche von Kino- und anderen kulturellen Veranstaltungen. Beim Arztbesuch mit erkrankten Kindern wurden kinderreiche Familien bevorzugt behandelt. Im Kreis Schmölln bestanden keine Wohnungsprobleme für kinderreiche Familien.

- Eine gute Arbeit bei der Unterstützung von Ehen mit drei Kindern wurde vom Rat des Stadtbezirkes Nordost der Stadt Leipzig geleistet. Von den insgesamt im Stadtbezirk wohnenden 300 Ehepaaren erhielten 297 eine finanzielle Zuwendung. Alle Zahlungen waren berechtigt und es lagen ordnungsgemäße Nachweise vor.
- Von der Poliklinik Wurzen wurden 1986 an 1.895 Bürger Beihilfen für Diabetiker, Geschwulst-, Tuberkulose- und Zöliakiekranke gezahlt. Dafür standen 1986 insgesamt 319,4 TM zur Verfügung. In der Einrichtung war eine vollständige Nachweisführung über die anspruchsberechtigten Bürger gewährleistet. Ein hoher Grad an Sicherheit wurde durch unbare Zahlungen erreicht. Sämtliche erforderlichen Unterlagen waren von den medizinischen Kadern dokumentarisch bestätigt.
- Im Kreis Wurzen standen 1985 für die Hauswirtschaftspflege und die Mittagessenversorgung älterer Bürger 464,8 TM zur Verfügung. In einer jährlich abgeschlossenen Vereinbarung zwischen dem Rat des Kreises Wurzen, der Abteilung Gesundheits- und Sozialwesen und dem Kreissekretariat der Volkssolidarität war die Verantwortung bei der Organisation der Hauswirtschaftspflege und der Versorgung mit Mittagessen sowie bei der Finanzierung und Abrechnung geregelt.

Die Zahlung von sozialen Zuwendungen an Bürger und Familien in den zwei geprüften Stadtbezirken und in drei kreisgeleiteten Einrichtungen entsprach nicht in jedem Falle den gesetzlichen Anforderungen. In Einzelfällen kam es durch oberflächliche Arbeitsweise verantwortlicher Mitarbeiter zu erheblichen Rechtsverletzungen.

- Im Pflegeheim Schönefeld des Stadtbezirkes Nordost der Stadt Leipzig wurden Bürger mit psychischen Gesundheitsschäden betreut, denen eine monatliche Unterstützung von 120,00 M zur persönlichen Verwendung zu zahlen war. Dieser Festlegung wurde nicht entsprochen. Zum Zeitpunkt der Prüfung betraf das drei Bürger, die seit ihrer Heimeinweisung keinerlei Zuwendungen erhalten hatten. Noch während der Prüfung wurden diese Feststellungen mit den Verantwortlichen ausgewertet und eine sofortige Zahlung veranlasst.

- Beim Rat des Stadtbezirkes Mitte der Stadt Leipzig wurde der sozialpolitische Effekt bei der Unterstützung kinderreicher Familien dadurch eingeschränkt, dass soziale Zuwendungen nur nach Vorlage eines Antrages beziehungsweise nach persönlicher Vorsprache im Referat Sozialwesen erfolgten. So erhielten von 90 geprüften Fällen 19 Betroffene keine Unterstützung, obwohl sie anspruchsberechtigt waren. Diese Verfahrensweise entsprach nicht den Rechtsvorschriften, die das örtliche Organ verpflichteten, sich einen Überblick über die soziale Lage aller betreffenden Familien zu verschaffen, um auf dieser Grundlage, auch wenn kein Antrag vorlag, finanzielle Zuwendungen zu gewähren.
- Dem Kreiskrankenhaus Eilenburg standen laut Haushaltsplan 202,4 TM Beihilfen für Diabetiker zur Verfügung. Es gab zum Prüfungszeitpunkt 1.294 anspruchsberechtigte Bürger. Davon wurden 80 Fälle geprüft, wovon es bei 12 Fällen (= 15 %) Beanstandungen gab. So erhielten zwei Bürger Überweisungen von insgesamt 1.025,00 M für 79 Monate, obwohl gleichzeitig eine Zahlung durch die Sozialversicherung erfolgte, weil beide das Rentenalter erreicht hatten. Es war versäumt worden, die Daueraufträge zu löschen. In weiteren zwei Fällen waren die Bürger bereits verstorben, trotzdem wurden insgesamt 1.755,00 M (135 Monate) auf die angegebenen Bankkonten überwiesen.

Die Verordnung über die Gewährung von Krediten zu vergünstigten Bedingungen an junge Eheleute zur Verbesserung der Arbeits- und Lebensbedingungen der Familien mit Kindern und zur Förderung junger Ehen wurde verantwortungsvoll umgesetzt. Laut Angaben der Bezirksstelle der Sparkasse wurden bis Mai 1986 insgesamt 9.475 Kreditverträge mit einer Kreditsumme von 27.355 TM abgeschlossen.

Revisor werden ist nicht schwer ...

Ich kann es nicht lassen, hier noch ein Gedicht vom Revisor:

Revisor werden ist nicht schwer.
Revisor sein dagegen sehr!
Zwar sind es Menschen wie du und ich,
Sie essen Fleisch, Rohkost oder Fisch,

haben Kopf, Arme und auch Beine,
haben Frau, Frauen, Kinder oder auch keine.
Sind sanft und bescheiden oder brutal,
gerissen, korrekt oder jovial.
Trinken in Maßen und sind teils Raucher,
ansonsten gewöhnliche Normalverbraucher.
Revisoren sind aber Menschen von besonderer Rasse.
Sie sind sozusagen die „Creme" ihrer Klasse.
Schon ihre Nase kann sich sehen lassen,
mit der sie manchen „Mist-Stand" erfassen.
Auch ihre Augen, geschärft und klar,
nehmen jedwede Reserve wahr.
Und mit geübtem, qualifiziertem Trick
schreiben sie Informationen mit viel Geschick.
Kurzum – man kann es leicht beweisen:
Sie lassen sich keinesfalls – bescheißen.
Braucht der Minister Hilfe auf die Schnelle,
Anruf genügt, schon sind sie zur Stelle.
Bei der Feuerwehr kann's nicht schneller gehen,
selbst wenn sie dabei nicht alles verstehen.
Neben all den großen Taten,
können sie spezialisierte Spezialisten beraten.
Und doch, trotz alledem, hat man oft vernommen,
man sieht sie lieber geh'n als kommen.

Raffiniert vorbereitete Unterschlagung im Jahr 1985

Begeben wir uns zurück in das Jahr 1985. Im Januar 1985 beauftragte mich meine Dienststelle mit einer Revision in der Abteilung A eines Rates des Kreises. Laut Unterlagen wurde ich am 14.1.1985 vom Abteilungsleiter Finanzen dieses Rates des Kreises informiert, dass sich die Sachbearbeiterin für Planung der Abteilung A des Rates des Kreises 4.020,20 M angeeignet hatte. In einer schriftlichen Erklärung hatte die Beschuldigte diese persönliche Bereicherung bereits zugegeben. Vom Rat des Kreises erfolgte am 16.1.1985 eine Anzeige beim Bezirksstaatsanwalt. Der Sachverhalt war durch eine Mitarbeiterin der Abteilung A des Rates des Kreises festgestellt worden. Mein erster Vermerk zum Vorgang enthält die Hinweise, dass die Beschuldigte Mitglied der SED

war und außerdem der Betriebsgewerkschaftsleitung angehörte. Weiterhin war sie Vorsitzende der Finanzkommission der Gewerkschaft und hatte bis 1981 die Gewerkschaftskasse geführt.
Mit Information vom 7.2.1985 erfolgten von mir erstmals schriftliche Darlegungen unter anderem an das Ministerium der Finanzen (SFR), den Staatsanwalt des Bezirkes Leipzig sowie den Rat des Kreises über den Stand der Revision. Ich gehe auf diese Information deshalb recht ausführlich ein, weil sie Sachverhalte enthält, die ich Ihnen bereits bei meinen Prüfungsgeheimnissen sowie den Prüfungsgrundsätzen der SFR theoretisch erläutert habe.
Laut der ersten Information hatte sich die Beschuldigte in den Jahren 1980 bis 1985 je 750,00 M (= 3.750,00 M) zusätzliche Vergütung, auf die sie keinen Anspruch hatte, und am 9.4.1979 einen weiteren Betrag in Höhe von 270,20 M auf ihr Privatkonto bei der Genossenschaftskasse rechtswidrig überwiesen. Die Beschuldigte wurde von ihrer Funktion abberufen und in eine Einrichtung der Abteilung A versetzt.
Dienstlich war die Mitarbeiterin, die seit 1.11.1959 beim Rat des Kreises beschäftigt war, als „leitende Sachbearbeiterin für Planung" zuständig für die Planung des Bereiches A (Arbeitskräfte, Lohnfonds, Kapazitäten). Für die Bearbeitung des Gebietes Lohn und Gehalt war sie nicht zuständig. Da die Beschuldigte sehr lange ihren Arbeitsplatz in dem Zimmer gehabt hatte, wo gleichzeitig die Gehaltsstelle der Abteilung A untergebracht war, hatte sie bei Personalengpässen sehr oft ausgeholfen. Im Laufe der Zeit wurde sie durch ihre Sachkenntnisse und ihr Arrangement für diese Arbeit akzeptiert. Obwohl keine Änderung des Arbeitsvertrages erfolgte, wurde sie laut interner Ordnung vom 12.1.1982 für die Gehaltsstelle als verantwortliche Leiterin eingesetzt. Im Rahmen dieser Funktion hatte sie Zugang zu allen für die Gehaltsabrechnung und Gehaltszahlung erforderlichen Unterlagen der Abteilung A. Zur Sicherung einer ordnungsgemäßen Gehaltszahlung für das Personal der nachgeordneten Einrichtungen der Abteilung A des Rates des Kreises, insbesondere bezüglich der Zusammenarbeit und Information der Zentralen Gehaltsstelle, war die Beschuldigte zuständig für die Überwachung von Vorschuss- und Abschlagszahlungen, für die Vergabe von Personalnummern und die Führung des Personalnummernverzeichnisses sowie zur Führung der Personalstammkarten. Außerdem war sie laut interner Festlegungen der Abteilung A berechtigt, die „sachliche Richtigkeit" der Gehaltszahlungen auf den Lohn- und

Gehaltslisten zu bestätigen. Damit wurde einer der wesentlichsten Grundsätze von Ordnung und Sicherheit verletzt.
Aufgrund der bisherigen Feststellung sowie der Verfahrensweise konzentrierten sich erste Prüfungshandlungen auf Überweisungen auf ihr Bankkonto, auf das Bankkonto ihres Ehemannes sowie auf die Bankkonten weiterer Familienangehöriger. Da die Beschuldigte Zugang zu den Unterlagen hatte, die für die Berechnung der Gehaltszahlungen durch die Zentrale Gehaltsstelle bestimmt waren, ergaben sich weitere Manipulationsmöglichkeiten. So beispielsweise das Manipulieren von Personalstammkarten hinsichtlich personeller Veränderungen frei gewordener Personalnummern (zum Beispiel durch Beendigung des Arbeitsverhältnisses).
Laut Angaben mehrerer Personen ging die Beschuldigte sehr großzügig mit ihrem Geld um. So kaufte sie sehr oft in Delikatgeschäften ein und machte ihren Angehörigen umfangreiche Geschenke. Für die DDR-Unkundigen: In Delikatgeschäften wurden Nahrungs- und Genussmittel des gehobenen Bedarfs verkauft, deren Preise deutlich über dem Preisniveau der Normalgeschäfte lagen.
Da diese Prüfung sehr aufwendig war, wurden von der SFR Mitarbeiter des Rates des Kreises sowie der Zentralen Gehaltsstelle des Rates des Bezirkes einbezogen. Es musste beispielsweise eine vollständige Prüfung des Personalnummernverzeichnisses mit 5.000 Personalnummern erfolgen. Allein diese Prüfungshandlungen erforderten einen Zeitaufwand von vier Wochen.
Um eine möglichst sichere Angabe machen zu können, ob die Beschuldigte unter Missbrauch ihrer Funktion über den zum damaligen Zeitpunkt bekannten Umfang hinaus weitere staatliche Gelder unterschlagen hatte, wurde in der Information vom 7.2.1985 neben der Fortsetzung der bisherigen Prüfungshandlungen den Ermittlungsorganen empfohlen, Auskünfte über einen im Parteidokument der Beschuldigten gefunden Postabholerausweis einzuholen sowie für dieses Bankkonto Kontoeinsicht beim Staatsanwalt zu beantragen. Weiterhin wurden konkrete Fragestellungen für eine Vernehmung genannt und es wurde darauf hingewiesen, dass Manipulationen auf Konten der Familienangehörigen nicht auszuschließen waren.
Anfang Februar erhielt ich über meine Abteilung eine Anordnung zur Konteneinsicht vom Staatsanwalt in die Hand gedrückt. Die Konteneinsicht war deshalb Gold wert, weil das bisher unterschlagene Geld

auf das Bankkonto der Beschuldigten überwiesen worden war. Das war das einzige Mal in meiner Tätigkeit bei der SFR, dass ich eine Anordnung zur Konteneinsicht für meine Revisionen erhielt beziehungsweise benötigte. Die Anordnung des Staatsanwaltes ermöglichte es mir, in allen Sparkassen, Kreditinstituten und beim Postscheckamt des Einzugsgebietes sämtliche Geldbewegungen des in der Anordnung genannten Bankkontos zu überprüfen. Die Konteneinsicht verlief aufgrund dieser Anordnung problemlos. Sie verhalf mir zu weiteren Feststellungen. Die Räder begannen sich zu drehen.

Ich stellte fest, dass mit zwei Auszahlungsanordnungen vom 29.4.1982 und 12.11.1982 Vergütungen für Vertretungsstunden in Höhe von insgesamt 598,56 M auf das Bankkonto der Beschuldigten überwiesen worden waren (Vermerk vom 11.2.1985). Um die Unterschlagung zu verschleiern, hatte sie auf den Auszahlungsanordnungen als Zahlungsempfänger Personen eingesetzt, die zwar beschäftigt waren, aber keinen Anspruch auf diese Vergütung hatten. Sie hatte sogar die richtigen Personalnummern dieser Personen angegeben. In der Spalte „Kontonummer des Zahlungsempfängers" hatte die Beschuldigte jedoch ihre Kontonummer eingesetzt. Wahrscheinlich hatte sie auch die Namen der Zahlungsempfänger bewusst ausgewählt, weil mehrere Beschäftigte diesen Familiennamen trugen. Obwohl der unterschlagene Betrag gering war, hatte diese Feststellung eine enorme Bedeutung. Damit war der Nachweis erbracht, dass die Beschuldigte weitere raffinierte Möglichkeiten gesucht und gefunden hatte, um sich zu bereichern.

Dann platzte die Bombe, auf deren Zündung ich schon lange gewartet hatte. Ihr wurde durch einen Mitarbeiter der Abteilung A am 11.2.1985 ein weiterer unterschlagener Betrag in Höhe von 600,00 M nachgewiesen. Aufgrund dieses Nachweises gab sie zu, dass sie im Zeitraum 1980 bis 1984 insgesamt 5.000,00 M auf das Bankkonto ihres Ehemannes überwiesen hatte, weil sie kein zweites Girokonto und auch kein Postscheckkonto besaß (Abschrift der 2. Erklärung vom 13.2.1985). Gleichzeitig gab sie an, auf die Bankkonten ihrer Kinder nichts überwiesen zu haben, da sie deren Bankkontonummern nicht kannte.

Meine Aufgabe bestand nun darin, in einer angemessen Zeit Belege als Beweismaterial zu sichern sowie weiteren Verdachtsmomenten nachzugehen. Anfangs lief alles wie am Schnürchen. Beim Fortsetzen der Prüfungshandlungen wurde ich langsam stutzig. Irgendjemand schien mich bei meiner Prüfung behindern zu wollen. Wer wollte mir hier in die Suppe spucken? So wartete ich vergeblich auf eine Anordnung des Staatsanwaltes zur Konteneinsicht des Bankkontos des Ehemannes. Das durfte doch aufgrund der eindeutigen Fakten nicht wahr sein. Irgendetwas lag in der Luft. Schließlich erhielt ich aus verschiedenen Quellen Informationen, dass es Kreise gab, die meiner wie immer gründlichen Revision nicht positiv gegenüberstanden. Also kurz und knapp: Die Informationen gingen in die Richtung, dass die Beschuldigte sowie ihre Angehörigen in Verbindung mit dem Ministerium für Staatssicherheit gebracht wurden. Konkretere Hinweise erhielt ich nicht, und ich wollte auch keine weiteren Hinweise haben. Diese Informationen reichten für mich aus, um zu begreifen, dass ich keine weiteren Anordnungen für Konteneinsichten erhalten würde. Damit wäre es in kürzester Zeit möglich gewesen, den größten Teil des tatsächlich unterschlagenen Betrages festzustellen. Mir war nun bewusst, dass mir nur noch wenige Tage für die Prüfung zur Verfügung standen. Ich setzte also meine Arbeit fort. Dabei stellte ich zwei weitere Beträge in Höhe von insgesamt 1.500,00 M fest, welche die Beschuldigte auf das Bankkonto ihres Mannes überwiesen hatte. Der im Zeitraum 1979 bis 1985 gesamte ermittelte unterschlagene Betrag betrug bis zum 15.2.1985 insgesamt 11.518,76 M. Sie hatte damit 4.618,76 M auf ihr eigenes Bankkonto sowie 6.900,00 M auf das Bankkonto ihres Mannes überwiesen. Für mich war klar wie Kloßbrühe, dass die 11.518,76 M nicht das Ende der Fahnenstange waren. So konnten beispielsweise die Lohn- und Gehaltsabrechnungen vor 1979 noch nicht geprüft werden, weil die sich bereits im Archiv befanden.

Die Beschuldigte hatte erklärt, auf die Bankkonten ihrer Kinder keine Beträge überwiesen zu haben. Auch das war eine Seifenblase, die schnell platzte. Mit Belegen vom 24.8.1982 und 9.11.1979 war nachweisbar, dass sie insgesamt 307,50 M auf das Bankkonto ihrer Tochter überwiesen hatte, die bis 31.3.1981 in einer nachgeordneten Einrichtung der Abteilung A des Rates des Kreises beschäftigt war. Bei der ersten Überweisung in Höhe von 132,00 M war die Tochter noch beim Rat des Kreises angestellt. Am 24.8.1982, bei der zweiten Überweisung, bestand kein Arbeitsverhältnis mehr.

Der Beschuldigten konnten im Zeitraum 1979 bis 1984 in 26 Fällen unterschlagene Gelder in Höhe von insgesamt 15,3 TM nachgewiesen werden, die sie auf ihr eigenes Bankkonto sowie auf die Bankkonten ihres Ehemannes und ihrer Tochter überwiesen hatte. Es handelte sich

dabei um zusätzliche Vergütung, um Geburtenbeihilfe und Vergütungen für Überstunden sowie um Gehaltsnachzahlungen. Sie hatte erhebliche Mängel im internen Kontrollsystem der Fachabteilung erkannt und diese skrupellos ausgenutzt.
Dann trat das ein, was ich geahnt hatte. Ich wurde aufgefordert, die Prüfung zu beenden, damit angeblich „andere Ermittlungsorgane" und wahrscheinlich fachlich bessere Leute die Untersuchungen fortsetzen sollten. Ich bin an dieser Stelle einmal etwas überheblich, aber bessere Leute zur Aufdeckung weiterer Betrugshandlungen im konkreten Fall wird es zu diesem Zeitpunkt nicht gegeben haben. Ob tatsächlich weitere Ermittlungen erfolgten, ist mir nicht bekannt. Mit großer Wahrscheinlichkeit wird das nicht der Fall gewesen sein. Ich selbst wurde nicht einmal befragt. Die Umstände und meine weiteren Informationen zum Zeitpunkt der Beendigung der Prüfung durch die SFR sprachen zu 99,9 % dafür, dass der unterschlage Betrag höher war.
Laut Aktenvermerk wurden im Mai 1985 gegen die Beschuldigte eine Freiheitsstrafe von zwei Jahren ausgesprochen sowie der Anspruch auf Schadenersatz geltend gemacht. Mir wurde von meiner Dienststelle für meine Arbeit gedankt und eine Prämie von 300,00 M überreicht. Das war immerhin etwas für diese psychisch sehr anstrengende Prüfung.

Lust auf ein paar Revisoren-Witze?

Nach dieser spektakulären Prüfung – weitere folgen – etwas zur geistigen Entspannung:
Über welche Begebenheiten haben die Mitarbeiterinnen und Mitarbeiter der Inspektion Leipzig im Jahre 1978 gelacht? Hier die Antwort aus der Festschrift anlässlich des 25. Jahrestages der SFR.

Die neue Revisionsassistentin Karin M. (Absolventin der Humboldt-Universität) fragte ihren Gruppenleiter, ob sie den Abteilungsleiter auch kritisieren dürfe, denn Kritik sei ja ein Entwicklungsgesetz unserer Gesellschaft.
„Aber natürlich, Kollegin M., kritisieren Sie ruhig – dann brauch ich es nicht zu tun!"

Der Revisor kam zur Betriebsärztin Frau Dr. S. „Sie sehen schlecht aus – wie viele Stunden schlafen Sie täglich?"

„Vier bis fünf."
„Das ist zu wenig bei der anstrengenden Arbeit!"
„Mir genügt es – in der Nacht schlafe ich noch neun Stunden zusätzlich."

Die Dienstreise war früher beendet. Karl klingelte dreimal kurz und einmal lang an seiner Wohnungstür.
„Nanu", staunte seine leicht bekleidete Gattin Helga, als sie öffnete, „du klingelst ja wie dein Chef."

„Was, Werner, du arbeitest noch – ich dachte, du bist schon über 65?"
„Was heißt arbeiten – ich bin doch der Kraftfahrer."

Revisionsinspektor Wolfgang W., wohnhaft in Leipzig, geht mit seinem Sohn spazieren. Er zeigt ihm auch den Sitz der Inspektion Leipzig, Harkortstraße 3.
„So ein großes Haus, Papi. Wie viele Leute arbeiten denn da drin?"
Darauf etwas kleinlaut der Vater zu seinem Sohn: „Knapp die Hälfte!"

Zutiefst erschrocken war die Chefsekretärin Hilde R., als ihr Chef kurz vor Feierabend mit vier handgeschriebenen Konzeptseiten das Vorzimmer betrat mit dem Hinweis: „Das muss heute noch geschrieben werden und mit der Post nach Berlin!"
Auf die Frage „Was – heute noch?" empfahl der Chef: „Schreiben Sie engzeilig!"

Aufdecken von Leistungs- und Kapazitätsreserven

Eine ständige Aufgabe bei den Revisionen aller Abteilungen war es, Leistungs- und Kapazitätsreserven zu mobilisieren. Besonders durch meine Kolleginnen und Kollegen der Abteilung Industrie wurden in den volkseigenen Betrieben diesbezüglich Millionenbeträge aufgezeigt und von den Inspektionen der SFR regelmäßig dem Ministerium der Finanzen gemeldet. Wenn wieder einmal eine Auszeichnungsrunde mit recht ordentlichen Prämien für die Realisierung von Reserven erfolgte, erstarrte ich als Revisor von staatlichen Organen und Einrichtungen anfangs vor Ehrfurcht, welche Beträge da genannt wurden. Teilweise fragte ich nach, wo denn diese erheblichen Reserven herkämen bezie-

hungsweise wie die sich nachweisen ließen. Da die Antworten für mich oft unbefriedigend waren, gab ich es auf, danach zu fragen. Vor Ehrfurcht erstarrte ich später nicht mehr. Ich konnte und kann mir bis heute beim besten Willen nicht vorstellen, dass es sich bei diesen erheblichen Beträgen immer um tatsächliche Reserven handelte beziehungsweise ein Nachweis für die Realisierung immer möglich gewesen wäre. Die Revisorinnen und Revisoren der Abteilung Staatliche Organe und Einrichtungen der Inspektion Leipzig, welche die Räte der Städte und Gemeinden sowie die staatlichen Einrichtungen zu prüfen hatten, konnten mit solchen Beträgen nicht mithalten. Wir backten kleine Brötchen. Der Begriff „Reserven" war ein weites Feld. Darunter fielen beispielsweise freie Plätze in Kindergärten und Kinderkrippen sowie nicht benötigte beziehungsweise überhöhte Materialbestände. Die finanzielle Höhe der Mobilisierung derartiger Reserven war mit ein Kriterium bei der Zuteilung der nicht gerade üppigen Prämien. Meine Revisionsgruppe – beziehungsweise unser Lothar – wurde am Jahresende oft kritisiert, weil wir wieder einmal bei der Mobilisierung von Reserven das Schlusslicht der Abteilung waren. Heute kann ich dazu beruhigt schreiben, dass ich es meist zu vermeiden versuchte, „finanzielle Reserven" aufzuzeigen, wenn damit eine Abführung an den zentralen Haushalt verbunden war. Ohne dass innerhalb meiner Revisionsgruppe eine Absprache darüber erfolgte, erscheint es mir durchaus vorstellbar, dass meine Kolleginnen und Kollegen die gleiche Einstellung hatten. Ich jedenfalls verzichtete lieber auf 50,00 M oder 100,00 M mehr Prämie (im Jahr), als mich durch solche Feststellungen unbeliebt zu machen. Außerdem wurde dieses Geld in den staatlichen Organen und Einrichtungen dringender gebraucht. Meine persönliche Meinung zu dieser speziellen Prüfungsaufgabe stellt keine Kritik an den Mitarbeitern der Inspektion Leipzig dar, die diese Aufgabe wesentlich gewissenhafter erledigt haben als ich.
Hier einige Beispiele für in staatlichen Organen und Einrichtungen festgestellte Reserven:

1987 prüften Bärbel und Dorothea die Abteilung Wohnungspolitik/Wohnungswirtschaft des Rates des Stadtbezirkes Nordost der Stadt Leipzig. Prüfungsschwerpunkt war die Kontrolle der effektiven Nutzung des vorhandenen Wohnungsfonds. Laut statistischer Meldung per 30.9.1987 zum Wohnungsbestand verfügte der Rat des Stadtbezirkes

Nordost über 41.218 Wohnungen. Per 30.6.1987 waren 7.186 Wohnungsanträge registriert. Die Wiederbelegung frei gemeldeten Wohnraumes wurde leitungsmäßig beeinflusst und größtenteils von den Wohnungslenkern fristgemäß bearbeitet. Dagegen wurden anderweitige Informationen über frei gewordene Wohnungen zwar karteimäßig erfasst, aber nicht kontinuierlich ausgewertet. Dadurch wurde auf eine schnelle Belegung dieser Wohnungen nur ungenügend Einfluss genommen. Im Ergebnis der Revision wurden der Abteilung Wohnungspolitik/Wohnungswirtschaft des Rates des Stadtbezirkes Nordost 13 leer stehende Wohnungen und 26 Wohnungen, die laut Unterlagen unbewohnt erschienen, aufgezeigt. Wie wurde mit diesen Prüfungsfeststellungen umgegangen? Gemäß Stellungnahme des Rates des Stadtbezirkes Nordost vom 25.2.1988 erfolgte eine Auswertung in der Dienstberatung des Rates des Stadtbezirkes Nordost und in Dienstberatungen der Abteilung Wohnungspolitik/Wohnungswirtschaft. Von den 26 im Dezember 1988 laut Unterlagen als unbewohnt festgestellten Wohnungen wurden 10 um- beziehungsweise ausgebaut. 6 Mietbereiche wurden neu zugewiesen. 1 Mietbereich konnte für Wohnzwecke nicht mehr vergeben werden. Bei 9 Mietbereichen kam es zu Kündigungen. Unter Berücksichtigung der Wohnungssituation in der DDR freuten sich sicher diejenigen, die eine dieser Wohnungen erhielten. An die Arbeit der SFR dachten sie dabei gewiss nicht. Beide Revisorinnen waren über den Umgang mit ihren Prüfungsfeststellungen, die zur Lösung von Wohnungsproblemen beitrugen, sehr zufrieden.

In der Jugendherberge Windischleuba gab es Überbestände von Bettwäsche (586 x) in Höhe von 28,6 TM. Die Abteilung Jugendfragen, Körperkultur und Sport des Rates des Bezirkes Leipzig wurde mit der Umsetzung dieser Bestände beauflagt.

Gemäß Teilprotokoll vom 24.5.1965 über die Revision der Haushaltswirtschaft der Abteilung Volksbildung des Rates des Bezirkes Leipzig (Staatsarchiv Leipzig 20.237/10.493) wurden Reserven bei der Auslastung von Küchenkapazitäten festgestellt. Ursachen waren rückläufige Zahlen von Essensteilnehmern aufgrund der Reduzierung von Heimkapazitäten sowie strukturellen Veränderungen. Die vom Staatshaushalt zur Verfügung gestellten Mittel wurden nicht mit größtmöglichem Nutzeffekt verausgabt. Neu geschaffene Küchenkapazitäten wurden nicht sofort ihrer Zweckbestimmung zugeführt. Dazu folgende Beispiele:

Die dem Rat des Stadtbezirkes Mitte der Stadt Leipzig zugeordnete Küche des Griechischen Internats war für eine Kapazität von 150 Personen geplant und dementsprechend ausgestattet. Nach Wegfall der Lebensmittelkarten versorgten sich die im Internat untergebrachten griechischen Bürger selbst. Die Küche wurde ab 1959 nicht mehr genutzt. Daher wurden Geschirr sowie Küchengeräte an andere Einrichtungen des Stadtbezirkes Mitte umgesetzt. Seit 6 Jahren ungenutzt waren jedoch der Küchenraum mit Gaststättenkochherd und Kühlschrank, die Zuputzküche und das Lebensmittellager. Im Rahmen der Mietzahlung für das Grundstück (monatlich 1.000,00 MDN) wurden Haushaltsmittel ohne jeglichen Nutzeffekt ausgegeben.

Die Küchenkapazität (800 Personen) des Instituts für Lehrerbildung Leipzig war nicht ausgelastet. Es wurde 1964/1965 nur für durchschnittlich 560 Personen gekocht. Dabei wurde bereits für die im Haus befindliche 31. Oberschule und den in der Nähe befindlichen Kindergarten mitgekocht. Die Personalbesetzung der Küche entsprach jedoch der vollen Auslastung der Kapazität.

Am 1.9.1961 wurde die Ernst-Schneller-Oberschule in Betrieb genommen, am 1.9.1963 die Karl-Liebknecht-Oberschule. Eine gleichzeitige Inbetriebnahme der Schulküchen erfolgte nicht, da die dafür erforderlichen Arbeitskräfte nicht zur Verfügung standen. Nach Angaben des Planers der Abteilung Volksbildung erhielt die Abteilung zu dieser Zeit nicht die benötigte Steigerung von 100 technischen Kräften, sondern hingegen eine Kürzung von 200 Planstellen, da von Seiten des Ministeriums für Volksbildung in den Schulen die Schülerselbstverwaltung angestrebt wurde.

Neben den staatlichen Organen und Einrichtungen wurden von meiner Abteilung eine große Anzahl stadt-, bezirks- und zentral geleiteter Betriebe geprüft. Da diese Feststellungen auch heute noch informativ und durchaus lesenswert sind, habe ich einige Beispiele für Sie aufgearbeitet.

Film ab!

Schwerpunkte der 1975 durchgeführten Revision des VEB Bezirksfilmdirektion Leipzig waren die Erfüllung der kulturpolitischen Zielstellung, die Durchsetzung zentraler Beschlüsse zur Verbesserung der Materialökonomie, die Durchsetzung des sozialistischen Sparsamkeitsprinzips sowie die Einhaltung der Grundsätze von Ordnung und Sicherheit beim Umgang mit materiellen Fonds. Als positiv wurde die kontinuierlich verbesserte Arbeit mit Filmen aus der Sowjetunion und den anderen sozialistischen Ländern eingeschätzt. So konnte von 1971 bis 1974 der Anteil der Besucher von Filmen sozialistischer Länder an der Gesamtbesucherzahl von 55,6 % auf 66,6 % erhöht werden. Die positive Entwicklung in der kulturpolitischen Arbeit konnte trotz gleichbleibender Kapazitäten 1975 nicht fortgesetzt werden. Gegenüber dem vergleichbaren Zeitraum des Vorjahres war ein Besucherrückgang um 10,0 % (= 406,9 T Besucher) eingetreten. Der Durchschnittsbesuch war gegenüber dem ersten Halbjahr 1974 von 101 auf 92 Besucher je Vorstellung zurückgegangen.

Von der Leitung der Bezirksfilmdirektion wurden für diese rückläufige Tendenz hinsichtlich der Aufgabenerfüllung folgende Ursachen beziehungsweise Faktoren gesehen:

- Die im Rahmen des Filmangebots zur Verfügung stehenden Filme entsprachen bezüglich der Qualität zum großen Teil nicht den Bedürfnissen der Bevölkerung. Sie waren künstlerisch nicht ausgewogen und fanden kaum Publikumsresonanz. Das führte zu weit unter dem Durchschnitt liegenden Besucherzahlen.
- Die ursprünglich für die ersten Monate des Jahres 1975 zugesicherten guten Filmbeiträge zum 30. Jahrestag der Befreiung wurden zu spät beziehungsweise gar nicht bereitgestellt. So stand der Film „Front ohne Flanken" erst Mitte Mai mit nur zwei Kopien zur Verfügung. Den sowjetischen Beitrag „Blockade", der zum 30. Jahrestag der Befreiung angekündigt war, erhielt die Bezirksfilmdirektion nicht mehr.
- Zum Teil wurden Filme vom Fernsehen der DDR gekauft und gesendet, bevor der Einsatz in den Filmtheatern erfolgte. In Auswirkung dessen wurden politisch und künstlerisch wertvolle Filme

kaum besucht. Das betraf beispielsweise die Filme „Schilfrohr" und „Jakob der Lügner".

Ausgehend von diesen Problemen erhob der Direktor der Bezirksfilmdirektion Leipzig beim übergeordneten Organ, der Abteilung Kultur des Rates des Bezirkes, bereits Mitte 1975 gegen die mit der Staatlichen Aufgabe (staatlich verbindliche Aufgaben zur Erarbeitung des Planentwurfes – hier für 1976) für den Plan der Aufgaben 1976 vorgegebene Gesamtbesucherzahl von 8.000 T und beantragte eine Reduzierung dieser Kennziffer.

Auch bei der Entwicklung des Landfilms war ein Besucherrückgang zu verzeichnen. Zum Prüfungszeitpunkt wurden von den im Bezirk Leipzig bestehenden 373 Gemeinden ohne Kino lediglich 145 Gemeinden (38,9 %) planmäßig vom Landfilm bespielt. Damit bestand bei 335.393 Einwohnern, die in Landgemeinden ohne Kino lebten, nur für 147.460 Einwohner (44,0 %) die Möglichkeit eines regelmäßigen Filmbesuches. Somit wurden 21,0 % der Gesamteinwohner des Bezirkes Leipzig nicht planmäßig filmpolitisch betreut. Zwischen den Kreisen bestanden erhebliche Niveauunterschiede. Während beispielsweise im Kreis Döbeln nur 5,6 % der Gesamteinwohner nicht filmpolitisch betreut wurden, waren es im Kreis Geithain 33,2 %. Von der Leitung der Bezirksfilmdirektion wurden diese aus den Zahlen ersichtlichen Probleme mit einer zum Teil ungenügenden materiellen und technischen Basis sowie mit der ungünstigen Kadersituation bei Filmvorführern begründet. So fehlten unter anderem geeignete Vorführräume. In den Kreisen Oschatz, Torgau und Wurzen gab es Gaststättenleiter, die eine Bereitstellung ihrer Säle für die Landfilmbespielung ablehnten, weil die Mieteinnahmen angeblich nicht im Verhältnis zum Aufwand standen (Heizung, Reinigung). Darüber hinaus waren von 24 Planstellen für Landvorführer nur 19 besetzt. Eine wesentliche Ursache für die insgesamt unbefriedigende Situation auf dem Gebiet des Landfilms bestand nach Einschätzung der SFR auch darin, dass die planmäßige und kontinuierliche Entwicklung des Landfilms auf der Grundlage einer zielgerichteten Zusammenarbeit mit den örtlichen Räten und gesellschaftlichen Organisationen leitungsmäßig bisher nicht in ausreichendem Maße beeinflusst, unterstützt und gefördert worden war. So wurden Verträge mit örtlichen Räten als Grundlage für eine ständige Film-

betreuung der Landgemeinden nur vereinzelt abgeschlossen (zum Beispiel in den Kreisen Torgau, Wurzen und Leipzig).
In den Jahren 1974 und per 30.6.1975 wurden für Rekonstruktions- und Werterhaltungsmaßnahmen an Filmtheatern Ausgaben in Höhe von 298,5 TM aufgewendet. Zum damaligen Zeitpunkt befanden sich im Bezirk Leipzig von den insgesamt 70 Filmtheatern 61 Theater in gutem bis ausreichendem Zustand. Bei 9 Filmtheatern erforderte der mangelhafte Zustand dringend Rekonstruktions- beziehungsweise Werterhaltungsmaßnahmen. Neben Werterhaltungsmaßnahmen an 2 Filmtheatern (Wertumfang 170 TM) standen 1975 die Rekonstruktion und Erweiterung des Leipziger Filmkunst- und Studio-Theaters „Casino" mit einer Kapazität von 530 Plätzen im Vordergrund. Dafür standen finanzielle Mittel in Höhe von 500,00 TM zur Verfügung. Im Ergebnis der Untersuchungen durch die SFR wurde festgestellt, dass die für Investitionen und Werterhaltungsmaßnahmen bereitgestellten Mittel nicht immer effektiv und sinnvoll eingesetzt worden waren. So zahlte die Bezirksfilmdirektion in den Jahren 1974 und 1975 insgesamt 17,2 TM für Projektierungsleistungen an einen Privatarchitekten, ohne dass diesem Aufwand ein entsprechender Nutzen gegenüberstand. Es handelte sich bei dem vorliegenden „Projekt" ausschließlich um bautechnische Entwurfsunterlagen, die in keinster Weise den Anforderungen an ein Ausführungsprojekt entsprachen und für die Durchführung der Maßnahme nicht verwertbar waren. In den vom Architekten gelieferten Projektierungsunterlagen fehlten unter anderem die Zustimmung der Staatlichen Bauaufsicht, Prüfbescheide und Gutachten, der bauwirtschaftliche Teil mit Leistungsverzeichnis sowie statische Berechnungen. Grund für die Beauftragung eines privaten Architekten war laut Angaben des Direktors der Bezirksfilmdirektion, dass keine Projektierungskapazitäten zur Verfügung standen. Bei der Wahl dieses Architekten habe man sich davon leiten lassen, dass dieser Mitglied des Bundes der Architekten in der DDR war.
Eine vorbildliche Arbeit wurde von der Bezirksfilmdirektion Leipzig bei der Durchsetzung von Ordnung und Sicherheit geleistet. Das betraf beispielsweise den Nachweis der Einnahmen und Ausgaben, die Führung und Abrechnung der Barkassen, die Aufbewahrung, den Nachweis und die Abrechnung aller Wertvordrucke, die Abrechnung der Erlöse aus dem Verkauf von Handelsware, die Erfassung und Sicherung der Grund- und Arbeitsmittel, die Verwaltung und den Nachweis der

Materialbestände sowie die Durchführung und Auswertung von Inventuren. Die Einnahmen der Bezirksfilmdirektion betrugen 1974 insgesamt 9.206,9 TM (darunter Filmerlöse = 8.040,9 TM). Diesen Einnahmen standen Ausgaben von 11.325,3 TM gegenüber. Diese Differenz zwischen Ausgaben und Einnahmen wurde vom Staatshaushalt ausgeglichen.

Hohe Kostenüberschreitungen

Sehr interessante Feststellungen gab es 1978 bei der Revision des VEB Leipziger Kommissions- und Großbuchhandel. Der Auftrag bestand in der Prüfung der Effektivität beim Einsatz der materiellen Fonds sowie der ordnungsgemäßen Erarbeitung der Jahresbilanz 1977. Positive Feststellungen ergaben sich bei der Kontrolle des Abbaus der Auslieferungsrückstände, der Ermittlung des Betriebsergebnisses und der vollständigen und termingerechten Abführungen an den Staatshaushalt. Andererseits wurden die ökonomischen Ergebnisse des Betriebes 1977 durch die Überschreitung der geplanten Handelskosten ungünstig beeinflusst. Die Qualität der Leitungstätigkeit reichte nicht aus, um die Kostenarbeit zielgerichtet zu beeinflussen und das Prinzip der sozialistischen Sparsamkeit allseitig durchzusetzen. Der Warenumsatz betrug 1977 insgesamt 728,0 Mio. M, die Handelskosten 29,9 Mio. M und das Betriebsergebnis 19,7 Mio. M. Die geplanten Kosten wurden 1977 in Höhe von 1,4 Mio. M überschritten. Die Leitung des Betriebes hatte sich Anfang 1977 aufgrund der Hinweise der SFR mit den Kostenüberschreitungen der Vorjahre kritisch auseinandergesetzt und Schlussfolgerungen für eine Verbesserung der Kostenarbeit gezogen. Die Aktivitäten beschränkten sich lediglich auf einige Teilmaßnahmen (zum Beispiel Verbesserung im Bereich der Warenbewegung). Laut Einschätzung der SFR hatte es die Leitung des Betriebes nicht verstanden, konsequent und zielgerichtet auf eine planmäßige Entwicklung der Kosten einzuwirken. Das zeigte sich unter anderem darin, dass

- die Ursachen für die 1977 eingetretenen Kostenüberschreitungen nicht exakt und umfassend analysiert wurden,
- die Qualität der Kostenanalysen als Leitungsinstrument nicht ausreichte, um daraus Entscheidungen und Maßnahmen abzuleiten,

- die Kosten nicht in erforderlichem Umfang Bestandteil der Kontrolltätigkeit des Hauptbuchhalters waren und
- der zur Einhaltung der Plankosten des Jahres 1977 erarbeitete Maßnahmenplan nicht konsequent genug umgesetzt wurde.

Die Höhe der nicht planbaren Kosten von insgesamt 915,4 TM wurde maßgeblich durch folgende Faktoren beeinflusst:

- Infolge verspäteter Rücklieferungen von Paletten zahlte der Betrieb an die Druckereibetriebe Vertragsstrafen von insgesamt 235,5 TM. Das war gegenüber 1976 ein Anstieg der Vertragsstrafen um 30,0 %. Innerbetriebliche Maßnahmen wie Verbesserungen der Organisation im Bereich der Warenbewegung, Kauf eigener Paletten zum sofortigen Austausch gegen beladene und verstärkte Instandsetzung nicht mehr verwendbarer alter Paletten begannen erst im zweiten Halbjahr 1977 wirksam zu werden.
- Aufgrund von Reklamationen wurden den Kunden 817,8 TM erstattet. Eine Kontrolle, inwieweit die Reklamationen im Einzelnen berechtigt waren, erfolgte nicht. Damit fehlte jede Grundlage für eine Analyse der Reklamationen und der damit verbundenen Schlussfolgerungen. Das führte dazu, dass einzelnen Kunden, darunter auch in erheblichem Umfang privaten Einzelhändlern, im Zusammenhang mit Reklamationen ohne Kontrolle Beträge bis zu 3,5 % ihres Jahresumsatzes gutgeschrieben wurden.
- Durch Ausbuchung beschädigter und fehlerhafter Exemplare entstanden Kosten von 325,2 TM, darunter allein für die Ausbuchung von Importtiteln 147,2 TM. Die betreffenden Ausbuchungsprotokolle enthielten zum größten Teil nur sehr globale Angaben über die Ursachen der Ausbuchungen. So wurden beispielsweise laut Protokoll vom 12.8.1977 insgesamt 1.809 Bücher (Importtitel aus Bulgarien, Rumänien und Polen) für 17,0 TM ohne nähere Angaben und Erläuterungen wegen „Lager-, Transport und Ausstellungsschäden" ausgebucht.
- An die Deutsche Reichsbahn hatte der Betrieb für nicht fristgemäß entladene Waggons Standgelder von 23,4 TM zu zahlen.

Trotz der 1976 erreichten Fortschritte bei der Stabilisierung der betrieblichen Prozesse gab es noch Hemmnisse und Mängel, die der Erhöhung der Effektivität bei der Durchführung der Aufgaben entgegenstanden, die Gesamtsituation im Betrieb belasteten und die Qualität der Arbeit insgesamt ungünstig beeinflussten. Das betraf insbesondere die Lager- und Bestandswirtschaft, die Auslieferungszeit sowie die Entwicklung der Fehlerquote. Die Lagersituation im Betrieb war gekennzeichnet durch eine große Zersplitterung der Lagerkapazität und die teilweise sehr schlechten Bedingungen in den Lagern (schlechte Gebäudesubstanz, unzureichende Lagerflächen). Der Betrieb verfügte 1978 über 30 weitverzweigte Stammlager sowie über durchschnittlich 10 zeitweilige Lager. Dabei betrugen die Entfernungen zwischen den einzelnen Lagern bis zu 20 Kilometer. Diese Situation hatte unter anderem einen hohen betrieblichen Aufwand für die innerbetriebliche Warenbewegung zur Folge und wirkte sich negativ sowohl auf die Verlustquote als auch auf die Auslieferungszeiten aus. Der Betrieb hatte in der Vergangenheit nicht in jedem Fall alle Möglichkeiten zur Verbesserung der Situation genutzt.

- Von einer im Lager Zerbster Straße vorhandenen Fläche von 2.320 Quadratmetern (3 Etagen) wurden nur etwa 40,0 % genutzt, weil kein Aufzug vorhanden (alter Aufzug verworfen) und das Dach schadhaft war. Obwohl ein neuer Aufzug bereits im April angeliefert worden war und nach der vom Bezirksbaudirektor am 1.12.1976 bestätigten Stadtbaubilanz dem Betrieb ein Bilanzanteil in Höhe von 100,0 TM zur Verfügung stand, wurde diese Maßnahme durch inkonsequente Leitungstätigkeit nicht realisiert.
- Die unvertretbar hohe Lagerkapazität wurde zum Teil durch unbewertete Bestände beziehungsweise durch umschlagsträge Bestände blockiert. Die Leitung hatte eine ökonomische Entwicklung bisher nicht in ausreichendem Maße unterstützt, gefördert und beeinflusst.

So lagerten zum Prüfungszeitpunkt allein unbewertete (ausgebuchte) Bestände von 24 Verlagen beziehungsweise Produzenten in Höhe von insgesamt 4,9 Mio. M. Der Betrieb hatte gegenüber den Verlagen kaum auf eine Rückführung eingewirkt. Bewertete Bestände von Verlagen wurden über Jahre nicht bewegt. Von den bewerteten Beständen von insgesamt rund 200,0 Mio. M stammten Bestände in Höhe von 47,0 Mio. M von vor 1975. Das betraf bewertete Bestände für 16,0 Mio. M aus den Jahren 1961 bis 1970 und rund 1,0 Mio. M aus den Jahren 1946 bis 1960.

Ständig steigende Überplanbestände

1977 wurde das Versorgungsdepot für Pharmazie und Medizintechnik Leipzig geprüft. Neben seiner Versorgungsfunktion innerhalb der Bezirke Leipzig und Gera war das Versorgungsdepot für die Belieferung aller Bezirke der DDR auf den Gebieten der Veterinärmedizin, der Osteosynthese und der Stomatologie zuständig. Die Erfüllung der ständig steigenden Versorgungsaufgaben verlangte von den Werktätigen des Betriebes teilweise enorme Einsatzbereitschaft, da beispielsweise eine stark zersplitterte Lagerkapazität (neben den Hauptlagern in Leipzig und Gera bestanden 45 Außenlager) eine planmäßige und effektive Lösung der Aufgaben erschwerte. Eine Veränderung der Bedarfslage beziehungsweise Verbrauchsstruktur führte 1976 zur Nichterfüllung des geplanten Umsatzes in allen drei Handelsbereichen des Versorgungsdepots. Das ökonomische Ergebnis und die Effektivität der Arbeit wurden erheblich durch ständig steigende Überplanbestände beeinflusst, die zu Finanzierungsproblemen sowie zur Erhöhung des Aufwandes in der Lagerwirtschaft führten. 1976 wurde ein Umsatz von 276.661 TM erreicht. Von dem erwirtschafteten Nettogewinn in Höhe von 11.489 TM verwendete das Versorgungsdepot 6.090 TM für die Finanzierung eigener Fonds (Umlaufmittelfonds 4.861 TM, Investitionsfonds 482 TM, Prämienfonds 448 TM, Tilgung Grundmittelkredite 277 TM, sonstige 22 TM). 5.399 TM wurden als Nettogewinnabführung an den Staatshaushalt abgeführt. Außerdem führte das Versorgungsdepot insgesamt 907 TM an nicht selbst erwirtschafteten Gewinnen (571 TM), Mitteln des Amortisationsfonds (240 TM), nicht verbrauchten Investitionen (87 TM) und Prämienfondsmitteln (Kürzung Prämienfonds um 9 TM) ab. Die Abführungen an den Staatshaushalt erfolgten vollständig und termingerecht. Durch Überplanbestände wurde das Ergebnis ungünstig beeinflusst. Diese betrugen per 31.12.976 insgesamt 30.668 TM. An diesen Überplanbeständen waren die Bereiche Pharmazie mit 15.092 TM, Medizintechnik mit 4.689 TM und Dental-Medizintechnik mit 10.887 TM beteiligt. 8.791 TM von den im Bereich Pharmazie am Jahresende 1976 vorhandenen Überplanbeständen lagen im volkswirtschaftlichen Interesse (unter anderem Grippemedikamente). Schwerpunkt hinsichtlich der unplanmäßigen Bestandsentwicklung bildeten die Bereiche Pharmazie und Dental-Medizintechnik. Hauptursachen dafür waren eine unreale perspektivische Einschätzung des effektiven Bedarfs, die Veränderung der Bedarfslage, langfristige Importverträge sowie außerplanmäßige Warenzulieferungen. Das Entstehen der Überplanbestände in den Bereichen Pharmazie und Dental-Medizintechnik wurde unter anderem durch folgende Faktoren beeinflusst:

- Auf der Grundlage langfristiger Verträge bezog das Versorgungskontor aus der Sowjetunion unter anderem Hüftkopfprothesen und Infusionsbestecke. Beide Positionen waren nur bedingt einsetzbar, so dass der Absatz 1976 erheblich stagnierte. Die Auswirkung auf die Überplanbestände betrug rund 1,0 Mio. M.
- Ein langfristiger Importvertrag sah 1980 die jährliche Lieferung von 1.100 bis 1.250 Dentalstühlen (Stückpreis 7,0 TM) und von 800 bis 950 Standturbinen (Stückpreis 3,2 TM) aus der ČSSR vor. Der effektive Jahresbedarf lag bei maximal 700 Dentalstühlen und bei 250 Standturbinen. Auswirkungen auf den Bestand: rund 1,8 Mio. M.
- Jährlich wurden vom Versorgungsdepot etwa 176.000 Hartmetallfräser (Vertrag mit der Sowjetunion bis 1980) bezogen. Der jährliche Einsatz lag jedoch nur bei 40.000 Stück. Auswirkungen auf den Warenbestand: rund 2,3 Mio. M.
- Trotz eines Liefervertrages mit konkreten Liefergrößen erfolgte 1976 über den Plan hinaus die Lieferung von Dentalstühlen und Standturbinen im Wert von rund 3,7 Mio. M.

Diese unplanmäßige Entwicklung der Bestände hatte neben der unökonomischen Bindung von Lagerkapazität und den damit verbundenen Auswirkungen auf die Lagerwirtschaft (Erhöhung des Zugriffsaufwandes, zusätzliches Umsortieren, Nichtgewährleistung von Sicherheitsräumen) erhebliche Finanzierungsprobleme zur Folge. Außer dem planmäßigen Warenfinanzierungskredit von 47.140 TM und einem weiteren Kredit für die Finanzierung von Beständen im volkswirtschaftlichen Interesse von 8.028 TM (ohne Kredit zur Finanzierung staatlich verbindlicher Mindestvorräte) beantragte das Versorgungsdepot bei der Staatsbank 1976 Kredite zur Finanzierung von Überplanbeständen von insgesamt 13.720 TM. Dieser Kredit wurde im Durchschnitt mit 9.326 TM in Anspruch genommen. Allein dafür zahlte der Betrieb Zinsen in Höhe von 747 TM, die sich schmälernd auf das Betriebsergebnis auswirkten.

Nicht gesicherter Absatz von Büchern

Bei der 1976 erfolgten Revision der Effektivität beim Einsatz der materiellen und finanziellen Fonds des Verlages VEB Bibliographisches Institut Leipzig stellte die SFR fest, dass sich durch Probleme in der Polygraphie sowie beim VEB Leipziger Kommissions- und Großbuchhandel (LKG) in hohem Maße Schwierigkeiten hinsichtlich der termingemäßen Herstellung von Titeln sowie einer planmäßigen Realisierung des Absatzes ergaben. Dadurch war die Erfüllung der Planziele 1976 nicht gesichert und die Bestände wuchsen an. Letzteres führte beim Verlag unter anderem zu Finanzierungsproblemen. Per 31.8.1976 standen dem Planbestand von 10,6 Mio. M ein effektiver Durchschnittsbestand von 10,9 Mio. M und ein Stichtagsbestand von 11,6 Mio. M gegenüber. Für 1977 war gemäß Planentwurf ein weiteres Ansteigen der Bestände gegenüber 1976 um 0,9 Mio. M vorgesehen. Hauptursachen für das unplanmäßige Ansteigen der Bestände an Fertigerzeugnissen waren:

- Zwischen der Rechnungslegung durch die Polygraphie für fertiggestellte Titel gegenüber dem Verlag, der Anlieferung der Exemplare in voller Auflagenhöhe beim LKG sowie der Lieferbereitschaftserklärung und Auslieferung an den Buchhandel (Realisierung des Absatzes) durch den LKG lag zum Teil eine erhebliche Zeitspanne. Daraus ergaben sich im Durchschnitt monatliche Überplanbestände bis zu 540 TM.
- Ungünstige Lagerbedingungen sowie die angespannte Arbeitskräftesituation beim LKG verzögerten die Auslieferung der Bestellungen und führten zur Nichterfüllung der Absatzpläne.
- Infolge eines falschen Ausweises der vorbestellten Exemplare der 11. Auflage des Titels „Philosophisches Wörterbuch" durch den LKG wurde vom Verlag eine 12. Auflage herausgegeben, deren Absatz nicht gesichert war. Die Auswirkungen auf den Bestand betrugen zum Prüfungszeitpunkt 904 TM.

Die Bestandslage wurde darüber hinaus durch die Bestände an Handelsware ungünstig beeinflusst. Es handelt sich dabei um Titel (vorwiegend Wörterbücher), die der Verlag über den Buchexport von Verlagen anderer sozialistischer Staaten bezogen hatte. Der Absatz erfolgte ebenfalls über den LKG. Diese Bestände betrugen per 1.1.1976 = 830,5 TM und per 31.7.1976 = 769,3 TM. Ein planmäßiger Absatz war auch hier nicht gesichert. So bezog der Verlag beispielsweise in den Jahren 1969 bis 1975 von einem Warschauer Verlag für insgesamt 732,2 TM vier Großwörterbücher (Deutsch–Polnisch/Polnisch–Deutsch in jeweils zwei Teilen) mit je 10.000 Exemplaren. Zum damaligen Zeitpunkt waren je Buch lediglich 2.500 beziehungsweise 2.800 Exemplare abgesetzt worden. Damit waren noch Bestände im Wert von 543,2 TM vorhanden. Zum Prüfungszeitpunkt führte die Leitung des Verlages Verhandlungen mit dem Buchexport mit dem Ziel, die vorhandenen Bestände zurückzugeben. Eine Ursache für das Entstehen von Überplanbeständen bei der Position Handelsware war nach Ansicht der SFR eine nicht reale Einschätzung der Bedarfslage bei der Planung. Dadurch überzog der Verlag 1975 entgegen den mit der Staatsbank vereinbarten Kreditbedingungen den planmäßigen Bestandskredit, um die Finanzierung von Überplanbeständen zu sichern. Die durch die Staatsbank erhobenen Sanktionszinsen betrugen 40 TM.

So eine Schweinerei!

Wenn ich folgende Revision nicht persönlich durchgeführt hätte, würden mir Zweifel am Wahrheitsgehalt kommen.

Ich erhielt kurzfristig die Aufgabe, in der Abteilung Landwirtschaft eines Rates des Kreises im Prüfungsbereich meiner Revisionsgruppe eine Sonderprüfung durchzuführen. Es dürfte 1987 gewesen sein. Mir wurde mitgeteilt, dass es Hinweise auf Betrugshandlungen im Bereich des Kreistierarztes gab. Nach meiner Erinnerung bestanden diese Hinweise unter anderem darin, dass aus Neuwagen der Tierärzte Teile ausgebaut worden sein sollten und dafür der Einbau alter Teile erfolgt war. Sogar von einem vollständigen Motor war die Rede. Dienstautos sollten zudem im erheblichen Umfang ohne Genehmigungen für private Fahrten genutzt worden sein.

Ich erhielt keine schriftlichen Hinweise zu den schweren Beschuldigungen. Auch die angeblichen Informanten wurden mir nicht genannt. Diese beiden Sachverhalte machten mich misstrauisch, obwohl Informationen von Dritten für mich – auch anonym – keine Seltenheit waren. Aufgrund der Probleme bei der Bereitstellung von Pkws beziehungsweise Autoersatzteilen in der DDR waren derartige Betrugshandlungen vorstellbar. Durch meine Erfahrungen als Finanzrevisor war jedoch gerade bei derartigen schwerwiegenden Hinweisen „Vorsicht die Mutter der Porzellankiste". Mich erinnerten diese Hinweise sofort an eine ebenfalls von mir durchgeführte Prüfung. Ausgangspunkt dieser Finanzrevision waren Informationen über einen Verwaltungsleiter, der in erheblichen Mengen Material für den Bau seines Hauses entwendet haben sollte. Die Menge und das Material wurden nicht konkret benannt. Ich führte vielfältige Prüfungshandlungen durch, die keine Hinweise auf den Diebstahl von zum Beispiel Baumaterialien ergaben. Da der Betroffene schnell mitbekam, um was es ging, bot ich ihm nach einer gewissen Prüfungszeit ein Gespräch bezüglich der Verdächtigungen an. Er vereinbarte mit mir einen Termin auf seinem Grundstück. Dort zeigte er mir ganz stolz, was er am eigenen Haus geschaffen hatte. Das konnte sich sehen lassen. Da es in der DDR, bedingt durch die gravierenden Materialprobleme, kein Zuckerschlecken war, ein Haus instand zu halten beziehungsweise an- oder umzubauen, konnte man schnell in das Blickfeld neidischer beziehungsweise sonstiger „sehr neugieriger" Nachbarn geraten. Das war auch hier der Fall gewesen. Tatsächlich hatte der Verwaltungsleiter nur in seiner Nähe häufiger von einem Bekannten Sand mit der Schubkarre geholt.

Nun zurück zu meiner Prüfung in der Abteilung Landwirtschaft. In der DDR gab es in den Gemeinden sehr viele landwirtschaftliche Produktionsgenossenschaften (LPG). Diese hatten nicht selten erhebliche Tierbestände, die von Tierärzten zu betreuen waren. Die Tierärzte waren bei den Räten der Kreise angestellt. In Kreisen mit sehr vielen LPG war die Anzahl der Tierärzte dementsprechend hoch. Der Bereich der Veterinärmedizin war auch der Bereich mit den meisten Dienstwagen. Mit dem heutigen Wagenstandard darf man das nicht vergleichen. Das Alter der Wagen war oft erheblich, der Zustand dementsprechend und der Benzinverbrauch hoch.

Ich fuhr mit dem Zug zum Prüfungsort, meldete mich zuerst beim Ratsmitglied für Land- und Nahrungsgüterwirtschaft und dann beim

Kreistierarzt an, ohne den tatsächlichen Grund der Prüfung zu nennen. Meine ersten Prüfungshandlungen bestanden darin, die Dienstfahrzeuge, die Garagen und das Ersatzteillager unter die Lupe zu nehmen. Jeder, der wie ich nur wenig von Autos versteht, hätte sich über dieses Ersatzteillager gewundert. Die dort gelagerten Ersatzteile waren zumeist aufgearbeitet und dienten dazu, Notlösungen zu finden, um die Fahrzeuge einsatzbereit zu halten. Keiner in der DDR war zu beneiden, für die Funktionsfähigkeit eines solchen überalterten Fuhrparkes verantwortlich zu sein. Die Einhaltung der gesetzlichen Regelungen (zum Beispiel beim Bezug von Autoersatzteilen) war von vornherein zum Scheitern verurteilt.

Nach der Inaugenscheinnahme des Ersatzteillagers verstärkten sich meine Zweifel am Wahrheitsgehalt der Hinweise. Aber ich stand erst am Anfang der Prüfung. Danach prüfte ich die Einhaltung gesetzlicher und interner Vorschriften zum Einsatz der Fahrzeuge (zum Beispiel der Fuhrparkordnung). Ich überprüfte die vollständige und ordnungsgemäße Führung der Fahrtenbücher, verglich die gefahrenen Kilometer mit den angegebenen Fahrzielen, stimmte Dienstpläne mit Fahrtenbüchern, Fahrtenbücher mit Tankabrechnungen, Urlaubsscheine mit Fahrtenbüchern sowie die Lagerkartei mit Rechnungen (zum Beispiel Kauf von Autoreifen) ab. Ich ermittelte den Durchschnittsverbrauch der einzelnen Fahrzeuge, prüfte die Unterlagen bei der Aussonderung von Fahrzeugen und die ordnungsgemäße Erfassung neuer Fahrzeuge. Auch hinsichtlich des angeblichen Ausbaus eines neuen Motors führte ich Prüfungshandlungen durch, wozu ich einen Dienstwagen mit Fahrer gestellt bekam, da ich damals wie heute keine Fahrerlaubnis besaß beziehungsweise besitze. Wir fuhren umliegende Autowerkstätten an, um zu klären, ob die laut vorliegender Rechnungen erfolgten Reparaturen auch tatsächlich an diesen Dienstwagen und nicht an Privatautos durchgeführt worden waren. Es gab nicht den kleinsten Anhaltspunkt für die Richtigkeit der Beschuldigungen. Die als sehr vertraulich einzustufenden Hinweise zu gravierenden Rechtsverletzungen im Bereich des Tierarztes hatten sich in Luft aufgelöst. Ich begann an meinen Fähigkeiten zu zweifeln. Der Kreistierarzt hatte längst mitbekommen, wohin der Wagen rollte. Ich hatte übrigens bereits bei meiner Anmeldung einen guten Eindruck von ihm gewonnen. Aber derartige subjektive Eindrücke sind für einen Finanzprüfer nicht maßgebend. Die Unterlagen sind das Maß aller Dinge. Und diese gaben nichts her, absolut nichts. Was nun? Im Normalfall hätte ich die Prüfung abgebrochen und ein Revisionsprotokoll angefertigt. Wenn es nichts zu beanstanden gab, dann war auch das ein Prüfungsergebnis. Ganz geheuer war mir das bei dieser Prüfung jedoch nicht. In der Zwischenzeit hatte der Kreistierarzt sicher mitbekommen, dass man sich mit mir vernünftig unterhalten konnte. Er bat mich zu sich ins Büro und informierte mich über seine „Unverschämtheit". Diese bestand darin, dass er es gewagt hatte, einen Waffenschein zur Jagd zu beantragen. Der betreffende Kreis war und ist bis heute reich an Wildbeständen. Zum damaligen Zeitpunkt war nur ein Waffenschein zu vergeben. Außer dem Kreistierarzt hatte ein Funktionär im Kreis ebenfalls einen Waffenschein beantragt. Also musste eine vermittelbare Lösung zugunsten dieses Funktionärs gefunden werden. Eine Finanzprüfung mit vielen Beanstandungen wäre ein schönes Argument für eine Ablehnung gewesen. Aber selbst der für diese Revision zeitlich relativ hohe Aufwand wird ausgereicht haben, den Waffenschein zugunsten des Funktionärs zu vergeben. Nach meinen Recherchen erhielt der Kreistierarzt ein Jahr später einen Waffenschein. Warum ausgerechnet ich für diese „Sauerei" – etwas anderes war dieser Prüfungsauftrag nicht – herhalten musste, ist mir sehr lange ein Rätsel geblieben. Nach knapp über 25 Jahren scheint sich der Schleier gelöst zu haben. Diese mir zugeteilte Prüfungsaufgabe war eine „Palette von faulen und pervers stinkenden Eiern". Auch wenn ich mich als „Finanzrevisor Pfiffig" im Buch bezeichne, ärgere ich mich bis heute, dieses böse Spiel nicht durchschaut zu haben. Aber das war so geschickt eingefädelt, dass selbst Egon Olsen von der Olsen-Bande ein Waisenknabe im Vergleich zu dem damals handelnden und wahrscheinlich extrem kleinen Personenkreis war. Dieses Paket war 1987 so perfekt geschnürt, dass ich trotz meiner frühzeitigen Zweifel am Wahrheitsgehalt der Verdächtigungen kaum eine Chance hatte, alle Knoten zu lösen. Ich bin mir in der Zwischenzeit ziemlich sicher, alle Knoten dieses teuflischen Paketes mit Hilfe einer Zauberschere endgültig durchschnitten zu haben. Um ehrlich zu sein, hat mich der Inhalt des Pakets nach so vielen Jahren nicht mehr überrascht. Was ging in mir vor, als der letzte und komplizierteste Knoten gelöst war? Ich war nicht erstaunt. Aber ich war enttäuscht, bitter enttäuscht. Maßlos enttäuscht! Ich war sauer, stinksauer! Da ich davon ausgehe, dass der damals betroffene Kreistierarzt mein Buch liest, bitte ich ihn für die Unannehmlichkeiten durch meine Finanzrevision nachträglich um Entschuldigung.

So verrückt es auf den ersten Blick erscheinen mag, aber diese Revision war für den „Finanzrevisor Pfiffig" einer von mehreren Meilensteinen in der beruflichen Entwicklung. Besser hätte es nicht kommen können. Einen Dank kann ich dafür nach meinen Erkenntnissen nicht mehr aussprechen, ich will es auch nicht mehr. Diese Revision war für mich eine wiederholte Bestätigung, dass ich beruflich immer absolut fair gearbeitet habe. Ich habe mich nicht schon im Vorfeld vom Wahrheitsgehalt irgendwelcher Hinweise beeinflussen lassen, von welcher Stelle diese auch kamen. Ich habe keine „Erbsen" gezählt, nur um etwas zu finden.

Reichlich Zündstoff

Nun starten wir zur Abwechselung zwei Feuerwerksraketen mit extrem vielen Rottönen in den damaligen DDR-Himmel.

Die erste Rakete ist ein Restbestand vom VEB Pyrotechnik Silberhütte. Erste Rakete Feuer frei!
Ende 1984 muss mich der Teufel geritten haben. Jedenfalls ließ ich mich von der Dienststelle überreden, ein sogenanntes staats- und rechtswissenschaftliches Hochschulstudium an der Bezirksakademie des Rates des Bezirkes Leipzig zu beginnen. Am 10.12.1984 begab ich mich zum Aufnahmegespräch. Schon kurze Zeit, nachdem ich die Schwelle dieses Hauses betreten hatte, schwante mir nichts Gutes. Von den Studienbewerbern waren mir zwei Bürgermeister bekannt. Beim größten Teil handelte es sich um Funktionäre der SED wie Parteisekretäre, Genossen von SED-Stadt- und SED-Kreisleitungen. Mir war sofort klar, dass ich dort fehl am Platze war. Doch wie nun meinen Kopf aus der Schlinge ziehen? Die Lösung sollte nicht lange auf sich warten lassen. Sie nannte sich Aufnahmekommission, von der mir ein Mitglied durch meine Revisionstätigkeit bekannt war. Er arbeitete nach meiner Erinnerung in der Abteilung Inneres des Rates des Kreises Leipzig. Anfangs wurden alle Bewerber über die Durchführung und die Anforderungen dieses Studium informiert. Beginn des Studium war im Januar 1985. Der Unterricht sollte jeweils sonnabends stattfinden und mit dem Fach Russisch beginnen. Nach diesen einleitenden Bemerkungen waren anschließend einige Fragen schriftlich zu beantworten. Danach erfolgte mit jedem Bewerber einzeln eine Auswertung. Dabei wurde mir vom

vorher genannten Mitglied dieser Aufnahmekommission in äußerst arroganter Weise mitgeteilt, dass ich mich im nächsten Jahr noch einmal bewerben solle. Der Junge hatte wohl einen Dachschaden! Wenn ein solch arrogantes und überhebliches Auftreten das Wachstum gefördert hätte, wäre es leicht möglich gewesen, dass dieser selbst aus der Dachrinne eines vierstöckigen Hauses hätte trinken können. Was hätte meine Oma Emma hinsichtlich des überheblichen und unverschämten Auftretens dieses Vorsitzenden der Auswahlkommission gesagt? Sicher so einen Satz wie: „Du hast wo nicht alle Tassen im Schrank, mei Seppl!" Opa Richard hätte wesentlich härter reagiert. Er wäre sofort handgreiflich geworden und hätte den Bruder über den Schreibtisch gezogen. Hätte er doch etwas gesagt, dann vielleicht in der Art: „Du Knallschote, nimm dein Fischkopp zur Seite, heite is Preisangeln!" Ja, ja, Oma Emma und Opa Richard ...

Nach dem Verlassen der Bezirksakademie war dieses unsinnige Studium für mich noch nicht vom Tisch. Ich hatte eine etwas unruhige Nacht, denn ich lebte ja in der DDR und nicht auf einer einsamen Insel. Außerdem war ich bei der SFR angestellt. Am 12.12.1984 verfasste ich in der Außenstelle Leipzig-Land ein Schreiben an meinen Inspektionsleiter. Hier der ein wenig gekürzte Inhalt:

„Am Ende des Aufnahmegesprächs wurde mir empfohlen, mich im nächsten Jahr erneut zu bewerben. Unabhängig, ob ich zugelassen werde oder nicht, ziehe ich meine Bewerbung aus folgenden Gründen zurück:

1. Während des Aufnahmegesprächs wurde mir unter anderem die Frage gestellt, ob ich etwas gegen unseren Staat hätte, weil ich kein Parteimitglied sei. Ich wollte es zwar nicht glauben, aber die Fragestellung ist tatsächlich wahr, auch wenn der anwesende Personenkreis wahrscheinlich diese Aussage verneinen würde. Obwohl meines Erachtens meine Einstellung zur Revisionstätigkeit und meine überwiegend guten Ergebnisse diese Unterstellung klar widerlegen, hatte ich den Eindruck, dass bei den Durchführenden dieses Gesprächs bereits vor Beginn diese Position feststand. Ich verwahre mich hiermit energisch gegen diese anmaßende und für mich beleidigende Fragestellung der gesprächsführenden Personen. Ich sehe für mich deshalb keine Chance an dieser Bildungseinrichtung.

2. Während des Gesprächs wurde mir gegenüber geäußert, dass es notwendig sei, hochqualifizierte Kader für Leitungsfunktionen in

örtlichen Räten auszubilden, was der Sinn dieses Studiums ist. Eine Tätigkeit bei der SFR sei nicht so extrem wichtig, da dort im Prinzip nur Papier vollgeschrieben wird. Bisher war ich immer der Meinung – und bin es auch jetzt noch –, dass meine Tätigkeit als Finanzrevisor im Interesse unseres Staates gegenwärtig dringender denn je erforderlich ist. Diese Bedeutung war wahrscheinlich dem sicher doch sehr qualifizierten Personenkreis nicht recht bewusst.

Trotz meiner endgültigen Ablehnung werde ich jedoch auch in nächster Zeit weiterhin meine mir gestellten Aufgaben bei der SFR in guter Qualität lösen."

Dieses Schreiben überbrachte ich meinem Inspektionsleiter persönlich. Wir hatten ein kurzes Gespräch und damit war zum Glück dieses Studium für mich Geschichte. Ich erhielt noch die Information, dass mein Inspektionsleiter daraufhin einen sehr bösen Brief in Richtung Bezirksparteileitung geschrieben haben soll.

Hersteller der zweiten Rakete war der VEB Sprengstoffwerk Gnaschwitz. Fliege hoch, Rakete, fliege hoch!
Zweite Rakete Feuer frei!
Für einen Mitarbeiter der SFR war es normal, an Wahltagen für bestimmte Aufgaben eingesetzt zu werden. Meine Aufgabe bestand meistens darin, die Endergebnisse der Wahlen in den Städten und Gemeinden auf Grundlage der zum Rat des Kreises Leipzig gebrachten Unterlagen zusammenzufassen. Es muss Ende der achtziger Jahre gewesen sein. Wieder stand eine Wahl an. Ich erhielt von der Dienststelle den Auftrag, mich am Wahltag in einem angegebenen Wahllokal einzufinden. Über meine konkrete Aufgabe erhielt ich keine Kenntnis, was ungewöhnlich war. Jedenfalls begab ich mich am Sonntagmorgen zum Wahllokal und wartete auf genauere Information. Als man mir mitteilte, dass ich dafür eingeteilt war, Leute ab einer bestimmten Uhrzeit in der Wohnung aufzusuchen, um sie zur Abgabe ihrer Wahlzettel aufzufordern, wollte ich das Wahllokal umgehend verlassen. Aber ich traute mich nicht. Innerlich hatte ich erhebliche Wut, dass man mich als parteilosen Angestellten der SFR für so einen Müll eingesetzt hatte. Wäre mir die Aufgabenstellung vorher bekannt gewesen, hätte ich sie abgelehnt. Mir blieb nichts anderes übrig, als gute Miene zum bösen Spiel zu machen. Da immer zwei Personen zusammen die Bürger aufsuchen mussten, wurde ich einer Genossin der SED zugeteilt. Sie

war etwa zwischen 35 und 40 Jahre alt, recht ansprechend gebaut und sah sehr gut aus. Trotzdem war das für mich nur ein kleiner Trost. Ich merkte schnell, dass sie sich bezüglich der Aufgabe auch nicht recht wohlfühlte. Als sie dann von mir noch mitgeteilt bekam, dass ich zu den Bürgern kein Wort sagen würde, war sie noch weniger begeistert. Jedenfalls erhielt sie gegen 14.00 Uhr eine Namensliste mit Bürgern, die bis zu diesem Zeitpunkt noch nicht gewählt hatten. Die Wohnungssubstanz in dieser Gegend war selbst für DDR-Verhältnisse beschämend beziehungsweise katastrophal. Das war mit ein Grund für die verhaltene Wahlbeteiligung. Ich zog mit der Genossin los. Sie sah nicht nur sehr gut aus, sondern war eigentlich auch ganz nett. Sie klingelte an verschiedenen Türen und bat die Leute höflich, doch bitte zur Wahl zu gehen. Nicht jede Tür wurde geöffnet, manche gleich wieder zugeknallt. Aber da musste sie durch. Ich ging natürlich mit, obwohl mir kein Wort über die Lippen kam. Das einzig Interessante für mich waren neben der hübschen Genossin die zum Teil heftigen Reaktionen mancher Bürger. Plötzlich schien ihr Gang zögerlich zu werden und ihre Stimmung verschlechterte sich merklich. Wieso das? Wir begaben uns in ein Haus in die zweite oder dritte Etage. Sie klingelte an einer Wohnungstür. Zu meiner Verwunderung stand ihr Familienname auf dem Namensschild. Sie schloss die Tür auf, ging in die Wohnung und bat ihren Mann, doch zur Wahl zu gehen. Nun war mir die Ursache ihres Stimmungswandels klar. Einerseits tat sie mir leid, andererseits hätte ich mich vor Lachen ausschütten können. Zum Glück konnte ich mir das verkneifen. Am nächsten Tag unterrichtete ich übrigens meine Dienststelle davon, dass ich künftig derartige Wahleinsätze ablehnen würde. Nie wieder wurde ich für derartige Aufgaben herangezogen.

Systembedingte Prüfungsfeststellungen

Begeben wir uns jetzt in etwas ruhigeres Fahrwasser, zumindest hatte ich das anfangs gedacht. Ich mache Sie mit Feststellungen der SFR vertraut, die ich mit „systembedingte Prüfungsfeststellungen" bezeichnet habe. Diese Feststellungen sollen Ihnen verdeutlichen, welche kleinen, großen und dramatischen Probleme es in der DDR gegeben hat, die von der SFR aufgezeigt wurden. Vom überwiegende Teil dieser Prüfungsfeststellungen erhielt die Öffentlichkeit keine Kenntnis.

1988 war die Einhaltung der staatlichen Ordnung beim Einsatz von Vergaser- und Dieselkraftstoff ein Schwerpunkt bei der Prüfung eines Fachkrankenhauses. Dabei stellte ich fest, dass es bei der Einhaltung des Kontingentes für Dieselkraftstoff keine Probleme gab. Mit dem bereitgestellten Vergaserkraftstoff kam die Einrichtung jedoch nicht aus. Trotz vielfältiger Sparmaßnahmen fielen oft nicht planbare Aufgaben an. Das waren 1987 beispielsweise solche Aufgaben wie die Beförderung von Raupenfahrern zur Sicherstellung des Heizbetriebes, das Zurückholen von entwichenen Patienten sowie der Transport von Handwerkern (Malern) zur Durchführung von Werterhaltungsmaßnahmen. Dadurch wurden die geplanten Mittel für Vergaserkraftstoff um 3,8 TM (Plan = 39,4 TM/Ist = 43,2 TM) überschritten.

Das dem Rat der Gemeinde Störmthal nachgeordnete Kinderheim „Alexander Matrossow" wurde von mir 1989 geprüft. Seit Jahren war es im Kinderheim dringend notwendig, Dachsanierungsarbeiten durchzuführen. Aufgrund fehlender Bilanzen und mangels Materials konnte trotz Bemühungen des Rates der Gemeinde lange Zeit keine Abhilfe geschaffen werden. 1988 erhielt das örtliche Organ, also der Rat der Gemeinde Störmthal, die erforderlichen Bilanzen. Die Materialfrage sollte vom übergeordneten Organ, dem Rat des Kreises Leipzig, geklärt werden. Ende 1988 wurde das Gebäude eingerüstet und dafür bis April 1989 insgesamt 14,4 TM ausgegeben. Außer den Kosten für das Aufstellen des Gerüstes fielen monatlich Kosten von 0,8 TM für die Vorhaltung an. Die vertraglich gebundenen Firmen konnten die Arbeiten nicht ausführen, da kein Material zur Verfügung stand. So fehlten unter anderem 500 kg Alublech, 500 kg Zinkblech und 9.000 rote Dachziegel. Rote Dachziegel deshalb, weil das Gebäude unter Denkmalschutz stand.

Das Kinderheim war 1988 nur zu 79,6 % ausgelastet. Bei einer Kapazität von 54 Plätzen waren im Durchschnitt nur 43 Plätze belegt. Wesentlicher Grund für die niedrige Auslastung war, dass aufgrund fehlender Arbeitskräfte im technischen Bereich (von 13,5 Vollbeschäftigteneinheiten waren nur 7,1 besetzt) und beim pädagogischen Personal eine ordnungsgemäße Betreuung der Kinder nicht gewährleistet war. Hauptgrund für die besonders im technischen Bereich schwer zu realisierende Gewinnung von Arbeitskräften waren die geringen Verdienstmöglichkeiten. Im Territorium befanden sich Betriebe des Kohlebergbaus und landwirtschaftliche Produktionsgenossenschaften, die erheblich bessere Verdienstmöglichkeiten und sonstige Vergünstigungen boten.

Im Feierabendheim „Maxim Gorki" Taucha führte ich 1988 eine planmäßige Revision durch. Das Heim verfügte 1987 über eine Kapazität von 216 Betten. Durchschnittlich belegt war das Heim jedoch nur mit 168 Bewohnern. Nach Abschluss der Rekonstruktionsmaßnahmen im Januar 1988 wurde die Kapazität auf 206 Betten reduziert. Bis Ende April 1988 betrug die Durchschnittsbelegung 83,5 % (= 172 Betten). Somit waren zum damaligen Zeitpunkt 34 Plätze nicht belegt. Aussprachen mit den Verantwortlichen des Heimes und bei der Abteilung Gesundheits- und Sozialwesen des Rates des Kreises Leipzig ergaben, dass es sich bei den neuen Zimmern überwiegend um Dreibettzimmer handelte. Trotz einer großen Anzahl von Anträgen wurde deshalb von den meisten Bürgern auf eine Heimaufnahme verzichtet.
Ich prüfte dieses Heim übrigens mehrere Male. Mein Arbeitsplatz war meist im Archiv. Darin befand sich ein kleiner Ofen, den ich in der kalten Jahreszeit beheizen musste. Herrlich war das Prüfen in diesen Räumlichkeiten, wenn das Feuer leise knisterte und das Nagen von Mäusen in alten Akten deutlich zu hören war. Manchmal klappte auch eine Mausefalle zu. Ein sehr schönes Prüfungsobjekt.

Fast unglaubliche Feststellungen gab es bei der Revision von Krankenhaus/Poliklinik Markkleeberg im Jahre 1984. Meine Prüfungshandlungen ergaben unter anderem, dass im Gegensatz zu den vorhandenen Betten die Bestände an Wäsche recht hoch waren. Besonders hoch war der Anteil der im Umlauf befindlichen Wäsche, die sich vorwiegend in der Wäscherei befand. Hauptursachen der überhöhten Bestandshaltung waren die nicht kontinuierliche Rücklieferung durch den VEB Stadtwäscherei Leipzig sowie Wäscheverluste durch von der Wäscherei nicht zurückgelieferte Wäschestücke. So wurden im Zeitraum 1.10.1983 bis 31.3.1984 laut Unterlagen 152 Wäschestücke für rund 4,0 TM nicht zurückgeliefert. Obwohl die Verantwortlichen der Einrichtung laufend mit dem VEB Stadtwäscherei Leipzig in Verbindung standen, war eine Lösung des Problems nicht möglich.

Prüfungsschwerpunkt in einem Pflegeheim des Kreises Leipzig war 1982 die Materialwirtschaft. Bei der Besichtigung der Materiallager stellte ich fest, dass erhebliche Bestände an Geschirr in Höhe von 30,0 TM vorhanden waren. So befanden sich im Geschirrlager unter anderem folgende Bestände:

Artikel	Anzahl	Anzahl pro Platz	TM
Porzellankannen	398	3,1	4,1
Tassen	1.530	11,9	4,6
Teller flach	1.017	7,9	4,1
Unterteller	1.460	11,4	3,7
Schüsseln	431	3,4	2,8

Diese Bestände lagerten seit 1975 in der Einrichtung und befanden sich größtenteils noch in der Originalverpackung. Im Widerspruch zu dieser Bevorratung bestanden in einem nur wenige Kilometer entfernten Feierabendheim Probleme bei der ausreichenden Ausstattung mit Geschirr. Die Heimbewohner waren dort teilweise gezwungen, aus Blechtassen zu trinken, weil keine anderen vorhanden waren. Noch während der Prüfung informierte ich darüber die Kreisärztin des Kreises Leipzig, die eine sofortige Übergabe des nicht benötigten Geschirrs veranlasste. Mich freute damals sehr, dass ich durch meine Prüfung zur Lösung dieses unzumutbaren Zustandes beitragen konnte.

1989 prüfte Werner die Kreisbibliothek Leipzig. Das Haushaltsvolumen betrug 1989 insgesamt 563,6 TM. Die Grundmittel, besonders des Fuhrparks, waren mit 98,1 % abgeschrieben. Diese mussten in Ermangelung der Bereitstellung zentraler materieller Fonds (Ersatzinvestitionen) weiter genutzt werden. Die Aufrechterhaltung der fahrtechnischen Leistungen war nicht mehr im erforderlichen Umfang gewährleistet. So war beispielsweise ein Sattelschlepper wegen Ersatzteilschwierigkeiten (Getriebe) nicht einsatzfähig.

1985 prüfte ich eine Kreisstelle für Unterrichtsmittel, die sich in der Gemeinde Mölkau befand und eine nachgeordnete Einrichtung der Abteilung Volksbildung des Rates des Kreises war. Die Hauptaufgabe derartiger Kreisstellen für Unterrichtsmittel bestand in der Ausleihe von Filmen, Dia-Serien und technischen Geräten an die Schulen des jeweiligen Kreises. Neben der Kontrolle der Durchsetzung der Ordnungsmäßigkeit im Belegwesen und der Gewährleistung von Ordnung und Sicherheit auf dem Gebiet der Material- und Lagerwirtschaft war ein weiterer Prüfungsschwerpunkt die Einhaltung der vorgegebenen Normative bei der Ausstattung der Einrichtungen mit Unterrichtsmitteln und Geräten der technischen Grundausstattung. Die Kreisstelle besaß zum Prüfungszeitpunkt rund 1.000 Filme und 1.000 Dia-Serien. Die Prüfung der Ausleihe ergab eine unzureichende Nutzung. Sehr viele Filme waren noch nie verliehen worden und auch ein großer Teil der Dia-Serien war kaum genutzt. Der Leiter der Kreisstelle gab dazu an, dass mangelndes Interesse der Lehrer verschiedener Volksbildungseinrichtungen an diesem Informationsmaterial bestand. Außerdem mussten diese Unterrichtsmittel bei Bedarf von den Schulen selbst abgeholt werden, da durch die erhebliche Reduzierung des Kraftstoffkontingentes eine Belieferung durch die Kreisstelle nicht möglich war. Gemäß Verfügungen und Mitteilungen des Ministeriums für Volksbildung Nr. 7/1980 waren die Normative für die Ausstattung der Einrichtungen der Volksbildung mit Geräten der technischen Grundausstattung und weiterer Unterrichtsmittel strikt einzuhalten. Zum Prüfungszeitpunkt gab es Bestände in Höhe von 165,0 TM über das Normativ. Es handelte sich beispielsweise um 145 Plattenspieler, 20 Fernsehgeräte und 40 Rundfunkgeräte. Bei vielen Geräten war die normative Nutzungsdauer längst überschritten.

1986 erfolgte im Rahmen der Prüfung des Feierabendheimes „Oswald Jäckel" in der Stadt Markranstädt eine Kontrolle der Wäschebestände. In den „Verfügungen und Mitteilungen des Gesundheitswesens" Nr. 4 vom 25.9.1985 war die Bevorratung mit Wäsche für die Einrichtungen des Gesundheitswesens konkret geregelt. Die darin festgelegten Normative waren zum Prüfungszeitpunkt überschritten. Es erfolgte eine Auflage zur Umverteilung folgender überhöhter Bestände:

Artikel	Normativ	Gesamtbestand	Mehrbestand
Handtücher	1.365	2.575	1.210
Geschirrtücher	573	1.142	569

Kopfkissen	854	1.304	450
Laken	854	956	102
Stecklaken	102	298	196

Dorothea führte 1989 eine Revision im Bezirkskrankenhaus für Psychiatrie Leipzig (Stadtarchiv Leipzig StVuR 18.436) durch. Im Ergebnis der 1988 in der Einrichtung erfolgten Inventur hatte das Bezirkskrankenhaus 4 ungenutzte Grundmittel und 1 Arbeitsmittel (unter anderem 1 Trockenschrank, 1 Sterilisierautomat und ein Kittellegetisch) mit einem Bruttowert von 120,0 TM dem übergeordneten Fachorgan gemeldet. Dabei handelte es sich um 2 Umsetzungsangebote und 3 Ausrüstungen beziehungsweise um Geräte, die nur der Ersatzteilgewinnung oder einer Verschrottung zugeführt werden konnten. Das Grundmittel „Kittellegetisch" (24,9 TM) war laut Angaben der Leiterin der Wäscherei schon mehrfach erfolglos angeboten worden. Die Arbeitskräfte in der Wäscherei waren wegen der starken Lärmbelästigung nicht bereit, damit zu arbeiten. Der Verantwortliche für diesen Kauf konnte nicht mehr festgestellt werden.

Bereits zu Beginn meiner Darlegungen zu den Prüfungsfeststellungen der SFR habe ich hervorgehoben, dass diese nicht dazu gedacht sind, sich an ehemaligen bedauerlichen Zuständen in der DDR zu ergötzen. Ich möchte Ihnen aufzeigen, dass die SFR auch diese Zustände kritisch und wahrheitsgemäß aufgezeigt hat. Besonders den „Gegnern" meiner Einschätzung zum Prüfungswesen der DDR empfehle ich unter anderem aufgrund der Darlegungen zu nachfolgender Prüfung – weitere brisanter Feststellungen folgen – darüber nachzudenken, ob die SFR nicht doch etwas mehr war als ein zahnloser Tiger. Die SFR hat sich nicht mit brotloser Kunst beschäftigt.

Im Juni 1974 erfolgte eine Revision des Krankenhauses „St. Georg" Leipzig. Prüfungsschwerpunkt war der effektive Einsatz der materiellen und finanziellen Fonds zur planmäßigen Verbesserung der medizinischen Versorgung und gesundheitlichen Betreuung der Bürger sowie zur Verbesserung der Arbeits- und Lebensbedingungen der Mitarbeiter der Einrichtung.

Der stationäre Bereich dieser Einrichtung bestand 1974 aus 7 Fachrichtungen mit insgesamt 33 Stationen und 1.453 Betten. Für die ambulante Versorgung der Bevölkerung stand eine Poliklinik mit 16 Fachabteilungen zur Verfügung. An betrieblichen Versorgungs- und Betreuungseinrichtungen waren unter anderem Groß- und Werkküche, Wäscherei, Kindergarten (100 Plätze) sowie Tages- und Wochenkrippe (45 beziehungsweise 22 Plätze) vorhanden. Der Gebäudebestand gliederte sich in 8 Bettenhäuser, 5 Gebäude für die poliklinische Versorgung sowie 25 Verwaltungs-, Wirtschafts- und Funktionsgebäude. Weiterhin gab es eine Außenstelle mit 2 Bettenhäusern sowie 4 Gebäuden für sonstige Zwecke. Beschäftigt waren 1.343 Personen (darunter 114 Ärzte und 645 Personen des mittleren medizinischen Personals). Das Haushaltsvolumen betrug 25,7 Mio. M. In den vorhergehenden Jahren waren erhebliche finanzielle Mittel für die Schaffung der Intensivtherapie und des Dialysezentrums sowie für die Beschaffung medizinischer Geräte und Ausrüstungen aufgewendet worden. Im Ergebnis dieser Investitionen verfügte das Krankenhaus in diesen Bereichen über eine leistungsstarke medizinische Ausstattung, die eine optimale und spezialisierte Versorgung der kranken Bürger gewährleistete.

Andererseits wurde im Revisionsprotokoll vom 25.7.1974 eingeschätzt, dass in der Vergangenheit nicht in vollem Umfang planmäßig und kontinuierlich an der allseitigen Verbesserung der Einrichtung im Interesse der Patienten und Mitarbeiter gearbeitet worden war. Auf verschiedenen Gebieten bestand ein erheblicher Nachholbedarf. In der Vergangenheit waren umfangreiche Maßnahmen zur Erhaltung und Instandsetzung der Gebäude und technischen Versorgungsanlagen unterblieben, weil die erforderlichen Fonds und Kapazitäten gefehlt hatten beziehungsweise nicht bereitgestellt worden waren. Das führte unter anderem zum Ausfall wichtiger Versorgungsanlagen und darüber hinaus sogar zum Katastrophenzustand im Bereich der heizungstechnischen Versorgung. Der überwiegende Teil der baulichen und versorgungstechnischen Anlagen entsprach nicht den Anforderungen einer hohen Qualität der medizinischen Betreuung und Versorgung der Bürger sowie der Arbeits- und Lebensbedingungen des Personals im Sinne der Beschlüsse von Partei und Regierung. Die zur Wiederherstellung der heizungstechnischen Anlagen und zur Verbesserung der Bedingungen im stationären Bereich eingeleiteten Rekonstruktionsmaßnahmen verliefen nicht planmäßig und termingerecht. Eine Konzeption zur weiteren Entwicklung dieser hochwichtigen medizinischen Einrichtung gab es weder in der Einrichtung selbst noch beim zuständigen Fachorgan. Aus der Vielzahl der Beanstandungen einige besonders gravierende Feststellungen:

- Im versorgungstechnischen Bereich führte die ungenügende Bereitstellung von materiellen und finanziellen Fonds dazu, dass Anlagen ausfielen (Heizzentrale, Kläranlage) beziehungsweise den Anforderungen in keinster Weise mehr entsprachen (Trafostation, Notstromversorgung). Der heizungstechnische Bereich wurde im September 1973 durch den Vorsitzenden des Rates des Bezirkes Leipzig zum Katastrophenfall erklärt, da die gesamte Kesselhausanlage ausfiel und sowohl Beheizung als auch Warmwasserversorgung der Einrichtung nicht mehr gewährleistet waren. Durch erhebliche Verzögerungen bei der Rekonstruktion des Heizhauses bestand der Katastrophenzustand auch während der Prüfung noch.
- Die räumliche Unterbringung entsprach zum überwiegenden Teil nicht mehr den modernen Anforderungen der stationären Betreuung. So bestanden noch insgesamt 18 große Bettensäle, in denen bis zu je 30 Patienten untergebracht waren. Im März 1973 wurde mit der Teilrekonstruktion eines Bettenhauses begonnen.
- In den im Revisionsprotokoll genannten Häusern war das Saalsystem mit 20 bis 30 Betten je Saal (zum Beispiel Traumatologie) dominierend. Die sanitären Anlagen reichten nicht aus. So standen für 40 Patienten nur 2 Toiletten und 3 Waschbecken zur Verfügung. Auch die Wasch- und Umkleidemöglichkeiten für das Personal waren unzureichend.
- Bis 1980 sollten an vier Häusern Rekonstruktions- und Modernisierungsmaßnahmen durchgeführt und auch abgeschlossen werden. Die termingerechte Realisierung war jedoch nicht gesichert. Während einerseits die erforderlichen finanziellen Mittel bereitstanden, fehlte es andererseits an materiellen Fonds und an bilanzierten Kapazitäten. So standen zum Beispiel für die Rekonstruktion des Hauses 2 insgesamt 1.000,0 TM zur Verfügung. Dazu konnten bis zum Prüfungszeitpunkt bilanzierte Kapazitäten nur in Höhe von 150,0 TM vertraglich gebunden werden. Auch die Bereitstellung erforderlicher Materialkontingente war in vielen Fällen nicht gesichert. Von der Leitung der Einrichtung wurden die verantwortlichen Stellen des

Rates des Bezirkes Leipzig wiederholt auf diese Probleme bei der Durchführung dieser Maßnahmen hingewiesen.
- Bereits im Jahre 1965 war eine Rekonstruktion des Gebäudes des Heizhauses und der gesamten Anlagen der Heizungszentrale dringend notwendig. Die Vorbereitungen dieser Maßnahmen verzögerten sich erheblich, weil die Einrichtung nicht die erforderlichen finanziellen Mittel beziehungsweise die notwendigen Kapazitäten erhielt. Erst im Dezember 1971 erfolgte die Grundsatzentscheidung über diese Rekonstruktion in Höhe von insgesamt 3.000,0 TM. Bereits bei der Erarbeitung der Projektierungsunterlagen ergab sich die Schwierigkeit, dass keine Projektierungskapazitäten zur Verfügung standen. Im Ergebnis der Bemühungen der Leitung der Einrichtung konnten schließlich zwei freischaffende Architekten gewonnen werden. Nur dadurch war es möglich, diese Leistungen bis Ende 1972 abzuschließen. Gleichzeitig wurde Ende 1972 ein Heizungsprovisorium geschaffen, das die Warmwasserversorgung während der Rekonstruktionsmaßnahmen unterstützen sollte. Aus vielfältigen Gründen kam es zu weiteren Verzögerungen, in deren Folge im September 1973 die gesamte Heizungsanlage ausfiel. Am 24.9.1973 erklärte der Vorsitzende des Rates des Bezirkes Leipzig und gleichzeitig Vorsitzende der Bezirkskatastrophenkommission den Katastrophenzustand. Zur Aufrechterhaltung des Betriebes der Einrichtung wurden zwei weitere Provisorien (Lokomotiven) errichtet. Darüber hinaus wurde ab Dezember 1973 ein transportables Ölheizwerk aus der BRD eingesetzt, welches bis 31.7.1974 vom Energiekombinat zur Verfügung gestellt wurde. Allein 1973 betrugen dafür die Kosten 700,0 TM. Trotz der ernsthaften Situation war der termingemäße Abschluss der Rekonstruktion des Heizhauses nicht gewährleistet. Zwei von vier Dampferzeugern, die gemäß Bauablaufplan am 28.2.1974 hätten in Betrieb genommen werden müssen, waren immer noch nicht betriebsbereit. Auch die Inbetriebnahme der weiteren zwei Dampferzeuger war in Frage gestellt. Der ab 1.8.1974 geplante Abzug des transportablen Heizkraftwerkes hätte sich unter diesen Umständen katastrophal ausgewirkt.

Von der SFR wurde im Revisionsprotokoll unter anderem darauf hingewiesen, dass

- die Unterstützung der Einrichtung durch die Fachorgane des Rates der Stadt Leipzig, des Rates des Bezirkes Leipzig sowie des Stadtbauamtes Leipzig, besonders unter dem Gesichtspunkt des Katastrophenzustandes, ungenügend war,
- die Bereitstellung von Baukapazitäten, besonders der Gewerke Zimmerer und Maurer, unzureichend war,
- die für die planmäßige Rekonstruktion bereitgestellten Bilanzanteile teilweise für die Schaffung von Heizprovisorien verwendet werden mussten und
- außerdem die weitere Instandsetzung des Gebäudes ungeklärt war (Dach und übrige Bausubstanz). Damit bestand die Gefahr, dass nach Beendigung der Rekonstruktion der Heizanlagen einer modernsten technischen Ausstattung eine völlig unzureichende Gebäudesubstanz gegenüberstand.

Außerdem gab es noch folgende weitere bedrückende Feststellungen:

- Der Zustand im Bereich der Stromversorgung entsprach ebenfalls in keinster Weise den Anforderungen. Für wichtige Teile des stationären Bereiches bestand nicht die Möglichkeit einer Notstromversorgung. Das betraf das Dialysezentrum, die Intensivtherapie (Wachstation) sowie den Operationssaal. Eine Konzeption über die Schaffung einer Netzersatzanlage (Kosten etwa 1.000,0 TM) lag noch nicht vor. Nach Ansicht von Fachleuten war auch die Errichtung einer neuen Niederspannungshauptverteilung (Kosten etwa 450,0 TM) dringend erforderlich.
- Die in der Einrichtung vorhandene Kläranlage war bautechnisch verworfen und nicht mehr betriebsfähig. Sämtliche Abwässer, auch die der Infektionsbereiche, flossen ungeklärt in das öffentliche Netz. Wie dieses Problem gelöst werden sollte, war zum Prüfungszeitpunkt unklar.
- Die Versorgung des Personals erfolgte durch eine Werkküche, die einschließlich Speisesaal im Kellergeschoss eines Bettenhauses untergebracht war. Die Räume der Werkküche waren völlig unzureichend, die technische Ausstattung der Küche primitiv und der Speisesaal besaß ein unzumutbares Niveau. Die Kapazität der Küche und des Speiseraumes mit 100 Plätzen stand in keinem Verhältnis zur Anzahl der Beschäftigten.

- Die Pausenversorgung war nicht gesichert. Die zwei in der Werkküche vorhandenen Kaffeemaschinen reichten nicht aus. Die Abteilung Wirtschaft der Einrichtung hatte im November 1973 einen weiteren Kaffeeautomaten beim Versorgungskontor Handelstechnik bestellt. Eine Lieferung stand bis zum Prüfungszeitpunkt aus.
- Anfang Oktober 1973 beantragte die Station für Intensivtherapie bei der Abteilung Technik die Reparatur eines vollautomatischen Heißluftsterilisators „610" (Reparaturauftrag vom 8.10.1973), der dringend für den Betrieb auf der Station benötigt wurde. Bis zum Prüfungszeitpunkt war die Instandsetzung noch nicht erfolgt, da ein Ersatzteil fehlte (Lüfterrad) und nach Angaben der Verantwortlichen nicht beschafft werden konnte. Laut Revisionsprotokoll setzte sich die SFR – Sie lesen richtig! – mit dem Herstellerbetrieb in Verbindung und leitete Maßnahmen zur Unterstützung bei der Beschaffung des Ersatzteiles ein.
- Im März 1974 wurde für die Patientenküche ein neuer 300-Liter-Kochkessel geliefert. Obwohl die Küche zum damaligen Zeitpunkt mit 3 notdürftig geschweißten Kesseln arbeitete, die jeden Tag ausfallen konnten, war der neue Kessel bis zum Beginn der Prüfung – also nach zwei Monaten – immer noch nicht angeschlossen. Am 12.6.1974 wurden zwei weitere 300-Liter-Kessel geliefert, die zu Beginn der Prüfung im Freien gestanden hatten und ebenfalls noch nicht angeschlossen waren.

Trotz der Vielfalt der Feststellungen umfasste das Revisionsprotokoll lediglich vierzehn Seiten! Insgesamt wurden sechzehn Exemplare angefertigt. Zwei Exemplare erhielt die Einrichtung und fünf Exemplare verblieben in der Inspektion Leipzig. Zwei Exemplare wurden der Zentrale der SFR beim Ministerium der Finanzen zugestellt. Jeweils ein Exemplar gingen an den Oberbürgermeister, die Abteilung Finanzen und den Kreisarzt der Stadt Leipzig, an den Bezirksarzt, die SED-Stadtleitung, das Stadtkomitee der Arbeiter- und Bauern-Inspektion sowie die Ständige Kommission Gesundheits- und Sozialwesen.
Laut meiner Recherchen waren diese Prüfungsfeststellungen Gegenstand einer Beratung beim Ministerrat der DDR. Ob die Öffentlichkeit über diese Feststellungen Kenntnis erhielt, ist mir nicht bekannt, jedoch unwahrscheinlich. Am 10.4.1975 erschien jedoch ein Artikel in der

Leipziger Volkszeitung über das Krankenhaus „St. Georg". Daraus folgende Auszüge:
„Es ist zu einer schönen Tradition geworden, dass Abgeordnete an Ort und Stelle überprüfen, wie Beschlüsse der Partei und der staatlichen Organe realisiert werden. Das war auch der Ausgangspunkt, als gestern der Oberbürgermeister sowie weitere Ratsmitglieder und Abgeordnete in Gesundheitseinrichtungen unserer Stadt weilten. Bereits im November des vergangenen Jahres besuchten ja Genosse Horst Schumann, 1. Sekretär der SED-Bezirksleitung, sowie weitere Funktionäre des Partei- und Staatsapparates Gesundheitseinrichtungen, und es gab in Auswertung dessen Beschlüsse zur weiteren Verbesserung auf diesem Gebiet. Es gibt keinen Zweifel, schon am äußeren Bild hat sich in den vergangenen Wochen viel geändert. Das war der erste Eindruck, den die Abgeordneten hatten. Der Park wurde gestaltet, Ordnung und Sauberkeit zogen ein, und auch in den Stationen hat sich schon manches getan. Aus großen Sälen wurden zum Teil kleinere helle und freundliche Räume, andere werden noch ausgebaut."

Spektakuläre Prüfungsmethoden – der Clou!

Kommen wie zum nächsten Höhepunkt. Dabei hat der „Finanzrevisor Pfiffig" eines seiner Meisterstücke bezüglich „spektakulärer Prüfungsmethoden" abgelegt. Ich kann mich heute noch über diesen „Clou" halb totlachen. Das wäre eine herrliche Episode für die anfangs von mir erwähnte Fernsehserie „Die seltsamen Methoden des Franz Josef Wanninger" gewesen.

Es handelte sich um die Prüfung einer Jugendherberge. Die Jugendherbergen in der DDR hatten nur geringen Einfluss auf die Kapazitätsauslastung, da die Belegung vom Jugendreisebüro der DDR „Jugendtourist" vorgenommen wurde, das auch für die Belegungstage in Abstimmung mit den einzelnen Jugendherbergen zuständig war. Jeweils am 20. des Monats hatten die Jugendherbergen für den folgenden Monat die Möglichkeit, eigenständig noch freie Plätze zu vermitteln. Die Einnahmen für Übernachtungsleistungen für Kinder, Schüler und Studenten betrugen 0,25 M pro Übernachtung.
Prüfungsschwerpunkte der Jugendherberge F im Kreis Z waren der Einzug der Einnahmen, die Einhaltung von Ausstattungsnormativen,

die Erfassung von Grund- und Arbeitsmitteln sowie die ordnungsgemäße Führung der Lebensmittelkartei.

Vor der Prüfung war die Herberge einer „Schönheitskur" unterzogen worden. Sämtliche Fenster hatten neue Gardinen erhalten und in den Räumen war neuer Fußbodenbelag verlegt worden. Meine unangemeldete Prüfung gefiel dem Herbergsehepaar ganz und gar nicht. Ich war nicht willkommen und spürte schnell eine ausgeprägte Abneigung. Wie immer stand eine ausgiebige Objektbesichtigung vom Keller bis zum Boden an erster Stelle. Außer der Wohnung des Herbergsehepaares erhielt ich zu allen Räumen problemlos Zutritt. In Jugendherbergen war es üblich, dass eine solche Wohnung zum Objekt gehörte. Anschließend vertiefte ich mich in die Belege. Ich stimmte laut Rechnungen gekaufte Lebensmittel mit den Lager- und Verbrauchskarteien ab. Außerdem erfasste ich die gelieferten Mengen an Auslegeware und Gardinenstoff.

In der Herberge nahm zeitweise der Abschnittsbevollmächtigte (ABV) des Ortes am Mittagessen teil. Der ABV war in der DDR ein Angestellter der Volkspolizei und für ein bestimmtes Wohngebiet zuständig. Seine Aufgaben bestanden unter anderem darin, Anliegen von Bürgern seines Zuständigkeitsbereiches entgegenzunehmen und Hinweisen nachzugehen. Er machte einen sympathischen Eindruck. Auch der Hausmeister der Jugendherberge aß mittags mit. Er war ein junger Mann, etwa so alt, wie ich damals war. Wir kamen beim Mittagessen ab und zu ins Gespräch.

Durch die Neuausstattung der Herberge mit in der DDR so raren Artikeln wie Fußbodenbelag und Gardinenstoff war es ein Muss, deren Verwendung zu prüfen. Der ausgelegte Fußbodenbelag und die angebrachten Gardinen mussten mit den gelieferten Mengen verglichen werden. Zum Nachmessen der Gardinen erhielt ich Unterstützung durch eine sehr attraktive Mitarbeiterin aus der Finanzabteilung des Rates des Kreises Z. Dann ging das große Nachmessen los. Im Ergebnis bestanden zwischen den gelieferten und den in der Jugendherberge eingesetzten Mengen erhebliche Differenzen bei beiden Artikeln. Vom Herbergsehepaar wurden diese Differenzen mit Verschnitt, der bereits entsorgt worden war, begründet. Nach meiner Erinnerung gab es auch bei den Lebensmitteln, vorwiegend bei den Konserven, zwischen Soll- und Ist-Beständen beträchtliche Differenzen. Nun hätte ich die Prüfung beenden und meine Feststellungen im Revisionsprotokoll darlegen können. Das hätte wahrscheinlich zur Durchführung disziplinarischer Maßnahmen gereicht. Damit konnte und wollte sich der „Finanzrevisor Pfiffig" jedoch nicht zufriedengeben. Der „Verschnitt" von Fußbodenbelag und Gardinenstoff sowie die „Differenzen" bei den Konserven mussten doch irgendwo verblieben sein. Das Herbergsehepaar war bei den Angestellten der Herberge merklich unbeliebt. Ich erhielt den Hinweis, dass meine Vermutung bezüglich der privaten Entnahmen richtig war. Die entwendeten Konserven und die abgezweigten Mengen an Gardinenstoff und Fußbodenbelag sollten sich in der Privatwohnung befinden. Da nach meiner Erinnerung auch der ABV von bestimmten Vorgängen Kenntnis hatte, bat ich ihn um Hilfe. Wir diskutierten, wie es im Rahmen der Gesetze möglich wäre, eine Besichtigung der Wohnung vorzunehmen. Eigentlich gab es keine, denn auch der ABV durfte nur mit entsprechenden Vollmachten in die Privatwohnung. Dann machte der ABV einen genialen Vorschlag. Wie wäre es mit einer Brandschutzkontrolle durch die Feuerwehr? Mir wurde dazu mitgeteilt, dass diese das Recht hatte, auch privaten Wohnraum zu betreten, um auf Gefahrenquellen bezüglich des vorbeugenden Brandschutzes hinzuweisen. Das war der Stoff für den „Finanzrevisor Pfiffig". Diese „Prüfungshandlung" stimmte ich mit meinen Vorgesetzten nicht ab. Ob mein Chef dieser für mich genialen Idee zugestimmt hätte, kann ich nicht beantworten. Ich neige eher zu einem „Ja". Jedenfalls sollte die Brandschutzkontrolle freitags erfolgen. Ich hatte mich schon riesig auf dieses Spektakel gefreut. Leider wartete ich vergeblich auf die Fahrzeuge der Feuerwehr. Montags erschien ich wieder zur Prüfung. Mir wurde mitgeteilt, dass die Brandschutzkontrolle am Wochenende erfolgt war. Es wurden weder Rollen von Fußbodenbelag noch Gardinenstoff und auch keine größeren Mengen an Konserven vorgefunden. Laut meiner Informationsquelle hatte das Herbergsehepaar alles aus der Wohnung geschafft, weil es gewarnt worden war. Mir war es nicht möglich, den Verbleib der Konserven und Ausstattungsgegenstände nachzuweisen. Aufgeben kam für mich immer noch nicht in Frage, weil die Differenzen aufgrund der Unterlagen unanfechtbar und die Hinweise auf strafbare Handlungen absolut glaubhaft waren. Im Laufe meiner Tätigkeit habe ich gelernt, dass sich Betrugshandlungen nicht nur auf einen Fall beschränken. Schon gar nicht, wenn es so unverfroren wie in dieser Jugendherberge geschah. Ich brauchte also „nur" festzustellen, auf welchem Gebiet noch betrogen wurde. Das „Glück des Revisors" kreuzte dann doch meinen Weg – in Person des Hausmeisters. Dieser gab mir den Tipp, mich doch um ein in der Herberge gestohlenes Fahrrad zu kümmern. Wenn in der DDR in einer staatlichen Einrichtung zum Beispiel ein Fahrrad gestohlen wurde, dann erfolgte für den Verlust keine Zahlung von der Versicherung. Ich begab mich trotzdem zur Agentur der Versicherung im Ort, legte meinen Dienstausweis vor und erläuterte mein Anliegen. Meine Freude war riesengroß, als mir die Versicherungsangestellte mitteilte, dass die Herbergsfrau den Diebstahl eines privaten Fahrrades angezeigt hatte. Aus den Unterlagen ging zweifelsfrei hervor, dass es sich um das Fahrrad der Jugendherberge handelte. Nach der Bearbeitung durch die Versicherung hatte die Herbergsfrau eine Versicherungsleistung in Höhe von etwa 300,00 M erhalten. Der Beleg mit der Empfangsbestätigung des Geldes war selbstverständlich vorhanden. So war es mir doch noch möglich, diese „diebischen Elstern" zu überführen. Die Betrugshöhe war dabei nicht ausschlaggebend. Ich kann mich noch sehr gut erinnern, wie fassungslos beide über die Prüfungsfeststellung bezüglich des Fahrrades waren. Sie konnten nicht begreifen, wie es mir möglich gewesen war, diese Betrugshandlung aufzudecken. Das Herbergsehepaar wurde nach meiner Prüfung umgehend abgelöst. Über weitere Konsequenzen habe ich keine Erinnerungen mehr.

Regelmäßig wurden derartige Feststellungen mit allen Prüfern der Abteilung ausgewertet. Dabei ging es nicht darum, sich an solchen Feststellungen zu erfreuen, sondern alle Prüfer mit den Methoden und vor allem begünstigenden Umständen vertraut zu machen, um Schlussfolgerungen für künftige Prüfungen zu ziehen. Für mich war das immer sehr hilfreich und interessant. Alle waren sehr gespannt zu erfahren, wie es mir möglich gewesen war, die Betrugshandlung bezüglich des Fahrrades festzustellen. Wahrheitsgemäß teilte ich mit, dass ich mit dem Hausmeister auf der Kellertreppe zwei Bier getrunken hatte und er mir dabei den Hinweis gab. Daraufhin runzelten einige die Stirn und andere schmunzelten. Nach meiner Erinnerung unterband mein damaliger Abteilungsleiter rasch die aufkommende Kritik zu meiner „Methode". Wer diese Methode kritikwürdig fand, sollte Vorschläge für andere Lösungsmöglichkeiten vorbringen. Diese Vorschläge blieben aber aus. Der Zweck hatte also die Mittel geheiligt. Meinen Schachzug mit der Feuerwehr behielt ich damals für mich.

Feuer unterm Hintern

Entspannen Sie sich jetzt bei einer – wahren? – Begebenheit anno 1953.

Der Revisor Dr. Stier, ruhig, selbstsicher, mit mathematisch gesicherten Feststellungen, sprach zum immer ein wenig aufgeregten, mit den Armen fuchtelnden Staubengel einer zwanzig Mann starken Dienststelle.
Revisor: „Sagen Sie mal, Frau Schwantulek, Ihre Kollegen brennen sich wohl immer ihre privaten Zigaretten mit volkseigenen Streichhölzern an?"
Schwantulek: „Wie kommen Sie denn darauf, Sie komischer Mensch?"
Revisor: „Sie sind doch die Einzige in der Dienststelle, die Streichhölzer für gewerkschaftliche Zwecke brauchen könnte, denn Sie haben hier einen zweiflammigen Gaskocher."
Schwantulek: „Den Badeofen haben Sie wohl noch nicht gesehen?"
Revisor: „Gebadet wird also während der Dienstzeit auch noch? Wie oft müssen Sie denn nun eigentlich den Gaskocher täglich anzünden?"
Schwantulek: „Ach, was weiß ich, ich habe andere Sorgen."
Revisor: „Nun, dann will ich es Ihnen sagen. In den letzten 133 Arbeitstagen haben Sie 5 Pakete Streichhölzer gekauft. Jedes Paket enthält 10 Schachteln und jede Schachtel im Durchschnitt abgerundet – ich habe viele Schachteln nachgezählt – 53 Hölzchen. Je Tag macht das also einen Verbrauch von 19 Streichhölzern. Nun verschlägt es Ihnen die Sprache."
Schwantulek: „Sie müssen viel Zeit haben mit Ihrer Zählerei, sagen Sie mir lieber, wie ich meinen Gaskocher anbrennen soll."
Revisor: „Bleiben Sie bei der Sache, Frau Schwantulek."
Schwantulek: „Das sage ich doch, und überhaupt stimmt Ihre ganze Rechnerei nicht. Dort in der Ecke liegen ja auch noch Streichhölzer, und jetzt will ich es genau wissen. Und das lasse ich mir überhaupt nicht gefallen, dass Sie mir Ihre dämlichen Streichhölzer in die Schuhe schieben wollen. Und meine Kollegen, das sage ich Ihnen, sind anständige Menschen, die lasse ich nicht verleumden."
Frau Schwantulek war zufrieden, sie hatte, wie sich das bei ihr gehörte, das letzte Wort gehabt. Der Revisor mit akademischem Grad korrigierte im Ist-Verbrauch im Protokoll nichts mehr, wahrscheinlich hatte er keine Rechenmaschine dabei.

Prüfungsfeststellungen zur Feierabendtätigkeit

Wenden wir uns jetzt der Prüfung der Einhaltung der Rechtsvorschriften bei der Leistung von zusätzlicher Arbeit, im Volksmund damals Feierabendtätigkeit genannt, zu. Grundlage bildete die „Anordnung über die Zulässigkeit, Vergütung und Kontrolle von zusätzlicher Arbeit bei der Vorbereitung und Durchführung von Baumaßnahmen" vom 25.8.1975. Diese Anordnung wurde zur weiteren Verbesserung der Arbeits- und Lebensbedingungen, insbesondere im Wohnbereich, und zur Förderung der Bürgerinitiative im Rahmen des Wettbewerbs „Schöner unsere Städte und Gemeinden – Mach mit!" erlassen. Gemäß dieser Anordnung waren die Räte der Stadtbezirke, Städte und Gemeinden berechtigt, Aufträge zur Leistung zusätzlicher Tätigkeit für gesetzlich festgelegte Maßnahmen zu vergeben. Die Baumaßnahmen durften nur dann in zusätzlicher Arbeit durchgeführt werden, wenn unter anderem die erforderlichen Baumaterialien planmäßig zur Verfügung standen oder durch Nutzung örtlicher Reserven erschlossen werden konnten. Die Zustimmung zur zusätzlichen Tätigkeit setzte voraus, dass der Bürger – mit Ausnahme von Rentnern – in einem Arbeitsrechtsverhältnis stand oder Mitglied einer sozialistischen Genossenschaft war. Der Bürger erhielt von seinem Betrieb eine schriftliche Zustimmung, die ein Jahr galt. Die Zustimmung konnte aufgehoben werden, wenn der Bürger seine Arbeitsaufgaben nicht ordnungsgemäß erfüllte. Die Vergütung war konkret festgelegt. Sie betrug für die meisten handwerklichen Arbeiten 5,00 M, für Erdarbeiten 4,50 M, für Bauleitertätigkeit 6,00 M und für Projektierungsleistungen 4,00 M bis 6,50 M pro Stunde. Für Sonntagsarbeit gab es 1,00 M und für Feiertagsarbeit 2,00 M Zuschlag pro Stunde.

In den ersten Jahren hielten sich die Beanstandungen bei Leistungen in zusätzlicher Tätigkeit in Grenzen. Die Bürger schachteten beispielsweise mit Hacke und Spaten Gräben für das Verlegen von Wasserleitungen. Die abgerechneten Stunden hielten sich im Rahmen. Immer mehr gehörten Arbeiten in zusätzlicher Tätigkeit zur „Normalität". Es entstand eine Art zweites Wirtschaftssystem. Reserven, die laut gesetzlicher Regelungen erforderlich gewesen wären, gab es in diesem Umfang gar nicht. Spätestens ab 1983, in nicht wenigen Fällen bereits früher, hatten sich Strukturen beziehungsweise Feierabendbrigaden entwickelt, deren Hauptziel darin bestand, mit allen Mitteln „Kohle" zu machen.

Irgendwann war die Zeit gekommen, in der die „Feierabendtätigkeit" ein kaum mehr vertretbares Maß angenommen hatte. Die Abrechnung der Stunden war fern jeglicher Realität. Die Staatsanwaltschaften nahmen schon keine Anzeigen mehr an, wenn doppelt so viele Stunden wie tatsächlich geleistet abgerechnet wurden. Man ging längst davon aus, dass für 5,00 M Stundenlohn keiner mehr arbeitete. Neben – man kann durchaus sagen: kriminellen – Machenschaften darf die positive Seite nicht verschwiegen werden. So wurden Leistungen erbracht beziehungsweise entstanden Objekte, deren Realisierung wahrscheinlich noch Jahre gedauert hätte, wenn sie überhaupt entstanden wären. Das betraf Kulturhäuser, Alten- und Pflegeheime, Kinderkombinationen, Schwimmhallen und medizinische Einrichtungen. Kein Bürgermeister, Leiter einer staatlichen Einrichtung oder Betriebsleiter war zu beneiden, derartige Objekte in Feierabendtätigkeit realisieren zu müssen. Um einen einigermaßen reibungslosen Ablauf zu gewährleisten, war die Einhaltung der Rechtsvorschriften über zusätzliche Tätigkeit so gut wie unmöglich. Nach Fertigstellung der Objekte wurde mit Sekt angestoßen, wurden Hände geschüttelt und Reden über die hervorragenden Leistungen der Feierabendkollektive sowie die weitere Verbesserung der Arbeits- und Lebensbedingungen der Bevölkerung unter der bewährten Führung der SED gehalten. Hier eine winzig kleine Auswahl von Prüfungsfeststellungen der SFR.

Eine Feierabendbrigade hatte in einem Fachkrankenhaus Elektroinstallationsarbeiten durchgeführt. Für alle daran beteiligten Kollegen lagen Genehmigungen ihres Betriebes vor. Im Vertrag zwischen dem Krankenhaus und der Feierabendbrigade vom 28.1.1988 war festgelegt, dass die Abrechnung der Leistungen gemäß der „Anordnung über die Zulässigkeit, Vergütung und Kontrolle von zusätzlicher Arbeit ..." zu erfolgen hatte. Es erfolgte der Zusatz, dass die Preisanordnung Nr. 564 vom 26.6.1986 als Grundlage für die Berechnung der Vergütung diene. Damit wurde Objektlohn vereinbart, der 70,0 % der laut der Preisanordnung ermittelten Vergütung ausmachte, was ungesetzlich war. Insgesamt wurden 20,4 TM an die Feierabendbrigade gezahlt, davon 12,8 TM entgegen den Rechtsvorschriften. Aufgrund der Feststellungen der SFR wurde von der Einrichtung eine Rückzahlung der 12,8 TM gefordert. Ob das realisiert werden konnte, war aus den Unterlagen nicht ersichtlich.

Eine andere Feierabendbrigade führte in der gleichen Einrichtung Projektierungsleistungen durch. Gemäß Auszahlungsbeleg und Auszahlungsliste wurden dafür 14,0 TM an 9 Personen gezahlt. Aufgrund verschiedener Sachverhalte führte ich eine Befragung einiger Mitarbeiter der Feierabendbrigade durch. Dabei gab eine Person, die den Empfang von 1.589,00 M quittiert hatte, an, lediglich 500,0 M erhalten zu haben. Eine weitere Person hatte einen Betrag in Höhe von 1.584,00 M quittiert, laut ihrer Angaben jedoch 3.000,00 M erhalten. Letztlich stellte sich heraus, dass man sich innerhalb der Feierabendbrigade über den jeweiligen Anteil geeinigt hatte, damit bei einzelnen Personen nicht zu hohe Beträge auftauchten. Da aus fachlichen Sicht von mir keine Angaben über eventuell zu viel gezahlte Beträge gemacht werden konnten, erfolgte ein Antrag an das damalige Kreisbauamt zur preisrechtlichen Prüfung. Auch über den Ausgang dieses Sachverhaltes kann ich keine Angaben machen. In beiden Fällen wirkte sich begünstigend aus, dass die mit der Feierabendbrigade abgeschlossenen Verträge nicht den Rechtsvorschriften entsprachen.

Per 31.5.1989 wurden im Bezirkskrankenhaus für Psychiatrie Leipzig (Stadtarchiv Leipzig StVuR 18.463) finanzielle Mittel in Höhe von 154 TM für Leistungen in zusätzlicher Arbeit gezahlt. Bei 20 geprüften Zahlungen in Höhe von 70 TM gab es folgende Beanstandungen:

- Der Abschluss der Vereinbarungen für die zusätzliche Arbeit erfolgte nicht in allen Fällen ordnungsgemäß. So enthielten diese Vereinbarungen entgegen den gesetzlichen Regelungen nur die Unterschrift des Brigadeleiters.
- Bei mehreren Maßnahmen mit Objektlohnvergütungen lagen den Auszahlungsbelegen keine Stundennachweise, sondern nur Gesamtleistungsstunden pro Person vor. Auch der Leistungszeitraum wurde nicht begrenzt.
- In 4 Fällen erfolgten ungesetzliche Vereinbarungen über Objektlohn, indem unter anderem der festgelegte Objektlohn ungesetzlich nach der Preisanordnung für Neubauleistungen ermittelt worden war. Dies führte letztlich zu Überzahlungen bei 2 Feierabendbrigaden in Höhe von insgesamt 12,7 TM.

Der Aufwand für die Finanzierung zusätzlicher Tätigkeit betrug 1977 im VEB Leipziger Kommissions- und Großbuchhandel insgesamt 107,1 TM. Die betreffenden Leistungen wurden ausschließlich im Zusammenhang mit dem Ausbau des Lagers Pötzschkau erbracht und mussten deshalb in zusätzlicher Tätigkeit erfolgen, weil für diese geplante und gemäß Beschluss vom 17.2.1977 genehmigte Maßnahme zur weiteren Stabilisierung des Betriebes die erforderlichen Bilanzanteile nicht zur Verfügung gestellt werden konnten. Beanstandet wurde von der SFR, dass an 4 Leitungskader insgesamt 13,3 TM gezahlt worden waren und die Rechnungen lediglich den Vermerk „für Leitungstätigkeit" enthielten, ohne Angaben zur Art und zum Umfang der Leistungen. Diese Handhabung widersprach den Grundsätzen von Ordnungsmäßigkeit und Disziplin bei der Durchführung, Abrechnung und Kontrolle zusätzlicher Tätigkeit. Nachprüfbar war aus diesen Abrechnungen nicht, inwieweit die vergüteten Leitungstätigkeiten zu den funktionsbedingten Aufgaben der Leitungskader gehörten. Der Hauptbuchhalter hatte diese Abrechnungen der Leitungskader widerspruchslos hingenommen. Der Betriebsdirektor erklärte, davon keine Kenntnis gehabt zu haben.

Bevor ich zu einer Prüfung komme, welche die Probleme der Feierabendarbeit in krasser Form verdeutlicht, einige Darlegungen aus der Information der Inspektion Leipzig an das Ministerium der Finanzen vom 7.6.1988 (Staatsarchiv Leipzig Nr. 30.021) über die Gewährleistung von Ordnung, Disziplin und Sicherheit bei der Finanzierung und Vergütung von Leistungen in zusätzlicher Arbeit in örtlichen Staatsorganen und Einrichtungen des Bezirkes Leipzig.

Die Innenrevisionen, ehrenamtliche Kontrollaktivs und die Inspektion Leipzig hatten in 52 örtlichen Räten beziehungsweise Fachorganen und 92 staatlichen Einrichtungen die Einhaltung der Rechtsvorschrift über zusätzliche Arbeit geprüft. Es gab teilweise erhebliche Beanstandungen. Die Ursachen für die Rechtsverletzungen und formellen Mängel waren unter anderem auf eine mangelhafte beziehungsweise nicht ausreichende Wahrnehmung der Verantwortung der Auftraggeber bei der Vorbereitung, Durchführung, Abrechnung und Vergütung von zusätzlicher Arbeit zurückzuführen. Versäumnisse traten besonders dort auf, wo mit häufig wechselndem Personenkreis umfangreiche Werterhaltungs- und

Rekonstruktionsarbeiten, von der Projektierung bis zur Fertigstellung der Maßnahme, über einen längeren Zeitraum durchgeführt wurden und die erforderlichen Rechtskenntnisse fehlten. Viele der festgestellten Verstöße waren auf eine fehlende Anleitung und ungenügende Qualifizierung der auf diesem Gebiet tätigen Mitarbeiter zurückzuführen. Ein wesentlicher Teil der Nichtbeachtung der Rechtsvorschriften war auch darin zu suchen, dass viele der notwendigen Aufgaben ohne die erforderlichen Kapazitäten gelöst werden mussten. Zusammenfassend gab es unter anderem folgende Feststellungen:

- Die Grundsätze der Kassenordnung des Staatshaushaltes wurden dadurch verletzt, dass in 20 Objekten Endempfängerquittungen über 70,1 TM fehlten und in 11 Objekten Leistungen in Höhe von 161,6 TM nicht kontrolliert worden waren.
- Für 229 Bürger lag die Zustimmung der Beschäftigungsbetriebe in 24 örtlichen Räten und 18 Einrichtungen nicht vor.
- In 7 der geprüften Objekte erfolgte bei 15 Zahlungen eine ungesetzliche Vergütung von insgesamt 20,4 TM. Grund dafür war die Anwendung einer für diese Arbeiten nicht gestatteten Preisanordnung.

Im Ergebnis dieser Prüfungen wurden die Prüfungsfeststellungen mit den Verantwortlichen ausgewertet und entsprechende Auflagen erteilt. In 11 Fällen wurde die Rückzahlung von 19,5 TM ungesetzlich gezahlter Vergütungen an den Haushalt und in 4 Fällen die Einleitung von Disziplinarmaßnahmen gefordert. Hier einige Beispiele:

Der Bürgermeister der Gemeinde M missachtete als Auftraggeber bei der Durchführung von Malerarbeiten in zusätzlicher Tätigkeit die Finanzdisziplin. So wurden für die vorgesehenen Arbeiten im Wertumfang von 5,5 TM keine schriftlichen Vereinbarungen abgeschlossen und für die Bereitstellung von Material über 1,8 TM lagen keine Rechnungen vor. Die Vergütung in Höhe von 5,5 TM wurde an den Brigadeleiter überwiesen. Vom Bürgermeister wurden keine Endempfängerquittungen eingefordert. Für Malerarbeiten für die Konsum-Verkaufsstelle in Höhe von 1,0 TM lag kein Stundennachweis vor. Gegenüber dem Bürgermeister wurde beim Vorsitzenden des zuständigen Rates des Kreises ein Ordnungsstrafverfahren eröffnet, da derartige Feststellungen bereits 1983 getroffen worden waren und der Rat der Gemeinde M keine konkreten Maßnahmen zur Durchsetzung der Rechtsvorschriften festgelegt hatte.

In der Kinder- und Jugendsportschule „Ernst Thälmann" Leipzig (KJS Leipzig) wurde für die Reparatur von 1.000 Fenstern eine Objektvereinbarung abgeschlossen, die den gesetzlichen Bestimmungen widersprach. So wurde nicht die gesetzlich vorgeschriebene Preisbasis verwendet sowie außerdem für unvorhersehbare Arbeiten ein Zuschlag von 20 % eingearbeitet und generell 10 % Zuschlag für Arbeiten in ungenutzten Räumen gezahlt. Beides entsprach nicht den Rechtsvorschriften. Durch diese ungesetzliche Verfahrensweise war die Vergütung um 28,3 TM zu hoch vereinbart. Die vereinbarte Leistung wurde nicht erbracht und eine neue Abrechnung vorgenommen, auf deren Grundlage 9.740,00 M zu viel gezahlt wurden. Die 10 Mitglieder der Feierabendbrigade erklärten sich nach Rücksprache zur Rückzahlung dieser Summe bereit. Gegen einen Leiter der KJS Leipzig wurde wegen unterlassener Kontrolle der ermittelten Objektlohnsumme die Durchführung einer Disziplinarmaßnahme gefordert.

Im Kreiskulturhaus D wurden am Hauptgebäude und der Trafostation Werterhaltungsmaßnahmen für rund 19,0 TM durchgeführt. Vom Leiter der Einrichtung wurde entgegen den gesetzlichen Bestimmungen keine schriftliche Vereinbarung über Art und Umfang der zu erbringenden Leistungen, den dafür erforderlichen Zeitaufwand und den Zeitraum mit den Bürgern getroffen. Auf den Nachweisen über die gezahlten Vergütungen war der Vermerk „Zustimmung des Betriebes liegt vor" angebracht. Nach Rücksprache beim staatlichen Leiter über den Nachweis der Zustimmungserklärungen teilte dieser mit, dass die Zustimmungen telefonisch eingeholt worden waren. Nachfragen in den Personalabteilungen der Beschäftigungsbetriebe der Bürger ergaben, dass bei drei von vier Bürgern keine Anträge der Werktätigen auf Zustimmung zur Leistung zusätzlicher Arbeit vorlagen und diese Zustimmung aus unterschiedlichen Gründen (Schichtarbeit, Bereitschaftsdienste) auch nicht erteilt worden wäre. Die Kontrolle der Stundenabrechnung von zwei Bürgern ergab, dass diese teilweise Leistungen für den gleichen Zeitraum an verschiedenen Stellen beziehungsweise sogar in derselben Einrichtung abgerechnet hatten. Ein Bürger erhielt dadurch für 3 Tage 13 Stunden doppelt vergütet. Er rechnete sowohl

Reinigungsarbeiten beziehungsweise Garderobendienst als auch zusätzliche Arbeit ab. Die Prüfung war zum Zeitpunkt der Anfertigung dieser Information noch nicht beendet. Die Inspektion behielt sich deshalb nach endgültiger Klärung des Leistungsumfanges vor, vom übergeordneten Organ disziplinarische Konsequenzen gegenüber dem Leiter des Kreiskulturhauses zu fordern.

Nun volle Konzentration! Ein sehr markantes Beispiel, welches die Probleme dieses Gesetzes mit sich brachte, wurde mir vom Sächsischen Staatsarchiv (Nr. 20.267/5.403) aus dem Bestand der Staatsanwaltschaft des Bezirkes Leipzig zur Verfügung gestellt. Gemäß Protokoll zur Sonderrevision des Kreiskrankenhauses G auf dem Gebiet der Planung, Finanzierung und Abrechnung der Baumaßnahmen – Neubau- und Rekonstruktionsarbeiten – vom 9.11.1979 wurden diese Maßnahmen zu einem erheblichen Teil in zusätzlicher Tätigkeit durchgeführt. Im Mittelpunkt dieser Prüfung standen die Leistungsabrechnungen einer Feierabendbrigade mit etwa 40 Mitarbeitern für den Zeitraum 1976 bis 31.7.1979, die eine Vergütung in Höhe von insgesamt 712,0 TM erhalten hatte. Dieser Vergütung lagen rund 111.000 Arbeitsstunden zugrunde. Eine weitere Feierabendbrigade hatte im gleichen Zeitraum 92,0 TM erhalten. Bei der Prüfung dieser Abrechnungen gab es unter anderem folgende Feststellungen:

Für einen erheblichen Zeitraum lagen weder Endempfängerquittungen noch Stundennachweise vor. So fehlten für das Jahr 1976 Quittungen der Endempfänger in Höhe von 169,9 TM. Erst während der Prüfung wurden für den Zeitraum 1.1. bis 31.7.1979 nachträglich Stundennachweise vorgelegt. Bei der Abstimmung dieser Unterlagen mit den Arbeitszeit- beziehungsweise Stundennachweisen in den Beschäftigungsbetrieben lagen von der Mehrzahl der für die zusätzliche Tätigkeit eingesetzten Bürger keine Genehmigungen der Betriebe vor und wären in einigen Fällen auch nicht erteilt worden. In den Stundennachweisen waren Arbeitszeiten erfasst, während dieser die betreffenden Personen unter anderem in Urlaub außerhalb ihres Heimatortes oder krankgeschrieben gewesen waren. In einer vom Leiter der Feierabendbrigade abgegebenen schriftlichen Erklärung vom 28.10.1979 wurde bestätigt, dass er beim Erfassen der in zusätzlicher Tätigkeit beim Kreiskrankenhaus G geleisteten Arbeitsstunden für seine Brigademitglieder diese verdoppelt habe, um einen Stundensatz von 10,00 M zu gewährleisten.

Ab Mitte 1978 erfolgte eine Zuarbeit der abgerechneten Stunden von Mitarbeitern des Kreiskrankenhauses G an den Leiter der Feierabendbrigade. Dabei wurde bezüglich der Anzahl der Stunden genauso verfahren wie vor Mitte 1978. Es wurden also für eine geleistete Stunde zwei Stunden geschrieben. Diese Verfahrensweise war mit den verantwortlichen Mitarbeitern des Kreiskrankenhauses, die diese Stundenzuarbeit veranlasst hatten, abgestimmt. Damit kam man der Forderung der Bürger, nur bei einer Vergütung von 10,00 M pro Stunde zu arbeiten, nach.
Aufgrund der nachträglich vorgelegten Stundennachweise erfolgten umfangreiche Vergleiche mit Unterlagen in den Beschäftigungsbetrieben (zum Beispiel mit Urlaubs- und Krankenscheinen), was zu folgenden Feststellungen führte:

- Ein Bürger hatte für den Monat Juli 1979 eine Vergütung von 535,00 M für 107 Stunden erhalten. Obwohl er vom 18.7. bis 1.8.1979 seinen Urlaub an der Ostsee verbracht hatte, waren in diesem Zeitraum 47 Arbeitsstunden erfasst. In einer Befragung erklärte der Betroffene, dass er am 27.8.1979 vom Kollegen X seine Feierabendvergütung erhalten habe. Da das Geld immer gestimmt hatte, steckte er das Kuvert ohne nachzuzählen ein. Zu Hause stellte er fest, dass es zu viel Geld war. Es waren 395,00 M, obwohl er nur 140,00 M zu bekommen hatte. Am Donnerstag, dem 30.8.1979, gab er den zu viel gezahlten Betrag in Höhe von 255,00 M an Frau Y zurück.
- Der Leiter der Feierabendbrigade war in der Zeit vom 1.6. bis 22.9.1978 arbeitsunfähig krank. In dieser Zeit zahlte er an sich selbst für eigene Arbeitsleistungen im Kreiskrankenhaus 1.563,00 M aus. In der schriftlichen Erklärung vom 25.10.1979 gab er dazu an, dass er täglich zur Behandlung im Krankenhaus gewesen war. Dabei war es sehr oft vorgekommen, dass er auf das Baugelände geholt wurde und Beratungsleistungen erbringen musste. Diese Stunden waren aufgeschrieben und vergütet worden. Er erklärte sich bereit, den Betrag von 1.563,00 M zurückzuzahlen.
- Ein Kraftfahrer des Kreiskrankenhauses erhielt für den Monat Juli 1979 für 78 Stunden eine Vergütung von 435,00 M ausgezahlt. In der Zeit vom 12.7. bis 31.7.1979 verbrachte er seinen Urlaub in Ungarn. Laut Stundennachweis waren während dieser Zeit 61 Stunden

für Bauleistungen im Krankenhaus abgerechnet worden. Hinzu kamen für den 30.8.1979 weitere 10 Stunden laut Stundennachweis, obwohl er laut Einsatzplan des Krankenhauses am gleichen Tag von 6.00 bis 18.00 Uhr als Kraftfahrer eingesetzt war.

Ausführliche Darlegungen erfolgten im Protokoll der SFR zu den Verantwortlichkeiten bei der Durchführung der Baumaßnahmen. So hatte der Leiter der Feierabendbrigade im Auftrag der Leitung des Kreiskrankenhauses gleichzeitig gemäß gesetzlichen Regelungen die Verantwortung als Bauleiter wahrgenommen. In diese Verantwortlichkeit hatten sich außerdem drei leitende Mitarbeiter der Einrichtung eingeschaltet und dafür erhebliche Vergütungen erhalten. Dazu kamen Leistungen für die bautechnische Beurteilung und Berechnung durch den Stadtbaudirektor des Rates der Stadt B sowie für einen weiteren Bürger, der als Architekt tätig war. Hinsichtlich der Verantwortung im Rahmen der Bauleitertätigkeit gab es jedoch weder klare Abgrenzungen noch leitungsmäßige exakte Entscheidungen über die Verantwortlichkeiten. Diese Desorganisation setzte sich bei der Erfassung sowie der Kontrolle der geleisteten Stunden fort. Es lagen keine Abnahmedokumente über die Einzelmaßnahmen vor. Da die Erfassung von Qualitätsmängeln unterblieb, war es nicht möglich, die Kosten für die Beseitigung der Mängel den Verursachern zuzuordnen. So war beispielsweise beim Bau der Garagen die Höhe des Lkws nicht beachtet worden, was die Herauslösung von 25 Quadratmeter Betonfußboden notwendig machte. Vom Stadtbaudirektor wurde die Bestellung eines Dachstuhles ausgelöst. Die Lieferung erfolgte im November 1978 zum Preis von 4,9 TM. Für diesen Dachstuhl gab es jedoch keine Verwendungsmöglichkeit. Laut Angabe der Leitung des Krankenhauses rechtfertigten die Initiativen des Wirtschaftsleiters seinen Einsatz im Rahmen der Bauleitertätigkeit. Der Wirtschaftsleiter hatte eine fachliche Qualifikation als Koch.

Auch bei der Durchsetzung von Ordnung und Sicherheit bei der kassenmäßigen Abrechnung der Vergütungen für die zusätzliche Tätigkeit gab es erhebliche Beanstandungen. Die Auszahlungen erfolgten in allen Fällen in bar. Laut kassenrechtlicher Regelungen durften staatliche Mittel nur dann ausgezahlt werden, wenn eine Kontrolle der Leistungen erfolgte und die sachliche Richtigkeit bestätigt war. Entgegen dieser Festlegungen waren 1978 von 19 Abrechnungen der Feierabendbrigade

A in Höhe von insgesamt 259,6 TM nur 3 Abrechnungen über insgesamt 36,5 TM sachlich richtig abgezeichnet. Die Abrechnung für den Zeitraum 2.12. bis 29.12.1978 in Höhe von 25,4 TM, die laut Abrechnungsdatum am 20.12.1978 aufgestellt worden war, hatten leitende Angestellte des Krankenhauses bestätigt und unterschrieben. Am 15.12.1978 wurde dieser Betrag in bar an den Leiter der Feierabendbrigade ausgezahlt. Zu diesem Zeitpunkt waren jedoch die tatsächlich geleisteten Stunden noch gar nicht bekannt. Entsprechend der Abrechnung waren 1.816 Stunden (9,4 TM) im Vorgriff vergütet worden. Mit Rechnung vom 24.8.1978 hatte der VEB Baustoffversorgung Leipzig 1.960 Stück Wandfliesen im Werte von 3,1 TM in Rechnung gestellt. Der Eingang der Fliesen wurde von einem leitenden Angestellten als sachlich richtig bestätigt. Nach der Gutschrift des VEB Baustoffversorgung Leipzig vom 6.10.1978 wurde bekannt, dass diese Fliesen gar nicht geliefert worden waren.
Gemäß der Kassenordnung des Staatshaushaltes der DDR hatten Barauszahlungen nur gegen Endempfängerquittungen zu erfolgen. Bei notwendigen Barauszahlungen an Dritte durfte das nur bei Vorlage einer schriftlichen Vollmacht des Empfangsbestätigten erfolgen. Auch dagegen wurde in erheblichem Umfang verstoßen. So erfolgten zum Beispiel vom 1.1.1977 bis 31.7.1979 in 150 Fällen Barauszahlungen in Höhe von 48,8 TM an Dritte, obwohl keine schriftlichen Vollmachten vorlagen.
In einer Niederschrift vom 16.9.1979 hatte ein Bürger erklärt, dass von der Leitung des Kreiskrankenhauses bis etwa April 1979 das Mittagessen und bis etwa Juni 1979 das Frühstück an die Mitglieder der Feierabendbrigade kostenlos abgegeben worden war, was der Leiter der Feierabendbrigade auch bestätigte. Demgegenüber hatten leitende Mitarbeiter der Einrichtung das Gegenteil behauptet. Betriebliche Festlegungen zur kostenlosen Teilnahme am Frühstück und Mittagessen lagen nicht vor.
Vom Kreiskrankenhaus wurden im Zusammenhang mit den Investitions-, Rekonstruktions- und Werterhaltungsarbeiten außerordentlich hohe Materialbestände aufgekauft. Über die Zu- und Abgänge einschließlich der Weiterverkäufe an Bürger lagen nur bei der Sanitärkeramik sowie dazugehöriger Materialien Nachweise vor. So waren über den Einsatz von Wand- und Fußbodenfliesen sowie Fußbodenbelag keine Unterlagen vorhanden. Aus Haushaltsmitteln wurden in den Jahren

1976 bis 1979 Wandfliesen im Werte von 24,1 TM und Fußbodenbelag im Werte von 90,8 TM bezogen. Festgestellte Weiterverkäufe von Wandfliesen und Fußbodenbelag an Privatpersonen erfolgten 1976 in 15 Fällen (3,3 TM), 1977 in 41 Fällen (13,7 TM) und 1978 in 23 Fällen (20,7 TM). Die Verkäufe wurden von verantwortlichen Mitarbeitern des Krankenhauses veranlasst.

Nur unter Berücksichtigung nachfolgender – von mir gekürzter – Ergänzungen wurde vom Ärztlichen Direktor das Revisionsprotokoll zur Kenntnis genommen: „Der Ärztliche Direktor wird im Revisionsprotokoll in seiner Verantwortlichkeit einem staatlichen Leiter eines Produktionsbetriebes gleichgesetzt. In diesem Sinne wird ihm auch die Verantwortung für die mangelhafte Kontrolle in der Durchführung der Bauleistungen und für die unkontrollierbaren Abrechnungen zugemessen. Nach der Rahmenkrankenhausordnung vom 5.11.1954 sowie auch nach dem Entwurf zur neuen Rahmenkrankenhausordnung, die alle Pflichten und Aufgaben eines Ärztlichen Direktors und der anderen Mitarbeiter der Krankenhausleitung enthalten, ist der Ärztliche Direktor weder zuständig noch entsprechend seiner Ausbildung in der Lage, die Verwaltung für verwaltungsmäßige, finanztechnische und betriebswirtschaftliche Aufgaben zu übernehmen. Während in diesen Festlegungen zur Funktion der Leitungskader eines Krankenhauses der Ärztliche Direktor für die Aufgaben der medizinischen Versorgung verantwortlich zeichnet, übernimmt der Ökonomische Leiter die Kontrollfunktion für den Finanz- und Wirtschaftsbetrieb sowie die betriebstechnische Abteilung der Einrichtung. Außerdem wurde dem Kreiskrankenhaus G mit dem Ziel einer stufenweisen, planmäßigen Rekonstruktion der Gesundheitseinrichtungen entsprechend einer Empfehlung der vorgesetzten Dienststelle für das Kreiskrankenhaus und für die Kreispoliklinik je ein technischer Leiter zugeteilt. Die beiden technischen Leiter standen dem Wirtschaftsleiter in Fragen des Arbeitskräfteeinsatzes und des Bauablaufes unter Weisung des Bauleiters zur Seite und trugen die Verantwortung mit. Bei einem von vornherein planmäßigen Bauvorhaben wären diese Aufgaben einer Baufirma übertragen worden, wäre eine so unklar anmutende Abgrenzung in der Bauleitung nicht erforderlich gewesen."

Aus dieser hervorragenden realistischen Ergänzung des Ärztlichen Direktors wird das ganze damalige Dilemma ersichtlich. Es wurden zwar finanzielle Mittel bereitgestellt, aber weder Baukapazitäten noch das dazugehörige Material. Besonders den – hoffentlich vielen – Leserinnen und Lesern aus den westlichen Bundesländern kann ich empfehlen, sich den Defa-Spielfilm „Der Baulöwe" mit Rolf Herricht anzusehen, um eine kleine Vorstellung von diesen Problemen zu erhalten. Der Ärztliche Direktor traf mit dieser Ergänzung den Nagel auf den Kopf. Die Ergänzung wird nach meiner Ansicht wesentlichen Einfluss auf den Ausgang des Verfahrens gehabt haben.

Aus den Unterlagen des Sächsischen Staatsarchivs geht hervor, dass das Verfahren auf Grundlage des § 25 Ziffer 2 des Strafgesetzbuches (StGB) der DDR am 2.10.1980 eingestellt wurde. Gemäß § 25 Ziffer 2 war von Maßnahmen der strafrechtlichen Verantwortung abzusehen, wenn bei Vergehen der Zweck des Strafverfahrens durch eine Verurteilung zum Schadenersatz erreicht werden konnte. Gemäß Inhaltsverzeichnis zu den Akten erfolgte eine Kündigung.

Als krönenden Abschluss zur Feierabendtätigkeit präsentiere ich Ihnen hier Prüfungsfeststellungen des „Finanzrevisors Pfiffig" kurze Zeit vor der Wiedervereinigung. Diese Prüfung hatte es in sich. Gemäß Information der Revisionsgruppe 945 vom 15.9.1989 waren von einer Feierabendbrigade eines volkseigenen Betriebes im erheblichen Umfang Arbeiten in zusätzlicher Tätigkeit durchgeführt worden. Es handelte sich dabei um Projektierungsleistungen, den Abriss von Gebäuden, um Freiflächengestaltung, das Verlegen von Trinkwasserleitungen und Straßenbauarbeiten. Für diese Leistungen waren betriebliche Kapazitäten außerhalb des Planes in der DDR so gut wie nicht zu bekommen. Laut der Auskünfte der Bürgermeister einer Stadt und zweier Gemeinden sowie eines volkseigenen Betriebes gab es hinsichtlich der Qualität der Arbeiten und der Termintreue keine Beanstandungen. Der Einsatz von Technik wurde mir mündlich bestätigt. Im Ergebnis der Prüfung der ersten Abrechnungen in Höhe 320,9 TM ergab sich aus Sicht der SFR eine zu hoch ermittelte und bezahlte Objektvergütung in Höhe von mindestens 50,0 TM. Zur Bestätigung dieses Betrages war eine Kontrolle dieser Abrechnungen durch Baufachleute vorgesehen. Nicht in allen Fällen enthielten die Abrechnungen Positionen über den Einsatz von Technik, was bei den durchgeführten Arbeiten unmöglich war. Es wurden weitere nicht plausible Sachverhalte festgestellt. So ergaben Befragungen von Mitgliedern der Feierabendbrigade, dass die von ihnen auf den Auszahlungslisten quittierten Beträge nicht der Realität

entsprachen. Die Auszahlungslisten waren wahrscheinlich blanko unterschrieben worden.
Ende Oktober 1989 nahm die Abteilung Kriminalpolizei mit mir Verbindung zu diesem Vorgang auf. Ich händigte ihr am 27.10.1989 Unterlagen über 67,8 TM sowie Informationen über den betroffenen Personenkreis aus. Dann zog bezüglich der Zusammenarbeit zwischen SFR und Kriminalpolizei wieder Ruhe ein. Von der SFR erfolgten weitere Prüfungshandlungen. So wurde Kontakt mit dem Bezirksbauamt Leipzig aufgenommen, um ein Prüfung der in der Information vom 15.9.1989 genannten Rechnungen der Feierabendbrigade in Höhe von 320,9 TM zu erreichen. Es kam nicht mehr dazu. Die gesellschaftlichen Ereignisse überschlugen sich. Am 25.2.1990 gab es eine Aussprache zwischen der Kriminalpolizei und der SFR, genauer gesagt zwischen der Kriminalpolizei und dem „Finanzrevisor Pfiffig". Von einem normalen Prüfen konnte keine Rede mehr sein. Trotzdem führte ich zusammen mit dem Kollegen der Kripo noch einige Gespräche mit nicht dieser Feierabendbrigade angehörenden Personen. In deren Ergebnis wurde uns beiden mündlich bestätigt, dass für Abbrucharbeiten für die vom volkseigenen Betrieb genutzte Technik keine Kostenerstattung an den Betrieb erfolgt war. Eine schriftliche Bestätigung dieser Aussage sollte noch nachgereicht werden. In den schriftlichen Vereinbarungen zwischen den Auftraggebern und der Feierabendbrigade war festgelegt worden, dass bei eventuell erforderlichen Maschinenleistungen eine Abrechnung zu erfolgen habe. In einer Information vom 9.3.1990 erfolgten Angaben zu weiteren Arbeitsobjekten der Feierabendbrigade sowie zu fragwürdigen Sachverhalten. So beispielsweise zur Problematik der Materialbeschaffung und Abrechnung.
Ich ließ mich nicht beirren und stellte weitere Nachforschungen an. Die Auskunftsbereitschaft gegenüber der SFR hielt sich plötzlich bei einigen Funktionären in Grenzen. Bestens in Erinnerung ist mir noch die überhebliche und unverschämte Art und Weise der Auskunftserteilung eines Ratsmitgliedes des zuständigen Rates des Kreises (Name und Funktion sind mir noch bestens in Erinnerung). Er lobte diese Feierabendbrigade und besonders den Leiter in höchsten Tönen. Dieser leistete doch „eine sehr gute Arbeit und kann alles besorgen". Aufgrund dieser und weiterer Bemerkungen – als Antworten konnte das nicht mehr bezeichnet werden – ergaben sich viele Fragen. Was war der Grund für die Duldung der offensichtlichen und nach meinem damali-

gen Kenntnisstand sicher von den Ermittlungsorganen schnell und leicht nachzuweisenden „Ungesetzlichkeiten"? Gab es vielleicht Verbindungen zwischen der Feierabendbrigade „mit Unternehmensstruktur" und höheren Funktionären sowie weiteren Personenkreisen? Hatte diese Feierabendbrigade vielleicht für diesen Personenkreis auch Leistungen erbracht? Wenn ja, wie waren diese vergütet beziehungsweise waren diese überhaupt vergütet worden?
Am 9.3.1990 wurden von der SFR die Informationen vom 15.9.1989 und 9.3.1990 sowie Rechnungen, Endempfängerquittungen und Stundenaufstellungen über Arbeitsleistungen der Feierabendbrigade der Kriminalpolizei übergeben. Insgesamt handelte es sich um Abrechnungen in Höhe von 306,8 TM. In der Akte zu dieser Prüfung befinden sich Belege, in denen die Rückgabe der Rechnungen an die SFR quittiert ist. Damit und aufgrund weiterer Hinweise steht für mich mit 99,9-prozentiger Wahrscheinlichkeit fest, dass trotz dieser erdrückenden Feststellungen keine Fortsetzung der Ermittlungen erfolgte. Warum? Der Tisch war doch gedeckt!

Staatssicherheit und Finanzprüfungswesen

Zum Einfluss des Ministeriums für Staatssicherheit (MfS) auf die SFR, speziell auf die Inspektion Leipzig, waren von mir anfangs keine Darlegungen vorgesehen, weil ich mit dieser „Firma" nichts am Hut hatte und darüber auch keine Informationen besaß. Ich wurde in der Zeit meiner Tätigkeit bei der SFR weder privat noch dienstlich hinsichtlich einer „Mitarbeit" angesprochen. Unter den Kolleginnen und Kollegen der Inspektion Leipzig gab es ab und zu Gerüchte, wer in unseren Reihen als Informationszuträger in Frage käme. Ich persönlich versuchte bestimmten Leuten aus der Inspektion Leipzig aus dem Weg zu gehen, ohne zu wissen, ob sie für das MfS tätig waren.
Bei meinen Recherchen wurde diese Thematik – von mir weder vorgesehen noch erwünscht – häufiger angesprochen, als ich erwartet hatte. Aus diesen Hinweisen ergab sich die Schlussfolgerung, dass einige damals als „Verdächtige" gehandelte Mitarbeiter nicht zum Kreis gehörten. Nach der Wende arbeitete ein Teil der Mitarbeiter der Inspektion Leipzig im öffentlichen Dienst beziehungsweise ist bis heute noch dort beschäftigt. Bei der Feststellung einer Zusammenarbeit mit dem MfS hätten diese ihren Schreibtisch sofort räumen müssen. Mir ist

diesbezüglich nur ein Finanzrevisor bekannt, der jedoch ein unbedeutendes Würstchen war.
Bei der Übergabe meiner Personalunterlagen im Zuge der Auflösung der SFR wurde ich vom Inspektionsleiter informiert, dass über mich eine Akte beim MfS existiere, was mich nicht verwunderte. Immerhin hatte ich ja „Westverwandtschaft" und meine Prüfungsfeststellungen waren auch nicht immer von allen Seiten bejubelt worden. Die mir übergebene Personalakte war übrigens sehr dünn. Anders ausgedrückt: Ich erhielt nur das, was noch in der Dienststelle vorhanden war. Das konnte nur der geringste Teil von der Akte gewesen sein, die ursprünglich vorhanden gewesen war. Vieles war sicher entfernt worden. Warum eigentlich?
Sehr lange überlegte ich, meine Stasiakte einzusehen oder nicht. Ich verzichtete darauf. Bezüglich meiner Dienststelle interessierte es mich nicht, wer das MfS mit Informationen über mich versorgt hatte. Mit Ausnahme des bereits erwähnten Sachverhaltes der Streichung als Nachwuchskader hatte ich nie das Gefühl gehabt, bei der SFR ungerecht behandelt worden zu sein. Der Hauptgrund war, dass ich nicht wissen wollte, wer aus meinem persönlichen Umfeld (zum Beispiel Schule, Sport, Studium usw.), zu welchem Zeitpunkt auch immer, irgendwelche Informationen über mich geliefert hatte.
Beinahe hätte ich einen heftigen körperlichen Kontakt mit dem MfS vergessen. Erst bei der geistigen Auseinandersetzung mit der Thematik wurden einige meiner Gehirnzellen aktiviert. Diese signalisierten: „Schreib es auf, Finanzrevisor Pfiffig, schreib es auf." Um kein schlechtes Gewissen zu haben, nutze ich dieses Buch, um diesen Kontakt allen meinen ehemaligen Kolleginnen und Kollegen der Inspektion Leipzig sowie Ihnen, sehr geehrte Leserinnen und Leser, erstmals zu offenbaren. Um beim Schreiben nachfolgender Sätze etwas ruhiger zu sein, habe ich mich vorher etwas entspannt. Ich habe meine Finger durch eine kleine Massage auf Vordermann gebracht, meine Katze Grethe ausgiebig gestreichelt – diese Episoden habe ich im Garten geschrieben, wo die Grethe zu Hause ist –, ihr eine Zecke entfernt, meine Goldfische im Gartenteich gefüttert, meinem Teichfrosch Fritz einen kurzen Blick zugeworfen, meine Schildmütze tiefer ins Gesicht gezogen, einen Schluck alkoholfreies Bier zu mir genommen, eine Schale große und sehr gut schmeckende Erdbeeren gegessen – 1 Kilo kostete übrigens

am Freitag beim Vietnamesen an der alten Post nur 2,00 € – und danach mutig drauflos getippt.
Es dürfte am 1.5.1989 gewesen sein. Die Kolleginnen und Kollegen der Inspektion Leipzig, die in Leipzig beziehungsweise der näheren Umgebung wohnten, trafen sich wie üblich zur Maidemonstration an der Goldschmidtstraße/Ecke Nürnberger Straße. Der Marschzug setzte sich langsam in Bewegung. Kurz hinter mir reihten sich zwei junge Burschen in den Zug ein. Einer trug ein eingerolltes Transparent in der Hand. Kaum einer schenkte den beiden Beachtung. Nach wenigen Hundert Metern Marsch rollten sie ihr Transparent aus. Darauf war deutlich zu lesen: „Die Wahrheit ist kein Monopol – Frei sein für Alternativen". Die heftige Kritik an der Allmacht der SED war für jeden deutlich lesbar. Die Mehrzahl der in näherer Umgebung dieser jungen Männer marschierenden Personen versuchte nach dem Ausrollen des Transparentes dieses möglichst nicht wahrzunehmen. Man konnte spüren, dass etwas Außergewöhnliches in der Luft lag. Den jungen Burschen war keine Angst anzumerken. Ich war gespannt wie der Bogen Winnetous bei der Jagd. Der Marschzug bewegte sich langsam weiter in Richtung Tribüne. Links das Gewandhaus. Noch tat sich nichts. Alles war friedlich. Wir erreichten das damalige Hotel am Ring. Ich marschierte in der Reihe ziemlich rechts außen. Die Nutzung der Sprechfunkgeräte durch zahlreiche Stasileute wurde intensiver. Einer der Angehörigen der Staatssicherheit war mir bekannt, weil er mit seiner Familie in einer Genossenschaftswohnung im gleichen Haus wohnte wie ich. Ich sagte nicht sehr laut zu ihm, dass er die Burschen doch weiterlaufen lassen solle. Er reagierte nicht und sah an mir vorbei. Erst hinterher wurde mir bewusst, was meine wenigen Worten für Folgen hätten haben können. Ich hatte mit dem Feuer gespielt. Zum Glück ging alles gut. Wir marschierten noch etwa hundert Meter. Kurz vor der Tribüne stürmten mehrere Angehörige der Staatssicherheit in den Marschblock. Da diese jungen Burschen sich kurz hinter mir befanden, wurde auch ich nicht verschont. Ich wurde fast umgerannt. Zum Glück hatte ich das „Unheil" kommen sehen und stand deshalb relativ sicher auf den Beinen. Die jungen Männer wurden zu Boden geworfen und samt Transparent herausgezerrt. Unfassbar! Das war er also, mein heftiger Kontakt mit dem MfS. Der Vorfall machte mich sehr nachdenklich. Der Einfluss des MfS auf das Finanzprüfungswesen

der DDR beziehungsweise speziell auf die SFR wurde nach meiner Kenntnis bisher nicht aufgearbeitet.

Nach der Wende wurde ich übrigens zwei Mal hinsichtlich einer Zusammenarbeit mit dem MfS überprüft. Im Ergebnis wurde mir im Einzelbericht vom 9.8.1993 zum Schreiben des Bundesbeauftragten für die Unterlagen des Staatssicherheitsdienstes der ehemaligen Deutschen Demokratischen Republik schriftlich bescheinigt, dass „sich unter den von meinem Arbeitgeber eingereichten Daten aus den geprüften Unterlagen keine Hinweise auf eine Zusammenarbeit mit dem Staatssicherheitsdienst der ehemaligen Deutschen Demokratischen Republik ergeben haben". Es war schon verrückt.

Etwas muss ich zur Thematik Staatssicherheit noch loswerden. Es gab mit größter Wahrscheinlichkeit auch in der Inspektion Leipzig Mitarbeiter beziehungsweise Mitarbeiterinnen, die Informationen, aus welchen Gründen auch immer, über ihre Kolleginnen beziehungsweise Kollegen – also auch über mich – an das MfS weitergaben. Sehr groß dürfte dieser Kreis nicht gewesen sein. Eher klein, aber „fein". Ich finde es erbärmlich, dass sich nach meiner Kenntnis keine(r) dieser Informanten beziehungsweise Informantinnen bei der oder dem Betroffenen je entschuldigt hat.
Ende dieser Thematik.

Perlen aus meiner Rumpelkammer

Werfen wir zur Abwechslung noch einen Blick in meine kleine Rumpelkammer, wo sich die von mir aufbewahrten Unterlagen der SFR befinden. In der DDR gab es übrigens eine Fernsehsendung, die sich „Willi Schwabes Rumpelkammer" nannte. In dieser sehr populären Sendung wurden vorwiegend Ausschnitte aus alten Tonfilmen gezeigt. Mir gefiel diese Sendung sehr.

In meiner Rumpelkammer fand ich „Hinweise für die Durchführung von Sicherheitsrevisionen – insbesondere zur Aufdeckung von Unterschlagungen im Bereich der Haushaltsorganisationen" vom 12.7.1967. Diese Hinweise waren das Ergebnis der Auswertung von Unterschlagungen im damaligen Bezirk Leipzig. Ziel dieser Hinweise war es, den

Revisoren Kenntnis über gebräuchliche Methoden bei Unterschlagungen zu vermitteln und die begünstigenden Umstände aufzuzeigen. Außerdem sollten Erkenntnisse beziehungsweise Schlussfolgerungen für künftige Prüfungen vermittelt werden. Die Unterschlagungen bei den örtlichen Räten konzentrierten sich auf Ausgabemittel (Fürsorgezahlungen, Abrechnung von Tankkreditscheinen, Lohnabrechnungen sowie das Ausstellen fingierter Rechnungen). Die am häufigsten angewandten Methoden bei den Ausgaben waren Abrechnungen nicht durchgeführter Leistungen, das Ausstellen fingierter Rechnungen, die Fälschung von Abrechnungsunterlagen, Scheckfälschungen bei der Bezahlung von Leistungen, falsche Additionen, falsche Überträge sowie die Abrechnung nicht zustehender Beträge. Im Gegensatz zu den örtlichen Räten wurden bei den staatlichen Einrichtungen vorwiegend Bareinnahmen unterschlagen. So entfielen 75 % aller Unterschlagungen auf nicht abgerechnete Einnahmen wie Essengelder, Unterbringungskosten sowie sonstige in bar vereinnahmte Gebühren. Methoden waren dabei überwiegend das Kassieren ohne Quittung, Scheckfälschung bei Barabhebungen (Beträge und Unterschriften), Fälschung von Nachweislisten und die Verwendung von nicht nummerierten Quittungen. Grundlage dieser Hinweise vom 12.7.1967 bildeten unter anderem folgende Feststellungen:

Fehlende Kontrollen durch den Leiter einer Einrichtung und die übergeordnete Fachabteilung des Rates des Bezirkes Leipzig begünstigten die Unterschlagung von insgesamt 5,4 TMDN. Für die Buchhaltung und die Bargeldkasse war dieselbe Person verantwortlich. Es wurden Bareinnahmen nicht an den Haushalt abgeführt (5,2 TMDN) sowie Lohn- und Gehaltslisten falsch aufgerechnet. Die Unterschlagung erfolgte im Zeitraum 1963 bis 1966.

Eine Sachbearbeiterin eines örtlichen Rates im Kreis Torgau hob monatlich höhere Beträge für die Fürsorgezahlungen ab, als zur Auszahlung benötigt wurden. Insgesamt wurden von ihr im Zeitraum Januar 1963 bis August 1965 auf diese Weise insgesamt 6,5 TMDN unterschlagen. Als monatliche Abrechnungen über die ausgezahlten Beträge wurden nur Tippstreifen erstellt. In diesen Tippstreifen wurden Beträge aufgenommen, die nicht zur Auszahlung kamen. Die ausgezahlten Beträge waren teilweise falsch ausgewiesen. Auszahlungskarten für Fürsorgeempfänger wurden nach Zahlung der Rente weitergeführt und die Unterschriften gefälscht. In einem Fall wurde die Auszahlungskarte von einem verzogenen Fürsorgeempfänger weitergeführt und die Unterschrift ebenfalls gefälscht. Insgesamt wurden in 37 Fällen die Unterschriften gefälscht.

Vom Leiter eines Jugendklubhauses im Kreis N wurden im Zeitraum 1.11.1964 bis 20.8.1966 Einnahmen aus der Verwahrung der Garderobe (5,3 TMDN) sowie aus Veranstaltungen (1,4 TMDN) in Höhe von insgesamt 6,7 TMDN unterschlagen. Von den von der Einrichtung zu erstellenden verbindlichen Kassenabrechnungen in dreifacher Ausfertigung war jeweils eine Ausfertigung zur Soll-Stellung zur Fachabteilung des örtlichen Rates weiterzuleiten. Ab November 1964 wurden die Kassenabrechnungen für die Verwahrung der Garderobe nicht mehr weitergeleitet beziehungsweise auch nicht von der Stadtverwaltung gefordert. Diese mangelhafte Kontrolltätigkeit begünstigte, dass der Leiter des Klubhauses diese Einnahmen nicht mehr auf das Haushaltskonto einzahlte. Ein weiterer begünstigender Umstand für diese Unterschlagung war, dass die Stadtverwaltung keine Kontrolle über den Bestand und die Verwendung der Eintrittskarten hatte. Im Klubhaus erfolgten außerdem falsche Eintragungen im Klubhaustagebuch über die durchgeführten Veranstaltungen.

1963 stellte eine landwirtschaftliche Produktionsgenossenschaft an den Rat der Gemeinde F eine Rechnung in Höhe von 0,8 TMDN für Leistungen aus, die noch nicht durchgeführt waren. Auf Verlangen des Bürgermeisters wurde der Betrag von 0,8 TMDN am 29.5.1964 auf das Privatkonto seiner Ehefrau überwiesen. Bei der im April 1966 durchgeführten Revision konnte der Verbleib beziehungsweise die Verwendung dieser Gelder vom Bürgermeister nicht nachgewiesen werden. Neben diesen unterschlagenen Mitteln wurden bei der Revision folgende weitere Verstöße gegen die Haushalts- und Finanzdisziplin festgestellt:

- Von den Investitionsmitteln der Gemeinde wurden 6,2 TMDN auf das Konto des Nationalen Aufbauwerkes überwiesen, obwohl die dafür erforderlichen Einsparungen gar nicht vorlagen. Der Bürgermeister hatte Baumaterial der Gemeinde in Höhe von 0,4 TMDN verkauft. Diese Einnahmen waren nicht auf das Haushaltskonto

eingezahlt, sondern in einer schwarzen Kasse verwaltet worden. Davon wurden zum Beispiel Getränke für eine Feierabendbrigade bezahlt. Der Nachweis der Ausgaben war unzureichend. Weiteres Baumaterial wurde verkauft und über diese nicht registrierte Bargeldkasse unzureichend abgerechnet.
- Gemeindeeigenes Feld war an den Bürgermeister und andere Einwohner der Gemeinde ohne Pachtvertrag vergeben worden. Es wurde weder Pacht erhoben noch bezahlt.
- Der Bürgermeister hatte laut Unterlagen am Schulneubau selbst mitgearbeitet und für 404 Stunden insgesamt 1,9 TMDN erhalten. Die Auszahlungsanordnung war vom Bürgermeister selbst zur Zahlung angewiesen worden. Für Scheckabhebungen in Höhe von 3,7 TMDN lagen keine ordnungsgemäßen Rechnungen vor.

Beim Rat einer Stadt wurden im Zeitraum 1962 bis 30.9.1965 stadteigenes Baumaterial und staatliches Vermögen entwendet und an private Abnehmer in Höhe von 18,4 TMDN verkauft. Es handelte sich um Bestände des städtischen Baumateriallagers und um nicht genutztes staatliches Vermögen. Außerdem wurden für Bauobjekte überhöhte Materialanlieferungen bestellt und diese dann ebenfalls verkauft.

Ein Sachgebietsleiter der Abteilung Volksbildung des Rates der Stadt R zahlte im Zeitraum März bis Juni 1966 bei der Stadtverwaltung abgerechnete Bareinnahmen aus der Schulspeisung nicht in voller Höhe auf das Haushaltskonto ein. Insgesamt handelte es sich um einen unterschlagenen Betrag in Höhe von 2,3 TMDN.

Sportlicher Finanzrevisor

Begeben wir uns zeitlich noch weiter zurück. Gemäß der Festschrift zum 25. Jahrestag der SFR trug sich im Jahre 1953 folgende Revision zu:
1953 stand die planmäßige Prüfung einer kleinen Gemeinde an, die sich an der Kreisgrenze Grimma – Oschatz befand (die Entfernung zwischen Grimma und der Gemeinde betrug 30 Kilometer). Da diese Gemeinde zum damaligen Zeitpunkt mit öffentlichen Verkehrsmitteln kaum erreichbar war, blieb dem Revisor nichts anderes übrig, als sein eigenes Fahrrades zu benutzen. Das bedeutete: Fünf Uhr aufstehen,

sechs Uhr Start mit dem Fahrrad und anschließend fast zwei Stunden Kampf auf der Landstraße gegen Wind und Wetter. Acht Uhr Eintreffen am Prüfungsort und Aufsuchen der Gemeindeverwaltung. Nach der Information, dass der Bürgermeister nach Wurzen gefahren sei, wurde das Überraschungsmoment, welches der Gemeinde zugedacht war, wirkungslos. Eine Überraschung gab es trotzdem. Was war geschehen? Der Bürgermeister war angeblich bei einem privaten Revisor in Wurzen, um sich die Haushaltsbuchführung in Ordnung bringen zu lassen. Auf dem Schreibtisch fand sich ein Zettel mit der Nachricht, dass er am Vormittag zurück sei. Er kam aber nicht. Unruhe zog in das Gemeindeamt ein. Die Angestellte wurde nervös. Der Fremde im Dorf (der Revisor) erregte Aufsehen. Hartnäckig blieb er in Lauerstellung, zog Erkundigungen über das Gemeindeoberhaupt ein und nahm Verbindung mit dem stellvertretenden Bürgermeister auf. Gemeinsam öffneten sie mit Hilfe eines Schlüssels des Revisors den Schreibtisch des Bürgermeisters. Darin fand sich ein Wulst ungeöffneter Briefe, Schreiben, Rechnungen und Mahnungen. Die ersten Prüfungshandlungen ließen gegen zwei Uhr nachts einen Fehlbetrag erkennen. Infolge der fortgeschrittenen Zeit war an eine Heimfahrt des Revisors nicht mehr zu denken. Er übernachtete in der guten Stube des stellvertretenden Bürgermeisters. Am nächsten Tag wurde die Volkspolizei verständigt, die den Bürgermeister nach kurzer Zeit in Dresden aufgriff und festnahm. Die Untersuchungen in der Gemeinde erstreckten sich über vier Tage. Nach dieser Prüfung hatte der Revisor täglich 60 Kilometer, also insgesamt 240 Kilometer, in den Beinen.

Kultur- und Klubhäuser

Wie bereits bei der Aufstellung zur Anzahl der Prüfungsobjekte der Abteilung Staatliche Organe und Einrichtungen angegeben, gab es in der DDR laut des statistischen Jahrbuches 1987 insgesamt 1.709 Kultur- und Klubhäuser. Die Hauptaufgabe dieser Einrichtungen bestand laut der „Anordnung über die Planung, Finanzierung und Abrechnung der staatlichen Kulturhäuser" vom 1.7.1972 darin, „durch die Verwirklichung eines vielseitigen und differenzierten Jahreskulturprogrammes zur Herausbildung der sozialistischen Persönlichkeiten und damit zur allseitigen Stärkung der DDR einen Beitrag zu leisten". Die Leiter waren verpflichtet, die staatlichen Mittel mit hoher Wirksamkeit zur

Entwicklung eines interessanten und vielseitigen geistig-kulturellen Lebens der Werktätigen einzusetzen.

In Umsetzung dieser Festlegungen gab es erhebliche Vergünstigungen. So wurden für Veranstaltungen und Zusammenkünfte der Brigaden, der Schulklassen, der Haus- und Straßengemeinschaften, der Klubs und Freundeskreise, der Volkssolidarität, für Jugendstunden zur Jugendweihe sowie auf Entscheidung des zuständigen örtlichen Rates für Gruppen anderer gesellschaftlicher Organisationen keine Raummieten oder andere Entgelte erhoben. Für Veranstaltungen der Freien Deutschen Jugend und der Pionierorganisation „Ernst Thälmann" waren ebenfalls keine Raummieten oder anteilige Kostenerstattungen für Licht, Wasser und andere Bewirtschaftungskosten fällig. Die Kultur- und Klubhäuser sollten der Talentefindung und -förderung vor allem auf kulturellkünstlerischem Gebiet dienen. Sie sollten Heimstätten des künstlerischen Volksschaffens, von Interessenklubs, von Arbeitsgemeinschaften sowie von Zirkeln und Freundeskreisen sein. In jedem Kultur- und Klubhaus war ein Jugendklub zu bilden und zu einem geistigkulturellen Zentrum der Jugend zu entwickeln. Die Teilnahmegebühren für die Mitglieder von Zirkeln, Interessengemeinschaften und Kursen waren niedrig. Gebührenfrei war beispielsweise die Teilnahme an Zirkeln zur Verbreitung des Marxismus-Leninismus, an Arbeitertheatern und dramatischen Zirkeln, an Zirkeln schreibender Arbeiter, an Gesangsgruppen und Chören und an politisch-satirischen Kabaretts. Teilnahmegebühren von 10 M bis 30 M je Mitglied und Jahr waren zu erheben für Zirkel des bildnerischen Volksschaffens, für technisch-naturwissenschaftliche Zirkel, für Freundeskreise der Kunst sowie für Foto- und Sammlerzirkel. Teilnehmergebühren je Teilnehmer und Jahr beziehungsweise Kursus in Höhe von 20 M bis 50 M waren unter anderem zu erheben für Zuschneide-, Näh-, Back- und Kochkurse. Zur Durchführung dieser vielfältigen Zirkeltätigkeit, die gerade bei Kindern und Jugendlichen sehr beliebt war und viel genutzt wurde, standen den Kultur- und Klubhäusern umfangreiche inventarisierungspflichtige Gegenstände und Grundmittel wie Fotoapparate, Musikinstrumente, Tonaufnahme- und Wiedergabegeräte zur Verfügung. Nicht zu vergessen die hohe Anzahl von Tanzveranstaltungen, die teilweise jedes Wochenende erfolgten. Die Kartennachfrage war meist größer als das Angebot.

Durch die oft hohen Bareinnahmen, zum Beispiel bei Tanzveranstaltungen, die überwiegend recht gute Ausstattung mit in der DDR begehrten Konsumgütern und nicht zu vergessen die gesamte Problematik des Getränkeverkaufs durch die in den Kultur- und Klubhäusern gebildeten Jugendklubs bestanden genügend „Gefahrenquellen". Nicht selten gab es bei Prüfungen von Kultur- und Klubhäusern durch die SFR erhebliche Beanstandungen.

Ein Hoch dem „Finanzrevisor Pfiffig"

Ich ärgerte mich maßlos darüber, dass ich das Prüfungsprotokoll meiner Revision des Kulturhauses R in der Gemeinde S – wahrscheinlich 1987 – nicht vor der Vernichtung bewahrte. Ich habe diese Prüfung deshalb für Sie so gut aufgearbeitet, wie es mir gedanklich noch möglich war. Bei dieser Prüfung arbeitete ich mit meinem Ansprechpartner von der Kriminalpolizei, der für den Kreis X zuständig war, zusammen. Es war eine gute Zusammenarbeit. An alle Gründe für diese enge Zusammenarbeit kann ich mich nicht mehr erinnern. Wir waren jedoch des Öfteren gemeinsam unterwegs. Ich hörte meist nur zu, wenn der Kollege von der Kripo Bürger zu bestimmten Sachverhalten befragte, denn dafür war ich als Finanzrevisor nicht zuständig.
Im Kulturhaus R fanden oft Tanzveranstaltungen statt. Ich war dort auch ab und zu selbst zum Tanz. Wie üblich wertete ich zu Beginn der Revision die Plan- und Ist-Zahlen des zu prüfenden Haushaltsjahres aus. Durch die Vielzahl der Tanzveranstaltungen und der umfangreichen Zirkeltätigkeit waren die Einnahmen erheblich. Deshalb war es wichtig, Zeitreihen über mehrere Jahre zur Entwicklung der Einnahmen anzufertigen, was auf Grundlage der EDV-Tabellen schnell erledigt war. Bei den Einnahmen aus Tanzveranstaltungen stellte ich einen bedeutenden Rückgang fest, obwohl mir kein plausibler Grund dafür bekannt war. Nun war es meine Aufgabe, Licht in das Dunkel zu bringen. Ich machte mich zuerst mit dem Verfahren bei der Rechnungslegung über diese Einnahmen vertraut. Vor den Tanzveranstaltungen erhielt ein Verantwortlicher des Kulturhauses eine festgelegte Anzahl von nummerierten Eintrittskarten, deren Empfang er zu quittieren hatte. Die Anzahl der übergebenen Eintrittskarten war meines Wissens identisch mit der Kapazität des Saales. Nach den Tanzveranstaltungen war bei der Gemeindeverwaltung eine Abrechnung vorzulegen. Aus

dieser Abrechnung waren die Anzahl der erhaltenen Eintrittskarten, der Verkaufspreis, der eingenommene Betrag und die Anzahl der zurückgegebenen Eintrittskarten ersichtlich. Bei der Abstimmung der auf diesen Listen dokumentierten eingenommenen Beträge mit den Angaben auf den Kontoauszügen, also den Einzahlungen auf das Haushaltskonto des Rates der Gemeinde S, gab es keine Differenzen. Auffällig war die häufige Rückgabe von nicht verkauften Eintrittskarten. Andererseits war mir bekannt, dass das Haus bei Tanzveranstaltungen fast immer voll war. Wieso wurden dann Eintrittskarten an die Gemeindeverwaltung zurückgegeben? Die Lösung dafür zu finden, war so recht nach dem Geschmack des „Finanzrevisors Pfiffig". Auch wenn die Methode, mit der wahrscheinlich Geld in nicht unbeträchtlicher Höhe unterschlagen wurde, relativ einfach war, mussten sie erst einmal darauf kommen. Neben den von der Gemeindeverwaltung erhaltenen Eintrittskarten wurden – wahrscheinlich – durch den für die Tanzveranstaltungen Verantwortlichen des Kulturhauses im Handel erhältliche Eintrittskarten gekauft. Zu Beginn der Tanzveranstaltungen wurden von vorher festgelegten Personen die von der Gemeindeverwaltung erhaltenen Eintrittskarten verkauft. Nachdem der Saal schon recht gut gefüllt war, kamen die nicht erfassten Eintrittskarten zum Einsatz. Denjenigen, die die Tanzveranstaltungen besuchen wollten, war es egal, welche Eintrittskarten sie erhielten. Hauptsache, ihnen wurde Eintritt gewährt. Die Einnahmen für die im Handel bezogenen und unrechtmäßig verkauften Eintrittskarten wurden nicht abgerechnet, also unterschlagen. Gemeinsam mit dem Kollegen von der Kriminalpolizei war es nicht möglich, die Anzahl der über den Einzelhandel bezogenen Eintrittskarten und damit den unterschlagenen Betrag festzustellen. Meine beliebten Hochrechnungen konnten nicht als Beweis gelten. Weitere Unregelmäßigkeiten stellte ich nach meiner Erinnerung bei der Abrechnung des Ausschanks von Getränken (vorwiegend Spirituosen) des Jugendklubs fest. Der Ausschank erfolgte unter anderem bei den Tanzveranstaltungen. Auch hier war ein Nachweis von privat einbehaltenen Beträgen nicht möglich.

Das ärgerte den „Finanzrevisor Pfiffig" sehr. Nicht etwa weil ich unbedingt etwas feststellen wollte, sondern weil nicht viel dazugehörte, um zu erkennen, dass im Kulturhaus einiges nicht mit rechten Dingen zuging. Aber noch war nicht aller Tage Abend. Ich nahm mir das Veranstaltungsbuch des Kulturhauses vor. Darin waren alle Veranstaltungen, Zirkel und so weiter einzutragen. Dabei fiel mir auf, dass ein Tanzzirkel den Saal regelmäßig nutzte. Auf meine Frage, welche Beträge der private Tanzzirkel monatlich an das Kulturhaus zu entrichten hatte, erhielt ich als Antwort, dass dies unentgeltlich erfolgte. Das kam mir spanisch vor. Ich besorgte mir die Adresse des Leiters des Tanzzirkels und nahm Verbindung mit ihm auf. Er bat mich zu sich in die Wohnung und übergab mir dort Quittungen über die vom Tanzzirkel an eine Person des Kulturhauses übergebenen Beträge. Die vom Kulturhaus ausgestellten Einnahmequittungen waren nicht nummeriert. Es handelte sich um im Handel gekaufte Quittungsblocks. Nun zog sich die Schlinge zu. Insgesamt waren Einnahmen des Tanzzirkels in Höhe von etwa 2,0 TM unterschlagen worden.

An einen weiteren unterschlagenen Betrag kann ich mich weder in der Höhe noch an den konkreten Sachverhalt erinnern. Im Gedächtnis ist jedoch geblieben, dass ich nach der Einzahlung eines weiteren Betrages fragte, der nicht im Zusammenhang mit dem Tanzzirkel stand. Mir wurde bestätigt, dass die Einzahlung dieses Betrages erfolgt war. Dazu legte mir der Verantwortliche des Kulturhauses einen Einzahlungsbeleg von der Sparkasse vor. Der kleine Mangel des Einzahlungsbeleges bestand darin, dass dieser keinen Bankstempel trug. Auch dieses Geld hatte dieselbe Person unterschlagen. Insgesamt konnte ich einen unterschlagenen Betrag von etwa 5,0 TM nachweisen. Bei dieser Prüfung stellte ich außerdem eine weitere Unterschlagung durch eine Mitarbeiterin des Kulturhauses in Höhe von etwa 300,00 M fest. Nach meiner Erinnerung war es nicht abgerechnetes Telefongeld.

Diese gravierenden Verstöße gegen Ordnung und Sicherheit in der Haushalts- und Finanzwirtschaft durch Mitarbeiter des Kulturhauses waren nur durch die äußerst mangelhafte Kontrolltätigkeit des Rates der Gemeinde S möglich. Von mir wurde das auch in der Ratsversammlung, deren einziger Tagesordnungspunkt die Auswertung dieser Revision war, in aller Deutlichkeit zum Ausdruck gebracht. Das hätte nie passieren dürfen. Im Rahmen dieser Prüfung und meiner engen Zusammenarbeit mit der Kriminalpolizei gab es weitere Erkenntnisse im Zusammenhang mit einer Person des Kulturhauses. Die dazu erfolgten Ermittlungen durch den Kollegen der Kriminalpolizei gehörten zwar nicht zu meinem Aufgabengebiet, aber wenn es möglich war und mir bei meiner Prüfung weiterhelfen konnte, nahm ich ganz gern an den Gesprächen teil.

Einen bitteren Beigeschmack hatte diese Revision. Der Beschuldigte wurde meines Wissens auf Grundlage der Prüfungsfeststellungen im Ergebnis eines Ermittlungsverfahrens zu einer Freiheitsstrafe auf Bewährung verurteilt. Bis hierher war an dem Verfahren nichts auszusetzen. Die Besonderheit bestand darin, dass die Gerichtsverhandlung nicht öffentlich war. Nach meiner Kenntnis war das in der DDR beispielsweise dann der Fall, wenn die beschuldigten Personen in irgendeiner Beziehung zum Ministerium für Staatssicherheit standen. Ob das so war, kann ich weder bestätigen noch verneinen.

Einige Monate später. Von der Zentrale der SFR wurde ein Prüfungsauftrag im Bereich der Antiquitäten ausgelöst. Mir wurde die Aufgabe übertragen, in einem Antiquitätengeschäft, welches sich damals gegenüber der Oper Leipzig Richtung Bahnhof in der Goethestraße befand, zu prüfen. Die stichprobenweisen Prüfungshandlungen bestanden in einer Kontrolle der Erfassung der im Geschäft vorhandenen Gegenstände und der körperlichen Bestandsaufnahme von im Nachweis erfassten Gegenständen. Weiterhin war zu prüfen, ob die Nachweise gemäß den Rechtsvorschriften geführt wurden, ob für angekaufte Antiquitäten ordnungsgemäße Ausgabebelege und für verkaufte Antiquitäten ordnungsgemäße Einnahmebelege verwendet wurden. Während ich mich auf die Prüfungshandlungen konzentrierte, hörte ich plötzlich im Verkaufsraum eine Stimme, die mir bekannt vorkam. Meine Neugier war geweckt. Ich konnte mir einen kurzen Blick durch die im Büro offen stehende Tür nicht verkneifen. Mein Gehör hatte mich nicht getäuscht. Es handelte sich um einen Mitarbeiter des Kulturhauses R. Nachdem dieser das Geschäft verlassen hatte, bat ich den Angestellten des Geschäftes um Auskunft über das Anliegen dieses Kunden. Daraufhin wurde mir der Ankauf von zwei kleinen Tassen mit Untertassen mitgeteilt. Ich betrachtete diese Geschirrteile und nahm eine Tasse in die Hand. Der Angestellte des Geschäftes lächelte mich verschmitzt an. Was sollte das bedeuten? Ich stellte die Tasse wieder an ihren Platz. Dann lüftete er das Geheimnis seiner Reaktion. Der Angestellte des Kulturhauses hatte für den Verkauf dieser Geschirrteile in etwa 10,0 TM erhalten. Mir saß der Schreck in den Gliedern, nicht wegen des Preises, sondern wegen der Konsequenzen, wenn mir die Tasse heruntergefallen wäre. Wahrscheinlich hätte es keine Konsequenzen gegeben. Aufgrund der Vorfälle im Kulturhaus hatte ich Bedenken, dass dieser Verkauf in irgendeinem Zusammenhang damit stehen könnte. Ich begab mich deshalb in die Außenstelle im Kreis Leipzig, die nur einige Hundert Meter entfernt war, und setzte mich telefonisch mit dem Kollegen von der Kriminalpolizei in Verbindung. Er informierte mich darüber, dass es in letzter Zeit vermehrt zu Diebstählen in Museen gekommen war. Aufgrund meiner Information veranlasste er umgehend, die Geschirrteile zu fotografieren und mit seinen Informationen über bisher in den Museen gestohlene Teile zu vergleichen. Es gab keine Übereinstimmung.

Meine attraktivste Frau in der Inspektion Leipzig

Nun ein besonderes Bonbon für alle ehemaligen Mitarbeiterinnen und Mitarbeiter der Inspektion Leipzig der SFR. Ich nenne die für mich attraktivste Frau der Inspektion Leipzig.
Etwa 40,0 % der Angestellten der Inspektion Leipzig waren auskunftsgemäß Frauen. Darunter sehr viele attraktive. Zum Glück hat aber jeder einen anderen Geschmack. Am attraktivsten fand ich die Brigitte. Um sicherzugehen, ob allein der Vorname ausreichend ist, holte ich das Namensverzeichnis der Inspektion Leipzig zum Stand 1.1.1988 hervor. Dabei stellte ich fest, dass es für mich zwei attraktive Revisorinnen mit dem Vornamen Brigitte gegeben hatte. Demzufolge sind noch einige Konkretisierungen erforderlich. Ab Anfang der sechziger Jahre lief in den Kinos der DDR der französische Film aus dem Jahre 1956 „Das Gänseblümchen wird entblättert" mit Brigitte Bardot. Dieser Film wurde nach meiner Erinnerung auch im Fernsehen einige Male gezeigt. Bis heute, 21.6.2012, besitze ich leider immer noch keine DVD dieses Filmes, weil dieser wahrscheinlich nie auf DVD veröffentlicht worden ist. Jedenfalls hatte für mich Brigitte bestimmte Gemeinsamkeiten mit BB. Und ich meine nicht nur den Vornamen. Vorhang auf! Es handelt sich um Brigitte G. aus der Abteilung Staatliche Organe und Einrichtungen und dort aus der Revisionsgruppe, die für die Stadt Leipzig zuständig war. Übrigens habe ich mit ihr telefoniert und sie über meine Absicht, sie in diesem Buch zu erwähnen, informiert. Zuerst war sie gar nicht so begeistert. Nachdem ich ihr mehrmals versichert hatte, dass jede andere Frau darauf stolz sein würde, antwortete sich mir: „Mach doch, was du willst!" Den Vergleich mit Brigitte Bardot offenbarte ich ihr nicht. Ich hoffe, dass sie diesen gut verkraftet.

Gefahren für einen Revisor beim Eierzählen

Hinter jedem Beruf lauern bekanntlich Gefahren. So können der Dachdecker vom Dach und der Maler von der Leiter fallen, der Koch kann sich mit Suppe verbrühen, die Krankenschwester vom Arzt verführt werden. Der Buchhalter kann vom Stuhl kippen und der Polizeibeamte vom Dieb angeschossen werden.
Welchen Gefahren war ein Revisor bei der SFR ausgesetzt? Ich habe bewusst die männliche Form gewählt. Jeder Revisor war einer Gefahr ausgesetzt, die heimtückisch und unberechenbar war. Diese Gefahr änderte laufend Namen und Ort. Als Praktiker erläutere ich Ihnen diese Gefahr an einem Beispiel. Erst Ende Oktober 2010 wurde ich über die gleich folgende wahre Begebenheit in Kenntnis gesetzt, nachdem sie mir vierzig Jahre lang von meinen Vorgesetzten verheimlicht worden war. Ich bin sehr dankbar, dass diese dann doch noch den Mut zur Offenbarung fanden. Liebe ehemalige Kollegen, nochmals recht herzlichen Dank für diesen besonderen Farbtupfer meines Buches.
Es war im Jahre 1957. In einer Einrichtung des Gesundheitswesens hatte ein Revisor die Aufgabe, die Lager- und Bestandshaltung zu überprüfen. Es gab dort eine Wirtschaftsleiterin, die wahrscheinlich ganz passabel aussah. Gemeinsam mit ihr überprüfte der Revisor das Lebensmittellager. Er stimmte unter anderem den Soll-Bestand an Eiern laut Kartei mit den Ist-Bestand ab. Der Eierbestand soll recht beachtlich gewesen sein. Die Aufbewahrung der Eier erfolgte in Eierkartons, die übereinandergestapelt waren. Der Revisor und die Wirtschaftsleiterin mussten sich bücken, um den Bestand ordnungsgemäß zu zählen. Wahrscheinlich stand die Wirtschaftsleiterin etwas näher an den Eierkartons und der Revisor erkannte die Gefahr zu spät. Sein Wille war gebrochen. Es kam, wie es kommen musste. Er griff ins Messer. – Was hatte sich ereignet? Beim Zählen der Eier hatte sich die Hand des Revisors verirrt, sie war irgendwo am Körper der Wirtschaftsleiterin gelandet. Den genauen Ort der Handgreiflichkeiten teilten mir meine ehemaligen Kollegen nicht mit. Jedenfalls war die Wirtschaftsleiterin von dieser unvermuteten Prüfungshandlung nicht begeistert. Da die SFR noch nicht lange bestand, hatte der Revisor den Grundsatz der unvermuteten Prüfung falsch aufgefasst. Die Eierzählung war seine letzte Prüfungshandlung. Die Wirtschaftsleiterin be-

schwerte sich bei der Leitung der Inspektion Leipzig. Daraufhin wurde der Revisor fristlos entlassen. Des einen Leid ist des anderen Freund. Es wurde ein neuer Kollege eingestellt, der bis zur Auflösung der SFR in der Inspektion Leipzig eine leitende Position zur Zufriedenheit aller ausübte.

Sprechen wir über Geld ...

Viele Leserinnen und Leser werden der Meinung sein, dass jemand, der bei der SFR angestellt war und derart brisante Prüfungsfeststellungen wie der „Finanzrevisor Pfiffig" vorweisen kann, sehr gut verdient haben muss. Verdient hätte ich es schon gehabt, aber leider bekam ich es nicht. Schlecht verdient habe ich für DDR-Verhältnisse trotzdem nicht. Hier konkret mein Verdienst von der Beendigung des Studiums bis zur Auflösung der SFR:

		Vergütung in Mark		Bemerkung
		brutto	netto rd.	
01.08.1977	Revisor	740	530	
01.10.1978		830	600	
01.01.1979		900	660	
30.06.1979		940	690	
01.01.1980		1.000	740	
01.01.1981	Hauptrevisor	1.060	800	Änderung Steuerklasse
01.01.1982		1.120	860	
01.05.1983		1.160	890	
01.11.1983		1.220	940	
01.05.1984	Revisions-inspektor	1.270	980	
01.01.1985		1.320	1.020	Änderung Steuerklasse

01.05.1985		1.400	1.090
01.01.1987		1.460	1.130
01.01.1990		1.560	1.200

Bis zum Revisionsoberinspektor hätte ich es nicht bringen können, da dafür ein Hochschulstudium Bedingung war. Um die jeweils nächsthöhere Dienstbezeichnung zu erreichen, waren weder Lehrgänge noch sonstige Qualifikationen erforderlich. Die Entscheidung traf der Inspektionsleiter aufgrund der Empfehlung des jeweiligen Gruppenleiters sowie der in der Personalakte abgelegten Leistungseinschätzungen, die regelmäßig schriftlich erfolgten. Diese Verfahrensweise empfand ich als positiv. Mit der höheren Dienstbezeichnung waren eine höhere Vergütung und höhere Anforderungen verbunden. Die zu prüfenden Objekte waren größer und die fachlichen Anforderungen höher. Als Revisionsinspektor war man für die Leitung der Prüfung eines großen Prüfungsobjektes wie beispielsweise die Kliniken Hubertusburg in Wermsdorf im Kreis Oschatz verantwortlich, die damals eine der größten Gesundheitseinrichtungen im Bezirk Leipzig war. Ich prüfte die Kliniken Hubertusburg einmal mit meiner hübschen Kollegin Anett.

Losungen zur sozialistischen Wirtschaftsführung

Bevor ich Ihnen Spannung pur biete, habe ich noch einige interessante Weisheiten für Sie:

- Alles ist klar, keiner weiß Bescheid.
- Wir wissen zwar nicht, was wir wollen, aber das mit ganzer Kraft.
- Wer schon die Übersicht verloren hat, muss wenigstens den Mut zur Entscheidung haben.
- Gefährlich wird es, wenn die Dummen fleißig werden.
- Initiative ist Disziplinlosigkeit mit positivem Ausgang.
- An der Spitze stehen ist immer noch zu weit hinten.
- Es bleibt alles ganz anders.
- Jeder macht, was er will, keiner macht, was er soll, aber alle machen mit.
- Wo wir sind, klappt nichts, aber wir können nicht überall sein.
- Wir sind zu allem bereit, aber wir sind zu nichts zu gebrauchen.

- Wo wir sind, ist vorn – und wenn wir hinten sind, ist hinten vorn.
- Niemand ist unnütz. Er kann immer noch als schlechtes Beispiel dienen.
- Wer viel arbeitet, macht Fehler; wer nicht arbeitet, macht keine Fehler; wer keine Fehler macht, wird prämiert und befördert.
- Man sagt, es gibt Probleme – aber wo wir sind, gibt es immer Probleme.
- Wissen ist Macht – nicht wissen macht nichts.
- Spare mit jeder Sekunde, jedem Gramm und jedem Pfennig, koste es, was es wolle.
- Wir kennen die Arbeit nicht, aber wir bringen das Doppelte.
- So alt, wie wir aussehen, werden wir nicht.
- Baue auf und reiße nieder, so hast du Arbeit immer wieder.
- Jeder kann werden, was er will, ob er will oder nicht.
- Die Lücke, die wir hinterlassen, ersetzt uns vollkommen.
- Unser Verstand ist unser Vermögen, aber Armut schändet nicht.
- Wir müssen alles tun, um die Menschen zu verwirren, befriedigen können wie sie ja doch nicht.
- Operative Hektik ersetzt geistige Windstille.

Vorhang auf zum Boxkampf!

Ich lade nun nicht nur die Boxsportfreunde, sondern alle Leserinnen und Leser zu einer Profiboxveranstaltung ein. Dabei gibt es jedoch ein Problem. Die Halle hat nur eine Kapazität von 3.000 Plätzen. Um Sie jedoch alle über das Geschehen zu informieren, habe ich mich entschlossen, in die Rolle eine Reporters zu schlüpfen. Im Profiboxen wird bekanntlich über zwölf Runden zu je drei Minuten geboxt. Um die Berichterstattung in Grenzen zu halten, berichte ich zu den einzelnen Kämpfen vorwiegend über die letzte, also die zwölfte Runde und fasse das Geschehen der vorherigen elf Runden kurz zusammen. Das Besondere an der Veranstaltung ist, dass sich die Kämpfer bezüglich der Einmarschmusik auf ein Thema abzustimmen hatten. Bevor wir uns dem ersten Kampf widmen, gestatten Sie mir einige Vorbemerkungen. Holen Sie sich ruhig genügend zum Knabbern und ausreichend Getränke, denn eine derartige Veranstaltung bekommen Sie nicht gleich wieder geboten. Bei meiner Boxveranstaltung tritt kein sogenanntes „Fallobst", aber auch keine Weltspitze an. Die Boxprofis sind trotzdem

mit allen beziehungsweise mindestens mit vielen Wassern gewaschen. Das war sicher mit ein Grund dafür, dass die Eintrittskarten weggegangen sind wie die sprichwörtlichen „warmen Semmeln" (auch Brötchen, Schrippen, Weckle oder Rundstücke genannt).
Was hat diese Boxsportveranstaltung mit der Arbeit der SFR zu tun? Eine herrliche Frage an den „Finanzrevisor Pfiffig". Hier sofort die Antwort: Meine Absicht ist es, Ihnen sinnbildlich zu verdeutlichen, welche „Wirkungstreffer" die SFR auszuteilen in der Lage war, auch wenn nicht alle Haken saßen. Das Handtuch wurde nie geworfen, es sei denn, „Fremde" hatten sich des Handtuches bemächtigt und es entgegen jeglicher sportlicher Fairness in den Ring geworfen, was mit der Beendigung des Kampfes verbunden war. Meine Kommentare beschränken sich auf knappe, aber aussagekräftige Informationen. Denjenigen, die nach Beendigung dieser Veranstaltung immer noch der Meinung sind, dass die SFR ein Kasperletheater mit lustigen Handpuppen war, empfehle ich, meine Ausführungen am Schluss des Buches zum Prüfungswesen in der BRD sorgfältig und unvoreingenommen zu lesen. Die Wirksamkeit einer Finanzprüfung ist von entscheidender Bedeutung. Geben Sie sich einen kleinen Ruck und beweisen Sie meiner Oma Emma, dass sie mit ihren hervorragenden Sprichwörtern nicht immer recht hatte. Oma Emma hätte sonst zu denen, die starrsinnig an ihrer Meinung kleben, bestimmt gesagt: „Bei denen iss doch Hopfen und Malz verlohrn."

Kampf Nr. 1

Wenden wir uns nun dem ersten der insgesamt acht Kämpfe zu. Es handelt sich um einen Kampf im Schwergewicht. Die Kontrahenten hinken boxerisch, technisch und taktisch zwar der Weltspitze erheblich hinterher, aber trotzdem ist es kein uninteressanter Kampf. Harte, aber teilweise unsaubere Schläge. Die Führhand beider Boxer kommt nicht wie gewollt zur Wirkung. Oft überfallartige Angriffe. Ein kaum nachvollziehbares Urteil. Die Kämpfer nutzten die Einmarschmusik, um sich vorzustellen. Eine originelle Idee, die vom Publikum mit viel Applaus bedacht wurde. Der Boxer in der grünen Ecke marschierte zu Frank Zanders „Hier kommt Kurt" ein. Der Kämpfer in der weißen Ecke tänzelte in den Ring nach dem Lied von Diether Krebs „Ich bin der Martin". Mächtig gewaltig.

Gong!

Das Revisionsprotokoll vom 2.11.1976 (Staatsarchiv Leipzig Bestand 20.267/4.882/Staatsanwalt des Bezirkes Leipzig) war Grundlage einer Anzeige an den Staatsanwalt des Bezirkes Leipzig wegen Verdachts der Wirtschaftsschädigung in der Großhandelsgesellschaft Nahrungs- und Genussmittel Leipzig (GHG) wegen unzureichender Lagerordnung. Die nachfolgenden Feststellungen eines Revisionsinspektors der Inspektion Leipzig sind besonders aus heutiger Sicht kaum fassbar, aber auch diese katastrophalen Zustände wurden von der SFR ohne Ansehen von Personen konsequent aufgezeigt. Ein hervorragendes Revisionsprotokoll.
Hauptaufgabe sowohl des ehemaligen Hauptdirektors als auch des Direktors des Betriebes war die Einhaltung der Tagfertigkeit in der Versorgung der Bevölkerung. Die Gewährleistung der Versorgung der Bevölkerung um jeden Preis führte unter anderem dazu, dass Fragen der Ökonomie nur ungenügend in die Leitungstätigkeit in allen Verantwortungsbereichen einbezogen wurden. So wurde auf die Einhaltung der geplanten Handelskosten beziehungsweise auf deren Senkung nicht ausreichend eingewirkt. Die neue Leitung des Betriebes analysierte diese erheblichen Mängel und machte dazu in Unterlagen vom 30.9.1976 folgende Darlegungen: „Gleichzeitig muss jedoch eingeschätzt werden, dass bei der Bewältigung dieser hohen Versorgungsleistungen die Prozesse des Warenumsatzes nicht mehr planmäßig geleitet wurden und besonders im III. Quartal außer Kontrolle geraten sind. Im Interesse der tagfertigen Realisierung der Bestellungen wurden zu viele qualitative Aspekte unserer Handelstätigkeit vernachlässigt. Das gilt für Fragen der Sicherheit, des Arbeitsschutzes, des Wettbewerbes, der Arbeits- und Lebensbedingungen und der Arbeit mit den Menschen. Insbesondere aber drückt sich die Instabilität unseres Betriebes in der Entwicklung der ökonomischen Ergebnisse aus."
Ausdruck des nicht planmäßigen Verlaufs der Handelsprozesse waren zum Beispiel die seit Jahren ständig gestiegenen außerplanmäßigen Handelsverluste (Inventurdifferenzen und Warenverluste), die per 30.9.1976 bereits rund 1,5 Mio. M = 10 % der Plankosten betrugen und der Hauptfaktor für die Überschreitung der Handelskosten waren. Erschwerend wirkte sich darüber hinaus auch die völlig unzureichende materiell-technische Basis aus, die unter Berücksichtigung der perma-

nent fehlenden Arbeitskräfte in den Lagerbereichen (zum Beispiel per 18.10.1976 = 102 Vollbeschäftigteneinheiten) wesentlich dazu beigetragen hatte, dass die Warenbewegungsprozesse im Betrieb nicht beherrscht werden konnten. Neben objektiven Ursachen bestand im Betrieb aber auch eine Vielzahl subjektiver Mängel. So fehlte teilweise eine Aufgabenabgrenzung, wurde die Verantwortung nicht in allen Leitungsebenen wie erforderlich wahrgenommen, gab es erhebliche Mängel im innerbetrieblichen Informations- und Kontrollsystem und wurden Rechtsnormen sowie eigene Festlegungen und Weisungen nicht durchgesetzt. Der Hauptbuchhalter war seiner Aufgabe als staatlicher Kontrolleur nicht im vollen Umfang gerecht geworden. Er war nicht mit letzter Konsequenz dagegen aufgetreten, dass durch den ehemaligen Direktor in Berichten, Stellungnahmen, Rechenschaftslegungen und bei anderen öffentlichen Äußerungen die konkrete betriebliche Situation zu positiv dargestellt worden war und damit Partei-, Staats- und Wirtschaftsorgane unzureichend informiert waren. Nachteilig wirkte sich ebenfalls aus, dass der Hauptbuchhalter nicht ausreichend auf die Durchsetzung der eigenen Forderungen im Ergebnis der Wirtschaftskontrolle Einfluss genommen hatte. Die Untersuchungen der SFR ergaben, dass Grundanforderungen der Ordnung, Sicherheit und Disziplin nicht erfüllt wurden und der Schutz des Volkseigentums nicht voll gewährleistet war. Ausdruck dieser Einschätzung waren beispielsweise verstärkt aufgetretene Diebstähle.

Der äußerst hohe Grad der Verlustwirtschaft und der Uneffektivität des Betriebes bei der Lösung der Versorgungsaufgaben zeigte sich besonders in der Entwicklung der Inventurdifferenzen, die per 30.9.1976 rund 1,5 Mio. M betrugen. Wesentlichen Anteil daran hatten die Lagerbereiche 12 (Spirituosen, Wein und Sekt) und 51 (Grundnahrungsmittel), die insgesamt 49,2 % der Differenzen verursachten. Allein im Lagerbereich 12 gab es 1976 im Zeitraum 1.1. bis 30.6.1976 folgende Fehlmengen: ca. 34.000 Flaschen Spirituosen, ca. 13.000 Flaschen Weiß- und Rotwein, ca. 1.000 Flaschen Wermutwein, ca. 14.000 Flaschen Sekt und ca. 3.000 Flaschen Brambacher.

Als Hauptursachen und Einflussfaktoren ergaben sich der zeitweise völlig desorganisierte Zustand im Zusammenhang mit Versorgungshöhepunkten (besonders Lagerbereich 12), die hohe Fehlerquote bei der Warenvereinnahmung, -lagerung und -auslieferung einschließlich Umlagerung, fehlende Lagerordnungen und erhebliche Mängel bei der Durchführung der Inventuren. Auch der überdurchschnittlich hohe Wechsel der leitenden Mitarbeiter in den Lagerbereichen und in der Fachdirektion Warenbewegung wirkte sich negativ auf diese Gesamtsituation aus.

Eine tiefgründige Analyse des Fonds Handelsrisiko und somit der Warenverluste nach Entstehungsort und Verlustart lag nicht vor. Auf der Grundlage des Ausweises in der Buchhaltung (sonstige Warenbewegungen) ergaben sich unter Berücksichtigung manueller Korrekturen in den Finanzkonten nachstehende Verlustanteile:

Verlustanteil	Betrag in TM	%
Fehlmenge, ungeklärter Diebstahl	45,9	8,3
Transportverluste	190,0	34,3
sonstige Verluste (Verderb, Verpackung, klimatische Bedingungen)	95,8	17,3
Summe Kundenreklamationen	331,7	59,9
+ übrige Lagerverluste (Lagerbruch, Verkostung, Preisminderung, Schwund)	222,5	40,1
Warenverlust gesamt	554,2	

Um Einfluss auf Warenverluste beziehungsweise die Beseitigung der Ursachen zu nehmen, hätte es unter anderem einer ordnungsgemäßen Bearbeitung der Kundenreklamationen bedurft. Schwerpunkt bei den Reklamationen bildeten wiederum die Lagerbereiche 12 und 51. Zum Prüfungszeitpunkt lagen insgesamt 60.000 Protokolle von Reklamationen vor. Die durchschnittliche Bearbeitungszeit für Kundenreklamationen betrug etwa sieben Wochen. Laut Rahmenvertrag mit dem Einzelhandel betrug die Ablehnungsfrist des Großhandels nur sieben Tage. In der Mehrzahl der Fälle musste daher eine automatische Anerkennung der Reklamationen erfolgen. Die Bearbeiter der Reklamationen in den Warenbereichen waren absolut überfordert. Die im Revisionsprotokoll aufgezeigten Ursachen der Warenverluste und die vielfach fehlenden Konsequenzen bei der Behandlung von Disziplinlosigkeit beziehungsweise Schädigung des Volkseigentums hatten wesentlich dazu beigetragen, dass in den Lagerbereichen beziehungsweise den Fahrerkollektiven in vielen Fällen nicht die notwendige Einstellung zum Schutz des Volkseigentums gegeben war.

Bevor der nächste Kampf beginnt, tupfen Sie sich ruhig den Schweiß von der Stirn. Bei diesen Feststellungen ist so eine Reaktion normal. Natürlich war es meinen ehemaligen Kollegen nicht möglich, eine beziehungsweise die (wahrscheinliche) Hauptursache für den größten Teil der Warenverluste beim Namen zu nennen. Für einen Prüfer zählen nun einmal nur die in der Buchhaltung vorhandenen Unterlagen. In diesem Fall waren das vorwiegend Lagerkarteien, Rechnungen, Reklamationsprotokolle und Inventurunterlagen. Lassen wir deshalb noch einmal meine Oma Emma zu Wort kommen. Sie hätte das Kind sicher beim Namen genannt. Ihre Worte wären wahrscheinlich gewesen: „Dort hamse bestimmt geglaud wie de Raaben." Ich möchte ihr nicht widersprechen. Wer sich in Leipzig etwas näher auskannte, der bekam zur Genüge mit, wo diese „Warenverluste" ihre Abnehmer gefunden hatten.

Laut Inhaltsverzeichnis der Unterlagen des Bezirksstaatsanwaltes des Bezirkes Leipzig wurde dieses Verfahren am 2.3.1977 – traurig aber wahr! – eingestellt.

Kampf Nr. 2

Nun der zweite, ein bisher ziemlich ungleicher Kampf. Der Herausforderer scheint Trainingsrückstände zu haben. Obwohl auf den ersten Blick körperliche Nachteile nicht erkennbar sind, hat er in den bisherigen Runden seine Deckung zu sehr vernachlässigt. Wenn das gewollt ist, dann hat er das Risiko erheblich unterschätzt. Die bisherige Einstellung, alles oder nichts, hat sich nicht bewährt. Immer wieder musste er in den bisherigen elf Runden harte Treffer einstecken. Das linke Auge ist gezeichnet. Das Urteil scheint festzustehen. Trotzdem kein uninteressanter Kampf. Beide Boxer nutzten die Einmarschmusik, um dem Publikum ihre Frauen vorzustellen, die am Ring sitzen. Tolle Musik. Zuerst ertönte „Punker Maria", gesungen von Dieter Hallervorden. Anschließend ließ der Boxer in der weißen Ecke von Peter Petrel seine „Hamburger Deern" bekannt machen.

Gong!

Basierend auf Beschlüssen des Politbüros der SED und des Ministerrates der DDR erfolgte 1972 eine Verstaatlichung von mittelständigen Unternehmen. Ausgenommen waren lediglich unter anderem private Bäckereien, Fleischereien sowie kleine Handwerksbetriebe. Die Verfahrensweise der Umsetzung dieser Beschlüsse war kein Ruhmesblatt in der Geschichte der DDR. Damit waren viele Probleme und Ungerechtigkeiten verbunden. Auch wir als SFR wurden mit Auswirkungen dieser „Verstaatlichung" konfrontiert.

Gemäß Bestand 20.267/4.522 des Sächsischen Staatsarchivs erstattete die SFR im Ergebnis der vom 11.9. bis 24.10.1973 durchgeführten Finanzrevision (23-seitiges Protokoll vom 25.10.1973) am 25.9.1973 bei der Staatsanwaltschaft des Bezirkes Leipzig Anzeige gegen den damaligen Direktor des VEB Leipziger ABC (VEB ABC) wegen Vertrauensmissbrauchs.

Zum besseren Verständnis dieser Prüfung sind einige Ausgangsinformationen erforderlich. Am 26.5.1972 erfolgte der „Verkauf" des ehemaligen Privatbetriebes A an den Staat. Rechtsgrundlage hierfür war der Beschluss des Ministerrates der DDR vom 1.3.1972 „... über die Ordnung zur finanziellen Abwicklung des Kaufs von Grundmitteln und materiellen Umlaufmitteln aus dem Vermögen von Privatbetrieben durch staatliche Organe." Ein Gesetz für diese – auch wenn dieses Wort nur hinter verschlossen Türen fiel – Enteignungen gab es nach meiner Kenntnis nicht. Gemäß diesem Beschluss wurden die finanziellen Umlaufmittel durch den Staat nicht gekauft. Für diese Abwicklung waren die Inhaber der ehemaligen Privatbetriebe selbst verantwortlich. Laut Revisionsprotokoll wurden vom Direktor des VEB ABC die Rechtsvorschriften, die den Kauf der Grundmittel und materiellen Umlaufmittel ehemaliger Privatbetriebe betrafen, gröblichst verletzt, wodurch eine Schädigung des Volkseigentums in Höhe von 121.123,83 M entstand. Mietzahlungen waren vorenthalten worden, die Materialrechnung entsprach nicht den Anforderungen, es bestand Unordnung beim Einsatz von Kraftfahrzeugen, das Kassen- und Belegwesen war mangelhaft und es war ein Pfändungs- und Überweisungsbeschluss zurückbehalten worden. Bereits während der Prüfung wurde aufgrund der Hinweise durch die SFR ein Disziplinarverfahren durch den Wirtschaftsrat des Bezirkes Leipzig eingeleitet. Am 20.9.1973 erfolgte eine

Beurlaubung des Direktors und am 18.10.1973 die Abberufung ohne Frist. Aufgrund einer Festlegung durch den Wirtschaftsrat des Bezirkes Leipzig wurde der Direktor aufgefordert darzulegen, wie die Rückzahlung der 121.123,83 M erfolgen sollte. Dem dazu erstellten Schreiben vom 12.10.1973 war eine Erklärung des Vaters und Eigentümers des ehemaligen Privatbetriebes A über die Abtretung der 121.123,83 M aus einem speziellen Konto in Höhe von 148.795,35 M für den Kaufpreis beigefügt. Diese Erklärung wurde abgegeben, obwohl dem Verfasser bekannt war, dass zum damaligen Zeitpunkt nur 17.699,12 M auf diesem Konto vorhanden waren. Durch die SFR erfolgte am 25.9.1973 Anzeigenerstattung bei der Staatsanwaltschaft des Bezirkes Leipzig. In Abhängigkeit von der Behandlung der Anzeige durch die Staatsanwaltschaft war diese darauf hingewiesen worden, gegebenenfalls die zivilgerichtliche Eintreibung des Betrages von 121.123,83 M schnellstmöglich zu vollziehen, da die Willenserklärung zur Rückzahlung des Betrages jeglicher Grundlage entbehrte. Erschwerend wirkte sich bei der Prüfung aus, dass die ehemalige Finanzbuchhalterin per 16.9.1973 den Betrieb verlassen hatte, da sie nach ihren Aussagen die Handlungsweise des Direktors nicht mehr länger hatte mit ansehen können.

1. Ungesetzliche Schmälerung der Umlaufmittel um 121.123,83 M
- Der VEB ABC wurde am 27.5.1972 durch den „Kauf" der Grund- und materiellen Umlaufmittel des ehemaligen Privatbetriebes A gebildet. Der im ehemaligen Privatbetrieb A tätig gewesene Sohn des Inhabers wurde als Direktor des neuen VEB ABC berufen. Der Direktor veranlasste im Juni 1972 aus Umlaufmitteln des VEB ABC die Bezahlung von Verbindlichkeiten aus Warenlieferungen des ehemaligen Privatbetriebes A in Höhe von 121.123,83 M. Der neue VEB ABC war laut der Beschlüsse nicht Rechtsnachfolger des ehemaligen Privatbetriebes A. Im Beschluss des Ministerrates der DDR vom 1.3.1972 war festgelegt, dass die Inhaber ehemaliger Privatbetriebe für die Abwicklung finanzieller Umlaufmittel selbst verantwortlich waren. Durch diese Verfahrensweise des Direktors wurde das Volkseigentum schwer geschädigt.
- Der Direktor versuchte seine Handlungsweise mit Unkenntnis über die Rechtsvorschriften für die Abwicklung sowie mit der Duldung dieser Verfahrensweise durch den VEB Rechnungsführung und Wirtschaftsberatung Leipzig (VEB RWL) und die Industrie- und

Handelskammer Leipzig (IHKL) zu begründen, obwohl er an einer Dreitageschulung teilgenommen hatte. Im dabei erhaltenen Hinweisblatt der IHKL sowie in § 5 des Kaufvertrages waren entsprechende Festlegungen beziehungsweise Hinweise dokumentiert.
- Ein Teil der Gesamtverbindlichkeiten aus Warenlieferungen (23.115,02 M) des ehemaligen Privatbetriebes war ordnungsgemäß vom ehemaligen Geschäftskonto bezahlt worden. In die finanzielle Abwicklung gingen ein:

Flüssige Mittel	35.848,16 M
Forderungen	199.454,20 M
Aktiva	235.302,36 M
Passiva	-216.818,81 M Verbindlichkeiten gesamt
Überschuss	18.483,55 M

Damit war ersichtlich, dass der ehemalige Privatbetrieb in der Lage war, sämtliche Verbindlichkeiten zu bezahlen. Die Forderungen waren eingetrieben worden. Eine Verwendung (einschließlich der flüssigen Mittel) erfolgte jedoch für Privatentnahmen (44.082,93 M) und die Bezahlung privater Einkommensteuer (50.000,00 M), anstatt die Verbindlichkeiten daraus zu bezahlen. Dies erfolgte auf Weisung des Direktors aus Mitteln des VEB ABC.

2. Fehlender Materialbestand aus dem Einzelhandelsgeschäft
- Im Kaufpreis von 544.983,38 M für die Grundmittel und materiellen Umlaufmittel des ehemaligen Privatbetriebes A waren Bestände des zum Privatbetrieb gehörenden Einzelhandelsgeschäftes in Höhe von 32.107,46 M enthalten. Obwohl eine entsprechende Beschlussfassung durch die Umwandlungskommission vorlag, wurde das Einzelhandelsgeschäft nach wie vor privat vom ehemaligen Inhaber betrieben. Das hatte zur Folge, dass die vorher genannten Bestände im Rahmen dieses Geschäftes veräußert und die Erlöse dafür dort vereinnahmt worden waren. Mit den Werten entsprechend des Kaufvertrages waren diese Bestände in Höhe von 32.107,46 M in die Eröffnungsbilanz des VEB ABC eingegangen. Da die Bestände jedoch

nicht mehr vorhanden und die Erlöse ebenfalls nicht dem VEB ABC zugeflossen waren, wurde dieser Bestand in eine Forderung an den ehemaligen Privatbetrieb umgebucht. Die Höhe wurde vom Direktor zwar angezweifelt, die Tatsache aber nicht bestritten. Der Kaufpreis wurde damit zu hoch ermittelt beziehungsweise das Volkseigentum geschädigt.

3. Verkauf von Leuchtstoffröhren an den VEB ABC
- Laut Protokoll vom 9.11.1972 waren am 12.6.1972 durch den Direktor 600 Stück Leuchtstoffröhren zum Betrag von 2.166,40 M dem VEB ABC zur Verfügung gestellt worden. Gemäß der Erklärung des Direktors waren „diese Leuchtstoffröhren sein unumstrittenes Eigentum und Rechte Dritter bestanden nicht". Während der Revision wurde festgestellt, dass die Leuchtstoffröhren am Umwandlungstag auf der Baustelle „Agra" gelagert und in den Inventurunterlagen nicht erfasst waren. Diese Röhren hätten bei der Inventur per 26.5.1972 erfasst werden müssen. Der Direktor wurde bis 16.10.1973 aufgefordert, die Eigentumsrechte zu beweisen, was nicht erfolgte.

4. Ein Pfändungs- und Überweisungsbeschluss wurde zurückbehalten
- Die geschiedene Ehefrau des Direktors sprach im VEB ABC vor und informierte darüber, dass sie sich einen Pfändungs- und Überweisungsbeschluss deshalb hatte ausstellen lassen, weil ihr geschiedener Mann seinen Unterhaltsverpflichtungen für die aus der Ehe hervorgegangene Tochter nicht pünktlich nachgekommen war. Der monatlich zu zahlende Unterhalt betrug 155,00 M und der bisherige Rückstand belief sich auf 310,00 M. Der durch das Kreisgericht Leipzig-Süd am 28.10.1972 ausgestellte Pfändungs- und Überweisungsbeschluss wurde dem VEB ABC zugestellt. Der Direktor hielt den Beschluss zurück und leitete ihn nicht an die Buchhaltung weiter. Damit verstieß er gegen die Verordnung über die Pfändung von Arbeitseinkommen vom 9.6.1955. Der VEB ABC konnte dadurch nicht als sogenannter Drittschuldner auftreten und den gepfändeten Lohnanteil nicht einbehalten. Zum Prüfungszeitpunkt bestand dadurch ein Zahlungsrückstand von drei Monaten. Durch die Regelungen im Pfändungsrecht war gewährleistet, dass ein derartiger Pfändungs- und Überweisungsbeschluss in der Regel nur einmal er-

lassen werden musste, weil bei Arbeitsplatzwechsel die Lohnpfändung bestehen blieb. Dadurch, dass der Direktor den Pfändungs- und Überweisungsbeschluss nicht zur Bearbeitung weitergegeben hatte, missbrauchte er seine Funktion als Leiter eines volkseigenen Betriebes.

5. Die Materialrechnung entsprach nicht den Erfordernissen
- Die im VEB ABC eingerichtete Materialkartei war nicht aussagefähig. Die Materialeingänge waren unvollständig und die Materialabgänge 1973 überhaupt nicht eingetragen. Dadurch hätten die Materialkosten nur über Bestandsvergleiche unter Berücksichtigung der Zugänge ermittelt werden können. Die dazu erforderlichen Inventuren waren nicht durchgeführt worden. Die Abschlüsse mussten deshalb aufgrund von Schätzungen erfolgen. Das Materiallager war zwar verschließbar, die Schlüssel waren jedoch auch für andere Personen leicht greifbar. Eine Lagerordnung gab es nicht.

Der Angeklagte wurde wegen der Schädigung der Volkswirtschaft der DDR am 21.3.1974 wegen Vertrauensmissbrauchs, ein Vergehen nach § 165 Abs. 1 Strafgesetzbuch der DDR, zu einem Jahr und zehn Monaten Haft verurteilt. Außerdem waren Schadenersatzleistungen zu entrichten. Laut des Bestandsverzeichnisses zum Bestand 20.267/4.522 der Staatsanwaltschaft Leipzig war gegen das Urteil ohne Erfolg Berufung eingelegt worden. Weiterhin enthält diese Akte, die für mich nicht einsehbar war, einen Beschluss zur Urteilsberichtigung hinsichtlich Schadenersatz, einen Antrag und ein Gnadengesuch auf Haftentlassung sowie einen Beschluss zur Strafaussetzung auf Bewährung.

Kampf Nr. 3

Die bisherigen Runden des dritten Kampfes, eines Kampfes im Mittelgewicht (bis 75 kg), haben nur wenige spektakuläre Aktionen geboten. Aber auf alle Fälle sind die weiblichen Besucher der Veranstaltung auf ihre Kosten gekommen. Kein Blut, kein unfaires Boxen, aber sehr gut aussehende Boxer. Ein Kampf auf Augenhöhe. Beide Boxer informierten die Zuschauer mit Hilfe der Einmarschmusik über eines ihrer Hobbys. Nach dem Titel „Auf meiner Ranch bin ich König", gesungen von Peter Hinnen, folgte Heinos „So'n kleiner Garten vor der Stadt". Das Publikum sang mit.

Gong!

Im Ergebnis der vom 2.9. bis 3.10.1975 gemäß Richtlinie des Leiters der SFR vom 27.8.1974 durchgeführten Tiefenprüfung (Revisionsprotokoll vom 22.10.1975) im Kombinat VEB 123 Stammbetrieb A (Staatsarchiv Leipzig 20.267/4.744) erfolgte eine Anzeige an den Staatsanwalt des Bezirkes Leipzig.

Wesentliche Prüfungsfeststellungen waren
- Manipulationen durch mehrfach überhöhte Abrechnungen der hergestellten Warenproduktion,
- erhebliche Mängel bei der Durchführung der Inventuren,
- ungenügender Abbau von Überplanbeständen,
- Unzulänglichkeiten bei der Einhaltung von Ordnung und Sicherheit in der Lagerwirtschaft,
- Qualitätsbeanstandungen bei Exporten in das nichtsozialistische Wirtschaftsgebiet,
- fehlerhafte Verträge bei Fertigerzeugnissen sowie
- Verletzungen des Prinzips der sozialistischen Sparsamkeit.

1. Manipulationen bei der Abrechnung der Warenproduktion
- Manipulationen in Bezug auf zu hohe Abrechnungen betrugen bei der hergestellten industriellen Warenproduktion zum 31.5.1975 = 485,8 TM und zum 30.6.1975 = 1.206,0 TM sowie bei der realisierten industriellen Warenproduktion = 778,7 TM. Sie erfolgte ausschließlich deshalb, um eine 100-prozentige Planerfüllung im Berichtszeitraum vorzutäuschen. Gleichzeitig sollten damit die umfangreichen, zum Teil groben Mängel und Unzulänglichkeiten in der Leitungstätigkeit, die in Planrückständen ihren Ausdruck gefunden hatten, verschleiert werden. Die überwiegend auf Veranlassung des ehemaligen Direktors für Plandurchführung vorgenommenen Abrechnungen führten nicht zu persönlichen materiellen Vorteilen.

2. Ungenügend vorbereitete, fehlerhaft durchgeführte und schleppend ausgewertete Inventuren

- Ein komplexer Inventurplan für 1975 lag nicht vor. Bis zum Prüfungszeitpunkt gab es keine Klarheit über den Zeitpunkt und die Art und Weise der Durchführung der Buchinventuren, was insbesondere die Bereiche Hauptbuchhaltung und Materialwirtschaft betraf. Inventuren fanden bis zum 31.8.1975 vorwiegend in den Lägern statt, die im Vergleich zu anderen Lägern mehr Ordnung aufwiesen. Weitere Mängel bestanden darin, dass laufende Nummern teilweise handschriftlich nachgetragen worden waren und Änderungen ohne Signum sowie ohne Datumsangabe erfolgt waren.

3. Ungenügende Durchsetzung der Materialökonomie
- Die Prüfung in fünf Teillagern des Werkes I ergab, dass in keinem ein befriedigender Ordnungszustand herrschte. Trotz einer vorhanden Lagerordnung waren die Artikel unsachgemäß gestapelt (Verstellung von Materialbeständen), waren die Läger durch Überplanbestände überbelegt, bestand ein unberechtigter Durchgangsverkehr für nicht im Lager beschäftigte Werktätige, hielten sich Produktionsarbeiter unberechtigt auf, gab es offene Türen und erfolgte eine ungenügende Abgrenzung des Rohlagers durch einen zu niedrigen Maschendrahtzaun. Im Prüfungszeitraum kam ein Kübel NSW-Importfarbe durch Diebstahl abhanden. Nachforschungen blieben ohne Ergebnis, weil Lagerschlüssel ohne Quittung herausgegeben worden waren und dadurch lagerfremden Personen ein ungehinderter Zutritt möglich war. Der staatlichen Leitung waren diese Zustände bekannt. Notwendige Maßnahmen zur Beseitigung dieser Missstände unterblieben.
- Durch den Einbau von Stapelregalen in der Leichtbauhalle mussten etwa zwei Drittel der Lagerfläche freigeräumt werden. Durch den damals amtierenden Kombinatsdirektor war im April 1975 festgelegt worden, die in Paletten lagernden Vorschaltgeräte aller Typen im Freien zu lagern und mit Planen abzudecken. Durch die unterschiedlichen Witterungsverhältnisse bildete sich Kondensat unter den Planen. Dieses schlug sich in Form von Wasser auf die Vorschaltgeräte nieder, führte zu Rosterscheinungen und damit zur erheblichen Einschränkung der Gebrauchsfähigkeit. Zum Zeitpunkt der Prüfung lagerten noch immer 42.647 Stück Vorschaltgeräte mit einem Wert von 820,1 TM im Freien. Davon waren bereits 5.047 Stück (= 57,1 TM) verrostet und damit unbrauchbar. Der Stückpreis

lag zwischen 7,70 M und 72,00 M. Vom Hauptabteilungsleiter für Materialwirtschaft war in Versammlungen und Aktivtagungen mehrfach auf diese unverantwortliche „Aktion" hingewiesen worden. Von der Kombinatsleitung erfolgten jedoch keine Veränderungen. Selbst eine Eingabe der Belegschaft vom 29.7.1975 führte zu keiner Änderung der unsachgemäßen Lagerung. Im Gegensatz dazu war durch das Büro des Kombinatsdirektors darauf eingewirkt worden, den Einreicher zur Rückziehung seiner Eingabe zu veranlassen, was auch erfolgte. Dadurch wurde die Eingabe nicht registriert, wie es das Gesetz über die Bearbeitung der Eingaben von Bürgern vom 19.6.1975 vorsah.

- Weitere erhebliche Mängel wurden von der SFR bei der Umsetzung des Ministerratsbeschlusses vom 28.11.1974 zur Verbesserung der Arbeit mit Beständen festgestellt. Zum Zeitpunkt der Prüfung konnte die geforderte Aufstellung der nicht benötigten Bestände per 1.7.1975 nicht vorgelegt werden. Erst nach Aufforderung erfolgte am 11.9.1975 eine Auflistung dieser Bestände. Danach waren zum 30.6.1975 nicht benötigte Bestände in Höhe von insgesamt 502,4 TM vorhanden.
- Im Bereich der Allgemeinen Verwaltung des VEB 123 wurden unökonomische beziehungsweise ungerechtfertigte Bestände in Höhe von etwas über 50,0 TM festgestellt. So war der Bestand an Textilien zu hoch, der Bestand bei Artikeln wie zum Beispiel Plasteschüsseln, Eimern, Tassen und Untertassen nicht erforderlich, der Bestand an Kleinmöbeln, Stühlen, Fahnen nicht notwendig und die Lagerung zum Teil unsachgemäß. Ordnung, Sauberkeit sowie Sicherheit waren in diesen Lägern nicht gewährleistet und Verantwortliche nur zum Teil festgelegt.
- Die Nutzung von Leihverpackungen für betriebliche Zwecke in den Produktionsabteilungen war zur gebräuchlichen Methode geworden. Nach den Angaben im Leerguterfassungsbuch lagen zwar die entsprechenden Frachtbriefe vor, aber das Leergut befand sich noch immer im Betrieb. Der für den Versand zuständige Bereich begründete das damit, dass der Leergutschuppen abgerissen worden war und damit keine ordnungsgemäße Zusammenstellung und Aufbewahrung der Leihverpackungen erfolgen konnte. Trotz einer ordnungsgemäßen Erfassung sämtlicher Leihverpackungen entstanden daraus dem Betrieb infolge Nichteinhaltung der in der Organisati-

onsanweisung Nr. 1.02/0 vom 1.6.1975 festgelegten Pflichten hohe Vertragsstrafen wegen verspäteter Rückgabe.

4. Fehlende Absatzfähigkeit und mangelhafte Lagerung von Fertigerzeugnissen
- Zu den laut Fertigwarenkartei zum 31.8.1975 ausgewiesenen 74.374 Kombinationsleuchten in Höhe von 2.216,9 TM lagen Absatzverträge über 24.400 Kombinationsleuchten mit circa 730,0 TM vor. Damit waren 49.974 Kombinationsleuchten für circa 1.500,0 TM für 1975 nicht absatzfähig. Hinzu kam, dass diese Leuchten an unterschiedlichen Stellen lagerten, zum Teil Transportschäden aufwiesen und unvollständig waren. Außerdem waren unberechtigte Entnahmen möglich, so dass über die tatsächlichen Bestände kein exakter Nachweis bestand.

5. Hohe und ungenügend bearbeitete Reklamationen
- Von Januar bis September 1975 gab es bei 57,9 % aller an eine Firma in die BRD gelieferten Kombinationsleuchten Reklamationen, die anerkannt wurden. Hauptursachen der Reklamationen waren die Verwendung von nicht zeichnungsgerechten Bauteilen, Lackfehler, lose Leitungen und Vorschaltgeräte sowie falsch geklemmte Leitungen. Diese hohe Reklamationsquote zeigte eindeutig, dass die staatliche Leitung ungenügend auf eine hohe Qualität der Erzeugnisse Einfluss genommen hatte. Diese umfangreichen Qualitätsmängel beeinträchtigten die Geschäftsbeziehungen zu den Vertragspartnern aus dem nichtsozialistischen Wirtschaftssystem erheblich. Gleichzeitig trat eine Schädigung des Ansehens der DDR auf ökonomischem Gebiet ein.

6. Leichtfertiger Abschluss des Exportvertrages „Plastwannenleuchten"
- Für den am 27.5.1975 auf der Grundlage der Verhandlungen des Kombinatsdirektors zur Hannovermesse am 24.4.1975 abgeschlossenen NSW-Exportvertrag über 2,5 Mio. M/Industrieabgabepreis beziehungsweise 1,1 Mio. Valutaeinheiten mit Liefertermin 10.6.1975 fehlten die materiellen Voraussetzungen. Vertragspartner war eine Firma aus der BRD. Als Liefertermin wurde der 10.6.1975 festgelegt, der von Anfang an nicht realisierbar war. Es musste eine Berichtigung des Exportvertrages erfolgen. Als neuer Liefertermin

wurde der Zeitraum Juli bis Dezember 1975 vereinbart (Endauslieferung 25.12.1975). Zum Zeitpunkt der Prüfung (2.10.1975) fehlten zur Einhaltung dieses Termins ebenfalls wesentliche Voraussetzungen. Vor Vertragsabschluss war nicht geprüft worden, ob die vorhandenen Kapazitäten ausreichend waren, die Materialbereitstellung gesichert war und die Werkzeuge und Vorrichtungen rechtzeitig beschafft werden konnten.

7. Ungesetzliche Verwendung von Werbegeschenken
- Die Nachweisführung über die Verwendung von Werbegeschenken im Jahre 1975 entsprach nicht der „Anordnung über die Durchsetzung der Finanzdisziplin und einer sparsamen sozialistischen Wirtschaftsführung" vom 21.5.1975. So lagen 1974 keine Einzelnachweise über die Verausgabung von Werbegeschenken in Höhe von 28,0 TM vor. Werbegeschenke waren unzulässigerweise an Werktätige des Betriebes, Mitarbeiter anderer Betriebe und Organe sowie inländische Geschäftspartner abgegeben worden. Im Jahre 1975 gab es wiederum Verstöße gegen das sozialistische Sparsamkeitsprinzip. Das betraf die Abgabe von Werbegeschenken im Inland (zum Beispiel an Strafvollzugsanstalten und Mitarbeiter des Ministeriums für Staatssicherheit).

8. Verschleierung der Abgabe von Geschenken
- Am 27.5.1974 war auf Veranlassung des damaligen Stellvertreters des Kombinatsdirektors zwei Mal Bettwäsche für insgesamt 300,00 M eingekauft worden. Diese Bettwäsche erhielt eine Genossin der Strafvollzugsanstalt Leipzig anlässlich ihrer Eheschließung. Die Finanzierung erfolgte aus den Selbstkosten. Der Verwendungszweck wurde verschleiert (Belastung der Kostenstelle „Kinderkrippe").

Im Januar 1976 wurde in diesem Fall das Verfahren von der Staatsanwaltschaft eingestellt. Welche disziplinarischen Konsequenzen im Kombinat VEB 123 gezogen wurden, geht aus den Unterlagen nicht hervor.

Kampfpause

Bevor wir zum nächsten Kampf kommen, bereits vorweg: ein toller Fight, Bemerkungen zu einer verrückten Zeit.
Im zweiten Halbjahr 1989 bestand eine der wesentlichsten Aufgaben der SFR darin, Anzeigen von Bürgern zu bearbeiten. Nach meiner Erinnerung handelte es sich vorwiegend um Anzeigen, die vielfach gegen Funktionäre der SED gerichtet waren. Es waren bergeweise Akten, welche die SFR überwiegend von den Staatsanwaltschaften erhielt. Die Sachverhalte dieser Anzeigen spiegelten einerseits die berechtigte Wut der Bürger über die politische und vor allem wirtschaftliche Situation der DDR beziehungsweise speziell der Politik der SED wider. Diese war ja letztlich in erster Linie dafür verantwortlich, dass die Produktionsmittel in der Wirtschaft auf Verschleiß gefahren worden waren und ein Großteil der hergestellten Produkte, die sich teilweise selbst im Weltmaßstab sehen lassen konnten beziehungsweise zum damaligen Zeitpunkt vielleicht sogar Spitzenprodukte waren, für einen Apfel und ein Ei – teilweise nur für ein Ei – verscherbelt worden waren. Trotz dieser für mich nachvollziehbaren Wut landeten auf unseren Schreibtischen auch Vorgänge, die nicht zur Bearbeitung für uns als Finanzrevisoren geeignet waren. So kann ich mich an einen Vorgang erinnern, den ich zu bearbeiten hatte. Dieser stand im Zusammenhang mit dem letzten Oberbürgermeister der Stadt Leipzig vor der Wende. Ein Bürger brachte seinen Unmut in sehr nachdrücklicher Form in einem Schreiben darüber zum Ausdruck, dass im Winter an seinem Grundstück keine beziehungsweise fast keine Schneebeseitigung durch den damals zuständigen volkseigenen Betrieb erfolgte. Das Grundstück des Oberbürgermeisters, der in derselben Straße wohnte, wurde jedoch auf das Feinste gereinigt. Was sollte ich als Prüfer damit anfangen? Die Akte ging unbearbeitet zurück.
An einen Sachverhalt kann ich mich bestens erinnern. Ausgangspunkt war die Anzeige eines Bürgers gegen die nach seiner Ansicht viel zu niedrige Miethöhe eines – nach meiner Erinnerung – Kombinatsdirektors. Seine Wohnung befand sich im Zentrum von Leipzig, also in bester Lage. Das Haus wurde nach der Wende super saniert. Wenn ich daran vorbeigehe, denke ich manchmal an diese ungewöhnliche Prüfung. Neben der Größe und der tollen Lage bestand das Besondere an dieser Wohnung darin, dass diese mit Parkettfußboden ausgestattet war.

Für den normalen DDR-Bürger war das eine Luxusausstattung. Wie diese Aufgabe lösen? Von mir wurde eine Antwort darauf erwartet, ob die Miethöhe den Regelungen in der DDR entsprach. Ich besorgte mir zuerst den Mietvertrag, der den Parkettfußboden als eines der Ausstattungsmerkmale enthielt. Bis hierher gab es nichts zu beanstanden. Für den Parkettfußboden war als Mietbestandteil ein Preis pro Quadratmeter festgelegt, an den ich mich nicht mehr exakt erinnern kann. Auf alle Fälle war der Preis sehr niedrig. Er betrug nach meiner ungenauen Erinnerung etwa 0,25 M pro Quadratmeter. Welche Regelungen lagen dafür zugrunde? Nur diese waren für mich als Finanzrevisor maßgebend. Mit Mühe gelang es mir in dem politischen Chaos, die preisliche Regelung für die Ausstattung von Wohnungen mit Parkettfußboden aufzutreiben. Ich war überrascht, der äußerst geringe Betrag entsprach tatsächlich den Regelungen in der DDR. Ich bestätigte die Rechtmäßigkeit des Mietbestandteils.

Eine herrliche Episode als Zugabe: Ich war mit der Bearbeitung dieses Sachverhaltes fertig und übergab meine Unterlagen den dafür festgelegten Mitarbeitern meiner Dienststelle. Aufgrund der Vielzahl der abzuarbeitenden Fälle war eine nochmalige Durchsicht, wie sonst bei allen Protokollen, zeitlich nicht möglich. Ich legte jedenfalls meine Unterlagen auf den bereits fertigen Stapel der bearbeiteten Fälle. Dabei wies mich ein „sehr guter" Genosse der SED darauf hin, dass meine Darlegungen ordnungsgemäß zu sein hätten. Ich stand kurz vor einem Wutanfall. Ganz so schlimm war es zwar nicht, aber wenn ich einen Hut aufgehabt hätte, wäre der mit Sicherheit hochgegangen. Jedenfalls legte der Kollege noch nach, dass wir uns gegenüber „den hohen Herren" keine Fehler erlauben dürften. Mir war nicht klar, wer diese hohen Herren sein sollten, denn diese Unterlagen waren ja für die Staatsanwaltschaft bestimmt. Also brachte ich, wahrscheinlich in nicht ganz freundlicher Form und Tonlage, zum Ausdruck, dass er sich derartige blöde Bemerkungen mir gegenüber sparen solle. Es handelte sich hier schließlich um eine zwar nicht ganz gewöhnliche, aber hinsichtlich der Sorgfalt um eine Prüfung wie jede andere auch.

Nun noch ein Sahnehäubchen drauf: Ich wurde gebeten, die fertigen Unterlagen zur Staatsanwaltschaft zu bringen. Ich füllte eine große Tasche mit Akten und begab mich zur Staatsanwaltschaft, die sich in unmittelbarer Nähe meiner Dienststelle befand. Obwohl dort ein kaum vorstellbarer Trubel herrschte, gelang es mir, den für die SFR zuständigen Staatsanwalt ausfindig zu machen. Er begrüßte mich und bat mich, die Unterlagen auf seinem Schreibtisch abzulegen. Ich tat, wie mir gesagt worden war, und wollte diese heiligen Hallen wieder verlassen. Nun das Verrückte! Der Staatsanwalt bat mich, gleich einen neuen Stapel von Fällen zur Bearbeitung mitzunehmen. Zuerst hielt ich das für einen Scherz, denn der Staatsanwalt machte einen sehr vernünftigen Eindruck. Doch es war kein Scherz. Ich nahm jedoch keine Unterlagen mit. Das blanke Chaos.

Kampf Nr. 4

Als vierter Fight der erste der beiden Hauptkämpfe des Abends. Ein Fight im Schwergewicht. Viel Prominenz am Ring. Bisher eine Ringschlacht. Ein hochkarätiger Fight. Beide Boxer gingen jeweils einmal zu Boden, aber zu einem K. o. hat es noch nicht gereicht. Die bisherigen Schläge waren hart, oft unsauber. Diese aggressive Kampfführung hat sich bereits beim Einmarsch der Boxer durch die Wahl ihrer Musik angedeutet. Zuerst das Lied von Udo Lindenberg „Gerhard Gnadenlos". Das Gesicht des Boxers ähnelte der Musik. Nach dem Verhalten vieler Boxsportfreunde in der Halle zu urteilen, lief ihnen der Angstschweiß über den Rücken. Welche härtere Musik folgte? Ging es eigentlich härter? Es ging. Vier Minuten absolute Stille in der Halle. Teuflisch. Dann die ersten Klänge des Liedes der Randfichten: „Lebt denn der alte Holzmichel noch?" Kaum vorstellbar, was hier los war. Welch eine musikalische Antwort. Es war das erste Mal in der Geschichte des Boxsports, dass auf Wunsch des Publikums ein Boxer nochmals einmarschieren musste und dass dabei sogar die lange Version (7:54 Minuten) des Randfichten-Liedes gespielt wurde. Welch ein Beginn. Beide Kämpfer übrigens in der Normalauslage. Die Schlaghand ist also die rechte. Der Ringrichter hat nicht seinen besten Tag. Er schreitet bei unsauberen Aktionen zu spät ein. Beide Boxer sind angeschlagen, aber sie geben alles. Konzentrieren Sie sich auf jede Bewegung der Boxer und achten Sie besonders auf die Schläge des Boxers G, die unter die Gürtellinie zielen.

Gong!

Gleich geht es vorwiegend um Essbares und Trinkbares. Dabei handelt es sich nicht um Leipziger Allerlei, das die meisten Leipziger übrigens nur schwer mit Spargel zubereiten konnten, sondern um sogenannte Edelkonserven. So bezeichnete man in der DDR Dosen und Gläser unter anderem mit Ananas, Mandarinen, Aprikosen und Pfirsichen. Auch von Getränken wird gleich die Rede sein. Ich bin davon ausgegangen, dass es sich vorwiegend um Exportbier, Rotkäppchen-Sekt und sonstige Spirituosen handelte, die selbst unter dem Ladentisch kaum zu bekommen waren. Kosten Sie selbst, wie Ihnen dieses Menü schmeckt. Mir ist der Appetit schon beim Lesen der Unterlagen vergangen!
Falls Sie zu den älteren ehemaligen DDR-Bürgern gehören und jetzt Salzstangen knabbern, Bonbons lutschen oder einen Schluck Kaffee oder Bier zu sich nehmen, dann unterbrechen Sie bitte diese Annehmlichkeiten. Es besteht die Gefahr, dass Sie sich vor Wut verschlucken. Vielleicht knüllen Sie ein kleines Handtuch zusammen, um bei aufkommender Wut hineinbeißen zu können.

Vom 29.8. bis 15.9.1989 wurde laut Protokoll der SFR vom 20.11.1989 in der „Verwaltung für Objekte und Einrichtungen" des Rates des Bezirkes Leipzig (Staatsarchiv Leipzig/29.254) aufgrund von Bürgerhinweisen geprüft. Da ich beim Lesen des Protokolls mit der Bezeichnung „Verwaltung für Objekte und Einrichtungen" nichts anfangen konnte, machte ich mich sachkundig. Dabei erhielt ich unter anderem die Auskunft, dass diese Verwaltung in die Abteilung Allgemeine Verwaltung des Rates des Bezirkes Leipzig eingegliedert war und dem Sekretär des Rates des Bezirkes unterstand. Diese „Verwaltung für Objekte und Einrichtungen" war für eine Reihe von Objekten und Einrichtungen des Rates des Bezirks Leipzig verantwortlich. Von der SFR erfolgte eine Finanzrevision im Objekt X, welches sich in der Gemeinde Y befand.
Entsprechend den Bürgerhinweisen konzentrierten sich die Prüfungshandlungen auf die Erfassung und Nachweisführung der Grund- und Arbeitsmittel, den Einnahmeeinzug und das Kassen- und Rechnungswesen. Es gab erhebliche Beanstandungen.
1989 war die Rekonstruktion des Gästehauses in Leipzig abgeschlossen worden. Obwohl laut Übergabedokumentation 605,2 TM Grund- und Arbeitsmittel in den Bestand eingegangen waren, erfolgte keine entsprechende Nachweisführung. Die letzte Inventur der Grund- und

Arbeitsmittel hatte es 1986 gegeben. Die anhand der Aufnahmelisten angelegte Arbeitsmittelkartei war seitdem nicht wieder ergänzt worden. Auch im Objekt Rathenaustraße hatte 1986 die letzte Grund- und Arbeitsmittelinventur stattgefunden. Am 5.5.1986 waren laut Übergabeprotokoll 32 Grundmittel im Werte von 1.296,6 TM von der Fachschule für Bibliothekare und Buchhändler (bisheriger Nutzer) dem Objekt X übergeben worden. Obwohl ordnungsgemäße Übergabedokumente vorhanden waren, war bis zum Prüfungszeitpunkt keine EDV-mäßige Erfassung erfolgt. Während 16 der Grundmittel im Werte von 1.210,6 TM zumindest karteimäßig erfasst waren, fehlte für 16 Grundmittel im Werte von 86,1 TM selbst dieser Nachweis. Die durchgeführten Grund- und Arbeitsmittelinventuren entsprachen nicht vollständig den Rechtsvorschriften. So waren die vorgeschriebenen Abstände von zwei Jahren zwischen den Inventuren nicht eingehalten und Auswertungen der Inventuren nicht durchgeführt worden. Alle nicht vorhandenen Gegenstände waren generell als „verschrottet" ausgebucht, ohne dass die Ursachen geklärt waren.

Erhebliche Beanstandungen gab es bei der Einhaltung der „Anordnung über die Zulässigkeit, Vergütung und Kontrolle von zusätzlicher Tätigkeit ...". Per 31.8.1989 waren 85,4 TM an Bürger ausgezahlt worden. 1988 hatte diese Vergütung insgesamt 133,8 TM betragen. Den Zahlungen lagen zum größten Teil keine ordnungsgemäßen Vereinbarungen zugrunde. Die vorliegenden Vereinbarungen waren monatlich erst nach erfolgter Arbeitsleistung abgeschlossen worden und enthielten nur pauschale Angaben über die Art der zu erbringenden Aufgaben. Tatsächlich handelte es sich um Werterhaltungsmaßnahmen und Investitionen, welche den für Feierabendtätigkeit zulässigen Wertumfang um ein Vielfaches überstiegen. Die Beschaffung der Materialbestände erfolgte durch das Objekt X. Die Zustimmung der Beschäftigungsbetriebe fehlte bei 23 Bürgern. An diese waren 1989 bis Juli Vergütungen in Höhe von insgesamt 15,2 TM gezahlt worden. Im Durchschnitt waren im Monat für den einzelnen Bürger etwa 160 Stunden abgerechnet worden, und zwar für jeden Wochentag und Sonntag 5 Stunden und für jeden Samstag 10 Stunden. Die tatsächlich geleisteten Stundenzahlen lagen jedoch niedriger. Mit dieser Verfahrensweise wurde die Zahlung von überhöhten Stundensätzen kaschiert. Bereits im Jahr 1984 war der Leiter des Objektes X beauftragt worden, bei seinen eigenen Mitarbeitern zu kontrollieren und abzusichern, dass die zusätzliche Arbeit tatsächlich außerhalb der Arbeitszeit geleistet würde. Diese Auflage war nicht realisiert worden.

Für das Jahr 1989 waren von der „Verwaltung für Objekte und Einrichtungen" 586,0 TM Einnahmen geplant. Darunter 362,0 TM für Einnahmen aus Leistungen für Sonderveranstaltungen, Verpflegung und Handelsware. In der Haushaltsrechnung war der Umfang der Einnahmen aus dem Verkauf der Handelsware nicht einzeln nachgewiesen. Der Verkauf erfolgte gegen Barzahlung und gegen Rechnung. Bis zum Prüfungszeitpunkt waren 1989 insgesamt 10 Betriebe und Handelseinrichtungen zum Einkaufspreis (EKP) statt zum Endverkaufspreis (EVP) beliefert worden. Dadurch ging der „Verwaltung für Objekte und Einrichtungen" eine Handelsspanne (HSP) in Höhe von insgesamt 14,8 TM verloren. Die Handelsspanne war die Differenz zwischen Einkaufspreis und Verkaufspreis des Handels.

Nun aufgepasst! Die Lieferungen bestanden vorwiegend aus Edelkonserven und Getränken, welche die „Verwaltung für Objekte und Einrichtungen" zweckgebunden für die Gästehäuser vom Großhandel erhalten hatte. Nach meinen Recherchen handelte es sich um Waren des Großhandels an den Rat des Bezirkes Leipzig, die für repräsentative Aufgaben des Rates vorgesehen waren. In der DDR wurde auch der Begriff „Sonderkontingente" geprägt – also Waren, die unter anderem nur für besondere Anlässe beziehungsweise bestimmte Personenkreise zur Verfügung gestellt wurden. Die Lieferung der Edelkonserven und Getränke an Dritte war nicht vorgesehen. Der Verzicht auf die Handelsspanne wurde eigenmächtig vorgenommen. Im Einzelnen betrafen die Lieferungen laut Protokoll folgende Objekte:

	Objekt	EVP in M	EKP in M	HSP in M
1	Konsum-Gaststätte „Berghütte" Großsteinberg	33.987,20	29.775,79	4.231,41
2	Konsumverkaufsstelle in Lausa	8.935,58	7.591,96	1.343,62
3	Konsum-Gaststätte Seedorf (Ferienobjekt VEB Feinkost)	14.905,50	11.989,80	2.915,70
4	HO-Gaststätte „Schloss-	2.938,68	2.430,76	507,92

	mühle" Naunhof			
5	VEB Getreidewirtschaft, Freiberg	7.942,30	6.730,00	1.212,30
6	Schulungszentrum des Baukombinates Leipzig, Kohren-Sahlis	9.691,40	6.945,68	2.745,72
7	Ferienheim Schlachthof Annaberg, Oberwiesenthal	950,00	775,00	175,00
8	VEB Getreidewirtschaft, Annaberg-Buchholz	4.903,50	4.024,98	878,52
9	Konsum-Kaufhalle Großsteinberg	3.072,00	2.558,40	513,60
10	HO-Verkaufsstelle Naunhof	6.896,40	6.650,10	246,30
Gesamt		94.222,56	79.452,47	14.770,09

Zusätzlich zu den genannten Verkaufsstellen und Gaststätten wurde die Verkaufsstelle 101 der HO (Handelsorganistion) Grimma bis zum 28.8.1989 mit Waren im Wert von 156.672,80 M (EVP) = 138.952,26 M (EKP) beliefert. So gingen weitere 17.720,54 M Einnahmen aus nicht realisierter Handelsspanne verloren. Damit betrug der Einnahmeverlust 1989 bis zum Prüfungszeitpunkt aus nicht realisierter HSP insgesamt 32,5 TM. Die Verkaufsstelle 101 befand sich im Objekt X und wurde laut Provisionsvertrag vom 1.10.1974 von der Ehefrau des Leiters des Objektes X betrieben. Die Warenverkäufe erfolgten teilweise in der Verkaufsstelle selbst, aber auch direkt ab Lager des Objektes X, laut Unterlagen wurde Bier grundsätzlich ab Lager verkauft. Die Verkaufsstelle sollte laut Vertrag durch die HO Grimma beliefert werden, was nicht der Fall war. Die Verkaufsstelle wurde im Jahr 1989 ausschließlich durch das Objekt X und nicht durch den Großhandel oder die HO Grimma beliefert. Das Warenlager der Verkaufsstelle war nicht vom Warenlager des Objektes X getrennt, obwohl diese Trennung seit 1984 durch die Innenrevision des Rates des Bezirkes beauflagt war. Die Prüfung der Warenberichte ergab außerdem, dass 1989 die Ware zum Zeitpunkt des Verkaufs noch Eigentum des Objektes X war. Kassenzettel oder Quittungen, aus welchen die Verkäufe im Detail hervorgingen, wurden nicht ausgestellt. Das eingenommene Bargeld wurde durch die Verkaufsstellenleiterin in unregelmäßigen Abständen auf das Konto der HO eingezahlt. In der dritten Dekade jedes Monats wurde der HO Grimma aufgrund schriftlicher Mitteilungen des Leiters des Objektes X eine aufgeschlüsselte Rechnung zugesandt, welche den Umsatz der Verkaufsstelle 101 als angebliche Warenlieferung zum EKP an die HO Grimma ausweist. Die HO Grimma belastete ihrerseits die Verkaufsstelle 101 durch den Warenbericht mit der gleichen Summe. Durch diese Manipulation wurden der Gesamtwarenumsatz der HO Grimma zu hoch ausgewiesen, die dem Objekt X zustehende HSP in der HO Grimma realisiert und der Verkaufsstellenleiterin ungerechtfertigt Provision gezahlt.

Per 31.7.1989 wurden 312,2 TM Einnahmen aus sonstigen Verpflegungsleistungen realisiert. Davon waren 185,9 TM per Rechnung an andere Verkaufsstellen (einschließlich der Verkaufsstelle der HO im Objekt X) geliefert worden. Die HSP wurde von Dritten realisiert. Die Einnahmen aus der eigentlichen Erfüllung der Versorgungsaufgaben betrugen lediglich 126,3 TM (40,5 %). Die Ausgaben für Verpflegung betrugen per 31.7.1989 insgesamt 372,3 TM (!). Ohne die Zwischenhändlerfunktion wären nur Ausgaben für Verpflegung in Höhe von 186,4 TM notwendig gewesen.

Mehrmals ließ ich mir die Feststellung vorwiegend bezüglich der enormen Warenverkäufe auf der Zunge zergehen. Diese Feststellungen hatten es in sich. Weitere Ermittlungen, die nicht mehr Aufgabe der SFR gewesen wären, hätten das Gewässer der Gemeinde Y zum Überlaufen bringen können beziehungsweise hätten es mit Sicherheit zum Überlaufen gebracht.

Hier ein sehr kleines Spektrum von Fragen, die zu beantworten gewesen wären:

- In welcher Höhe wurden Verkäufe von „Sonderkontingenten" abgewickelt?
- Wenn es 1989 bis 31.7. = 372,3 TM waren, wie viel waren es insgesamt in all den Jahren dieser Verfahrensweise?
- Handelte es sich vielleicht um Beträge in Höhe von mehreren Millionen Mark?
- Wer erhielt diese Waren tatsächlich?

- Waren die in den Unterlagen der Buchhaltung dokumentierten Lieferanschriften identisch mit den tatsächlich belieferten Objekten?
- Welchen Einfluss auf die Verteilung dieser erheblichen „Sonderkontingente" hatten beziehungsweise übten führende Funktionäre des Rates des Bezirkes Leipzig aus?
- Wie und durch wen erfolgte die Organisation und Kontrolle dieser Warenbewegungen?
- Gab es überhaupt eine Kontrolle?

Fragen über Fragen. Antworten? Weitere Untersuchungen durch andere Behörden? Fehlanzeige. Verstehen Sie das?
Ein immer mal wieder im Profiboxen gefälltes Fehlurteil. Es bleibt nur zu hoffen, dass die Punkt- und der Ringrichter im Interesse des Boxsports aus dem Verkehr gezogen werden. Ein Skandal. Der Fisch stinkt bekanntlich vom Kopf her.

Kampf Nr. 5

Was erwartet Sie als Nächstes? Der fünfte Kampf, ein Kampf im Mittelgewicht (bis 75 kg). Beide Boxer sind Deutsche und haben als Thematik der Einmarschmusik ihre Urlaubsziele gewählt. Während der eine Boxer scheinbar recht bodenständig ist, zieht es den zweiten Boxer im Urlaub in die weite Welt hinaus. Die erste Einmarschmusik war „Komm doch mit in den Thüringer Wald", gesungen von Herbert Roth. Dem schloss sich „Santo Domingo" von Wanda Jackson aus dem Jahr 1965 an. Auch bei diesem Kampf war das Publikum von der Einmarschmusik begeistert. Beide Boxer bewegten sich bisher flink auf den Beinen. Harte Schläge. Trotz vieler Wirkungstreffer musste noch keiner zu Boden gehen. Teilweise unsauberes Boxen. Eine Verwarnung wegen mehrmaligen Abdrehens des Boxers in der blauen Ecke. Nicht geahndet hat der Ringrichter nach meiner Ansicht beim Boxer in der roten Ecke ein Nachschlagen nach dem Kommando „break" sowie ein einmaliges Zu-Boden-Gehen ohne Wirkungstreffer. Handelt der Ringrichter womöglich nach dem Sprichwort „Ist der Ruf erst ruiniert, lebt es sich recht ungeniert"? Möglich ist alles.

Gong!

Erhebliches Kopfzerbrechen bereiteten mir nachfolgende Darlegungen über Prüfungsfeststellungen im Ergebnis der Revision eines volkseigenen Verlages. Mehrmals las ich die Unterlagen der SFR des Sächsischen Staatsarchivs aus dem Bestand der Staatsanwaltschaft des Bezirkes Leipzig Az. 111-25/83 Band VIII lfd. Nr. 5.916. Ausnahmsweise präsentiere ich Ihnen das Urteil bereits am Anfang der Ausführungen zu dieser Prüfung. Es war selbst in der DDR eine sehr, sehr harte Strafe. Das Urteil wurde am 7.5.1985 rechtskräftig und danach der Angeklagte zu einer Freiheitsstrafe von sechs Jahren und sechs Monaten verurteilt. Die Verurteilung erfolgte wegen mehrfacher verbrecherischer Untreue zum Nachteil sozialistischen Eigentums zum Teil in Tateinheit mit mehrfachem Vertrauensmissbrauch und in Tateinheit mit mehrfachem ungenehmigtem Devisenwertumlauf in schwerem Fall. Verbrechen gemäß §§ 161 a Abs. 1, 162 Abs. 1 Ziffer 1 und 2, 165 Abs. 1 und 2 Strafgesetzbuch vom 12.1.1968 i. d. F. vom 19.12.1974 und gemäß §§ 161 a Abs. 1, 162 Abs. 1 Ziffer 1 und 2, 165 Abs. 1 und 2 Ziffer 2 Strafgesetzbuch vom 12.1.1968 i. d. F. des 3. Strafrechtsänderungsgesetzes vom 28.6.1979, Verbrechen gemäß § 17 Abs. 1 Ziffer 2, Abs. Ziffer 1 und 3 Devisengesetz i. d. F. des Gesetzes zur Änderung und Ergänzung des Devisengesetzes vom 28.6.1979 sowie Schadenersatz als Gesamtschuldner.

Im Rahmen meiner Möglichkeiten informierte ich mich über Hintergründe zu diesem Verfahren sowie über mögliche Begleitumstände, die zu dieser hohen Strafe beigetragen haben könnten. Daraus leitete ich ab, dass neben den strafrechtlichen Tatbeständen mit größter Wahrscheinlichkeit eine politische Einflussnahme auf dieses Verfahren erfolgt war. Konkrete Angaben dazu sind mir nicht möglich, weil mir diesbezügliche Unterlagen nicht zugänglich waren. Es gab Hinweise aus verschiedenen Quellen, dass dieser Fall als eine Art Exempel zur Abschreckung für andere Unternehmen (Verlage?) behandelt werden sollte und wahrscheinlich auch erfolgte. Für meine Darlegungen zum Prüfungswesen der DDR war das von untergeordneter Bedeutung, weil die Beispiele dazu dienen sollen, Ihnen die vielfältige, fachlich hervorragende Arbeit der SFR zu verdeutlichen. Ziel meiner Darlegung war und ist es nicht, Sensationshysterie zu befriedigen.

Unter Berücksichtigung vorheriger Darlegungen präsentiere ich Ihnen hier Ausführungen aus den Unterlagen der SFR: Während der planmäßigen Prüfung des VEB Verlag A wurden Unregelmäßigkeiten festgestellt. Daraufhin erfolgte eine Anzeige an den Bezirksstaatsanwalt Leipzig, der die SFR mit weiteren Prüfungshandlungen beauftragte. So erfolgte eine Überprüfung der vom Bezirksstaatsanwalt Leipzig übergebenen Unterlagen (zwei Ordner) über materielle und finanzielle Verbindungen zwischen dem Verlag A und dem Verlag B in der BRD. Prüfungsgrundlagen waren schriftliche Unterlagen und Nachweise, die teilweise im Original und als Duplikate, vor allem Rechnungen und Lieferscheine, vorlagen. Gespräche oder Rückfragen zu offenen Problemen erfolgten absprachegemäß nicht. Die Unterlagen betrafen den Zeitraum 1966 bis Mai 1982.

Im Ergebnis dieser Überprüfung entstand der Bericht vom 29.3.1983. Dieser enthält vorwiegend Feststellungen beziehungsweise Ausführungen zu einem sogenannten „Gefälligkeitskonto", welches vom Verlag B in der BRD geführt wurde. Dieses „Gefälligkeitskonto" hatte bereits vor 1966 bestanden. Es handelte sich um kein Bankkonto bei einem Kreditinstitut, sondern dieses „Gefälligkeitskonto" wurde als Kundenkonto des Verlages A bis 1976/1977 unter der Nr. 91.111 und dann mit der Nr. 17.240 weitergeführt. Über dieses Kundenkonto wurden Einnahmen und Ausgaben zugunsten und zu Lasten des Verlages A abgewickelt, worüber schriftliche Unterlagen, Belege, Schriftverkehr sowie Kontoauszüge vorhanden waren. Außerdem wurde vom Verlag A ein Kontenblatt über die Geldbewegungen angelegt, das von mehreren Mitarbeitern des Verlages A Eintragungen enthielt. Der Schriftverkehr über Kontenabstimmungen zwischen Verlag B und Verlag A erfolgte vorwiegend vom ehemaligen Verlagsdirektor des Verlages A sowie der ehemaligen Hauptbuchhalterin des Verlages A. Während bis 1971 verhältnismäßig niedrige Beträge über das „Gefälligkeitskonto" abgewickelt wurden, war ab 1972 ein erheblicher Anstieg der Einnahmen und Ausgaben zu verzeichnen. Ab dieser Zeit war die Berufung eines neuen Verlagsleiters des Verlages A erfolgt (Person X). Die Existenz dieses „Gefälligkeitskontos" war mehreren Mitarbeitern des Verlages A bekannt.

Nach den zum damaligen Zeitpunkt vorliegenden Unterlagen, Abrechnungen und Kontenblättern wurden ab 1968 über das „Gefälligkeitskontos" folgende Beträge abgewickelt:

Einnahmen	67.560,06 DM
Ausgaben	111.585,85 DM
Minusdifferenz	44.025,79 DM

Die Ausgaben in Höhe von 111.585,85 DM betrafen Büromaterialien in Höhe von 72.671,19 DM (zum Beispiel Transparentpapiere für Notenschreiber, Notaset-Bögen und Kopierpapier), Musikalien aller Art für 8.744,54 DM sowie 10.821,24 M für Anschaffungen wie ein Kopiergerät und einen Casio-Rechner. Für Ausgaben in Höhe von 36.297,04 DM, die im Kontenblatt des Verlages A eingetragen waren, lagen zu diesem Prüfungszeitpunkt keine Belege vor.
Die dokumentierten Einnahmen in Höhe von 67.560,06 DM betrafen vorwiegend Leihmaterialgebühren (63.942,71 DM) und Aufführungsgebühren (3.044,95 DM). Vom Verlag A waren im Kontenblatt weiterhin Einnahmen in Höhe von 24.846,34 DM erfasst, für die keine Belege oder andere schriftliche Unterlagen vorhanden waren. Laut Eintragungen handelte es sich dabei vorwiegend um Lizenzgebühren (15.600,00 DM).

Der Verlag A erzielte Einnahmen aus der Verleihung (auch in das nichtsozialistische Wirtschaftsgebiet) von Noten allgemein und vor allem von ganzen Orchesterwerken mit einzelnen Stimmen für jedes Musikinstrument. Für diese Leihgaben wurden Gebühren erhoben. Wenn es sich um das nichtsozialistische Wirtschaftsgebiet handelte, dann erfolgte eine Transferierung dieser Gebühren über das Büro für Urheberrechte (BfU). Das bedeutete, dass die Ausleiher in DM an das BfU zugunsten des Verlages in der DDR einzahlten. Das BfU der DDR in Berlin, Clara-Zetkin-Straße 105, hatte dafür ein Bankkonto bei der Deutschen Außenhandelsbank eingerichtet (Kontonummer 6853-13-82800). Dieses Bankkonto war auch auf einigen Schreiben des Verlages A angegeben. Laut Bericht vom 29.3.1983 war der Verlag A offensichtlich diesem Verfahren absichtlich ausgewichen (bereits ab 1968) und hatte derartige Gebühren nicht transferiert, sondern dem „Gefälligkeitskonto" direkt von Verlag B zuführen lassen. Der Bericht enthält dazu Beispiele. Über die vom Verlag B auf das „Gefälligkeitskonto" des Verlages A gutgeschriebenen Beträge lagen ab 1976 detaillierte Abrechnungen vor. Der Verlag B hatte von den eingenommenen Leihmaterialgebühren jeweils 33 1/3 % Provision für sich einbehalten.
Weitere Prüfungsergebnisse gehen aus der Information vom 2.6.1983 hervor. Durch in der Zwischenzeit weiter erfolgte Prüfungshandlungen bezüglich der Geldbewegungen des „Gefälligkeitskontos" betrug die

Differenz zwischen Einnahmen und Ausgaben nur noch 24.026,19 DM.
Verlag A hatte normalerweise überhaupt keinen direkten Devisenverkehr. Damit bestand auch kein legales Bankkonto. Jede Devisenverrechnung erfolgte entweder über das BfU oder über den VEB Buchexport Leipzig. Die über das BfU transferierten M-Beträge konnten im Einzelnen nicht mehr nachträglich aufgeschlüsselt werden. Damit konnten die vom Verlag B an das BfU überwiesenen Beträge nicht gesondert ermittelt werden. Die in der Buchhaltung des Verlages A als Belege nachgewiesenen Unterlagen waren hinsichtlich ihrer detaillierten Aufstellung unvollständig. Aus nachfolgender Tabelle sind die Erlöse aus Leihmaterialien, Tantiemen und Lizenzen aus dem nichtsozialistischen Wirtschaftsgebiet und dem sozialistischen Wirtschaftsgebiet ersichtlich.

1978	237,6 TM	1981	276,1 TM
1979	247,8 TM	1982	238,0 TM
1980	196,8 TM	1983 bis April	97,4 TM

Eine vollständige und exakte Gebührenabführung des Verlages B für den Verlag A über das BfU war nicht möglich, weil seit Jahren ein eigener Bestand von Musikalien des Verlages A beim Verlag B eingelagert war. Der Verlag A war auf die vom Verlag B angegebenen Gebühreneinnahmen angewiesen.
Am 1.6.1983 stellte die Revisionsinspektorin der SFR fest, dass ein aus betrieblichen Mittel finanziertes Förster-Piano Super D (Rechnung vom 18.11.1977 in Höhe von 3.615,00 M) beim Verlag A nicht auffindbar war. Im Beisein der Revisionsinspektorin wurde eine dritte Person (Person Y) angerufen. Von Person Y wurde bestätigt, dass sie das Piano bei sich zu Hause hatte. Es war bisher keine Rückgabe erfolgt, weil niemand danach gefragt hatte. Auf Nachfrage gab Person Y an, dass sich noch weitere Gegenstände (zum Beispiel Bücher) des Verlages A in ihrem Besitz befanden. Daraufhin wurde von ihr eine eidesstattliche Erklärung über diese Gegenstände gefordert.
Der Verlag A hatte in den Jahren 1971 bis 1982 einen Export aus dem nichtsozialistischen Wirtschaftsgebiet durch echte Warenlieferungen in Höhe von insgesamt 6.031,0 TVM (VM = Valutamark) realisiert. Darin

waren die Exportlieferungen in die BRD nicht enthalten. Mit dem im Dezember 1972 unterzeichneten und im Mai 1973 in Kraft getretenen Grundlagenvertrag zwischen der BRD und der DDR wurden unter anderem gut nachbarschaftliche Beziehungen auf gleichberechtigter Basis vereinbart. In diesem Zusammenhang erfolgte jedoch keine Vertragsänderung zwischen Verlag A und Verlag B. Damit gingen der DDR Valutaerträge verloren, weil in den 6.031,0 TVM nur 2/3 Erlöse enthalten waren, da Verlag B 1/3 der Erlöse auf Grundlage der alten Verträge und Abmachungen erhielt. Eine damals neue vertragliche Regelung über eine 100-prozentige Beteiligung am Erlös hätte zu rund 3,0 Mio. TM geführt, die somit Verlag B „überlassen" worden waren. Für die BRD selbst war der Abzug von 1/3 des Erlöses vom Verlag B berechtigt.

Zwischen Verlag A und Person X (neuer Verlagsleiter) wurden Honorarverträge über Bucherzeugnisse abgeschlossen. Alle Honorarverträge zwischen Verlag A und Person X waren durch Person X selbst und von einer in den mir zur Verfügung gestellten Unterlagen unkenntlich gemachten Person unterzeichnet. Andere Leitungskader des Verlages A waren über diese Vertragsabschlüsse informiert, hatten aber dazu ihre Unterschrift nicht gegeben, weil sie angeblich mit diesen Vereinbarungen nicht immer einverstanden gewesen waren. Über die Herausgabe von Bucherzeugnissen musste die HV informiert werden, da von dieser eine Druckgenehmigung erforderlich war. Die HV war die „Hauptverwaltung Verlage und Buchhandel" im Ministerium der Kultur. Ihre Aufgabe bestand unter anderem in der Zuteilung von Druckpapier und besonders in der Zensur von Bucherzeugnissen. Alle Verträge mit Person X wurden am 17.3.1983 schriftlich für nichtig erklärt. Neue Verträge für geplante Nachauflagen beziehungsweise für eine Neuerscheinung wurden nicht abgeschlossen. Grundlage für die Honorarzahlungen war der Endverkaufspreis. Demnach ergab sich das Gesamthonorar aus der Anzahl der Exemplare x Endverkaufspreis x Beteiligungshonorar in Höhe von 3,00 %. Zum damaligen Zeitpunkt existierten folgende Verträge mit nachstehend aufgeführten Honorarzahlungen:

Titel/Verträge/EVP	Honorarzahlung von/bis	Brutto-Honorar
„Deutsche Volkslieder", Vertrag vom 14.5.1975 und Änderung vom 21.6.1977, laut Vertrag EVP = 14,50 M, laut Änderung Erhöhung auf 28,00 M, zweite Änderung vom 9.2.1982	1975 bis 1980	137,7 TM
„All mein Gedanken", Vertrag vom 30.01.1978 mit Änderung vom 14.8.1980, EVP von 12,00 M auf 25,00 M	1979 bis 1983	93,8 TM
„Es ist ein Ros' entsprungen", Vertrag vom 8.5.1980, EVP 18,00 M ohne Änderung auf 19,50 M erhöht	1979 bis 1980	29,1 TM
„Der Struwwelpeter", Vertrag vom 18.5.1979, EVP = 21,50 M	1979 bis 1982	145,0 TM

Gemäß der Information vom 2.6.1983 hätte Person X nach Meinung von Fachleuten bei richtiger Anwendung der betreffenden „Honorarordnung Verlagswesen" vom 19.5.1971 Anlage 1 Punkt 2.0 für den letzten in der Tabelle aufgeführten Titel lediglich ein Herausgeberhonorar von maximal 9.000,00 M erhalten dürfen. Entsprechend dem Vertrag wurden ab dem 120.001. Exemplar dieses Titels 1,5 % des Honorars auf ein separates Konto zur Finanzierung von Ausgaben im Zusammenhang mit dem Dresden-Objekt übernommen. Für diese Ausgaben lagen ordnungsgemäße Abrechnungen vor. Nach Abzug der Honorarsteuern wurden insgesamt 54.074,08 M als Nettobetrag einbehalten. Dieses Geld diente unter anderem zur Finanzierung von Möbeln (11.343,40 M), Fußbodenbelägen (3.247,34 M), Zinkmaterial (6.000,00 M), einem Vietnamteppich (5.760,00 M) sowie Speisen und Getränken (3.247,34 M). Insgesamt handelte es sich um Ausgaben in Höhe von 31.815,67 M. Ab Mitte 1982 erfolgte keine Bewegung mehr auf diesem Konto. Aus dem Protokoll ist nicht ersichtlich, dass es sich nach mir erteilten zusätzlichen Hinweisen beim Dresden-Objekt um eine am Elbufer befindliche stark sanierungsbedürftige Villa handelte.

Der Kauf soll in Abstimmung mit der „Anstalt zur Wahrung der Aufführungsrechte" und deren Mitteln über das Ministerium für Kultur erfolgt sein. Das Ziel war, darin zeitweise Komponisten zur Verbesserung der zeitgenössischen Musik unterzubringen. Die erheblichen Instandsetzungsarbeiten erfolgten nach meinen Informationen durch einen privaten Handwerker in „Schwarzarbeit", der deshalb durch ein Dresdner Gericht zu einer mehrjährigen Haftstrafe verurteilt worden sein soll.

Die Person Z erhielt 25,0 TM für die Anfertigung von Illustrationen für den Titel „Es ist ein Ros' entsprungen". In Anwendung der entsprechenden Honorarordnung hätte Person Z für diese Leistungen nach Einschätzung von Fachleuten maximal 10,0 TM erhalten dürfen.

Bezüglich der Ausführungen zu dieser Prüfung bin ich mir etwas unsicher, ob es mir gelungen ist, diese komplizierten Sachverhalte einigermaßen verständlich dargelegt zu haben. Obwohl mir nur ein Bruchteil der Akten zur Verfügung stand, die dazu existieren sollen, wollte ich diese Feststellungen der SFR nicht weglassen.

Kampf Nr. 6

Und weiter geht es mit dem nächsten Kampf. Durch die ausgezeichnete Deckung beider Kämpfer waren klare Treffer bisher die Ausnahme. Ziemlich ausgeglichene Runden. Ein ansehnlicher und bisher fairer Kampf. Schon bei der Wahl ihrer Einmarschmusik war ihre faire Kampfführung zu erahnen. Beide Berufsboxer sind Blumenfreunde. Der Boxer in der weißen Ecke marschierte zu „Weißer Holunder" von Gitta Lind aus dem Jahre 1956 ein. Zwar etwas außergewöhnlich, aber warum nicht. Die Einmarschmusik des Boxers in der blauen Ecke riss die Massen von den Stühlen. Sämtliche 4:09 Minuten wurde Heinos „Blau blüht der Enzian" begeistert mitgesungen. Verpassen Sie keinesfalls das Urteil!

Gong!

Gemäß Teil A Punkt 2 des „Beschlusses über die Aufgaben, die Arbeitsweise und den Aufbau der SFR" war die SFR auch für die Bestätigung der Ordnungsmäßigkeit der Jahresbilanzen der volkseigenen Betriebe und der wirtschaftsleitenden Organe zuständig. Ergaben sich dabei Feststellungen bezüglich vorsätzlich falscher Angaben in den Bilanzen, so konnten diese durchaus Anzeigen an die Staatsanwaltschaft nach sich ziehen. Grundlage der Anzeigen bildete vorwiegend § 171 über Falschmeldung und Vorteilserschleichung des Strafgesetzbuches der DDR. Dieser lautete wie folgt (Fassung von 1989 – dürfte aber vorher gleich gelautet haben): „Wer als Staatsfunktionär, als Leiter oder leitender Mitarbeiter eines wirtschaftsleitenden Organs, eines Kombinates oder Betriebes im Rahmen seiner Verantwortung wider besseren Wissens in Berichten, Meldungen oder Anträgen an Staatsorgane oder wirtschaftsleitende Organe oder Kombinate unrichtige oder falsche Angaben macht oder wer dies veranlasst oder wer als Mitarbeiter eines Staatsorgans oder wirtschaftsleitenden Organs, eines Kombinates oder eines Betriebes durch Täuschung der Verantwortlichen unrichtige oder unvollständige Angaben in Berichten, Meldungen oder Anträgen an die genannten Organe bewirkt, um

1. Straftaten oder erhebliche Mängel zu verdecken,
2. Genehmigungen oder Bestätigungen für wirtschaftlich bedeutende Vorhaben zu erlangen,
3. zum Nachteil der Volkswirtschaft erhebliche ungerechtfertigte wirtschaftliche Vorteile für Betriebe oder Dienstbereiche zu erwirken,

wird mit öffentlichem Tadel, Geldstrafe, Verurteilung auf Bewährung oder mit Freiheitsstrafe bis zu zwei Jahren bestraft."

Auch zu diesem Sachverhalt war es möglich, beim Staatsarchiv Leipzig Unterlagen der SFR zu erhalten (Staatsanwalt des Bezirkes Leipzig Bestand 20.267/4.600). Laut Bestandsblatt zum Vorgang enthält diese Akte, bestehend aus sieben Bänden, unter anderem die Anzeige der SFR wegen Falschmeldung und Vorteilserschleichung gemäß § 171 Strafgesetzbuch der DDR, Protokolle der SFR, Unterlagen zur Einleitung eines Ermittlungs- und eines Disziplinarverfahrens, Vernehmungsprotokolle, Arbeitsverträge, Funktionspläne und Beurteilungen, Dokumente zur Abberufung und fristlosen Entlassung sowie zur Einstellung eines Ermittlungsverfahrens, einen Schlussbericht der Kriminalpolizei und schließlich Anklagen gegen gemeinsam handelnde

Personen, die Planungstätigkeit in der Volkswirtschaft durch Falschmeldung und Vertrauensmissbrauch beeinträchtigt zu haben.

Im VEB T erfolgte 1970 die Prüfung der Ordnungsmäßigkeit der Jahresbilanz 1969. Übergeordnetes Organ war der Wirtschaftsrat des Bezirkes Leipzig, Abteilung Metall verarbeitende Industrie. Der Betrieb hatte per 31.12.1969 insgesamt 248 Beschäftigte, darunter 169 Produktionsarbeiter. Die Warenproduktion zu Industrieabgabepreisen betrug 22,6 Mio. M. Es waren Grundmittel in Höhe von 5,6 Mio. M vorhanden.

Gemäß Protokoll über die Prüfung der Ordnungsmäßigkeit der Jahresbilanz 1969 vom 11.2.1970 wurde im Ergebnis der Prüfung festgestellt, das der Jahresabschluss 1969 des VEB T nicht ordnungsgemäß aufgestellt worden war. Deshalb erfolgte keine Bestätigung der Ordnungsmäßigkeit des Jahresabschlusses 1969. Die Punkte der Versagung waren:

- Die effektiven Preisänderungen waren vom Betrieb nicht revisionsfähig nachgewiesen worden. Der Widerspruch zwischen erheblich weniger eingetretenen Preissenkungen gegenüber dem Plan und trotzdem hoher Nichtinanspruchnahme der Grundmaterialkosten konnte vom Betrieb nicht geklärt werden.
- 1,9 Mio. M Warenproduktion mit einem Ergebnis von 0,6 Mio. M waren 1969 als abgesetzt ausgewiesen, obwohl diese Erzeugnisse noch nicht den Betrieb verlassen hatten.
- Die Kostenrechnung entsprach nicht den Anforderungen des Ministerratsbeschlusses vom 16.5.1968 hinsichtlich der Durchführung des Plan-Ist-Vergleiches, der Nachkalkulation und der Nutzung. Das war insbesondere im Hinblick auf die schlechte Planerfüllung des Betriebes zu kritisieren.
- Wesentliche Unterlagen des Jahresabschlusses (Saldenbilanz, Nachweis der Fondsabstimmungen, der Forderungen und Verbindlichkeiten, Abschlussbuchungen usw.) fehlten beziehungsweise waren mangelhaft.
- Vorherige Feststellungen hatten Einfluss auf die Veränderung des Betriebsergebnisses und der Fondszuführungen (einschließlich Prämienfonds).

Aufgrund der hier recht speziellen Thematik habe ich auf weitere Ausführungen verzichtet. Trotzdem möchte ich Ihnen das Urteil des Obersten Gerichts der DDR vom 25.4.1975 nicht vorenthalten. Es wurden zwei Freiheitsstrafen in Höhe von einem Jahr und sechs Monaten beziehungsweise einem Jahr ausgesprochen. Eine dritte Person erhielt eine Strafe auf Bewährung.

Kampf Nr. 7

Obwohl ich kein Freund davon bin zuzusehen, wenn sich Frauen die Fäuste an Gesicht, Bauch und Busen knallen, überredete mich der Veranstalter mehr oder weniger freundlich, einen Frauenprofiboxkampf mit in das Programm aufzunehmen. Der Veranstalter selbst ist Besitzer eines Boxstalls und hat drei hoffnungsvolle Talente, die er für höhere Aufgaben aufbauen will, unter Vertrag. Die drei jungen Boxerinnen sind nicht nur auffallend gut proportioniert, sondern sehen auch fantastisch aus. Um mich zu erweichen, hat er mir die Wahl der Boxerin überlassen. Daraufhin habe ich mich für „Tiger-Lady" entschieden. Sie boxt im Weltergewicht (bis 63 kg) und ist 1,64 m klein. Sie trägt bei ihren Kämpfen einen superkurzen Rock im Tiger-Look und ein Oberteil im selben Muster. Ihre Gegnerin kommt aus Südafrika und hat den Kampfnamen „Black Hurrikan". Die Kampfbörse ist durchaus ansprechend.

Die bisherigen elf Runden des siebenten Kampfes heben sich von anderen derartigen Fights positiv ab. Schnelle Fäuste sowie saubere und präzise harte Schläge. Ich möchte beiden Kämpferinnen im Ring nicht gegenüberstehen. Bei beiden Boxerinnen ist kein Konditionsabfall erkennbar, sie stehen voll im Saft. Bei einigen Kampfszenen Applaus – durchaus verdient. Ein klasse Kampf. Das Aussehen und die (winzige) Kampfkleidung beider Boxerinnen trägt mit dazu bei, den Blick nicht vom Ring zu wenden. Dieser Kampf, dessen letzte Runde gleich folgen wird, hat mich überzeugt, in Zukunft mehr Frauenboxkämpfe anzusehen. – Fast hätte ich sie vergessen, die Einmarschmusik. Da beide Kämpferinnen noch zu haben sind, ist es ihnen gelungen, ihre Vorstellungen von künftigen Partnern musikalisch hervorragend zu verpacken. „Tiger-Lady" marschierte zu „Ein bisschen Goethe, ein bisschen Bonaparte" von France Gall ein. Ganz andere Vorstellung hat „Black-

Hurrikan". Ihre Einmarschmusik „Ich will 'nen Cowboy als Mann", gesungen von Gitte.

Gong!

Sehr erfreut war ich darüber, dass mir ein ehemaliger Gruppenleiter der Abteilung Staatliche Organe und Einrichtungen der Inspektion Leipzig einen Zeitungsartikel über eine Verhandlung vor der Strafkammer des Kreisgerichtes Geithain aus dem Jahre 1964 überließ. Der Artikel wurde unter der Rubrik „Im Gerichtssaal notiert" auf Seite 4 der „Neuen Geithainer Stimme" – das Datum war nicht mehr erkennbar – veröffentlicht. Dadurch ist es mir möglich, Ihnen sehr ausführliche Darlegungen über die Prüfungsfeststellungen von Helmut bei der Revision der Einrichtung K zu machen. Bereits bei den ersten Prüfungshandlungen zum vollständigen und termingemäßen Einzug der Einnahmen stellte er Unregelmäßigkeiten fest. Die sich daran anschließenden tiefgründigen Untersuchungen brachten Feststellungen zu Tage, die zu einer Anzeige an den Kreisstaatsanwalt führten.
Ich habe mich entschlossen, diesen Gerichtsbericht aus der „Neuen Geithainer Stimme" fast vollständig wiederzugeben. Es geht mir dabei vorwiegend um das Wie dieser Berichterstattung. Derartige ausführliche Presseveröffentlichungen von Gerichtsverhandlungen waren nicht die Normalität.
„Am vergangenen Montag hatte sich Frau B. vor der Strafkammer des Kreisgerichtes Geithain wegen fortgesetzter Unterschlagung und fortgesetzten Betruges in Tateinheit mit Urkundenfälschung zu verantworten. Was vor den zahlreichen Zuschauern sowie den geladenen Gästen aus Betrieben und Wohngebieten abrollte, war mehr als nur eine Hauptverhandlung in Sachen B. Es war ein sehr ernsthafter Anschauungsunterricht für alle diejenigen Leiter und Wirtschaftsfunktionäre, die in ihrer Leitungstätigkeit die Kontrollpflichten des Leiters vernachlässigen. Im konkreten Fall war durch diese Vernachlässigung der Leiter der Einrichtung K verlassen, und zwar verlassen von runden 16.000 DM, die nicht der Gesellschaft, sondern nur der egoistischen und genusssüchtigen Angeklagten Nutzen brachte. 15.835,89 DM hatte die 27-jährige Angeklagte in der Zeit vom November 1962 bis Dezember 1963 aus Geldern der Einrichtung K, wo sie als Sachbearbeiterin und aushelfende Buchhalterin tätig war, auf ihr Konto überwiesen. Dieses Geld

verwendete sie fast ausschließlich dazu, um sich und ihrer Familie einen übermäßig hohen Lebensstandard zu verschaffen. Sie selbst sagte in einer Vernehmung, dass sie beim Einkaufen nur vom Teuren das Teuerste kaufe. So gehörte zu ihrem normalen Lebensstandard ganz einfach, dass sie Zigaretten unter 20 Pfennige das Stück nicht rauchte und dass sie wöchentlich 40 DM für den Kauf von Bohnenkaffee brauchte. Dazu kommt noch, dass sie unter ihren Kollegen als spendabel bekannt war, was sie aber nur tat, um sich das Vertrauen ihrer Kollegen zu erschleichen. Ihre Verbrechen sind jedoch keineswegs auf ein niedriges Einkommen zurückzuführen, denn immerhin verdiente sie mit ihrem Mann rund 800 DM monatlich. Also war nur ihr krankhaftes Bestreben, immer das Geld mit vollen Händen auszugeben, die Triebkraft, sich auf ungesetzlichem, raffiniertem Wege Geld zu verschaffen.

Günstige Bedingungen für ihr sträfliches Tun fand die Angeklagte in der mangelhaften Kontrolle in der Einrichtung K und im VEB L Leipzig, zu dem dieses Objekt gehörte. Ohne Schwierigkeiten bekam die Angeklagte die Geldgeschäfte in die Hand, obwohl sie schon einmal, Mitte 1962, wegen Unterschlagung vom Kreisgericht zur Verantwortung gezogen worden war. Wenn auch der Zeuge G. sagte, dass die vorgesetzte Dienststelle von ihm über das Vorleben der Angeklagten informiert wurde, so ist doch bezeichnend für den Arbeitsstil in diesem Betrieb, dass davon keiner etwas gewusst haben wollte. Tatsache ist aber, dass der ehemalige Leiter der Einrichtung K die Angeklagte als aushelfende Buchhalterin einsetzte, ohne ihre Arbeit straff zu kontrollieren. Die mit ihr durchgeführten Belehrungen sind dafür auch keine akzeptable Entschuldigung. Das alles kann aber nicht zur Entlastung der Angeklagten dienen. Denn die Raffinesse, mit der sie ihre Verbrechen vorbereitete, durchführte und verschleierte, ist wohl bezeichnend dafür, dass sich Frau B. in den Buchhaltungsgeschäften gut auskannte, obwohl sie behauptete, dass sie in der Buchhaltung keinerlei Qualifikation besitzt. Allerdings tat sie auch nichts, um diese fehlende Qualifikation irgendwie nachzuholen. Man kann aber auch nicht sagen, dass die Angeklagte irgendetwas unternahm, um bei einer der zahlreichen Arbeitsstellen, die sie seit 1951 innehatte, zu bleiben. Oft wechselte sie, weil ihr die Arbeit nicht gefiel oder die Anreise zur Arbeitsstelle zu ungünstig war. Dass Frau B. in unserer Gesellschaft bisher keine negative Rolle spielte, beweisen ihre gesellschaftlichen Funktionen als Vorsitzende des Frauenausschusses im Braunkohlekraftwerk R oder als Kreistagsabgeordnete in B und nicht zuletzt als Vorsitzende der Betriebsgruppe der Deutsch-Sowjetischen Freundschaft im Werk E. Aber ihre Auffassung vom Leben, ihr Streben, immer besser zu leben, als es ihrem Einkommen entsprach, wurde ihr zum Verhängnis. So schon 1962, als sie über 300 DM unterschlug und dafür mit vier Monaten Gefängnis – mit zwei Jahren Bewährung – bestraft wurde. Die darauf folgende fristlose Entlassung aus diesem Betrieb scheint etwas unverständlich. Entzog man doch so die Angeklagte jeder kollektiven Erziehung. Die Versetzung in eine Produktionsabteilung wäre hier bestimmt nützlicher gewesen. Der Staatsratserlass vom April 1963 gebot diesem bequemen Weg, der leider von vielen Betrieben beschritten wurde, endlich Einhalt.

Schon sechs Wochen nach Arbeitsbeginn in der Einrichtung K hatte sie den Dreh heraus, sich mehr Geld zu beschaffen. Zuerst eignete sie sich durch Fälschung von Lohnlisten 350 DM an. Da niemand etwas merkte, ging es dann über Unterschlagung von Prämiengeldern bis zu doppelten Bezahlungen von Rechnungen, wovon die zweite Zahlung natürlich von ihr selbst auf ihr Konto überwiesen wurde. Sei es nun die Tatsache, dass ihr Vorgesetzter alles unterschrieb, ohne es zu prüfen, oder der Umstand, dass mit Beginn des Jahres 1963 der ehemalige Betrieb G dem VEB L Leipzig angeschlossen wurde und so in der Übergabezeit lockere Verhältnisse in der Abrechnung entstanden, alle diese Mängel nutzte die Angeklagte aus, um sich zu bereichern. Dabei war ihr jedes Mittel recht. Waren es nun die nachträgliche Änderung von Lohnlisten und Sammelanweisungen, die Fälschung von Unterschriften von Sparkassenangestellten oder das Belügen der vorgesetzten Dienststelle und die direkte Unterschlagung. Immer verstand es die Angeklagte, ihr Konto zu füllen. Das ging sogar so weit, dass sie den Filmvorführern der einzelnen Spieltrupps des Landfilms aus ‚Gefälligkeit' ihre Filmerlöse abnahm, um sie zur Sparkasse zu bringen. Doch die Sparkasse war in diesem Fall sie selbst.

Wie gut die Angeklagte es verstand, ihre strafbaren Handlungen zu verschleiern, das beweist allein die Tatsache, dass die als Zeugen aufgetretenen Betriebsangehörigen niemals irgendwelchen Verdacht schöpften. Im Gegenteil, die Filmvorführer übergaben der Angeklagten vertrauensvoll ihre Filmerlöse, ohne dafür eine Quittung zu verlangen. Leider kann man den Vorgesetzten in Geithain und Leipzig den Vorwurf nicht ersparen, wenig aus der Vergangenheit der Angeklagten gelernt und ihr eben zu viel Freiheit in Sachen Geld zugebilligt zu haben. Auch die Hauptbuchhaltung muss den Vorwurf entgegennehmen, dass die in Geithain durchgeführten Kontrollen zu oberflächlich waren, wie es im Gutachten der Sachverständigen zum Ausdruck kam. Es ist deshalb nur zu verständlich, wenn die stellvertretende Direktorin des VEB L Leipzig, die als gesellschaftlicher Ankläger auftrat, in ihrer Anklage ausführte: ‚Wir erleben doch tagtäglich das Vorwärtsschreiten in unserer Republik, auch die Angeklagte konnte daran nicht vorbeigehen. Umso schändlicher ist das Verhalten der Angeklagten, wenn man bedenkt, dass sie als Mutter die Großzügigkeit unseres Staates in verschiedenen Formen in Anspruch nimmt, aber auf der anderen Seite uns alle enttäuschte. Aber die andere Seite der Unterstützung unseres Staates, die Möglichkeiten zur Qualifizierung für alle Frauen missachtete sie. Obwohl die Angeklagte schon mit den Gesetzen in Konflikt geraten war, hatte sie aus ihrem Vergehen nichts gelernt, sondern versuchte es von Neuem. Mit dem Mund machte sie Versprechungen, aber die Gedanken suchen schon wieder nach neuen Methoden des Betruges. Sie hat nicht nur den Staat, sondern auch das Kollektiv um ihren verdienten Lohn betrogen. Nicht ein Mal hat sie an die anderen gedacht, obwohl sie von ihnen sehr viel Unterstützung bekam. Da die Angeklagte das Vertrauen und die Unterstützung des Kollektivs nicht achtete und sich zur Befriedigung ihrer egoistischen Bedürfnisse auf das Gröblichste am Volkseigentum verging, fordert das Kollektiv für die Verbrechen der Angeklagten eine harte Strafe.'

Eigentlich hätte ja die Angeklagte während der Verhandlung irgendwann einmal Reue zeigen müssen. Nicht, dass das Gericht und die Gäste Lippenbekenntnisse von der Angeklagten erwarteten, davon hatte es in der Vergangenheit schon genug gegeben, aber doch ein Zeichen der Einsicht hätte vieles in einem anderen Licht erscheinen lassen. Nichts von dem geschah. Nicht einmal die Gelegenheit des letzten Wortes nach dem Strafantrag wurde von ihr genutzt. Möglicherweise, oder bestimmt, erwarteten auch die zahlreichen Gäste von der Angeklagten etwas mehr, da ja die Sache B. seit einiger Zeit Stadtgespräch Nummer eins war. Aber was sie erwarteten, vielleicht Details der strafbaren Handlungen der Angeklagten, das blieb unausgesprochen, weil die Angeklagte immer nur für ihre Verbrechen angab, sie wäre es schon von Kindheit an gewohnt, viel Geld auszugeben. Das blieb unausgesprochen, weil die Angeklagte auf die klaren und zielstrebigen Fragen des Vorsitzenden immer wieder nur antwortete, dass sie eben vom Teuersten das Teuerste gewohnt war und dazu mehr Geld brauchte, als sie tatsächlich verdiente. Wenn das auch alles ausblieb, so waren doch die Anwesenden mit dem Strafantrag des Staatsanwaltes, der für drei Jahre und sechs Monate Zuchthaus plädierte, einverstanden, das bewies nicht zuletzt die Tatsache, dass bei diesem Antrag die gerichtliche Stille von einem zustimmenden Raunen unterbrochen wurde. Zur Strafe hinzu kommt noch der volle Schadenersatz der unterschlagenen 15.835,89 DM. Vielleicht erscheint dem einen oder dem anderen das Urteil noch zu gering, aber ihnen sei gesagt, dass es, wenn die Angeklagte diese Strafe verbüßt hat, auf das Kollektiv ankommt, in dem Frau B. später arbeiten wird, sie weiter zu erziehen."

Kampf Nr. 8

Der Veranstalter hat mir gegenüber in der Zwischenzeit geäußert, dass er mit der Profiboxveranstaltung sehr zufrieden ist. Bis auf den letzten Platz ist alles ausverkauft. Selbst die teuersten Karten waren bereits nach zwei Tagen vergeben. Er hat sein Heu rein. Hoffentlich fällt für mich auch eine kleine finanzielle Anerkennung ab, damit ich zumindest meine Unkosten für das Schreiben des Buches decken kann (unter anderem Laptop, Drucker, Druckerpatronen, Lektorat). Ich bin guter Dinge. Mein Veranstalter hat hervorragende Referenzen, ist nicht abgehoben, kleidet sich normal und bewegt sich in seriösen Kreisen. Dass der Wahlspruch seiner Tätigkeit „Geld ist nicht alles, aber ohne Geld ist alles nichts" ist, nehme ich ihm nicht übel.
Kommen wir zum Hauptkampf und zugleich zum letzten Kampf des Abends. Ein Kampf im Halbschwergewicht. Allein die Show vor Beginn des Kampfes war das Eintrittsgeld wert. Auch die Einmarschmusik war sehr originell und dem Boxsport angepasst. Der Boxer in der blauen Ecke zog unter den Klängen des von Heinz Erhard gesungenen Liedes „Linkes Auge blau, rechtes Auge blau" ein. Welch ein Spektakel! Alle Zuschauer haben mitgesungen. In einigen Reihen wurde sogar geschunkelt. Der Kämpfer in der weißen Ecke setzte musikalisch noch einen drauf. Da die meisten Zuschauer diesen Titel noch nie gehört hatten, war es anfangs mucksmäuschenstill. Nach etwa zwanzig Sekun-

den jedoch tobte die Halle. Aus den Lautsprechern ertönte der mit Bubi Scholz (beliebter ehemaliger Boxprofi Ende der fünfziger und Anfang der sechziger Jahre) im Jahre 1959 aufgenommene Titel „Der starke Joe aus Mexico".

Gong!

Ein hervorragender Kampf im Halbschwergewicht (bis 81 kg). Internationale Klasse. Beide Kämpfer sind Schlitzohren. Nach jeder Runde haben sich die Zuschauer von ihren Plätzen erhoben und beide Kämpfer mit tosendem Applaus bedacht. Ein technisch feiner und sauberer Kampf. Haken, Kinnhaken, Gerade, Jab. Was will der Zuschauer mehr. Ein Unentschieden wäre als Urteil gerecht gewesen. Dann trat das ein, womit in dieser Gewichtsklasse immer gerechnet werden muss. Zwanzig Sekunden vor Schluss ein knallharter Leberhaken des Boxers A. Kurzes Innehalten des Boxers B – und dann war sie weg, die Luft. Acht ... neun ... zehn ... aus. K. o. in der zwölften Runde. Kein unverdienter Sieg. Als Lohn der Arbeit eine nicht zu verachtende Kampfbörse. Ich habe das Urteil deshalb vorweggenommen, um die Spannung für nachfolgende Prüfungsfeststellungen zu erhöhen. Nur so viel: Die hohe Kampfbörse hat kein Glück gebracht. Wie gewonnen, so zerronnen.

Damit Sie nicht zur Meinung verleitet werden, dass der „Finanzrevisor Pfiffig" in der DDR ein unfehlbarer Finanzrevisor war, den es niemals geben wird, nachfolgend meine „schwärzeste" Prüfung, die einerseits eine bittere Pille, aber andererseits in beruflicher Hinsicht eine lehrreiche Lektion war. Auch ich war also kein „Messias" unter den Finanzrevisoren der SFR. Lange dachte ich damals über eventuelle „Fehler" nach. Zu einem Ergebnis kam ich nicht. Auf alle Fälle muss meine Prüfernase vollkommen verstopft gewesen sein. Meine Oma Emma hätte zu dieser Prüfung gesagt: „Da warste von allen guten Geistern verlassen." Recht hätte sie gehabt. Aber auch hier bestätigte sich die Weisheit, dass man „hinterher immer schlauer ist als vorher".
Bevor es losgeht, einige kurze Bemerkungen zur Aufdeckung von Unterschlagungen. Ich wage zu behaupten, dass ich bezüglich der Feststellung und Prüfung von Finanzdelikten kein Grünschnabel war. Mir ist nicht bekannt, dass man bei der Inspektion Leipzig jemandem einen Vorwurf machte, wenn im Nachhinein – also nach der Revision –

im geprüften Zeitraum strafbare Handlungen festgestellt wurden. Nach der Wende machte ich diesbezüglich nicht so gute Erfahrungen. Ich möchte an alle appellieren, die im Prüfungswesen tätig sind, sehr gründlich darüber nachzudenken, wenn sie behaupten, dass die Unterschlagung bei der Prüfung hätte festgestellt werden müssen. Ein Nachweis für eine derartige Behauptung ist nicht möglich, selbst wenn die Unterschlagung auf primitivste Art erfolgte. Halten Sie Ihr loses Mundwerk im Zaum, kein Prüfer ist vor solchen unangenehmen Überraschungen gefeit. Das ist auch gut so.

1988 prüften Werner und ich planmäßig eine große Einrichtung des Gesundheitswesens. Ich war als Revisionsinspektor für diese Prüfung verantwortlich. Insgesamt waren etwa 40 Prüfungstage geplant (also pro Prüfer 20 Tage). Aufgrund der Größe dieser Einrichtung und der Zeitvorgabe hatte sich die Revision auf wenige Gebiete zu konzentrieren. Prüfungsschwerpunkte waren der vollständige und termingemäße Einzug ausgewählter Einnahmen, die Einhaltung der staatlichen Ordnung und Sicherheit beim Einsatz von Vergaser- und Dieselkraftstoff sowie die Prüfung der Verwaltung der Eigenmittel der Heimbewohner. Der erhebliche Bargeldverkehr wurde über die Hauptkasse der Einrichtung abgewickelt. Kassenverantwortliche war eine sehr gut aussehende junge Frau. Nach meiner Erinnerung war sie etwa 25 Jahre jung. Nicht nur ihre Figur, sondern ihr gesamtes Auftreten begeisterte mich. Trotzdem vergaß ich nicht, dass meine Aufgabe mit Werner darin bestand, eine Finanzrevision durchzuführen. Anschauen war jedoch nicht verboten – und das wurde auch noch bezahlt. Nach wenigen Prüfungstagen war erkennbar, dass das Einkommen dieser Frau und ihre elegante Bekleidung im Widerspruch zueinander standen. Die attraktive Bekleidung stammte wahrscheinlich fast ausschließlich aus Exquisitgeschäften, in denen die Artikel für DDR-Verhältnisse sehr teuer waren. Mit ihrem Verdienst war auf keinen Fall eine Finanzierung dieser Bekleidung möglich. Aber so eine gutaussehende junge Frau konnte ja durchaus zum Beispiel einen begüterten Verehrer oder finanziell gut situierte Eltern haben. Ich speicherte diese Wahrnehmung in einer Gehirnzelle. Zur Mittagszeit unterhielt ich mich oft mit ihr am kleinen Brunnen vor dem Verwaltungsgebäude. Sie interessierte sich sehr für unsere beziehungsweise meine Arbeit und hatte eine angenehme Stimme.

Zur Einrichtung gehörte eine Gärtnerei mit mehreren großen Gewächshäusern. Neben der arbeitstherapeutischen Betreuung vieler

Patienten mit gärtnerischen Arbeiten war ein wesentlicher Zweck der Gärtnerei, die Küche der Einrichtung mit Gemüse und Kräutern zu versorgen. Es handelte sich dabei vorwiegend um Salat, Gurken, Tomaten, Petersilie und Schnittlauch. Neben der Belieferung der Küche verkaufte die Gärtnerei auch Produkte an das Personal der Einrichtung. Ein Kilo Gurken kostete beispielsweise in der DDR 5,00 M. Die Bareinnahmen der Gärtnerei wurden über eine Bargeldkasse kassiert und die vereinnahmten Beträge in regelmäßigen Abständen in die Hauptkasse der Einrichtung eingezahlt. Werner war für die Prüfung der Einnahmen aus dem Verkauf von Produkten der Gärtnerei an das Personal verantwortlich. Die Belege der Kasse stimmten mit den Bargeldeinzahlungen in der Hauptkasse überein. Wie aber die Vollständigkeit der Einnahmen aus dem Verkauf der gärtnerischen Produkte feststellen? Für diese Prüfungshandlung standen uns die Unterlagen über die an die Küche gelieferten Mengen in Kilo und der im Kassenbuch abgerechnete Einnahmebetrag zur Verfügung. Bei Teilung des abgerechneten Betrages aus dem Personalverkauf durch 5 (da 1 Kilo Gurken 5,00 M kostete) hätten wir die Gesamtmenge in Kilo ermitteln können, die von der Gärtnerei abgerechnet worden war. Wie viel Kilo Gurken waren jedoch tatsächlich geerntet worden? Obwohl ich ein großer Freund von Hochrechnungen war und bin, sah ich von einer Hochrechnung auf Grundlage von Angaben wie der Anzahl der Gurkenpflanzen und der durchschnittlich geernteten Kilo pro Pflanze ab. Bei einer erheblichen Menge nicht abgerechneter beziehungsweise an die Küche gelieferter Gurken hätte man damit durchaus Anhaltspunkte für Unregelmäßigkeiten ermitteln können. Zum Prüfungszeitpunkt bestand jedoch kein Anlass für eine „Gurkenhochrechnung".

Während der Prüfung interessierte sich die Kassenverantwortliche intensiv für die Abrechnung der Einnahmen aus der Gärtnerei. Da sie für die vollständige Abrechnung verantwortlich war, machte ich sie auf die Schwachstelle beim vollständigen Einzug aufmerksam. Während der Prüfung legte mir die Kassenverantwortliche Ausgabebelege von Feierabendbrigaden für zusätzliche Tätigkeit vor und hatte dazu Fragen. In Abstimmung mit meinem Gruppenleiter erfolgte von mir die Prüfung dieser Ausgaben, was vorher nicht geplant gewesen war. Ich „Trottel" ahnte nicht, dass mich die Kassenverantwortliche auf eine falsche Fährte gelenkt hatte. Dabei ist zu betonen, dass es im Ergebnis der zeitaufwendigen Prüfung der Ausgaben für die „Feierabendtätigkeit" erhebliche Beanstandungen gab. Die geplanten Prüfungsaufgaben konnten jedoch nicht im vorgesehenen Umfang realisiert werden. Mit Ausnahme der Beanstandungen bei den Ausgaben für die Feierabendtätigkeit gab es auf den anderen geprüften Gebieten nur geringfügige Mängel. Für Werner und mich war die Prüfung beendet und weiter ging es zu neuen Prüfungsobjekten.

Nur wenige Wochen später erhielt ich die Information, dass in dieser Einrichtung Bargeld in nicht unbeträchtlicher Höhe, nach meiner Erinnerung waren es zwischen 10,0 TM und 15,0 TM, durch die Kassenverantwortliche unterschlagen worden war. Als ich die Höhe des Betrages vernahm, ahnte ich das Unheil, welches auf die junge hübsche Frau zukam. Bei den unterschlagenen Beträgen handelte es sich – Sie werden es sicher ahnen – auch um Einnahmen aus dem Verkauf von Gurken. Sie hatte das Geld von der Gärtnerei zwar wie immer in Empfang genommen, aber dieses nicht im Kassenbuch als Einnahme erfasst, sondern für sich einbehalten. Nach meiner Erinnerung waren es von der Gärtnerei etwa 3,0 TM. Als die Mitarbeiterin mehrere Tage nicht anwesend war, wurde von der Verwaltung festgestellt, dass die Einnahmen aus der Gärtnerei nicht im Kassenbuch erfasst waren. Nach dieser Feststellung erfolgten von der Verwaltung der Einrichtung Untersuchungen ihres Arbeitsgebietes, die zu weiteren Hinweisen auf strafbare Handlungen führten. So wurden im Tresor der Hauptkasse Belege von Postanweisungen vorgefunden. Mit diesen Postanweisungen waren Gelder an Patienten überwiesen worden, die von der Kassenverantwortlichen hätten abgeholt werden müssen, was auch erfolgt war. Danach hätten diese Einnahmen ordnungsgemäß in den Nachweisen der Patienten als Zugang erfasst werden müssen. Das hatte deshalb nicht erfolgen können, weil auch dieses Bargeld in ihre Taschen gewandert war.

Über die „Fehlleistung" meiner Prüfernase ärgerte ich mich sehr. Nach meiner Erinnerung wurde die Kassenverantwortliche zu einer Freiheitsstrafe von etwas über zwei Jahren verurteilt. Ein sehr hoher Preis für den von ihr gewollten Lebensstil. Nicht verschweigen möchte ich, dass ich die Absicht gehabt hatte, mich mit ihr nach Abschluss der Prüfung zu treffen. Mein siebenter Sinn ließ mich jedoch davon Abstand nehmen. Das wäre ein Ding gewesen! Über diese Prüfung wurden – übrigens als einziges Mal – vom Inspektionsleiter meine Arbeitsunterlagen angefordert, um festzustellen, ob ich möglicherweise etwas bewusst oder unbewusst übersehen hatte. Das war selbstverständlich nicht der Fall. Zum Zeitpunkt unserer Prüfung beschränkten sich die Betrugshandlungen nach meiner späteren Kenntnis auf die Entnahme der Patientengelder. Die „Gurkeneinnahmequelle" hatte die Kassenverantwortliche wahrscheinlich durch meine hilfreichen Bemerkungen erschlossen. Um mich von dieser Prüfung psychisch wieder aufzubauen, musste ich zum Geheimrezept der Revisorinnen und Revisoren der SFR greifen, welches nur Eingeweihten bekannt war. Ich gehörte zu diesem erlesenen Personenkreis. Da ich nicht mehr zur Verschwiegenheit verpflichtet bin, gebe ich hiermit – liebe eingeweihte ehemalige Kolleginnen und Kollegen, verzeiht mir bitte! – dieses Geheimrezept der Öffentlichkeit preis. Heraus damit! Ich begab mich zu einer Telefonzelle. Das war nicht so einfach, denn Telefonieren war in der DDR ein Luxus. Nachdem ich eine Telefonzelle gefunden hatte, vergewisserte ich mich, ob nicht Lauscher in der Nähe waren. Da das nicht der Fall war, öffnete ich schweißgebadet und mit zittrigen Händen vorsichtig die Tür der Telefonzelle. Meine Anspannung war enorm. Mein Revisorenherz raste, die Knie wurden weich wie Gummi und mir wurde flau in der Magengegend. Nun atmete ich zehn Mal kräftig durch. Geld zum Einwerfen war nicht erforderlich. Ich fragte mehrmals mit kräftiger, aber nicht zu lauter Stimme: „Wer ist gegenwärtig einer der besten Revisoren der SFR in der Inspektion Leipzig?" Ich wartete kurz, nahm mit der linken Hand den Telefonhörer ab und hielt ihn an das linke Ohr. Zu meiner Freude ertönten mit herrlich erotischer Stimme die Worte „Du, du, du, du, du ..." Ich ließ mich etwa zwei Minuten von diesen Worten berieseln und verließ anschließend in psychisch absoluter Topform die Telefonzelle.

Nachlese zu den Prüfungsfeststellungen

Bekanntlich hat alles ein Ende, nur die Wurst hat zwei. Meine „schwärzeste" Prüfung war zugleich das letzte Beispiel für Prüfungsfeststellungen der SFR. Für mich durchaus vorstellbar, dass eine größere Anzahl Leserinnen und Leser darüber enttäuscht ist, weil der „Finanzrevisor Pfiffig" ihnen die „großen Fälle" vorenthalten hat. Also beispielsweise diese Fälle, wo die unterschlagenen Summen wesentlich höher waren. Aber auch diese Überlegungen habe ich bedacht. Dazu ist anzumerken, dass wir als Revisoren der SFR kaum Informationen darüber erhielten, welche konkreten Prüfungsfeststellungen über Straftatbestände es in den anderen Inspektionen gab. Selbst innerhalb der Inspektion Leipzig waren derartige Informationen zwischen den Abteilungen eine Seltenheit. Innerhalb der Abteilungen wurden jedoch unter anderem begünstigende Umstände sowie Methoden zur Aufdeckung verallgemeinert. Teilweise erfolgte das auch durch Informationen der Zentrale der SFR. Aber noch einmal zurück zu den „großen Fällen". Meine Recherchen dienten auch dazu, mir Kenntnisse über derartige „große Fälle" zu verschaffen. Dazu versuchte ich, mit ehemaligen Mitarbeitern der SFR, die bedeutende Leitungsfunktionen innehatten und demzufolge Kenntnisse über Prüfungsfeststellungen der SFR in der gesamten DDR besitzen, Kontakt aufzunehmen. Das ist mir gelungen. Diese bestätigten mir, dass beispielsweise Unterschlagungen in staatlichen Organen und Einrichtungen in einer Größenordnung von 15,0 TM schon Spitzenwerte waren. Ich war über diese Antworten selbst überrascht, aber aufgrund der kompetenten und zuverlässigen Auskunftspersonen habe ich keine Zweifel an der Richtigkeit dieser Angaben.

Nach meiner Ansicht trugen unter anderem folgende Sachverhalte wesentlich dazu bei, dass Unterschlagungen beziehungsweise sonstige Finanzdelikte in Größenordnungen, wie sie in der BRD keine Seltenheit sind, in der DDR nicht vorkamen beziehungsweise nicht vorkommen konnten. Es sind zwar wenige, aber wichtige Hinweise, die ich nicht weiter kommentiere.

- In der DDR war Geld beziehungsweise DDR-Geld nicht „das" Zahlungsmittel Nummer eins.
- Die hohen Strafen beim Angriff auf das Volkseigentum verfehlten ihre abschreckende Wirkung nicht.
- Durch nicht oder kaum vorhandene EDV-Technik in staatlichen Organen und Einrichtungen waren Betrugshandlungen wesentlich leichter festzustellen.
- Die DDR hatte ein „in sich geschlossenes Bankensystem". Es gab wahrscheinlich keine beziehungsweise kaum eine Möglichkeit, Geldbeträge unbemerkt ins Ausland zu transferieren.
- Anhand der Kontonummern waren finanzielle Betrugshandlungen schnell nachweisbar.

- Die Bürger waren bereit, Hinweise über Finanzdelikte oder Diebstähle in ihrem Arbeitsumfeld weiterzugeben (auch an die SFR).
- Nicht zu vergessen das fachlich hervorragende Finanzkontrollsystem mit beachtlichen Kompetenzen, wobei ein ständiger Prüfungsschwerpunkt die Kontrolle von Ordnung und Sicherheit im Umgang mit materiellen Fonds und finanziellen Mitteln war.

Damit Sie nicht aufgrund der Prüfungsfeststellungen zu der Schlussfolgerung kommen, dass in den staatlichen Organen und Einrichtungen sowie volkseigenen Betrieben des Bezirkes Leipzig nur „Raubritter" gearbeitet haben, möchte ich Sie wieder auf den Boden der Tatsachen beziehungsweise Realität zurückholen. Wie sind diese Prüfungsfeststellungen einzuordnen? Obwohl ich dafür keine exakten Angaben ermitteln konnte, ist davon auszugehen, dass in den Jahren 1953 bis 1988 durchschnittlich 70 Prüfer in der Inspektion Leipzig beschäftigt waren. Jeder dieser Prüfer führte – niedrig geschätzt – 17 Finanzrevisionen pro Jahr durch. Demzufolge wurden in den 35 Jahren insgesamt mindestens 41.650 Prüfungen durchgeführt. Bei mehreren ehemaligen leitenden Mitarbeitern der Inspektion Leipzig habe ich darüber Auskünfte eingeholt, wie viele Revisionen mit erheblichen Beanstandungen es von 1953 bis 1988 gab. Mehrmals wurde eine Anzahl von etwa 500 Revisionen genannt. Ich bin großzügig und gehe von 1.000 derartigen Prüfungen aus. Das sind lediglich 2,4 % der im Zeitraum 1953 bis 1988 durchgeführten Finanzrevisionen der Inspektion Leipzig. Da sieht die Welt diesbezüglich schon wieder freundlicher aus.

Das Prüfen umgetauschter Guthaben 1990

Gleich nach der Währungsreform am 1.7.1990 erhielten die Außenstellen des Rechnungshofes der DDR den Auftrag, umgetauschte Guthaben ab einer bestimmten Höhe zu überprüfen. Nach meiner Erinnerung handelte es sich um Guthaben ab 250,0 TM. Ich kannte niemanden, der auch nur annähernd über ein solches Finanzvermögen verfügte. Insgesamt soll es sich nach meinen Recherchen im Internet um 60.000 Bankkonten gehandelt haben, die überprüft wurden. Zuerst erfolgte eine Erläuterung dieser Aufgabe für alle in der Inspektion Leipzig sowie in den anderen Inspektionen noch beschäftigten Prüfer. Danach erhielten jeweils zwei Revisorinnen/Revisoren auf Grundlage von Unterlagen der Staatsbank der DDR Angaben über namentlich aufgeführte Personen, deren Anschrift und das Guthaben auf deren Bankkonten. Unsere Aufgabe bestand darin, die Personen über die Herkunft beziehungsweise Entstehung dieser Guthaben zu befragen. Über das Ergebnis der Befragung war anschließend eine Information zu fertigen. Ob wir für diese Aufgabe noch einen gesonderten schriftlichen Auftrag ausgehändigt bekamen, ist mir nicht mehr in Erinnerung. Leider hat mich mein Gedächtnis bei den aufzusuchenden Personen im Stich gelassen.

An einen Sachverhalt kann ich mich jedoch sehr gut erinnern: Ich erhielt mit einer Mitarbeiterin die Anschrift einer aufzusuchenden Person. Ohne uns anzumelden, fuhren wir mit der Straßenbahn nur wenige Haltestellen zur angegebenen Adresse. Die Höhe des umgetauschten Guthabens ließ eine angemessene Wohnung und Wohngegend vermuten. Tatsächlich handelte es sich zu meiner Verwunderung um ein Wohnhaus, wie es unzählige in der DDR gab. Hier sollte jemand wohnen, der über ein so hohes Vermögen verfügte? Ein Blick auf die Namensschilder ergab, dass diese Person tatsächlich dort wohnhaft war. Wir begaben uns ins Haus und klingelten an der Wohnungstür. Wir hörten Geräusche. Es war jemand zu Hause. Die Wohnungstür wurde geöffnet. Ein junger Mann erkundigte sich nach unserem Anliegen. Wir zeigten unseren Dienstausweis, erläuterten kurz unser Anliegen. Der junge Mann bat uns einzutreten. Seine Frau oder Freundin war ebenfalls anwesend. Die Wohnung war einfach eingerichtet. Von Luxus keine Spur. Nun begann unsere kleine Fragestunde. Hätte er uns gegenüber keine Angaben gemacht, so hätten wir den Rückzug antreten müssen. Das war aber nicht der Fall. Mein Erstaunen wurde etwas größer, als er uns mitteilte, dass er Student sei. Wie kam ein Student in der DDR zu einem derartig hohen Bankguthaben? Im Laufe des Gespräches gab er an, dass er einem Dritten die Benutzung seines Bankkontos gestattet hatte. Dessen Namen nannte er uns jedoch nicht. Dieser Dritte hatte angeblich die Grenzöffnung dazu genutzt, Lederjacken an den Mann beziehungsweise die Frau zu bringen. Auch wenn diese Lederjacken sicher nicht der neueste Schrei und nicht von bester Qualität gewesen waren, muss sich das Geschäft gelohnt haben. Nach Auskunft des Studenten blieb für ihn nach Abwicklung der Finanzgeschäfte auch „allerhand hängen". Wir verließen nach dem Gespräch kopfschüttelnd das Haus und fertigten eine Information an. Über den

Ausgang derartiger Fälle erhielten wir keine Informationen. Angeblich soll es in den wenigsten Fällen zu steuer- beziehungsweise strafrechtlichen Maßnahmen gekommen sein.

Tierische und andere Gedanken zur Wiedervereinigung

Bevor ich zu Darlegungen über das Prüfungswesen in der BRD komme, ist es mir ein Bedürfnis, einige ernst und nicht so ernst gemeinte Ausführungen darüber zu machen, was mir bezüglich der friedlichen Wiedervereinigung besonders in Erinnerung geblieben ist. Ich habe dazu meine privaten und beruflich bedingten Erinnerungen zu einem kleinen bunten, hoffentlich humorvollen, nachdenklichen und schonungslosen Reigen zusammengestellt. Viel Vergnügen – und bei einigen Darlegungen möglichst die Ruhe bewahren!

Mein positivstes privates Ereignis war endlich der Bezug einer eigenen Wohnung nach der Scheidung. Die Versorgung mit ordentlichem Wohnraum war eines der größten Probleme in der DDR, das trotz nicht zu leugnender Bemühungen nie gelöst werden konnte. Auch der Wunsch nach einem eigenen Telefonanschluss erfüllte sich innerhalb kürzester Zeit. Es war einzigartig, mit welcher Geschwindigkeit dieser gravierende Mangel der DDR behoben wurde. Manchmal kam mir bei diesem Tempo der Gedanke, dass es in der DDR vielleicht nicht gewollt war, ein derartiges wichtiges Informationssystem zu haben. Wer weiß. Aber ich will als Ei nicht klüger sein als die Henne. Aufgrund meines recht guten Verdienstes war es mir möglich, Wünsche wie schöne Lederjacken und vernünftige Sportkleidung – ich bin ein Freund von Trainingsanzügen und Sportschuhen – zu erfüllen. Eine meiner ersten etwas größeren Anschaffungen war übrigens eine Musikanlage zum Preis von 1.000,00 DM, die bis heute (2012) ihren Dienst zu meiner vollsten Zufriedenheit erfüllt.

Im behördlichen Schriftverkehr änderte sich die Anrede. Während in der DDR die Schreiben mit „Werte Frau" beziehungsweise „Werter Herr" begonnen wurden, hieß es nun „Sehr geehrte Frau" beziehungsweise „Sehr geehrter Herr". Der Grund soll sein, dass mit „Werte" die Putzfrau angesprochen wurde. Ich kann mich gar nicht erinnern, dass es in der DDR so viele Putzfrauen gab. Auch die waren knapp.

Nach der Wende hatte ich in den umliegenden Gemeinden der Stadt Leipzig noch einige Zeit Prüfungsaufgaben zu lösen. Enorm beeindruckt war ich davon, dass es bereits am frühen Morgen selbst in den kleinsten Gemeinden die aktuelle Bild-Zeitung zu kaufen gab – so zum Beispiel in der Bäckerei. Für mich war das eine organisatorische und logistische Meisterleistung.

Keineswegs begeistert war ich von den vielen Änderungen bei Berufsbezeichnungen. Der Fuhrparkleiter war plötzlich der Logistic Manager, der Personalchef der Human Resources Manager, der Pressesprecher der Communication Manager, der EDV-Verantwortliche der IT-Manager und der Objektleiter der Project Manager. Während diese Berufe namentlich einen Quantensprung machten, ging es bei einer ganzen Reihe von Mitarbeitern der SFR bezüglich ihrer Dienstbezeichnung steil bergab. So wurden aus Hauptrevisoren, Revisionsinspektoren und Revisionsoberinspektoren Rechnungsprüfer. Warum hatte man diese alte Berufsbezeichnung nicht längst geändert? Jedes Mal, wenn ich in der Steuererklärung den ausgeübten Beruf ausfüllte, kam ich mir vor wie jemand, der weiter nichts kann, als Rechnungen zu prüfen.

Für alle Naturliebhaber in den neuen Bundesländern war der Wiedervereinigungsprozess eine wundervolle Zeit. In der Tierwelt vollzogen sich erstaunliche Veränderungen. Die Begeisterung der Ornithologen (Vogelkundler) kannte keine Grenzen. Es war ein ständiges Kommen und Gehen in der Vogelwelt. Nur der Fachmann konnte bei diesen Veränderungen noch den Überblick behalten. Es tauchten Vogelarten auf, die im Osten bisher nicht heimisch gewesen waren. Der Bestand an Rotkehlchen und Gartenrotschwänzen – Vogel des Jahres 2011 – nahm zeitweise dramatisch ab. Dafür wurde der Wendehals zu einer richtigen Plage. Er ließ sich auf jedem dritten Baum nieder. Die Aasgeier zogen beängstigend ihre Kreise. Auch die Pleitegeier fanden reichlich Nahrung.
Immobilienhaie eroberten schon bald Flüsse und Seen in Deutschlands Osten. Selbst Dorf- und Gartenteiche waren vor ihnen nicht sicher. Schnell bewegten sie sich in der Elbe Richtung Dresden. Sie vermehrten sich schlimmer als Heuschrecken. Sie nutzen jeden noch so kleinen Zufluss, um beispielsweise auch Leipzig mit rasender Geschwindigkeit zu erreichen. Im Vergleich dazu hatte sich Roland Matthes (DDR),

einer der erfolgreichsten Rückenschwimmer aller Zeiten, wie der sehr langsame Leopard-Buschfisch bewegt. Schon bald folgte ein genauso unangenehmer Artgenosse, der Kredithai.
Nicht wenige Wölfe im Schafspelz wurden gesichtet. Schafe gab es in großer Zahl, um deren Wolfshunger zu stillen.
Aus störrischen Böcken wurden Unschuldslämmer.
Dank des endlich reichhaltigen Bekleidungs- und Kosmetiksortiments wurden aus grauen Mäusen flotte Bienen.
Als Kleingärtner mit Gartenteich ist es für mich im Frühjahr immer eine Freude zu beobachten, wie sich das Leben am und im Teich entwickelt. Die Goldfische schwimmen an der Wasseroberfläche, um die ersten warmen Sonnenstrahlen zu genießen. Da sich das Wasser in Ufernähe am schnellsten erwärmt, sind diese Stellen von den Fischen sehr begehrt. Das verleitet meine Katze Grethe dazu, sich eine kleine Zwischenmahlzeit zu sichern. Ich bin davon nicht begeistert, aber so ist das Leben. Teichfrösche und Molche sind Ende März die ersten Gäste. Langsam wagen sich auch die Erdkröten (Bufo bufo) aus ihren Winterquartieren, um Teiche und Tümpel aufzusuchen. In der DDR gab es eine Amphibienart, die in Büchern, Zeitungen und Zeitschriften recht sparsam abgebildet war. Es handelte sich um den „Nacktfrosch". Mit der Wende wurden die Zeitungskioske mit derartigen Abbildungen in allen Farben, Größen und Schärfen geradezu überschwemmt.
Es entstanden viele Zoohandlungen. Jeder wollte ausreichend von den neuen „Mäusen" bekommen. Die große Nachfrage konnte (bis heute) nicht befriedigt werden. Viele besitzen schon keine Mäuse mehr.

In der DDR hatte ich bei den Prüfungen der Räte der Kreise oft in den Abteilungen Landwirtschaft Prüfungsaufgaben durchzuführen und erhielt nebenbei Einblick in viele Aufgaben rund um die Landwirtschaft. Dabei kam ich auch mit Schweinen in Berührung. Anders ausgedrückt, Schweinefleisch war ein nicht unbedeutender Exportartikel. Bei der Bevölkerung war das meines Wissens auf alle Fälle nicht in den Größenordnungen bekannt, wie es tatsächlich erfolgte. Bei meinen vielen Prüfungen war es leicht mitzubekommen, dass konkret festgelegte Kreise des Bezirkes Leipzig für die Belieferung bestimmter Bundesländer der BRD mit Schweinefleisch verantwortlich waren. Das betraf unter anderem Bayern und Westberlin. Laut Angaben in den Abteilungen Landwirtschaft wurde natürlich nur die beste Qualität an Schweinefleisch abgenommen. Die Abwicklung der Exportgeschäfte erfolgte nach mir erteilten Auskünften über die Schlachthöfe. Die landwirtschaftlichen Betriebe lieferten die Schweine in den Schlachthöfen ab und erhielten einen Festpreis pro Kilogramm. Dieser Festpreis soll so auskömmlich gewesen sein, dass sich die Produktion von Schweinefleisch lohnte. Bei meinen Revisionen in den Abteilungen Landwirtschaft informierte ich mich auch aus eigenem Interesse über die weniger guten Seiten der Schweinehaltung. Ein erhebliches Problem war die Verwertung der Gülle. Schon kurz nach der Wende waren in den Stallungen der landwirtschaftlichen Produktionsgenossenschaften keine Schweine mehr zu finden. Da von den Schlachthöfen keine Schweine mehr abgenommen wurden, war eine Zucht unwirtschaftlich.

Mit dem Fall der Mauer traten bei nicht wenigen ehemaligen DDR-Bürgerinnen und -Bürgern bisher nicht gekannte gesundheitliche Probleme auf. So war ein rapider Gedächtnisschwund nicht selten. Viele konnten sich plötzlich nicht mehr daran erinnern, wie sie zu ihrer SED-Mitgliedschaft gekommen waren. Auch Orientierungsschwierigkeiten und das Auseinanderhalten von Farben waren nicht zu übersehende Symptome vollkommen neuer Krankheitsbilder. Diese Symptome äußerten sich beispielsweise darin, dass quer über gepflegte Rasenflächen gelatscht und das Rot von Ampeln als Grün angesehen wurde.

Sehr schnell hatten einige (wenige/viele?) begriffen, dass man in einer Marktwirtschaft ganz anders verdienen und leben kann. Rechtzeitig schaffte man dafür die Grundlagen. Selbst seriöse Berufe wurden aufgegeben beziehungsweise, um auch hier ehrlich zu sein, mussten aufgegeben werden, um sich an dem köstlichen klaren Wasser von (Geld-) Quellen zu laben. Dieser Personenkreis hatte schnell erkannt, dass auch in der Marktwirtschaft Beziehungen, Insiderinformationen, Insiderkenntnisse ebenso beziehungsweise fast noch wichtiger waren als in der DDR. In der DDR sprangen damit vielleicht ein Wartburg, ein Trabant, ein Ostseeurlaub, eine schöne Wohnung, eine Tiefkühltruhe oder hochwertige Nahrungs- und Genussmittel heraus. In der BRD gab es plötzlich nur noch ein Wundermittel, die Deutsche Mark. Um an dieses Wundermittel in „ausreichender" Höhe zu kommen, waren vielen alle Mittel recht. Ein reines Gewissen spielte keine Rolle mehr. In den Verwaltungen, die aufgelöst beziehungsweise mit überwiegend neuem Personal besetzt wurden, sowie in den Betrieben, die von der Bildfläche verschwanden, gab es noch genügend herauszuholen. Sehr begehrt waren nach meinen damaligen Kenntnissen, Wahrnehmungen und vielfältigen Hinweisen Unterlagen über Grundstücke und Immobilien (unter anderem Wertgutachten und Akten zu Besitzverhältnissen).

Im Zuge der friedlichen Wiedervereinigung Deutschlands entwickelten sich die neuen Bundesländer in kurzer Zeit zu einer Goldgrube für Baufirmen, Architekten, Bauingenieure, Bauplaner sowie sonstige dem Bauwesen zuzuordnenden Firmen und Berufe. Das Gebiet der ehemaligen DDR wurde „über Nacht" zu einer riesigen Baustelle. Es war fantastisch zu erleben, welche Technik zum Einsatz kam. Das Wort „Materialmangel" schien es nicht mehr zu geben. Gerade für mich als Leipziger waren die mit dem Bauboom verbundenen – überwiegend – positiven Aspekte schnell sichtbar. Trotz dieser Riesenfortschritte beim Neubau, der Instandhaltung und Instandsetzung von Gebäuden, Straßen und Brücken wird es noch Jahrzehnte dauern, um den Rückstand, den die DDR auf diesem Gebiet hinterlassen hat, annähernd aufzuholen. Diese enorme Bautätigkeit war nur möglich, weil sich riesige Geldströme über das Gebiet der neuen Bundesländer ergossen. Ohne „Moos" ist bekanntlich nichts los. Da plötzlich ausreichend „Moos" vorhanden war, bewegten sich Heerscharen von Baufirmen, Architekten und Bauplaner gen Osten. Selbst für die kürzesten Strecken waren die Flugzeuge ausgebucht. Ein Sprichwort besagt: „Wo gehobelt wird, da fallen auch Späne." Es war unvermeidbar, dass sich in diese Heerscharen auch schwarze Schafe einreihten. Geld stinkt bekanntlich nicht. Nach kurzer Zeit konnte sich nicht nur der „Finanzrevisor Pfiffig" des Eindrucks nicht erwehren, dass es sich nicht um einzelne schwarze Schafe, sondern um Herden von schwarzen Schafen handelte. Berufsbedingt war es für mich beschämend, erleben zu müssen, mit welcher Skrupellosigkeit und Unverschämtheit nicht wenige unserer „Brüder" aus dem „Westen" Rechnungen auf Grundlage unseriöser Verträge legten. Sie hätten es in den alten Bundesländern nie gewagt, den Gebietskörperschaften derartige rechtswidrige Positionen in Rechnung zu stellen. Ihr Ruf wäre zu Recht „im Eimer" gewesen. Um diese – für mich kriminelle – Handlungsweise kritisch, aber auch sachlich zu betrachten, hat bekanntlich jedes Ding zwei Seiten. Es ist davon auszugehen, dass jeder, der rechtswidrige Positionen in seine Angebote aufnahm, sich dessen bewusst war. Es bestanden eindeutige Regelungen. Mir sind keine akzeptablen Gründe bekannt, die als Entschuldigung für eine solche Verfahrensweise hätten gelten können.

In den Verwaltungen der staatlichen Organe und Einrichtungen der DDR verfügten die Abteilungen beziehungsweise Arbeitsbereiche Finanzen überwiegend über fachlich ausgezeichnetes Personal. Meine Hoffnungen bei der Umorganisation der Verwaltungen bestanden unter anderem darin, dass die bisherigen Finanzbearbeiter für die kommenden Verwaltungsaufgaben einen wichtigen Baustein bilden würden. In vielen Fällen wurden meine Hoffnungen erfüllt. Andererseits wurden in vielen mir bekannten Kommunen die Verwaltungen von der Reinigungskraft bis zum Bürgermeister ausgewechselt. Gerade was die Bereiche Finanzen betraf, war es aus fachlicher Sicht oft so, als ob man sich den Ast absägte, den man noch zum Sitzen gebraucht hätte. Auch bei der Neuwahl der Bürgermeister hätte ich mir wesentlich mehr Sachverstand gewünscht. Aber die meisten Bürgerinnen und Bürger hatten sicher vergessen, dass viele der – überwiegend fachlich hervorragenden – Bürgermeister trotz schwieriger Bedingungen in der DDR Enormes für ihre Stadt oder Gemeinde geleistet hatten. Wer mir aufgrund dieser, meiner Auffassung hierzu politische Verblendung vorwerfen sollte, dem kann ich entgegenhalten, dass in nicht wenigen Fällen meine Befürchtungen brutal übertroffen wurden. Wären manche Personalentscheidungen in den Städten, Gemeinden und Kreisen weniger emotional und mehr auf sachlicher Ebene erfolgt, hätte es wesentlich weniger „Enttäuschungen" gegeben. Vom Ausmaß dieser „Enttäuschungen" war selbst ich schockiert.

Zur vollen Funktionsfähigkeit der Verwaltungen war aufgrund der enorm vielen neuen gesetzlichen Regelungen ein langer Weg erforderlich, der bekanntlich von einer erheblichen Anzahl von Mitarbeitern aus den Verwaltungen der alten Bundesländer begleitet wurde. Ich lernte dabei übrigens sehr nette und fachlich ausgezeichnete Beamtinnen und Beamte kennen. Andererseits platzte bei vielen das Gold schnell ab, das vorher geglänzt hatte.

Die Probleme im Zusammenhang mit den Veränderungen in den Verwaltungen waren keine Entschuldigung für die Skrupellosigkeit der Vertragsgestaltung und Rechnungslegung von nicht wenigen unserer „Brüder" aus dem „Westen". Ich habe bewusst das Wort „Brüder" gewählt, weil ich mich an keine „Schwestern" erinnern kann, die derartige „unseriöse" Verträge abgeschlossen hätten. Sehr viel Geld ist für Leistungen gezahlt worden, die nicht beziehungsweise nicht in der vereinbarten Qualität und Quantität erbracht sowie unrechtmäßig vereinbart, abgerechnet und bezahlt wurden. Diese Bemerkungen zur Rechnungslegung sind nicht allein auf „meinem Mist" gewachsen. Auch ich hatte, besonders bei Abrechnungen im Zusammenhang mit Bauleistungen, kaum Erfahrungen, da es eine Honorarordnung für Architekten und Ingenieure sowie Vergabeordnungen für Bauleistungen und Leistungen in der DDR nicht gab. Bei Fragen war ich auf die Hilfe von Prüfungsbehörden beziehungsweise Rechnungsprüfungsämtern in den alten Bundesländern angewiesen, wo ich stets zufriedenstellende und höfliche Antworten erhielt. Es war eine angenehme Zusammenarbeit.

Viele Leserinnen und Leser würden nach diesen Ausführungen sicher gern wissen, in welcher Größenordnung sich diese unrechtmäßigen Beträge bewegt haben. Eine zuverlässige Angabe gibt es nicht beziehungsweise kann es auch nicht geben. Um nicht als „Ewiggestriger" beschimpft zu werden, wird dieser Betrag im Verhältnis zu den Mitteln, die in Milliardenhöhe in die neuen Bundesländer geflossen sind, ein geringer Prozentsatz gewesen sein. Trotzdem möchte ich auch dieser Frage nicht ausweichen. Als sehr vorsichtiger Schätzer gehe ich davon aus, dass es sich unter Einbeziehung aller neuen Bundesländer und beschränkt auf den kommunalen Sektor um mindestens einen hohen achtstelligen Betrag vor dem Komma gehandelt haben mag. Dabei habe ich solche Sachverhalte wie zum Beispiel von vornherein überdimensioniert geplante Kläranlagen in meine Betrachtungen nicht einbezogen. Damit Sie eine kleine Vorstellung von rechtswidrigen Vertragsangeboten und Rechnungslegungen erhalten, einige Bemerkungen zur Abrechnung von Architekten- und Ingenieurleistungen. Grundlage der Rechnungslegung bildet die „Honorarordnung für Architekten- und Ingenieure" (HOAI). Das Honorar für Leistungen nach der HOAI richtet sich vorwiegend nach dem Leistungsbild, nach der Honorarzone und der dazugehörigen Honorartafel. Die meisten Manipulationen erfolgten bei der Zuordnung der betreffenden Honorarzone, dem Honorarsatz (Viertelsatz, Halbsatz ...) sowie den Nebenkosten. Gemäß HOAI hat der Auftraggeber bei der Ermittlung des Auftragswertes für diese Leistungen die Nebenkosten mit einzuberechnen. Es besteht Anspruch auf diese Nebenkosten im von der HOAI vorgesehenen Entgeltrahmen. Nebenkosten sind beispielsweise Post- und Fernmeldegebühren, Fahrtkosten für Dienstreisen im Umkreis von mehr als 15 Kilometern, Kosten für ein Baustellenbüro einschließlich Einrichtung und Betriebskosten, Kosten für Vervielfältigungen, Trennungsentschädigungen und nicht dem Auftragnehmer obliegende Leistungen. Diese Nebenkosten können pauschal oder nach Einzelnachweis abgerechnet werden. Zumeist wurde zum damaligen Zeitpunkt eine Pauschale vereinbart. Im Raum Sachsen betrug diese Pauschale zwischen 3 und 7 % des Nettohonorars (= Bruttohonorar minus Umsatzsteuer). In den von mir angesprochenen Verträgen gehörten 15 bis 25 % Nebenkosten zur damaligen „Normalität". Nach meinen Informationen gab es sogar Planungsbüros, die Nebenkosten bis zu 50 % des Nettohonorars angesetzt haben sollen. Beträge von bis zu 50,0 TDM, die dadurch gesetzeswidrig gefordert, unrechtmäßig vereinbart, gezahlt und skrupellos eingesteckt wurden, waren keine Seltenheit. Weitere Manipulationen in Verträgen nach der HOAI waren keine Ausnahme. Beliebte „Geldquellen" waren auch Kostenangebote mit unberechtigten Honorarzonen und zu hohen Stundensätzen für Leistungen, zu denen keine Honorartafeln existierten (zum Beispiel Vermessungsleistungen für linienförmige Bauwerke wie Abwasserkanäle). Als Krönung zu diesem recht unliebsamen Thema ließ ich mir von einem Fachmann eine „fiktive Rechnungslegung" unter Beachtung der Bestimmungen in den neuen Bundesländern von 1991 erarbeiten. Nun ruhig, ganz ruhig bleiben!

Planungsleistungen – Neubau eines Fachkrankenhauses				
HOAI 1991	sachgerecht		unsachgerecht	
Anrechenbare Kosten	DM	53.811.623	DM	53.811.623
Honorarzone	IV		V	
Honorarsatz	25 %		50 %	
Grundhonorar 100 %	100 %	4.002.024	100 %	4.441.235
Nebenkosten	5 %	200.101	15 %	666.185
Nettohonorar		4.202.125		5.107.420
Umsatzsteuer	14 %	588.298	14 %	715.039
Bruttohonorar		4.790.423		5.822.459
überhöhtes Honorar = Einsparpotential				**1.032.036**

Unter anrechenbaren Kosten sind die Nettobaukosten zu verstehen, die beim Bau des jeweiligen Bauwerkes voraussichtlich beziehungsweise konkret anfallen. In dieser Tabelle hat „mein Planer" die Begriffe „unsachgerecht" sowie „Einsparpotential" verwendet. Es kann Ihnen aufgrund meiner vorherigen Ausführungen keiner verbieten, andere Bezeichnungen dafür zu verwenden. Immer heraus damit! Sehr schön ist an diesem Beispiel zu erkennen, welche Auswirkungen die Nebenkosten haben. Rund 470,0 TDM wurden in dieser fiktiven Abrechnung durch einen „Federstrich" allein bei den Nebenkosten unberechtigt kassiert. Es wurde also vorsätzlich betrogen, bis sich die Balken bogen. Die Kontrolle von Abrechnungen nach HOAI und Bauabrechnungen vom Angebot bis zur Schlussrechnung durch einen fachlich hervorragenden Bauprüfer kann maßgeblich dazu beitragen, ein erhebliches Einsparpotential in einer Kommune aufzuzeigen. Ein guter Bauprüfer finanziert sich dadurch von selbst, wenn die Verwaltung seine Feststellungen umsetzt. Wenn ...!

Als Freund älterer Filme war es für mich erfreulich zu erleben, dass diese wieder in den Mittelpunkt von Freizeitbeschäftigungen rückten. Gerade für den Film „Kleider machen Leute" – natürlich die alte Fassung mit Heinz Rühmann und Hertha Feiler von 1940 – waren die Karten in den Kinos schnell ausverkauft. Es wurde auch Thomas Manns Verfilmung „Der Untertan" (DDR 1951, in der Hauptrolle Werner Peters, Regie Wolfgang Staude) wieder gezeigt. Angeblich handelte es sich bei den Besuchern dieses Films vorwiegend um angehende Führungskader sowie Geschäftsführer. Angaben über die Anzahl der Besucher dieses Filmes wurden nicht veröffentlicht. Meist erfolgten diese Aufführungen als geschlossene Veranstaltungen. Die Besucher konnten nach dem Ende des Films über Hintertüren die Vorstellungen verlassen. Auch der Film der Defa von 1964 „Mir nach, Canaillen" mit Manfred Krug war anfangs recht gut besucht. Der Strom der Besucher verringerte sich jedoch in kürzester Zeit rapide. Ein sehr gefragter Film aus der DDR war „Einer trage des anderen Last" (Produktionsjahr 1988, mit Jörg Pose und Manfred Mönck). In kleinen abgelegenen Kinos mit niedrigen Eintrittspreisen war die Literaturverfilmung von Hans Fallada „Kleiner Mann was nun?" (Defa 1967, mit Jutta Hoffmann und Arno Wyzniewski) gut besucht. Leider fand ein Streifen wieder seinen Weg in die Kinos, der fast ausschließlich von der jüngeren Generation besucht wurde. Es handelte sich um den Film der Defa von 1967 „Der tapfere Schulschwänzer" – Zutritt ab einem Alter von 6 Jahren. Bedauerlicherweise hat dieser Film bis heute sehr viele Nachahmer gefunden.

Als Kind war ich mit der Oma Emma wahnsinnig gern im Zirkus. In der DDR gab es die Zirkusse Aeros, Busch und Berolina (ursprünglich Zirkus Barlay). Wir gingen meist in den Zirkus Aeros, der ein festes Haus in Leipzig, das „Haus der heiteren Muse", hatte. Die Eintrittskarten waren sehr begehrt und die Vorstellungen demzufolge häufig ausverkauft. Natürlich waren für mich die Clowns immer eine Zugnummer. Toll waren auch die Tierdressuren. Nach der Wende gab es Künstler, die ich bei meinen vielen Zirkusbesuchen in der DDR nie gesehen hatte. So beispielsweise Finanzjongleure und Hütchenspieler. Mich faszinierten ebenfalls die „Zahlenkünstler" aus den alten Bundesländern, die es schafften, aus Stroh Gold zu machen. Frau Holle hätte es sicher die Sprache verschlagen. Diese „Zahlenkünstler" werteten schon mal riesige Materialbestände aus ehemaligen DDR-Betrieben auf eine DM ab, die dann plötzlich „anderswo" als erhebliche Erträge wieder auftauchten. Das war fantastisch. Bitte verzeihen Sie mir nachfolgenden Satz, den ich von meiner Oma Emma in Erinnerung habe und der zu dieser „Zauberei" vortrefflich passt. Oma Emma hätte gesagt: „Da ham welche aus Scheiße Bonbons gemacht!"

Durch meine Tätigkeit als Mitarbeiter der SFR in der DDR verfolgte ich mit großem Interesse die Entwicklung des Prüfungswesens. Nach kurzer Zeit war feststellbar, dass der einfachste Weg zum Aufbau neuer Strukturen im Finanzprüfungswesen nicht immer der beste war. Ich habe hier bewusst die Formulierung „neue Strukturen" verwendet, weil mir ganz einfach der Begriff „Neuaufbau" des Prüfungswesens zu blöd war. Eine derartige Bezeichnung dieses Prozesses können nur solche Personen ernsthaft verwendet haben, die sich im Finanzprüfungswesen der DDR nicht auskannten beziehungsweise nicht auskennen wollten. Eine Weisheit für einen Prüfer bei der SFR war, dass es Dinge gab, die es eigentlich gar nicht gab beziehungsweise geben konnte. Selbst bei der Wiedervereinigung bestätigte sich diese Weisheit auf brutalste Weise. Oma Emma hätte jetzt gesagt: „Aber nu ma sachte mit den jungen Pferden." Also gut, Oma Emma. Alles der Reihe nach.

Umorganisation des Prüfungswesens in den neuen Bundesländern

Kritisches zu den Landesrechnungshöfen

Im Interesse einer schnellen und qualifizierten Umorganisation des Prüfungswesens in den neuen Bundesländern war ich mir ziemlich sicher, dass aufgrund der fachlichen Qualität des überwiegenden Teils der Mitarbeiter der SFR ein großer Teil der künftigen Finanzprüfer in den Gebietskörperschaften (Städte, Gemeinden, Landkreise) sowie den Landesrechnungshöfen aus den Reihen der SFR kommen würde. Es konnte gar nicht anders sein. Nicht umsonst banden Wirtschaftsprüfungsgesellschaften viele unserer Mitarbeiterinnen und Mitarbeiter frühzeitig an sich. Auch bei den neu geschaffenen Finanzämtern erhielten Mitarbeiter der SFR Leitungsfunktionen. Aber es standen ja nicht nur die Mitarbeiter der SFR in den Startlöchern. Es gab genügend mit hervorragenden fachlichen Voraussetzungen ausgestattetes Personal in den Buchhaltungen der volkseigenen Betriebe und landwirtschaftlichen Produktionsgenossenschaften sowie der Abteilungen Finanzen der Räte der Kreise, Städte und Gemeinden. Aber da hatte ich, wie viele andere sicher auch, die Rechnung ohne den Wirt gemacht. Noch heute denke ich mit Wehmut daran zurück, welche einmalige Chance vergeben wurde, um in kürzester Zeit in allen neuen Bundesländern im Bereich der Kommunalprüfungen in neuen Strukturen ein fachlich hochqualiziertes, modernes, wirtschaftliches, mit regionalen Kenntnissen ausgestattetes und dringend benötigtes Finanzprüfungswesen einzurichten. Welche Gründe gab es, diesen Weg nicht zu gehen, obwohl genug Wegweiser vorhanden waren? Warum wurden fast alle – wahrscheinlich alle – Leitungsposten der neu gebildeten Landesrechnungshöfe mit Beamten – von Beamtinnen habe ich keine Kenntnis – aus den alten Bundesländern besetzt? Wer war maßgeblich für diese Verfahrensweise verantwortlich, die, um es harmlos zu sagen, jegliches Fingerspitzengefühl vermissen ließ? Spielten die hohen Vergütungen der Leitungsposten bei den neuen Landesrechnungshöfen eine wesentliche Rolle bei der Besetzung dieser Stellen? Wollte man vielleicht ein in der DDR so gut ausgebildetes Personal gar nicht? Welche vorgeschobenen Gründe gab es für diese logisch nicht nachvollziehbare Handlungsweise? Weshalb versuchte man nicht, die sehr vielen positiven Aspekte des Finanzprüfungswesens der DDR bezüglich der Neustrukturierung des Prüfungswesens bei den Landesrechnungshöfen mit zu nutzen? Diese wenigen Fragen, die niemand je beantworten wird, will und muss, sind von mir keineswegs dazu gedacht, Unfrieden zu schaffen beziehungsweise alte Wunden aufzureißen. Wie bei meiner Beurteilung des Prüfungswesens der DDR geht es mir auch hier einzig und allein darum, meine fachliche Einschätzung zu dieser Neuorganisation des Finanzprüfungswesens darzulegen. Mich interessieren dabei keine politischen Interessen. Diese Verfahrensweise bei der Besetzung der leitenden Funktionen der neuen Landesrechnungshöfe war peinlich, überheblich und schlichtweg der falsche Weg. Das hätte nicht passieren dürfen! Sollte es bei einzelnen neuen Landesrechnungshöfen gegenüber meinen Darlegungen bei der Besetzung von Leitungspositionen Ausnahmen gegeben haben, so werden diese Ausnahmen nur die Regel bestätigen.

In den Landesrechnungshöfen der neuen Bundesländer werden wahrscheinlich vorwiegend Verantwortliche in leitenden Positionen, auf die meine vorherigen Darlegungen zutreffen, nicht erfreut sein. Nach meiner knapp über vierzigjährigen Erfahrung als Finanzprüfer sollte in einer Demokratie ein Landesrechnungshof jedoch nicht nur austeilen, sondern auch einstecken sowie sachliche Kritik vertragen können, wie er es nach jeder Prüfung von den Geprüften erwartet. Auch ein Landesrechnungshof ist kein Heiligtum. Nicht wenige Gespräche im Rahmen meiner Recherchen mit Ansprechpartnern aus den alten Bundesländern, für deren Offenheit, Ehrlichkeit, Sachlichkeit und Freundlichkeit ich mich an dieser Stelle nochmals bedanken möchte, haben mich unter anderem von der Richtigkeit meiner Ansichten zur Besetzung der leitenden Stellen der Landesrechnungshöfe in den neuen Bundesländern überzeugt.

Ich selbst hatte übrigens kurz nach der Wende ein Gespräch mit dem ersten Präsidenten des Sächsischen Rechnungshofes. Er fragte mich unter anderem, weshalb ich denn nicht beim Sächsischen Rechnungshof gelandet sei. Ich gab ihm zu verstehen, dass es nach meinen Informationen bei der Auflösung der SFR eine Liste mit Namen von 20 (in Worten: zwanzig) Mitarbeitern gegeben haben soll, die für eine Übernahme durch den Sächsischen Rechnungshof vorgesehen waren. Nach seinen Angaben waren ihm die Namen auf dieser Liste nicht bekannt, da diese Liste von meinen Leuten aufgestellt worden sei. Persönlich bekam ich diese ominöse Liste nie zu sehen. Von den zwanzig Personen sind übrigens nur sehr wenige übernommen worden. Aber Schwamm drüber. Mir stand ja die Möglichkeit offen, mich selbst beim Sächsischen Rechnungshof zu bewerben. Doch ich tat es nicht. Meine Entscheidung war richtig.

Die Landesrechnungshöfe sind unabhängige, nur dem Gesetz unterworfene Organe der Finanzkontrolle, die im Staatsgefüge eine Sonderstellung einnehmen. Laut Fachliteratur ist nicht geklärt, ob sie der Legislative (Gesetzgebung durch die Parlamente), der Exekutive (vollziehende Gewalt durch Regierung und Verwaltung) oder der Judikative (Rechtsprechung) zuzuordnen sind. Die Landesrechnungshöfe sind oberste Landesbehörden. Aufgabe der Landesrechnungshöfe ist es vorwiegend, die gesamte Haushalts- und Wirtschaftsführung des jeweiligen Bundeslandes einschließlich seiner Sondervermögen und Betriebe zu prüfen. Der Sächsische Rechnungshof ist unter anderem ebenfalls für die überörtliche Prüfung der Gemeinden, Landkreise und Zweckverbände zuständig. Die Landesrechnungshöfe fassen die Ergebnisse ihrer Prüfungen jährlich für den Landtag in einem Jahresbericht zusammen, der von den Bürgern eingesehen werden kann.

Da die Landesrechnungshöfe keine Weisungen erteilen können, werden sie auch scherzhaft als „Ritter ohne Schwert" oder etwas bösartiger als „Hunde, die nicht beißen können" bezeichnet. Sie können letztlich nur durch Sachargumente die Parlamente zum Handeln bewegen. Nachdruck können die Rechnungshöfe ihren Empfehlungen beispielsweise durch Veröffentlichungen, beharrliches Nachfragen und gelegentliche Nachprüfungen verleihen. Damit sind die Grenzen allerdings erreicht. Die Rechnungshöfe vergleichen ihre Arbeit damit, dass sie starke Bretter bohren müssen, um doch vielleicht noch an das Ziel zu kommen. Sie besitzen keine Sanktionsrechte. Rechnungshöfe haben in Deutschland eine lange Tradition. Nach meiner festen Überzeugung wird es Zeiten gegeben haben, in denen allein kritische Bemerkungen der Rechnungshöfe oder das Erheben des Zeigefingers gereicht haben, die Parlamente zu veranlassen, erforderliche Konsequenzen aus deren Prüfungsfeststellungen zu ziehen. Dieses hohe Ansehen der Rechnungshöfe wird sich auch in einer hervorragenden Motivation der Prüfer niedergeschlagen haben. – Gehören diese Zeiten denn nicht längst der Vergangenheit an? Wer Presse, Funk und Fernsehen als Informationsquellen nutzt – und das tun sicher alle Leserinnen und

Leser meines Buches –, wird fast täglich über „Verfehlungen", auch in Bereichen der Verwaltungen, Gebietskörperschaften und in deren Beteiligungen informiert. Hat das möglicherweise auch etwas mit der rechtlichen Stellung der Rechnungshöfe zu tun, die ja nur so weit gehen können, wie es ihnen der Gesetzgeber gestattet? Mir liegt es fern, klüger zu sein als der Papst. Aber ist denn nicht die Zeit gekommen, im Interesse des Gemeinwohls die Rolle der Landesrechnungshöfe äußerst kritisch zu hinterfragen und deren Arbeit und Rechte an die Gegenwart anzupassen. Man kann doch nicht ewig an Traditionen festhalten, obwohl sich die Welt immer weiterdreht.

Es wird oft geklagt, wie schlecht es überall um die Moral bestellt ist. Welche Konsequenzen werden endlich für das Prüfungswesen gezogen (also nicht nur für die Rechnungshöfe – gleich weitere Ausführungen dazu), um diesem Verfall jeglicher moralischer Grenzen zumindest etwas entgegenzusetzen? Jeder würde den Kopf schütteln über einen Polizisten, der einen Dieb nicht verhaften darf, über einen Zahnarzt, der keinen Zahn ziehen darf, über einen Jäger, der das Wild nicht bejagen darf, über einen Boxer, der sich im Ring nicht wehren darf oder über einen Richter, der kein Urteil sprechen darf. Ein Landesrechnungshof, der – ich gehe zumindest davon aus – aufgrund der fachlich hohen Qualität seiner Prüfer, auch häufiger brisante Feststellungen hat, darf trotzdem nur Empfehlungen aussprechen. Ist das nicht absurd? Alles klar!

An dieser Stelle ist mir folgende kleine Episode eingefallen, die ausgezeichnet hierher passt. Bei meinen anfangs persönlichen Kontakten mit Mitarbeitern des Landesrechnungshofes Sachsen wurde ich darauf hingewiesen, dass dort unter anderem deshalb eine sehr gute Bezahlung zu erfolgen habe, um Bestechungsversuchen vorzubeugen. Ich dachte mir, wenn in der BRD die Prüfer eines Landesrechnungshofes häufigen Bestechungsversuchen ausgesetzt sind, wird das schon seine Richtigkeit haben. Anfangs habe ich diesen Unfug tatsächlich geglaubt. Würde mir heute ein hoher Beamter eines Landesrechnungshofes bezüglich seiner Vergütung die gleiche Antwort geben, dann würde ich zuerst lächeln. Danach würde ich ihn höflich fragen, weshalb die Prüfer eines Landesrechnungshofes bestochen werden sollten, wenn der doch ein „Ritter ohne Schwert" ist, also über keine Sanktionsmöglichkeiten verfügt. Auf die Antwort wäre ich gespannt. Sicher nicht nur ich. Welche tatsächlichen Gründe gibt es dann für die sehr hohe Vergütung im Vergleich zu den Rechnungsprüfungsämtern in den Gebietskörperschaften? Man wird doch fragen dürfen. Oder?

Als neue Qualität der Arbeit der Landesrechnungshöfe werden deren Beratungsleistungen und die Erstellung von Gutachten gepriesen. So ist beispielsweise für den Freistaat Sachsen in der Sächsischen Haushaltsordnung geregelt, dass der Sächsische Rechnungshof aufgrund von Prüfungserfahrungen den Landtag, die Staatsregierung und einzelne Staatsministerien beraten kann. Er erstattet auf Ersuchen des Landtages, seines Finanzausschusses oder der Staatsregierung Gutachten über Fragen, die für die Haushalts- und Wirtschaftsführung des Staates von Bedeutung sind. Ich persönlich betrachte die Durchführung derartiger Leistungen sehr skeptisch. Meine Position zu der enorm wichtigen Arbeit des Prüfungswesens ist: Schuster, bleib bei deinen Leisten. Das sollte auch für die Landesrechnungshöfe gelten. Es gibt sicher für den Sächsischen Rechnungshof – ich hätte als Beispiel ebenso die gesetzlichen Regelungen eines anderen Bundeslandes für meine Argumentation verwenden können – so unendlich viel zu prüfen, dass für derartige Beratungsleistungen und Gutachten kein zeitlicher Spielraum vorhanden sein dürfte. Außerdem stellt sich mir dabei die Frage, wie sich ein Landesrechnungshof verhalten soll, dessen Empfehlungen aufgrund eines seiner Gutachten umgesetzt wurden, die sich später als fragwürdig erweisen. Niemand ist unfehlbar. An Beratungsgesellschaften herrscht außerdem kein Mangel, die dazu noch die feinsten Namen tragen. Ich habe übrigens die Erfahrung gemacht, dass Ergebnissen von Beratungs- und Wirtschaftsprüfungsgesellschaften wesentlich mehr Bedeutung beigemessen wird als beispielsweise den Rechnungsprüfungsämtern. Dabei kochen diese auch nur mit Wasser.

Echt scha(r)f!

Bevor von mir einige Ausführungen zu den Rechnungsprüfungsämtern in den Gebietskörperschaften erfolgen, die, wie auch die Landesrechnungshöfe, nicht überall Stürme der Begeisterung auslösen werden, möchte ich Ihnen einen humorvollen Beitrag präsentieren. Er passt bestens an diese Stelle, weil darin von einer Unternehmensberatung die Rede ist. Eine Quellenangabe ist mir nicht möglich. Ein ehemaliger Kollege, der nach der Wende noch bis vor wenigen Jahren bei einer bekannten Wirtschaftsprüfungsgesellschaft in Lohn und Brot stand, überließ mir diese herrliche Geschichte.

Es war einmal ein Schäfer, der in einer einsamen Gegend seine Schafe hütete. Plötzlich tauchte aus einer großen Staubwolke ein nagelneuer, superteurer Jeep auf und hielt neben ihm. Beim Fahrer des Jeep handelte es sich um einen auf das Feinste gekleideten jungen Mann. Der stieg aus und fragte den Schäfer: „Wenn ich errate, wie viele Schafe Sie haben, bekomme ich dann eins?" Der Schäfer schaute den jungen Mann an, dann seine friedlich grasenden Schafe, und sagte ruhig: „In Ordnung." Daraufhin nahm der Fahrer des Jeep sein Notebook mit dem Handy und klickte im Internet auf eine Seite der NASA, scannte die Gegend mit Hilfe seines GPS-Satellitennavigationssystems, öffnete eine Datenbank und 60 Excel-Tabellen mit einer Unmenge Formeln. Schließlich druckte er auf seinem Hitech-Minidrucker einen 150-seitigen Bericht aus. Dann drehte er sich zum Schäfer um und sagte: „Sie haben hier exakt 1.586 Schafe." Der Schäfer sagte: „Das ist richtig, suchen Sie sich ein Schaf aus." Der junge Mann nahm ein Schaf und lud es in den Jeep ein. Der Schäfer schaute ihm zu und sagte: „Wenn ich Ihren Beruf errate, geben Sie mir das Schaf dann zurück?" Der jungen Mann antwortete: „Klar, warum nicht." Der Schäfer sagte: „Sie sind Unternehmensberater." „Das ist richtig, woher wissen Sie das?", wollte der junge Mann wissen. „Sehr einfach", sagte der Schäfer, „erstens kommen Sie hierher, obwohl Sie niemand gerufen hat. Zweitens wollen Sie ein Schaf als Bezahlung haben dafür, dass Sie mir etwas sagen, was ich ohnehin schon weiß, und drittens haben Sie keine Ahnung von dem, was ich mache, denn Sie haben sich meinen Hund ausgesucht."

Kritisches zum örtlichen Prüfungswesen der Bundesrepublik Deutschland

Lange habe ich darüber nachgedacht, wie ich mein Buch abschließen soll. Ich hatte mich hier fast schon auf Abschied eingestellt. Könnten noch einige Paukenschläge zum Schluss nicht schaden? – Gut Ding will Weile haben! Plötzlich war sie da, die Idee. Wie wäre es mit einigen Darlegungen zur örtlichen Prüfung in den Städten, Gemeinden und Landkreisen der BRD? Eine äußerst reizvolle Aufgabe. Also frisch ans Werk.

Folgende Ausgangsgedanken bildeten die Grundlage meiner Ausführungen zu den örtlichen Prüfungen:

- Artikel 2 Abs. 2 des Grundgesetzes, wonach den Gemeinden das Recht gewährleistet sein muss, alle Angelegenheiten der örtlichen Gemeinschaft im Rahmen der Gesetze in eigener Verantwortung zu regeln, wird nicht in Frage gestellt.
- Die Arbeit der Rechnungsprüfungsämter in den Städten, Gemeinden und Landkreisen, die überwiegend (Ausnahmen bestehen in wenigen Bundesländern) für die örtlichen Prüfungen gesetzlich zuständig sind, hat im Interesse des Gemeinwohls zu erfolgen.
- Es gibt nichts, was nicht noch besser gemacht werden kann. Das muss auch auf das Prüfungswesen zutreffen.

Die kommunale Selbstverwaltung ist eine der größten Errungenschaften in den neuen Bundesländern. Es ist mir nicht möglich zu verhindern, dass unter anderem höher gestellte Beamte, Bürgermeister, Landräte sowie Mitarbeiter in den Finanz- und Innenministerien der Länder einen Widerspruch zwischen den gleich folgenden Darlegungen und der kommunalen Selbstverwaltung entdecken wollen. Mit reinem Gewissen kann ich jedoch dazu schreiben, dass eine andere Auslegung meiner Darlegungen von der Realität so weit entfernt ist wie die Erde von der Sonne. Nicht wenigen wird es gleich Schweißperlen auf die Stirn treiben, weil ich versuche zu begründen, dass wie bei den Landesrechnungshöfen auch eine Reform des örtlichen Prüfungswesens in der BRD längst überfällig ist. Es wäre an der Zeit, dass junge hübsche Haarkünstlerinnen alte Zöpfe abschneiden. Ein ordentlicher Kurzhaarschnitt ist auch nicht schlecht. Frischer Wind kann in Amtsstuben nie schaden.

Ich benutze anschließend zum besseren Verständnis für „Rechnungsprüfungsamt" beziehungsweise „Rechnungsprüfungsämter" die Abkürzung RPA. Für die RPA gelten landesrechtliche Regelungen, die demzufolge Unterschiede aufweisen. Ungeachtet länderspezifischer Unterschiede bestehen die Hauptaufgaben der RPA in der Prüfung der Jahresrechnungen beziehungsweise der Jahresabschlüsse. Weitere Aufgaben sind beispielsweise die laufenden Prüfungen von Kassenvorgängen zur Vorbereitung der Prüfung der Jahresrechnung beziehungsweise des Jahresabschlusses, Kassenprüfungen bei den Sonderkassen, die Prüfung der Nachweise der Vorräte und Vermögensgegenstände der Gebietskörperschaft und ihrer Sondervermögen und die Mitwirkung bei der Prüfung der Programme für die Automation im Finanzwesen. Den Rechnungsprüfungsämtern können Aufgaben übertragen werden wie die Prüfung von Vergaben, die Prüfung der Organisation und der Wirtschaftlichkeit der Verwaltung, die Prüfung der Wirtschaftsführung der Eigenbetriebe, die laufende Prüfung der Kassenvorgänge bei den Sonderkassen sowie die Prüfung der Betätigung der Stadt, der Gemeinde oder des Landkreises in Unternehmen, an denen diese beteiligt sind.

Leider hat man in einzelnen neuen Bundesländern (unter anderem Mecklenburg-Vorpommern, Sachsen) die Prüfung der Vergaben (unter anderem Leistungen und Bauleistungen) nicht als Pflichtaufgabe in den Landesregelungen deklariert (wie unter anderem in Rheinland-Pfalz, Hessen, Schleswig-Holstein). Besser beraten waren für mich die neuen Bundesländer Brandenburg und Sachsen-Anhalt, wo Vergabeprüfungen Pflichtaufgaben sind (wie auch in Nordrhein-Westfalen, Saarland, Niedersachsen). Der erhebliche Bau- und Investitionsbedarf war vorhersehbar. Eine sachgerechte Prüfung von Vergaben (bei Bauleistungen von der Ausschreibung bis zur Schlussrechnung) setzt fachliche Kenntnisse voraus, die nur ein Spezialist auf dem Gebiet der Bauprüfung besitzt. Dazu gibt es keine Alternative. In den neuen Bundesländern, in denen die Vergabeprüfungen nicht als Pflichtprüfungen festgelegt wurden, war die Besetzung von Bauprüferstellen letztlich eine Ermessensentscheidung der jeweiligen Gebietskörperschaft. Während beispielsweise in den kreisfreien Städten des Freistaates Sachsen (Leipzig, Dresden und Chemnitz) vertretbare Besetzungen geschaffen wurden, sieht die Lage in den Städten und Gemeinden, die laut Sächsischer Gemeindeordnung ein Rechnungsprüfungsamt als eigenes Amt einzurichten haben (ab 20.000 Einwohner), wesentlich ungünstiger aus. Auch Landkreise haben ein Rechnungsprüfungsamt einzurichten. Dort ist nach meiner Kenntnis die Situation bezüglich der Besetzung beziehungsweise Schaffung von Planstellen für Bauprüfer ebenfalls nicht optimal.

Bei der Rechnungsprüfung handelt es sich um eine prüfende, feststellende und berichtende Tätigkeit. Erst der Rat, also das gewählte Volksorgan, kann gegenüber der Verwaltung im Rahmen seiner Kontroll- und Aufsichtspflicht entsprechende Konsequenzen verlangen. Die

Rechnungsprüfung hat sich vorwiegend auf die Einhaltung der Ordnungsmäßigkeit, Gesetzmäßigkeit und Sparsamkeit zu beschränken. Es sollen Fehler und Gesetzwidrigkeiten der Verwaltung weitgehend ausgeschlossen und unwirtschaftliches Verwaltungshandeln aufgedeckt werden. Eine wichtige Aufgabe ist es außerdem, Fehlern und Veruntreuungen vorzubeugen beziehungsweise diese zu verhindern. Schon die Existenz eines RPA trägt zur Erfüllung dieser Aufgabe bei. Laut gesetzlicher Regelungen sind die Rechnungsprüfungsämter bei der Erfüllung ihrer Prüfungsaufgaben unabhängig und an Weisungen nicht gebunden. Die RPA haben – wie die Landesrechnungshöfe – keinen Einfluss darauf, wie letztlich mit den Prüfungsergebnissen umgegangen wird beziehungsweise welche Konsequenzen gezogen werden.

Jetzt bin ich da angelangt, wo aus meiner Sicht ausführlichere Darlegungen erforderlich sind. Oder hat sich von Ihnen jemand schon einmal mit Fachliteratur über die Rechnungsprüfung, von der es reichlich gibt, beschäftigt? – Worauf will ich hinaus? Auf keinen Fall erfolgen von mir nochmals Ausführungen zur Unabhängigkeit beziehungsweise darüber, dass die RPA an Weisungen nicht gebunden sind. Ich habe bereits dargelegt, dass es für mich kein unabhängiges Prüfungswesen gibt und geben wird. Das trifft für mich auch auf die RPA in der BRD zu.

Beschäftigen wir uns mit der Stellung der örtlichen RPA innerhalb der Verwaltung, die in landesrechtlichen Regelungen festgelegt ist. Es gibt vorwiegend zwei Varianten. Die erste ist die Unterstellung unter den Bürgermeister beziehungsweise den Landrat (zum Beispiel in Sachsen, Rheinland-Pfalz, Saarland, Sachsen-Anhalt). Bei der zweiten Variante sind die RPA den Parlamenten unterstellt (zum Beispiel in Nordrhein-Westfalen, Niedersachsen, Mecklenburg-Vorpommern, Brandenburg, Schleswig-Holstein). Ohne jegliche Fachkenntnis über das Prüfungswesen zu haben, sagt Ihnen sicher Ihr gesunder Menschenverstand, dass diese Unterstellung, egal ob Bürgermeister, Landrat oder Parlament, bei Prüfungsfeststellungen, die nicht in „deren Sinne" sind, zu Interessenkonflikten führen kann.

Dazu ein fiktives Beispiel: Stellen Sie sich vor, Sie sind Amtsleiter beziehungsweise Amtsleiterin des RPA eines Landkreises. Vor wenigen Tagen haben zwei Ihrer Mitarbeiter eine Prüfung beendet, bei der erhebliche Verstöße beim sparsamen Umgang mit Haushaltsmitteln festgestellt wurden. Die Prüfer legten im Prüfungsbericht alle Sachverhalte ordnungsgemäß dar. Ich treibe es in unserem Beispiel auf die Spitze. Der Landrat des Landkreises ist eindeutig in dubiose Vorgänge verwickelt. Die Feststellungen der Prüfer und ihre zusätzlich eingeholten Informationen sind so gravierend und eindeutig, dass eine Anzeige bei der Staatsanwaltschaft erfolgen müsste. Als RPA haben Sie laut gesetzlicher Festlegungen keinen Einfluss darauf, wie die Verwaltung zu handeln hat. Sie warten als Amtsleiter eine Woche, Sie warten zwei Wochen – nichts geschieht. Trotz Informationen der politischen Gremien (zum Beispiel Ausschüsse) durch das RPA wird nichts weiter unternommen. Sie erhalten auch keine Informationen auf schriftliches Nachfragen. Wie verhalten Sie sich nun als Amtsleiter beziehungsweise Amtsleiterin des RPA? Im Hintergrund höre ich schon die lauten Stimmen von Juristen und sonstiger der Rechtsvorschriften Sachkundiger, dass beispielsweise im Freistaat Sachsen gemäß Kommunalprüfungsverordnung der Leiter des RPA in solchen Fällen befugt ist, sich in Ausübung seiner Tätigkeit und Aufgaben mit den Rechtsaufsichtsbehörden und der Prüfbehörde für die überörtliche Prüfung (Sächsischer Rechnungshof) unmittelbar in Verbindung zu setzen. Dazu kann ich nur sagen: Theorie: Note 1. Gleichzeitig empfehle ich denjenigen, sich als Amtsleiter eines RPA zu bewerben und nach geglückter Einstellung in einer derartigen Situation den Rechtsweg zu beschreiten. Danach wünsche ich viel Erfolg für die weitere Amtsleitertätigkeit. Natürlich habe ich hier ein nicht alltägliches Beispiel gewählt. Aber auch kein Beispiel, welches aus Grimms Märchenbüchern stammt. Konflikte sind durch die Unterstellung der RPA in solchen Situationen vorprogrammiert.

Ich bin nicht der Erste, der auf die mit der Unterstellung der RPA verbundene Problematik hinweist. Im Gegensatz zu den vielen anderen Personen, die ihre Ansichten wesentlich ausführlicher in der Fachliteratur dargelegt haben, bin ich sicher das kleinste Licht und war zudem noch Mitarbeiter der SFR. Es existieren sehr viele Artikel und Fachbücher über das örtliche Prüfungswesen. Auch in Festreden wurde diese Problematik wiederholt thematisiert. So wurde darin unter anderem von einer „institutionellen Abhängigkeit" von „dem nach dem Haushaltsrecht zugewiesenen Stellenwert der Rechnungsprüfung" gesprochen.

In meinen Unterlagen habe ich einen sehr interessanten Artikel aus der Zeitschrift „Der Gemeindehaushalt" Nr. 12/1978 über die „Wirksamkeit der kommunalen Rechnungsprüfung" von H. Siedentopf gefunden. Ich habe bewusst keinen aktuellen, sondern diesen älteren Artikel ausgewählt. Darin erfolgten unter Tz. 3 Bemerkungen zu „Ansatzpunkten zur Reform des örtlichen Rechnungsprüfungswesens". So ist unter anderem dargelegt, dass „die institutionelle, sachliche und personelle Unabhängigkeit der Rechnungsprüfung eine Grundvoraussetzung ihrer Wirksamkeit ist". Weiter heißt es unter 3.1: „Es muss nach diesen Grundsätzen verwundern, dass ähnliche Forderungen gegenüber der kommunalen Rechnungsprüfung nicht nachdrücklich erhoben oder gar verwirklicht werden. In einigen Bundesländern ist die organisatorische und personelle Verzahnung zwischen der Kommunalverwaltung und der Rechnungsprüfung so eng, dass auch nicht Ansätze zu einer Selbstständigkeit erkennbar sind. Die erste und grundlegende Forderung zur Reform und Anpassung der kommunalen Rechnungsprüfung richtet sich deshalb auf den Ausbau und die Sicherung ihrer Unabhängigkeit in institutioneller, sachlicher und persönlicher Hinsicht. In institutioneller Hinsicht sollten nunmehr in allen Bundesländern die Eingliederung der Rechnungsprüfung in die Verwaltung und ihre Unterstellung unter den kommunalen Verwaltungsleiter beendet werden." Gemäß den Darlegungen des Herrn Siedentopf entspricht dem Grundsatz der Unabhängigkeit allein die unmittelbare Unterstellung unter das kommunale Vertretungsorgan, wenn damit eine weitgehende Unabhängigkeitsgarantie und Weisungsfreiheit verbunden ist. Nur nebenbei bemerkt: Ich schließe mich der vom Autor im Jahre 1978 aufgezeigten Lösung des Problems nicht an.

Bevor ich mit der Türe weiter in das Haus falle beziehungsweise die Katze aus dem Sack lasse – Sprichwörter sind etwas Großartiges! –, ein Hinweis: Ich habe ich mich gründlich sachkundig gemacht, ob die Unterstellung der RPA unter die Parlamente tatsächlich die Lösung ist und welche Veränderungen hinsichtlich der Wirksamkeit der RPA in den Schubladen von Landesministerien bereitliegen. Fangen wir mit der Unterstellung der RPA an. Zu Beginn der Recherchen zur Unterstellung der RPA ging ich davon aus, dass deren Unterstellung unter die Parlamente die bessere Lösung sei. Bereits wenige Gespräche genügten, um diese Ansicht zu verwerfen. Um es vorsichtig auszudrücken, die Suppe soll genauso schmecken. Die Teller sind jedoch von besserer Qualität und die Suppe ist mit mehr Petersilie garniert. Außerdem gibt es noch einen Nachtisch. Legen Sie das aus, wie Sie möchten. Ich zog daraus die Schlussfolgerung, dass die Unterstellung der RPA unter die Parlamente ebenfalls nicht der Weisheit letzter Schluss ist. Anschließend führte ich eine Umfrage mit mir bekannten und weniger bekannten Personen durch, die mit dem Prüfungswesen direkt nichts zu tun haben, die aber über eine sehr gute Allgemeinbildung verfügen. Ich unterrichtete sie kurz über die Aufgaben der RPA und welche Stellung sie aufgrund der Rechtsvorschriften der Bundesländer in den Gebietskörperschaften einnehmen. Zum Schluss bat ich die Befragten um ihre Meinung, wie sie die Unterstellung der RPA bezüglich der ordnungsgemäßen Verwendung von Steuergeldern werten. Die Antworten ließen nicht lange auf sich warten beziehungsweise kamen teilweise wie aus der Pistole geschossen. Zu meiner Freude wurde mehrmals mit Sprichwörtern geantwortet. Eines dieser Sprichwörter war: „Wer die Kapelle bezahlt, dessen Musik wird gespielt." Diese Wertung ist nicht von schlechten Eltern. Am meisten wurde das Sprichwort „Wessen Brot ich ess, dessen Lied ich sing" genannt. Eine fantastische Charakterisierung der Unterstellung der RPA. Mir liegt es fern, das Ergebnis meiner kleinen deutschlandweiten Umfrage dazu zu benutzen, das Kind mit dem Bade auszuschütten oder gar den Teufel an die Wand zu malen. Aber man muss manchmal durch Dornen gehen, um die Rosen zu erreichen.

Da ich an das Gute im Menschen glaube, recherchierte ich weiter. Ich nahm mit Erfolg Kontakt mit insgesamt fünf Innenministerien der alten und neuen Bundesländer auf, da diese für das kommunale Prüfungswesen zuständig sind. Meine Absicht war es, eine Antwort darauf zu erhalten, welche Sichtweise in den Innenministerien bezüglich der Unterstellung der RPA besteht beziehungsweise ob dazu gesetzliche Veränderungen vorgesehen sind. Unter Beachtung des Ergebnisses meiner Umfrage zur Wertung der Unterstellung der RPA dürften doch auch an den Brennpunkten der Gesetzgebung solche Erkenntnisse längst angekommen sein. So nahm ich es als „Prüferwürmchen" aus der DDR zumindest an. Zuerst das Positive: Ich erreichte die gewünschten Ansprechpartner und konnte mein Anliegen ungehindert vortragen. Zum Teil hatte ich den Eindruck, dass meine Bedenken durchaus nachvollziehbar waren. Nur in einem Fall wurden meine Bedenken als unrealistisch und vollkommen übertrieben bezeichnet. Da lag der – wahrscheinlich – hohe Beamte überhaupt nicht auf meiner Linie. Aber vielleicht liest er weder Zeitungen noch Zeitschriften, hört kein Radio und besitzt keinen LCD-Fernseher, was ja nicht strafbar ist. Die Meinung dieses Beamten war jedoch das kleinste Übel. Nun der Hammer: Fünf zu null! In allen fünf Innenministerien wurde ich freundlich darauf hingewiesen, dass man keine politische Notwendigkeit für Änderungen bezüglich der Unterstellung der RPA sehe. Auf meinen etwas härteren Hinweis, dass doch eigentlich das Gemeinwohl der Bürgerinnen und Bürger ausschlaggebend sein müsse und nicht irgendwelche politischen Notwendigkeiten, war man in fast allen fünf Innenministerien relativ wortkarg. Gute Nacht, Deutschland! Ich schluckte beziehungsweise musste diese Kröte schlucken. Ich werde mich schnellstens erkundigen, ob Kurse an der Volkshochschule angeboten werden, um mich politisch weiterzubilden. Vielleicht stehen im Finanzprüfungswesen der BRD in den Gebietskörperschaften die politischen Notwendigkeiten über dem Gemeinwohl der Bürgerinnen und Bürger, die ein Recht auf die ordnungsgemäße, sparsame, wirtschaftliche und zweckentsprechende Verwendung ihrer Steuergelder haben. Aber auch ein „Finanzrevisor Pfiffig" kann ja nicht alles wissen. Damit jeder von Ihnen in der Lage ist, die Wichtigkeit der Unterstellung der RPA richtig einordnen zu können, informiere ich Sie über Situationen beziehungsweise Probleme, welche durch diese Unterstellungsverhältnisse der RPA in den Städten, Gemeinden und Landkreisen auftreten können. Falls eines oder mehrere Beispiele womöglich auf Ihre Dienststelle zutrifft oder zutreffen, dann ist das rein zufällig. Ich fange harmlos an und gebe dann Gas, ohne Geschwindigkeitsgrenzen zu überschreiten.

- Die Bildung eines RPA wird als unvermeidbares Übel angesehen.
- Sachmittel werden nicht ausreichend zur Verfügung gestellt.
- Trotz der gesetzlichen Forderung, ein RPA als selbstständiges Amt einzurichten, erfolgt die Eingliederung in ein anderes Amt (zum Beispiel Kommunalamt).
- Das RPA wird ungenügend mit Personal ausgestattet.
- Das RPA hat vorwiegend Prüfungen für Dritte durchzuführen, um Geld in die Kasse des Hauses zu spülen. Innerhalb der Behörde ist deshalb eine intensive Prüfung der Haushalts- und Finanzwirtschaft kaum noch gewährleistet.

- Dem RPA werden Informationen vorenthalten.
- Sachbearbeiter, die nur noch relativ wenige Jahre zu arbeiten haben, verstärken mit ihrer Zustimmung das RPA.
- Entsprechende Gremien werden über wichtige Prüfungsfeststellungen nicht informiert.
- Es wird versucht, pflegeleichte Amtsleiter zu bestellen.
- In das RPA werden Sachbearbeiter aus anderen Ämtern umgesetzt, damit sie dort keinen weiteren Schaden anrichten können.
- Es wird direkt Einfluss auf die Arbeit der RPA ausgeübt.
- Prüfungsberichte müssen Leitungskräften der Behörde vorgelegt werden, die nicht zum RPA gehören. Durch deren Einfluss werden kritische Berichte „gesäubert".
- Unliebsame Prüfer werden unter dem Deckmantel der Haushaltskonsolidierung in solche Ämter der Behörde umgesetzt, deren Arbeit sie vorher im Rahmen ihrer Prüfungstätigkeit des Öfteren zu Recht kritisiert haben.
- Es werden Prüfungen durch den Leiter der Behörde untersagt. Um dafür keinen Beweis erbringen zu können, erfolgt das selbstverständlich mündlich und unter vier Augen (4-Augen-Prinzip ☺).

Wer diese Darlegungen als Einzelfälle, kaum glaubhaft oder womöglich als Hirngespinste eines ehemaligen Finanzrevisors der SFR abtut, der sollte sich einmal die Mühe machen, den Verwaltungsspatzen auf den Dächern der Rathäuser, Landratsämter oder sonstiger Verwaltungsgebäude aufmerksam zuzuhören. Selbst wer der Sprache der Spatzen nicht vollständig mächtig ist, wird in der Lage sein, einzelne Piepser – unter anderem auf die Länge des Pieps achten! – richtig zu deuten. Noch einmal für diejenigen, die meine Darlegungen in das Reich der Fantasie verbannen möchten, zum Mitschreiben, Nachsprechen oder Mitsingen: Es handelt sich um keine Einzelfälle! Andererseits erfolgt das natürlich nicht flächendeckend. Ich habe deshalb besonders harte Brocken als Beispiele benutzt, damit Sie erkennen, welche Auswirkungen diese beiden Formen der Unterstellung der Rechnungsprüfungsämter haben können. Schönfärberei bringt hier absolut nichts.
Um keine Missverständnisse aufkommen zu lassen: Meine Beispiele enthalten Sachverhalte, bei denen ich anstelle der Verwaltungen wahrscheinlich ebenso handeln würde. Die Gebietskörperschaften sind gemäß landesrechtlichen Regelungen verpflichtet, sparsam und wirt-

schaftlich zu handeln. Weshalb sollte die Verwaltung eine teure Prüfungssoftware – 50,0 T Euro können da schon zusammenkommen – anschaffen, wenn das RPA lediglich mit zwei Prüfern besetzt ist oder die Leitung des RPA derartige Software nicht nutzen will beziehungsweise dazu fachlich nicht in der Lage ist. Wenn in der gesamten Kommune Stellen in der Verwaltung abgebaut werden müssen, kann auch ein RPA nicht davon ausgehen, dass es unangetastet bleibt. Im Normalfall sollte dazu aber eine Abstimmung zwischen Verwaltung und dem Leiter des RPA erfolgen, um mindestens die gesetzlich festgelegten Aufgaben realisieren zu können. Wobei man über die Gründlichkeit der Durchführung dieser Pflichtprüfungen sehr unterschiedlicher Meinung sein kann. Das ist ein „weites Feld".

Obwohl es eine heikle Ansicht ist, die in RPA nicht gern gehört werden wird beziehungsweise durchaus auf Unverständnis stoßen kann und wird, will ich auch damit nicht hinter dem Berg halten. Weshalb soll zum Beispiel der Oberbürgermeister einer sehr großen Stadt ein RPA mit 60 Personen vorhalten, wenn dieses ihm sowie dem Parlament jährlich bestätigt, dass die Verwaltung im Prinzip in allen Bereichen ordnungsgemäß arbeitet? – Jetzt habe ich Öl ins Feuer gegossen. Das Löschen des Feuers ist übrigens ziemlich einfach. Allen möchte ich jedoch das Denken nicht abnehmen.

Nach meiner Ansicht hat auch der Gesetzgeber eine „Mitschuld" bezüglich der Probleme bei der Personalausstattung. Solange es der Gesetzgeber nicht für notwendig erachtet, eine Mindestpersonalausstattung der RPA – zum Beispiel abhängig von der Anzahl der Einwohner und vom Haushalsvolumen – festzulegen, werden dazu die vermeidbaren und unnötigen Diskussionen nicht enden. Durch eine derartige längst überfällige Änderung der gesetzlichen Bestimmungen wäre auch ein Riegel davorgeschoben, dass Städte, Gemeinden und Landkreise ihr RPA personell so stark reduzieren, dass die dringend erforderliche Prüfungstätigkeit auf ein Minimum beschränkt ist. Aus allem, was ich bisher dazu gelesen habe, sind für mich keine nachvollziehbaren Gründe erkennbar, die einer derartigen Festlegung im Wege stehen.

Ein Teil der von mir aufgezeigten Sachverhalte, die durch Unterstellungsverhältnisse der RPA in den Städten, Gemeinden und Landkreisen auftreten können, treffen laut meiner Recherchen ausschließlich auf die alten Bundesländer zu. So war selbst ich über mehrmalige Informationen überrascht, dass Sachbearbeiter aus anderen Ämtern in das RPA versetzt werden, damit diese keinen weiteren Schaden anrichten können. Um mich hier vor meiner Wertung zu schützen, lasse ich lieber meine Oma Emma wieder zu Wort kommen. Sie hätte zu einer solchen Verfahrensweise gesagt: „Da stimmt doch irgendetwas nicht im Staate Dänemark!"

Auch bezüglich der Besetzung von im RPA freiwerdenden Stellen, beispielsweise durch Abgänge in den Ruhestand, mit fachlich guten Sachbearbeitern, die nur noch relativ wenige Jahre zu arbeiten haben, erhielt ich ausschließlich Angaben aus den alten Bundesländern. Für die meisten Leserinnen und Leser wird kein Grund erkennbar sein, weshalb ich auch diese Verfahrensweise nicht für gut erachte. Aufgrund meiner langjährigen Erfahrungen zweifle ich an, dass die Mehrzahl dieser Sachbearbeiter, die ihre letzten sieben oder acht Arbeitsjahre in einem RPA tätig sind, so denken beziehungsweise so denken wollen, wie es nach meiner Auffassung für einen Prüfer erforderlich ist. Das ist keine Kritik an der sicher guten fachlichen Arbeit bei der Prüfung von Verwaltungsvorgängen, aber ich habe Sie nicht umsonst bereits über wesentliche Unterschiede zwischen einem Sachbearbeiter und einem Prüfer hingewiesen. An dieser Stelle werden sicher wieder Fäuste geballt und Worte von Tierarten über manche Lippen kommen. Wenn die Wutattacke beendet ist, kann ich lediglich empfehlen, darüber nachzudenken, dass es mir nicht darum geht, jemanden zu beleidigen beziehungsweise ein Oberlehrer zu sein, denn für mich ist oberstes Kriterium in den Gebietskörperschaften, dass die Prüfungen im Interesse des Gemeinwohls zu erfolgen haben. Dazu gehören nach meiner Ansicht Prüfer und keine Sachbearbeiter. Zum besseren Verständnis wären hier erheblich mehr Ausführungen erforderlich. Bitte verzeihen Sie mir, dass ich mich an dieser Stelle so kurz gefasst habe, aber für die meisten Bücherwürmer würde das zu weit gehen.

Zukunftsvision des „Finanzrevisors Pfiffig" für den Freistaat Sachsen – aber nicht nur für den Freistaat Sachsen

Da bekanntlich alles ein Ende hat – nur die Wurst hat zwei –, lasse ich es jetzt noch einmal krachen. Während meine Katze Grethe auf meinem Schoß geschlafen hat, habe ich mir darüber Gedanken und Notizen gemacht, wie sich der „Finanzrevisor Pfiffig" im Freistaat Sachsen ein Rechnungsprüfungswesen in den Städten, Gemeinden und Landkreisen vorstellt, dessen Tätigkeit im Interesse des Gemeinwohls der Bürgerinnen und Bürger der jeweiligen Gebietskörperschaften erfolgt. Nachfolgende „Wunschvorstellungen" habe ich nicht juristisch begutachten lassen, was für mein Anliegen auch nicht erforderlich war. Außerdem bin ich mir erfahrungsgemäß sicher, dass sich genügend Juristen finden würden, die zur Schlussfolgerung kämen, dass meine Vorstellungen durchaus nicht absurd sind. Es ist lediglich wichtig, die Aufgabenstellung so zu formulieren, dass daraus eindeutig das gewünschte Ergebnis ersichtlich ist. Wo ein Wille ist, ist auch ein Weg. Wenn die BRD in der Lage ist, Euro-Rettungsschirme aufzuspannen, dann wäre die Realisierung meiner Vorstellungen ein Kinderspiel. Oma Emma hätte gesagt: „Das wär Kummern sei kleenster." Nun ran an den Speck.

Auf Grundlage der Ausführungen des „Finanzrevisors Pfiffig aus der DDR" wird im Freistaat Sachsen die „Sächsische Revisionskammer" gegründet (nachfolgend mit SRK abgekürzt), was mit einer Veränderung landesrechtlicher Regelungen verbunden ist.
An der Notwendigkeit der überörtlichen Prüfungen der Städte, Gemeinden und Landkreise vorwiegend durch die Landesrechnungshöfe scheiden sich die Geister. Mit Gründung der SRK in Sachsen ist der Sächsische Rechnungshof nicht mehr für diese überörtlichen Prüfungen verantwortlich, was mit der Auflösung seiner Kommunalen Rechnungsprüfungsämter in Wurzen, Zwickau und Löbau verbunden ist. Es gibt keine überörtlichen Prüfungen mehr. Die Prüfungskompetenzen werden wesentlich verändert.
Die SRK ist zuständig für die Prüfung aller 10 Landkreise sowie der Städte und Gemeinden ab 10.000 Einwohner des Freistaates Sachsen. Für Gemeinden unter 10.000 Einwohner ist schnellstens eine Lösung bezüglich deren Prüfung zu erarbeiten. In Anbetracht der sich ständig

verschärfenden Anforderungen an den sparsamen und wirtschaftlichen Umgang mit Haushaltsmitteln, der hohen Verschuldung vieler Gebietskörperschaften sowie unter Beachtung erheblicher Verstöße beim Umgang mit Haushaltsmitteln sowie in der Wirtschaftsführung von Eigenbetrieben und Beteiligungen besonders in den letzten Jahren in der BRD wird die SRK vom Gesetzgeber mit Sanktionsrechten, ähnlich den Festlegungen im Handelsgesetzbuch, ausgestattet. Für die Anwendung dieser Sanktionsrechte (unter anderem Ordnungsstrafen in nicht unbeträchtlicher Höhe) werden Kriterien festgelegt, die ein Ermessen der Leitung der SRK zulassen. Oberstes Handlungsprinzip im Umgang mit diesen dringend erforderlichen Sanktionsrechten ist die Devise: Wer die Finger nicht ins Feuer hält, kann sich auch nicht verbrennen!

Die SRK hat, zumindest am Anfang, 331 Planstellen für Leitungspersonal, Prüfer und Juristen. Dazu kommt noch das Verwaltungspersonal. Geleitet wird die SRK vom Präsidenten beziehungsweise einer Präsidentin. Hauptsitz der SRK ist Leipzig. Außerdem werden Außenstellen in Dresden und Chemnitz gebildet. Hinsichtlich der Wirtschaftlichkeit (unter anderem Reisekosten, Arbeitskräftepotential, Anzahl der Prüfungsobjekte) wird entschieden, ob zwei weitere Außenstellen in Görlitz und Plauen eingerichtet werden.

Es werden ausschließlich der Präsident beziehungsweise die Präsidentin sowie deren Stellvertreter verbeamtet. Bei der Besetzung der Planstellen (Leitungspersonal/Prüfer) ist zuerst der Personalbestand der RPA in den Städten, Gemeinden und Landkreisen zu berücksichtigen. Eine automatische Übernahme in die SRK erfolgt nicht. Da von der SRK in kürzester Zeit eine hervorragende Prüfungstätigkeit erwartet wird, kommt der Auswahl der Prüferinnen und Prüfer sowie des Leistungspersonals die entscheidende Bedeutung zu. Parteizugehörigkeiten haben keine Rolle zu spielen. Im Gegenteil, im Interesse einer neutralen Prüfung sollten die Bewerber möglichst keiner Partei angehören. Besonderes Augenmerk ist auf eine optimale Zusammensetzung von erfahrenen und jungen (zum Beispiel Absolventen von Verwaltungsfachhochschulen) Prüfern sowie von männlichem und weiblichem Personal zu legen. Keine Chance haben Selbstdarsteller, Eigenbrötler, Erbsenzähler und solche, die sich jeder Meinung unterordnen, nur um nicht anzuecken. Neben gesetzlich festgelegten Voraussetzungen ist größtes Augenmerk auf Teamfähigkeit zu legen. Die Leiter und die erfahrenen Prüferinnen und Prüfer müssen verinnerlicht haben, dass

- ihre Aufgabe darin besteht, mit und nicht gegen die Verwaltungen zu arbeiten,
- ihre Tätigkeit im Interesse des Gemeinwohls erfolgt,
- kein Mensch fehlerfrei ist und deshalb aus einer Mücke kein Elefant zu machen ist,
- es wesentlich leichter ist, Verwaltungsentscheidungen nachträglich zu prüfen, als diese möglicherweise in kurzer Zeit zu treffen,
- positive Prüfungsergebnisse immer – es sei denn, es gibt keine – Bestandteil eines Prüfungsberichtes zu sein haben,
- sich die Prüfungsberichte auf das Notwendigste zu beschränken haben,
- von den Geprüften nicht etwas gefordert wird, wo selbst die SRK keine Lösungsmöglichkeit aufzeigen kann,
- eine Analyse der Ursachen für wesentliche Beanstandungen Bestandteil jeder Prüfungstätigkeit ist, um den Gebietskörperschaften realistische Empfehlungen zur Verbesserung ihrer Arbeit zu geben,
- die Prüfungsberichte zeitnah den Parlamenten zum Treffen von Leitungsentscheidungen vorgelegt werden.

Die Prüfungstätigkeit wird von 10 Revisionsteams durchgeführt. Jedes Revisionsteam besteht aus 33 Personen. Dabei handelt es sich jeweils um einen Teamleiter sowie einen Stellvertreter, 8 Verwaltungsprüfer, 8 betriebswirtschaftliche Prüfer, 8 Bauprüfer, 6 Prüfer für Informationstechnologie sowie einen Juristen. Die Hauptaufgabe der 6 Prüfer für Informationstechnologie besteht neben der Durchführung von Prüfungen in der Vorbereitung von Prüfungen ihres Teams. Dazu steht ihnen die Prüfungssoftware des SRK zur Verfügung. Durch diese Aufgabenkonzentration lassen sich die Personalkosten so gering wie möglich halten. Die Revisionsteams werden auf die Standorte verteilt. Der Einsatz der Prüfer erfolgt möglichst an wohnortnahen Standorten. Aufgabe der SRK ist es, Prüfungen durchzuführen, demzufolge gehören Beratungsleistungen nicht dazu. Die Auswertung der Prüfungen beziehungsweise die Erteilung erforderlicher Auskünfte zählen nicht zu Beratungsleistungen, sondern gehören zur Selbstverständlichkeit. Für die jeweilige Leitung der Gebietskörperschaft wird eine Gesamtinformation auf Grundlage der Einzelberichte der Prüfer angefertigt. Wenn es gewünscht wird, werden die Prüfungsergebnisse vor dem Parlament (zum Beispiel Stadtrat, Kreistag) durch die SRK ausgewertet. Bei besonderen Vorkommnissen hat die SRK gesetzlich das Recht, die Prüfungsergebnisse vor dem Parlament darzulegen.

Im Zeitraum von vier Jahren hat mindestens eine tiefgründige Prüfung zu erfolgen. Ziel sollte nach dem Vorliegen von Erfahrungswerten ein dreijähriger Prüfungsturnus sein. Bei jeder Prüfung sind unter anderem je nach Haushaltsvolumen, Anzahl von Einrichtungen und Eigenbetrieben mehrere Prüfer einzusetzen. Für eine tiefgründige Prüfung der kreisfreien Städte Leipzig, Chemnitz und Dresden können durchaus 250 Prüfungstage erforderlich sein.

Die Finanzierung der SRK erfolgt unter anderem durch eine Umlage, die alle Städte und Gemeinden ab 10.000 Einwohner und die 10 Landkreise zu entrichten haben. Da mit Wegfall der überörtlichen Prüfung durch den Sächsischen Rechnungshof ein Stellenabbau und damit die Senkung von Personalkosten verbunden ist, erfolgt aus Haushaltsmitteln des Freistaates Sachsen eine Beteiligung an den Aufwendungen der SRK.

Die Gebietskörperschaften sind verpflichtet, die SRK über Straftatbestände zu informieren. Sie können ein Prüfungsersuchen zum Vorgang an die SRK stellen. Über die Möglichkeit beziehungsweise Notwendigkeit entscheidet die SRK.

Welche Vorteile bietet die SRK gegenüber der bisherigen Verfahrensweise? Die Reihenfolge ist nicht gleichbedeutend mit ihrer Wertigkeit.

- Oberbürgermeistern, Bürgermeistern und Landräten bleibt erspart, dass man ihnen vorwerfen kann, sich in Belange der Rechnungsprüfung einzumischen. ☺
- Intensiverer Einfluss auf das Denken und Handeln beim Umgang mit finanziellen Mitteln.
- Die gesetzlich festgelegten Sanktionsmöglichkeiten der SRK haben erheblichen Einfluss auf die Motivation der Prüfer.
- Weiterbildungsmaßnahmen können wesentlich kostengünstiger gestaltet werden.
- Durch die SRK ist eine einheitliche landesweite Sichtweise zu den Prüfungsschwerpunkten gewährleistet. Positive Feststellungen können optimal verallgemeinert werden.
- Das Fahrrad wird nur einmal erfunden.
- Die Anschaffung modernster Sachmittel (zum Beispiel Laptops) kann wirtschaftlich erfolgen.
- Prüfungssoftware kann optimal genutzt werden.

- Durch die Struktur der SRK können die Reisekosten so niedrig wie möglich gehalten werden.
- Mit der Bildung von Außenstellen werden gute Voraussetzungen für ein vernünftiges Arbeitsklima und für Neueinstellungen geschaffen.

Das dürfte erst einmal als Diskussionsgrundlage reichen.

Zu guter Letzt

Ich gehe davon aus, dass es mir unter anderem gelungen ist, Ihnen die Unterschiede zwischen der Arbeit von Sachbearbeitern in den einzelnen Ämtern der Städte, Gemeinden und Landkreise und Finanzprüfern – ich mag nun mal die Bezeichnung Rechnungsprüfer nicht – zu verdeutlichen. Es bedarf also speziell auf dieser Strecke gut ausgebildeter Leute. Nach meiner Ansicht ist dieser Bedarf deshalb gegenwärtig und zukünftig recht hoch, weil erhebliche buchhalterische Veränderungen in den Gebietskörperschaften erfolgt sind beziehungsweise gegenwärtig erfolgen. Auch durch die Vielzahl der in den Verwaltungen eingesetzten Software sind spezielle Kenntnisse erforderlich. Es ist an der Zeit, auf einen derartigen Bedarf zu reagieren und eine „neue Generation" von Prüfern auszubilden.

Wie ist es darum in der BRD bestellt? Ich habe für Sie zum Telefonhörer gegriffen und zwei Fachhochschulen in zwei Bundesländern angerufen. Nachdem ich kompetente Ansprechpartner gefunden hatte, trug ich mein Anliegen vor. Die Antworten waren für den „Finanzrevisor Pfiffig" deprimierend. Ein derartiger Bedarf wird nicht gesehen und außerdem würde dadurch der Studienplan durcheinandergebracht. Ich verzichtete darauf, weitere Fachhochschulen anzurufen. Oh, welch ein Graus! Mir fehlt hierzu jegliches Verständnis. Andererseits reiht sich diese Sicht in den Fachhochschulen für öffentliche Verwaltung nahtlos in meine Ausführungen zu den Landesrechnungshöfen und zu den Problemen in der Arbeit der kommunalen Prüfungsämter ein. Wann wacht denn hier eigentlich jemand auf? Oder ist dafür eventuell die Regierungsoberrätin Dornröschen verantwortlich, die sich vor dreißig Jahren in der Mittagspause beim Verspinnen von Fasern an einer Spindel gestochen hat und deshalb noch ihren hundertjährigen Schlaf beenden muss? Wahrscheinlich ist dieses Dornröschen so hässlich, dass niemand sie wachküssen will. Oder wird sie rund um die Uhr mit modernster Technik so gut bewacht, dass sie niemand wachküssen soll? Ein böses Fragezeichen!

Kurz vor Schluss bitte ich nochmals meine Oma Emma in die Bütt. Wenn bei ihr ein Ereignis eintrat, das sie vollkommen überraschte, sagte sie oft: „Das wollte Hugo."

Was hat Hugo mit dem Prüfungswesen zu schaffen? Wiederholt hatte ich eine Phase, in der ich daran zweifelte, dass der „Finanzrevisor Pfiffig" der einzige Schreiberling sein soll, der Darlegungen zu grundlegenden Verbesserungen des kommunalen Prüfungswesens unterbreitet beziehungsweise unterbreitet hat. Viel gehört nicht dazu, um diese offensichtlichen Probleme zu erkennen, was auch meine Recherchen bestätigt haben. Ich musste meine Gedanken jäh unterbrechen, weil es geklingelt hatte. Ich öffnete die Wohnungstür. Vor der Tür stand ein gut gekleideter älterer Herr. Auffällig war seine goldene Kette mit Anhänger, die er über dem Hemd trug. Nachdem ich ihm beigebracht hatte, dass ich keinen Schmuck kaufen wolle, lächelte er verschmitzt und zeigte auf den relativ großen Anhänger an seiner goldenen Kette. Darauf stand: „Ich bin der Hugo." Hugo lächelte, klopfte mir auf die Schulter, überreichte mir einen schwarz-rot-goldenen Briefumschlag, drehte sich um und verließ wortlos das Haus. Aufgeregt öffnete ich den Umschlag. Welch eine Überraschung, die deutsche Nationalhymne ertönte. Ich erhob mich. Nach der Beendigung der Nationalhymne setzte ich mich wieder und holte die noch im Umschlag befindliche Karte heraus. Darauf stand eine Internetadresse. Ich brachte sofort meinen Laptop in Stellung und klickte diese Seite an. Oh, welch ein Wunder! Ich stieß dabei auf eine – zumindest für den „Finanzrevisor Pfiffig" – hervorragende wissenschaftliche Arbeit der Herren A. Glöckner und H. Mühlenkamp vom Deutschen Forschungsinstitut für Öffentliche Verwaltung Speyer beziehungsweise der Deutschen Hochschule für Verwaltungswissenschaften Speyer, Lehrstuhl für Öffentliche Betriebswirtschaftslehre. Titel dieser Arbeit: „Die kommunale Finanzkontrolle – Eine Darstellung und Analyse des Systems zur finanziellen Kontrolle von Kommunen." Diese Arbeit wurde 2009 in der Zeitschrift für Planung und Unternehmenssteuerung Nr. 4 veröffentlicht. Wer sich dafür interessiert, dem kann ich diese Darlegungen wärmstens empfehlen. Danke, Hugo! Sind die Ansichten des „Finanzrevisors Pfiffig" bezüglich einer einschneidenden Reform des kommunalen Prüfungswesens vielleicht doch nicht so hinterwäldlerisch, wie es mir im Zuge der Entstehung meines Buches kompetente Personen in der BRD vorgehalten haben?

Ich habe noch einen. Einen sehr Erfreulichen. In den zwei Monaten vor der Abgabe meines Manuskripts, also in den Monaten März/April

2012, ereignete sich Ungewöhnliches und von mir niemals Erwartetes. Bei weiteren Recherchen sowie zu Beginn meiner Vermarktungswelle spürte ich etwas, was ich nicht für möglich gehalten hatte. Plötzlich waren Hinweise zum Prüfungswesen in der DDR sowie kritische Hinweise zum kommunalen Prüfungswesen in der BRD begehrt. Ich war und bin absolut erstaunt. Mehr möchte ich gegenwärtig nicht dazu schreiben. Ich wünsche mir, dass dieses Interesse nach dem Erscheinen dieses Buches lange anhält. Nein, nicht um genug an meiner sehr aufwendigen Arbeit zu verdienen, wie die meisten wahrscheinlich leider sofort denken werden, sondern deshalb, damit endlich, auch wenn es relativ spät kommt, die fachlich hervorragende Arbeit meiner ehemaligen Kolleginnen und Kollegen der SFR gewürdigt wird. Und – jetzt bin ich wieder am Anfang meines Buches – besonders die Arbeit meines guten Rudi M. sowie die von Herbert B. und Lothar E.

Mir hat es großen Spaß gemacht, Ihnen einen kleinen Einblick in das Finanzprüfungswesen in der DDR geben zu können. Hoffentlich fallen meine Hinweise zum Prüfungswesen der BRD auf nahrhaften Boden. Ich bedanke mich sehr, sehr herzlich bei allen Leserinnen und Lesern, die sich für mein Buch entschieden haben. Mein Wunsch ist, dass sich dieser Kauf für Sie gelohnt hat. Ist das der Fall, dann empfehlen Sie „Finanzrevisor Pfiffig aus der DDR" bitte weiter.

Egal was Sie anschließend machen, auf alle Fälle machen Sie es gut!

Freundlichst Ihr
Klaus Richard Grün